涂怀京 著

福建省社科联基金项目（编号FJ2015B158）研究成果

中小学教师法制史

（一九四九~二〇〇九年）

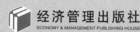

经济管理出版社
ECONOMY & MANAGEMENT PUBLISHING HOUSE

图书在版编目（CIP）数据

中小学教师法制史（1949~2009年）/涂怀京著．—北京：经济管理出版社，2018.12
ISBN 978－7－5096－6066－9

Ⅰ．①中…　Ⅱ．①涂…　Ⅲ．①中小学—教师法—研究—中国　Ⅳ．①D922.164

中国版本图书馆 CIP 数据核字（2018）第 226288 号

组稿编辑：李红贤
责任编辑：王光艳　李红贤
责任印制：黄章平
责任校对：董杉珊

出版发行：经济管理出版社
　　　　　（北京市海淀区北蜂窝 8 号中雅大厦 A 座 11 层　100038）
网　　址：www. E－mp. com. cn
电　　话：（010）51915602
印　　刷：北京玺诚印务有限公司
经　　销：新华书店
开　　本：720mm×1000mm/16
印　　张：19.5
字　　数：361 千字
版　　次：2018 年 12 月第 1 版　　2018 年 12 月第 1 次印刷
书　　号：ISBN 978－7－5096－6066－9
定　　价：78.00 元

前　言

　　法不阿贵，绳不挠曲。法之所加，智者弗能辞，勇者弗敢争。刑过不避大臣，赏善不遗匹夫。

——《韩非子·有度》

　　师严然后道尊，道尊然后民知敬学。是故君之所以不臣于其臣者二：当其为尸，则弗臣也；当其为师，则弗臣也。大学之礼，虽诏于天子无北面，所以尊师也。

——《礼记·学记》

　　教育的法律是我们最先接受的法律。
　　在君主国里，教育的法律的目的应该是荣誉；在共和国里，应该是品德；在专制国里，应该是恐怖。

——孟德斯鸠：《论法的精神》

　　振兴民族的希望在教育，振兴教育的希望在教师，振兴教师队伍的希望在法治。"教育法治的实现依赖于教育法制建设进程和质量，即教育法制现代化的程度"[①]。教育法制奋进不歇的科学化、民主化和现代化，将促成教育法治的最终实现，将推进包括振兴教师队伍在内的各项教育事业的克难前行。1949～2009年60年间，我国教育法制建设不断加强，中小学教师法制工作也不断走上正轨、迈上新阶，中小学教师队伍持续发展壮大，基础教育事业踔厉越进，走上了一条披荆斩棘、坚忍改革、硕果累累的发奋振兴之途。

---

　　① 劳凯声：《中国教育法制评论》（第6辑），教育科学出版社2009年版，第199页。

一、中小学教师法制的内涵

（一）教育法规·教师法规

1. 教育法规

"教育法规是有关教育方面的法、法令、条例、规则、规章等规范性文件的总称，也是对人们的教育行为具有法律约束力的行为规则的总和。"① 本书主要采用这一定义，认为教育法规是有关教育方面的法律、行政法规、部门规章、地方性法规、地方政府规章、自治条例与单行条例等规范性文件的总称，是对人们的教育行为具有法律约束力、规范力的行为规则的总和。

在我国，教育法律是指全国人民代表大会及其常务委员会（以下简称全国人大常委会）制定的教育法规性文件。教育法律又分为教育基本法律和教育单行法律。教育基本法律由全国人民代表大会（以下简称全国人大）依据国家宪法制定，1995 年 3 月 18 日八届全国人大三次会议审议通过的《中华人民共和国教育法》就是我国的教育基本法律，是其他教育法律、教育行政法规、教育部门规章和地方性教育法规规章的立法依据。教育单行法律一般是指由全国人大常委会根据宪法和教育基本法律的原则制定的规范和调整某一类教育或某一具体部分教育关系的法律，前者如《义务教育法》《高等教育法》等，后者如《教师法》《学位条例》等。此外，全国人民代表大会及其常务委员会发布的与教育有密切关系的法律或有关教育方面的决定、决议如《未成年人保护法》《体育法》《关于教师节的决定》等，也属于教育法律的范畴。

教育行政法规是指国家最高行政机关为实施、管理教育事业，根据教育法律制定的规范性文件。在不同时期，教育行政法规的名称也有所不同，现在一般采用"条例""规定""办法"三种名称②。教育部门规章是指根据教育法律和教育行政法规，在本部门的权限范围内，由国家最高行政机关所属的教育主管部门发布或与其他部委联合发布的规范性文件。同样，在不同时期，教育部门规章的名称也不尽相同。现在教育部门规章的名称一般有"规定""规程""规范""规

---

① 李晓燕：《教育法学》，武汉工业大学出版社 1992 年版，第 13 页。
② 对某一方面的行政工作作比较全面、系统的规定，称"条例"；对某一方面的行政工作作部分的规定，称"规定"；对某一项行政工作做比较具体的规定，称"办法"。见曾庆敏主编：《法学大辞典》，上海辞书出版社 1998 年版，第 561 页。

则""实施细则""办法""制度"等若干种。教育行政法规和教育部门规章在全国范围亦具有一体遵行的效力。教育地方性法规、地方政府规章、自治条例与单行条例等规范性文件的含义，此处不赘述。

2. 教师法规

教师法规就是广义上的教师法，即指"国家机关在各自的职权范围内制定的调整有关教师各方面法律关系的法律、法规、规章及其他规范性文件的总和，包括宪法中的有关条款，教育基本法、教育专门法及其他法律、法规中有关教师的规定，也包括教育部门规章、地方性教育规章以及其他的规范性文件中有关教师的规定，还包括有关教师的国际条约等"①。还有学者认为，教师法规"是调整教育教学活动中以教师为主体一方而产生的社会关系的部门法"，"教师问题是涉及各个教育部门的普遍性问题，因此，教师法与其他部门法也会有一定的交叉和重复"②。这两个定义在界定上均较为明确精当，两者基本一致且互为补充。很显然，教师法规是教育法规的重要组成部分。本书所研究的中小学教师法规，主要是指我国1949～2009年的60年间中央立法主体所制定的中小学教师法律法规，即对中小学教师工作领域的教育关系进行调整、教育活动进行规范的教育法律、教育行政法规和教育部门规章的总和。当然，对地方立法主体制定的中小学教师法规、规章，也会在叙述、阐释和分析中时有涉及，以利观照。

（二）教育法制·中小学教师法制

1. 教育法制

一个健全的教育法制"应是以一套完备的教育法律法规为核心的，包括相应的法律实践和法律文化在内的法律系统"③。也就是说，教育法制是一个系统、立体的工程，是一根完整、严密的链条。教育法制以教育法规的制定颁布为核心，也不能缺少教育法规的实施（适用、遵守、宣传）、法律监督、法学研究等各个方面。在依法治国、依法治教的历史趋势和宏阔背景下，无疑需要大力加强教育法制建设，倾力消除教育界仍存在的某些落后、愚昧、人治和非法侵蚀现象，去探索、开掘出更多弥足珍贵的教育资源、法律资源和制度资源。

---

① 公丕祥：《教育法教程》，高等教育出版社2000年版，第200页。
② 劳凯声：《教育法论》，江苏教育出版社1993年版，第254页。
③ 劳凯声：《中国教育法制评论》，教育科学出版社2002年版，第167页。

2. 中小学教师法制

中小学教师法制是整体教育法制的重要组成部分，是教育法律法规在中小学教师工作领域的实施和运用。基于"教育法制不仅包括教育法律制度，而且包括教育法律制度的运行"这个观点，本书提出"中小学教师法制"的概念，即中小学教师法制是指有关中小学教师的法律法规制度及与之对应的教育立法、教育行政执法、教育司法、教育守法、教育法律监督、教育法学研究等，它们构成一个较为完整、严密的链条。在依法治国、科教兴国、依法治教的当代，加强中小学教师法制建设是其中的一股重要力量，一条必由之径。

同理，中小学教师法制也应以中小学教师法规为核心。本书研究的中小学教师法规，主要指中华人民共和国成立后的 60 年期间由中央立法主体制定的、曾经在全国范围内有效和至今仍起着规范效力的中小学教师法规。由于法制背景的不同和立法主体、立法权限等各项法律制度的变迁，各个时期中小学教师法规的名称不很规范、统一。有鉴于此，本书以是否"实际上起到了法规作用"作为判断和取舍的标准，所选定的中小学教师法规除了 1949～2009 年有关中小学教师的法律、行政法规和部门规章外，还包括：1949 年 10 月至 1982 年 12 月国务院（政务院）、中央教育行政部门（或与其他部委联合）发布的有关中小学教师的决定、决议、命令和通令等；1957 年 6 月至 1978 年 12 月中共中央、国务院单独或联合发布的以及中央教育行政部门单独或联合其他部委发布的有关中小学教师的决定、指示、通知等；1966 年 5 月至 1976 年 10 月中共中央、国务院单独或联合发布的以及中央教育行政部门单独或联合其他部委发布的有关中小学教师的意见、报告等①。经过 60 年的发展变迁，我国中小学教师法律、法规、规章内容的涵盖面很广，不仅全方位展现了中小学教师法制建设的历史面貌，而且为各个时期的中小学教师工作提供了权威、规范的法律依据，实为研究中小学教师法制的重要抓手。

中华人民共和国成立以来的教师法律法规一直在强调："建立一支又红又专

---

① 1957 年 6 月，中共中央发出《关于组织力量准备反击右派分子进攻的指示》，全国开始反右并迅速扩大化，阶级斗争重新被提到中国社会主要矛盾的地位，法制建设受到严重削弱；1966 年 5 月，"文化大革命"爆发，法制工作陷入瘫痪；1976 年 10 月粉碎"四人帮"后，法律界、教育界开始拨乱反正；1978 年 12 月，党的十一届三中全会召开，开启了社会主义民主和法制建设的新阶段；1982 年 12 月 4 日，新《宪法》《国务院组织法》相继颁布，法制工作再上新台阶。基于对上述几个特定历史年份教育法制建设动荡起伏状况的总体分析与考察，本书对各时段内制定的有关中小学教师的规范性文件按一定标准作了区分、归类和取舍。

的教师队伍，对于中小学教育事业有决定性的意义"①；"在职中小学教师和发展教育事业所需补充的新师资，都应具有相当一级的师范院校或高等学校毕业水平，这应成为教师队伍建设的一条重要原则"②；"加强教师的思想政治教育和业务培训，改善教师的工作条件和生活条件，保障教师的合法权益，提高教师的社会地位"③，等等。这些法规的指引、规范和保障作用，一直都在，未曾缺位。当然，从教育法制的整体标准和要求上看，我国现行的中小学教师法规体系还有待进一步完善，中小学教师法制还远没有形成上下有序、有机协动的严密体系，制衡执法机构权力、反映和保护作为个人的教育法律关系主体权利的力度还很不够，这都是亟须切实关注、着力加强的。

二、研究 1949～2009 年中小学教师法制的意义

"'百年大计，教育为本；教育大计，教师为本。'如果说教育是国家发展的基石，教师就是基石的奠基者。"④ 自国家产生以来，法律调节即是教育事业发展的内在要求，教育的法制化成为不可阻遏的世界性潮流。新中国的中小学教育事业，也经受了这股巨潮的冲刷和洗礼。1949 年 10 月 1 日，中华人民共和国宣告成立，中国教育就此进入了新纪元。从这一天起直至 2009 年 12 月 31 日的 60年，我国中小学教育走过的是一条很不寻常的发展道路，几代中小学教师为人民的教育事业，为培养共和国的建设者和接班人，也为自己的人生理想和追求，一路风雨兼程、任劳任怨、不懈工作，踏出了曲折坎坷而又绚烂生辉的行进轨迹，谱写了一曲曲感人的园丁之歌。追寻这条轨迹、解读这组颂歌的方式很多，本书选取的是中小学教师法制这个切入点。

经过整整一甲子的励精图治，新中国在政治上实现了由抓纲治国到依法治国的转变，在经济上实现了由计划经济到社会主义市场经济的转变，在教育上实现了由边缘地位到优先发展战略地位的转变。随着并通过系列性的过渡与转变，中小学教师法制建设也经历了一个曲折迂回、跌宕起伏、总体向前的发展历程。在社会主义法制统一的原则下，所有相关的教育法律关系主体尤其是广大中小学教

---

① 北京师范大学教育科学研究所：《中小学教育政策法令选编（1949—1966）》（上册）（内部发行），第 168～169 页。

② 何东昌：《中华人民共和国重要教育文献》（1949—1997），海南出版社 1998 年版，第 1649 页。

③ 教育部政策研究与法制建设司：《现行教育法规与政策选编》，教育科学出版社 2002 年版，第 17页。

④ 温家宝：《教育大计教师为本》，《人民日报》（海外版），2009 年 10 月 12 日。

师，谨守教育法律原则，遵从教育法律规范，开展了形式多样、卓有成效的教师法律活动，丰富、拓展了中小学教师法制建设的内涵和格局，优化了中小学教师队伍结构，推动了中小学教育事业的稳步发展。从中我们可以感受到中小学教师领域法制工作寻觅、探索、反思、践行、奋起的脉动。

为有利于进行较为细致的动态述评，本书将中华人民共和国成立后 60 年间中小学教师法制的沿革史具体分为发轫探索期、停滞破坏期、转折改革期和规范发展期四个阶段，每个阶段又各分数个专题，以多维呈现中小学教师法制建设的嬗变节律和整体演进，反映师资队伍管理和权益保护的变迁态势，同时又折射社会政治、经济、文化、教育的时代气息和发展特征。无论是波动起伏期还是平稳发展期，实际上都遵循着一个基本不变的原则，即中小学教师法制建设是以《宪法》确立的基本原则为基础、以贯彻国家法定的教育方针为核心①、围绕具体的教育历史任务而展开的。这就使我们从连续与停滞交织、单一与浩繁并存的史实中梳理出一条较为清晰的脉络成为可能，可以据此建立一个新中国中小学教师法制的历史坐标，去潜心考释相关坐标点的意蕴和内涵。

研究 1949~2009 年中小学教师法制的意义在于：第一，全程动态聚焦、解析中小学教师法制建设的沿革历程和发展道路，明了所由来和现所在；第二，系统阐述、评析各个时期中小学教师法规的制定、适用、遵守、法律监督和教育法学研究，总结所取得的主要成就和仍存在的薄弱环节；第三，探寻、揭示国家政治、经济、文化、教育变革与基础教育领域依法管理教师队伍、依法保障教师权益之间的良性互动机制；第四，通过回溯与检视，对这段有独特价值的中小学教师法制历史进行理性反思，从中提炼出经验、教训和启示，以为其后的中国教师法制发展创新提供有益之镜鉴。

中小学教师队伍建设和管理既要依靠教育法规，也要依靠教育政策，两者不是彼此孤立无涉的。本书亦会视情对与教师法规相关的教育政策因素进行分析，以收辩证之效而防偏颇之虞，这亦有裨益于法规阐释的深度。百年大计，教育为本；教育之盛，法治为基。中华人民共和国成立后的 60 年间，中小学教师法制经历了发轫、探索、停滞、破坏、转折、改革直至规范发展的过程，教育管理、教师管理、教师权益保护的人治模式逐渐远去，法治模式轮廓初现且日益清晰。人们会深切体会到，中国国情对于教育的法制化进程，既有作为资源所固有的积极因素，也有作为阻力存在的消极因素，这是人们在进行相关的理论和实践探究

---

① 1995 年，我国将新时期的教育方针写入了《教育法》，既实现了教师法规建设以教育方针为指引和以教育基本法为核心两项原则的有机统一，又反映了法治时代的新特质。

时不能不格外留意的。只要包括百千万中小学教师在内的所有教育法律关系主体在信仰上坚定对教育法治的追求，在行动上始终不渝、锲而不舍，就一定能够加快我国中小学教师法制的科学化、现代化和世界化的进程，致达"师无当于五服，五服弗得不亲""师严然后道尊，道尊然后民知敬学""教育的法律的目的应该是品德""君子如欲化民成俗，其必由学乎"的理想彼岸。

目　录

第一章
发轫探索期的中小学教师法制
（1949～1966 年）

1949 年 10 月 1 日，中华人民共和国成立，从根本上改变了教育的性质，确立了毛泽东教育思想的指导地位，《中国人民政治协商会议共同纲领》中的教育条款为新中国教育指明了航向，教育事业走上了为完成民主革命、为恢复国民经济和为人民服务的道路。以老解放区新教育经验为基础，吸收旧教育某些有用的经验，借助苏联教育的先进经验，我国开展了史无前例的民族的、科学的、大众的新民主主义教育建设。在这场创意迭出的教育创建中，中小学教师法制得以发轫、奠基，新生的人民教育事业首次得到国家法律法规的强有力保障，呈现出勃勃的生机。

在胜利完成第一个五年计划和"三大改造"取得基本胜利的基础上，我国进入全面建设社会主义的新时期，教育事业也呈现良好的建设势头，中小学教师法制进入探索发展期。此时，国家形势却发生重大变化，1957 年 6 月 8 日，《人民日报》发表题为《这是为什么？》的社论，拉开了反右运动的序幕，并迅速扩大化。在"大跃进"中，仓促开始了多种"教育革命"试验。1960 年冬季开始的教育调整，使中小学教育事业纠偏循正，重入逐步发展轨道，教师法制工作取得积极成果。从 1964 年开始，由于对教育领域形势的错误判断，"左"倾思潮再度膨胀，教育事业受到严重冲击，"有些教育法规遭到不应有的批判，大部分已制定的教育法规无法执行，有法不依、以言代法的现象十分严重，正常的教育法制建设工作基本停顿"[①]。1949 年 10 月至 1966 年 5 月的十七年间，中小学教师法制建设总体上起伏徘徊，在曲折和探索中行进，亦推动了中小学教育事业和教师队伍建设的向前发展。

---

① 郝维谦、李连宁：《各国教育法制比较研究》，人民教育出版社 1999 年版，第 274～275 页。

第一节 新中国中小学教师法制的时代背景

一、历史基础

历史是割不断、抽不空的，总会遗赠一些东西给后世。同样，新中国中小学教师法制建设也非从零开始，而是有着一定的历史积淀和基础。这个基础主要有两方面：一是来自中国共产党领导下的革命根据地，此为主；二是来自南京国民政府统治区，此为辅。

(一) 革命根据地的教育法令

革命根据地的中小学教育法令萌芽于 1927 年后的中国土地革命，贯穿于中国新民主主义革命的全过程。为了加强对根据地中小学教师的管理，发展根据地革命教育事业，消除国民党"党化"教育的影响和侵袭，用无产阶级文化教育培养年青一代，团结广大民众，夺取革命战争的胜利，在苏区、抗日根据地和解放区，人民政府和教育事业管理机关根据当时政治、军事、经济、教育等方面的实际，制定了一批兼具人民性、革命性、阶级性和科学性的中小学教师法规。囿于各种主客观条件，这些法规相对较为简单粗略，全面性、规范性和稳定性不够，但都有自己的定位和特色，发挥了较好的作用，保障、促进了有一定素质的中小学教师队伍的形成和人民教育事业的发展。对革命根据地二十多年的中小学教师法制，现择其要者略加叙论。

1. 中小学教师法规的层级性

这里所谓的层级性主要由教师法规的形式体现。在中央和地方政府及其教育管理部门颁布的中小学教师法规中，一般地讲，"法"的效力和强制性要大于"条例""规程""决定""办法"等，而"简章"的法律效力则最低。由于存在这种雏形的上、下位法关系，就初步形成了有一定层级性的中小学教师法规体系。革命根据地颁布的中小学教师法规主要有：《陕甘宁边区小学法》《小学教员优待条例》《中华苏维埃共和国小学校制度暂行条例》《小学教员服务暂行条例》《奖励小学教师暂行办法》《小学教师待遇保证办法》《师范学校暂行实施办法》《小学教师服务暂行规程》《陕甘宁边区小学规程》《关于改定中小学教职员待遇标准的决定》《陕甘宁边区命令提高小学教师的生活和地位》《小学教员训练班简章》等。由于处在革命教育法制建设的起步阶段，中小学教师法规的制定不很严密、规范，随意性相对较大。如同是为了规范小学教师的服务期限、职责，中央政府的性质未变，法规名称却不一致。华北人民政府制定的是《小学教师服务暂行规程》，晋冀鲁豫边区制定的是《小学教员服务暂行条例》，与上位法的衔接、配套关系也不尽一致，法制的统一性、科学性没能得到完全体现。但这是当时条件受限而导致的立法调研的缺乏、立法权限的模糊和立法程序的粗放等因素使然。然其可贵之处在于，这些法规的制定实施，对严酷战争环境中的中小学教师队伍建设和教育事业的存续、发展起了重要的保障作用，为新中国的教育法制建设做了经验上、方法上和人员上的准备。

2. 中小学教师法规的针对性

这里所谓的针对性主要由教师法规的内容体现。无论在哪个时期，中小学教师都是革命队伍中的一支重要力量，因而根据这支力量的实际状况、需要，加强对它的领导和管理一直受到中国共产党及其政府的高度重视。这点鲜明地反映在根据地的中小学教师法制中。

关于中小学教师的待遇：规定中小学"教员生活费的标准，照当地苏维埃工作人员"；"小学教职员之津贴、伙食、制服费由主管教育行政机关供给"[①]；"提高中小学教职员地位，改善其生活"；"中小学教职员待遇，一律改为薪金制"[②]。一般来说，中学教师的待遇要高于小学教师，有些地方还要高出不少。男女教师、不同地区教师的待遇也时常出现一些差别。提高中小学教师待遇、消除工薪报酬之间的某些不合理现象，是此时期教育立法的要旨之一。

关于中小学教师的资格：规定"具有相当的文化水平、工作能力、身体健康并愿为新民主主义教育事业服务，为小学教师必备的条件"，并分别规定了担任乡村初级小学教员、初级中心小学校长或高级小学教员、大中城市高级小学或完全小学级教员、完全小学教导主任或校长应具备的学历、工作成绩等条件[③]。当然，为有利于中小学校的正常运转，或应特定时期、特定地区学校教育教学工作之急需，在中小学教员的调整补充、民办小学教师的选用等方面，政府也作了灵活性的政策规定。

① 《老解放区教育资料（二）》（下册），教育科学出版社 1986 年版，第 310 页。
② 《老解放区教育资料（三）》，教育科学出版社 1991 年版，第 347 页。
③ 《老解放区教育资料（三）》，教育科学出版社 1991 年版，第 604～605 页。

中小学教师法制史（1949~2009 年）

关于中小学教师的进修：规定师范学校的一项主要任务是"提高小学师资"①，使其胜任教学；"凡在职及将任职的小学教职员，于教育厅举行训练时，应按时前往受训"②。此外，对中小学教师为提高文化、业务、政治水平而采取的业余自学、互教互学等进修形式和要求，有关法规也作了原则性的规定。

关于中小学教师的奖惩：规定中小学教员必须"政治坚定、吃苦耐劳、工作积极"，若符合"主办之小学经定为模范小学""在国防教育中有新创造"等八项奖励条件之一或数条者③，应予以奖励。同时规定中小学教职员如触犯"有汉奸行为及阴谋破坏边区者"等五条之一者④，"由主管教育行政机关予以撤职"，并追究其他相应的法律责任。

关于中小学教师的教育教学，法规较少制定明确、具体的规定。在教学上，一般要求教师掌握基本的教学技能，胜任基本的教学工作，能使受教者学会简单的读、写、算知识，满足日常生活、生产和斗争的需要。在思想教育上，对教师的要求则很严格，要求通过他们的教育，中小学生必须在政治立场、信仰上接受共产党的领导，树立一切服从战争、一切为了革命的坚定决心和崇高信念。

由于教育战线不时存在"左"倾路线的干扰和影响，没有或极少受过正规教育的某些党员和干部，对教师心存偏见，甚至视同阶级敌人。中小学教师有时在政治上受压制，在经济上受排斥。面对这种不正常的现象，有识之士及时做出了呼吁和努力。抗日期间，化南在《做小学教师之友》一文中写道："我们各级干部应当尊重小学教员，以具体行动来转变轻视小学教员的传统的不正确的观点。"⑤ 1948 年 10 月，土改运动中大批学校教师被清退回村，对这一问题，柳湜在给大城县政府的指示信中指出，对那些群众不反对、也没有什么危害群众事实的教师，"仍应复职"，以发挥他们应有的作用。对待革命根据地中小学教师不当或错误的观念和做法，在相关的教育法规中也有一定的体现。

尽管存在这样或那样的矛盾、紊乱和缺失，但从总体上说，革命根据地的中小学教师法制建设，在克服"左"倾或右倾思想影响的过程中得到了不断的发展，对建立一支革命的中小学教师队伍、维系战时教育事业乃至推动中国革命的进程，起到了不可或缺的重要作用。其立法原则、立法精神和一些成功的实践经验是一笔宝贵的教育法制财富，为中华人民共和国成立后的教育法制实践所继承

---

① 《老解放区教育资料（三）》，教育科学出版社 1991 年版，第 415 页。
② 《老解放区教育资料（二）》（下册），教育科学出版社 1986 年版，第 311 页。
③ 《老解放区教育资料（二）》（下册），教育科学出版社 1986 年版，第 313 页。
④ 《老解放区教育资料（二）》（下册），教育科学出版社 1986 年版，第 310~311 页。
⑤ 《老解放区教育资料（二）》（下册），教育科学出版社 1986 年版，第 421 页。

4 ·

和发扬。

（二）南京国统区的教育典章

南京国民政府 1927 年成立，1949 年覆亡。这 22 年间，前 10 年的局势相对稳定，教育事业有相当的发展，教育法制进展也较为顺利，制定了一批颇切实际的中小学教师法规；自全面抗战开始至其败退大陆的 12 年里，战事不断，政府腐败，经济萧条，直接祸及教育，教育立法多为权宜之策。综合来看，南京国民政府统治区的教育法制思想和实践，从主流上反映了当时官僚、买办资产阶级的利益，具有明显的半殖民地半封建性质。同时，因为有些教育法律措施是为了救亡图存和增强国力的客观需要而采取的，有些是广大中小学教师努力抗争的结果，所以南京国民政府立法机关颁布的中小学教师法规也促成了一些问题的解决，在一定程度上推动了基础教育的发展。如果我们能从这一点出发来作客观的分析，就会很自然地觉得，这段教师法制史也不应被全盘否定，仍有去鉴别、审视、采择的价值。这个时期的中小学教师法制，有以下两个较为突出的特点。

1. 中小学教师法规的形式比较规范

南京国民政府统治区中小学教师法规的形式主要有：《宪法》教育专章中的教师条款，立法院通过的有关中小学教师的法律（具体名称有"法""律""条例"或"通则"），各级政府及其教育主管机关发布的命令（具体名称有"规程""规则""细则""办法""纲要""标准"或"准则"①）。如《小学法》《中学法》《学校教职员退休条例》《教员服务奖励规程》《教育部奖励中等学校教员休假进修办法》《国立中学教职员暂行服务细则》等。

南京国民政府时期，中小学教师法规的形式比较规范，一方面，因为自 1902 年 8 月清廷颁布《钦定学堂章程》以来，中国具有现代意义上的教育立法已有了一定的萌芽和基础，国民教育网的不断繁密、教师队伍的扩大及其专门化等教育实际也产生了对教育立法的客观需要；另一方面，参与立法的人员大多有较丰富的执教育人或教育行政经验，学历高，教育素养深厚，特别是其中许多人曾出国留学或专门考察过教育，对西方资产阶级教育法律制度有较深入的了解、体认和把握，因而在本国教育立法中就做了些"师夷之长技"式的移植工作。

2. 中小学教师法规的内容比较全面

相较于 1927 年前中小学教师法规内容单一、约束面狭窄的状况，南京国民

---

① 郝维谦、李连宁：《各国教育法制比较研究》，人民教育出版社 1999 年版，第 263 页。

政府统治区的中小学教师法规内容较全面，涵盖了有关中小学教师工作的许多方面。例如，关于教师资格方面的法规有《小学教员检定规程》《中学及师范学校教员检定暂行规程》等；奖励方面的法规有《教员服务奖励规程》《教育部给予中等学校教员奖助金办法》《教育部设置优良中心国民学校国民学校校长教员奖励金办法》等；进修培训方面的法规有《教育部奖励中等学校教员休假进修办法》等；退休、抚恤方面的法规有《学校教职员退休条例》《学校教职员抚恤条例》等，大体上形成了中小学教师法规体系框架。

南京国统区的中小学教师法制建设，在多个方面有了明显的进步，采取了一些合理、有效的做法。例如，在相对意义上的立法思想的多元性，对立法人员的选任较为看重真才实学，立法程序较为规范，所订法律条文较为严谨，立法、执法主体较为明确，教育类法规与相关的非教育类法规之间形成了较为合理的照应和配套关系；既引进了一些西方国家尤其是美国的先进经验，又在一定程度上与当时中国的教育实际结合了起来，对中华人民共和国成立后的教育法制建设也不无有影响和可借鉴之处。但由于南京国民政府坚持法西斯党化教育，蒋介石推行独裁专政，握有特权的机关和个人往往可以肆意践踏法律①，不少的教师法规制定仓促，内容偏狭，执行不力，监督流于形式，教师合法权益得不到应有保障，社会地位低下的状况得不到改观，教师法规沦为装点门面和政党政治的工具。

二、教育背景

这十七年间的中小学教师法制建设受到社会政治、经济、思想、文化、教育等多种因素的影响，有着较为复杂、复合的背景，主要体现在以下几个方面。

（一）由新民主主义教育进入社会主义教育

《共同纲领》等文献提出了新中国文化教育法规和政策，确定了新民主主义"民族的、科学的、大众的文化教育"的性质，围绕"提高人民文化水平，培养国家建设人才，肃清封建的、买办的、法西斯主义的思想，发展为人民服务的思想"的任务，通过接办、接管旧教育，建立了集中统一的教育管理体制，改造了原有各级各类学校，确立教育向工农开门、为工农服务的方向，开辟了人民的新

---

① 如蒋介石因为受语言言顶撞拘禁安徽一位大学教师，教育部因为言论过激解除著名教授罗隆基的教职等事件。见涂怀京：《胡适教育法制思想探析》，《福建师范大学学报》2002 年第 3 期。

教育。改革学制、课程、教材和教学方法，帮助教师加强业务学习和思想改造，建设了一支新的人民教师队伍。学习苏联教育经验，进行大规模的院系调整和教育更革。把教育事业纳入国家五年计划，逐步提高了教育教学质量，少数民族教育得到空前的发展。教育事业、教育法制向前推进，中小学教师忠诚教育事业，中小学教师法制处在萌芽、发轫过程中。虽然有关教育和教师的法规位阶不高，但总体上依时而行、随势而进。1956 年，国家生产资料所有制的社会主义改造基本完成，第一个五年计划提前实现既定目标，在这样的背景和局势下，进入全面建设社会主义的十年，也进入全面开展社会主义教育建设的阶段。中央号召向科学进军，确立了社会主义教育方针，社会主义教育发展蓝图日益清晰，教育在全国范围内走上了为社会主义服务、为社会主义现代化建设服务的宏阔道路。"春阳既浮，萌者将动"，万物兴盛，我国的中小学教师法制得以在萌生、发轫的基础上展开新的探索，呈现出势不可当、振翅将飞的新气象、新格局，是社会主义教育江河中最为俊奇的急湍之一。

（二）"左"倾思想对中小学教师法制的冲击

中国专制社会长达四五千年，专制的淫威和对专制的恐惧几乎渗透进社会的每一个细胞，在适宜的环境和诱因之下很容易扩散、恶化成疾。"左"倾思想就是奴隶、封建专制的伴生物，其在文化教育界的突出表现是动辄贴阶级标签，以粗暴的政治批判代替平等、自由的学术争鸣，极具干扰、破坏性。正式进入社会主义的 1956 年本精彩无限，光芒四射，民心凝聚，众志成城。然而 1957 年之后，"左"倾思想在教育界泛滥，原有的中小学教师法规被搁置或被断章取义地采用，新制定的法规又带有浓厚的政治色彩，延阻了中小学教师法制和中小学教育事业的发展进程。

1. "反右"扩大化

为了加强党的建设、改善党的领导，1957 年 4 月，中共中央决定在全党开展整风运动，真心诚意欢迎党外人士对党的工作提出批评和意见，全国上下一片开明景象。然形势突变，期间有极少数人利用这个机会，向党和社会主义发起了别有用心的进攻。面对这种严峻局势，中共中央 6 月 8 日发出《关于组织力量准备反击右派分子进攻的指示》，致使"反右"运动在全国迅速展开。由于指导思想上的严重偏差，这场反右派斗争犯了扩大化的错误，一些正确的法制原则受到批判，导致"'双百'运动于 1957 年 6 月突然停止，'放'和'争'由'毒草'

的比喻所取代"①。

教育领域反右斗争开始时，还只限于高等学校，不久"又逐步在工人、农民、工商界、中小学教职员中展开"②，潜心教务、不擅争鸣的中小学教师也未能幸免。1957 年 10 月 15 日，中共中央发出《关于在中等学校和小学的教职员中开展整风和反右派斗争的通知》，要求各省份党委根据本地区的实际情况，有计划、分步骤地在中等学校和小学的教职员中开展运动。1958 年 6 月，"反右"基本结束，教育部副部长柳湜、林汉达等领导干部受殃被划为右派分子，一批中小学教师也被划为"右派"③，被推到了"人民的敌人"之列。

在这场过火的政治运动中，在所谓"全国中小学教师……目前亟须解决清理队伍的问题"的语境下④，制定的多是《关于在国家薪给人员和高等学校学生中的右派分子处理原则的规定》《关于处理中小学教师中的右派分子、反革命分子和其他坏分子问题的指示》之类的文牍，保护中小学教师的合法权益成了教育法制建设领域讳莫如深的禁区。

2. "教育大跃进"

1958～1960 年的"教育跃进"和"教育革命"，是在总路线、全国"大跃进"和人民公社化运动的背景下发动的，是我国谋划加快教育发展速度、反思学习苏联经验中的教条主义倾向、探索中国教育自身发展道路的一次尝试和努力，其出发点毋庸置疑。但由于经验不足、行动仓促，又受"左"倾思想的干扰，大多数的"教育革命"举措只望轰动效应而不求实际成效，使这场"革命"付出了代价。1958 年 2 月 2 日，《人民日报》发表社论，提出"全面大跃进"和"文教卫生也要大跃进"的口号。1958 年 9 月，中共中央、国务院发出《关于教育工作的指示》，提出要在三至五年内基本完成普及小学教育的任务，以及"将以十五年左右的时间普及高等教育"。诸如此类的口号和目标，是当时的条件下根本无法正常完成的任务。要放这颗"教育卫星"，就只能采用非理性的教育跃进手法了：中央宏观失控，地方中小学校一哄而上；过度放权使各地办教育的积极性、灵活性衍变成了盲目性、盲动性，肆意废除规章制度，"春季始业班"等学制试验怪招迭出；否定教师在教学工作中的主导作用，过分强调培养教师的阶

① ［澳］约翰·柯莱威利：《中国学校教育》，河北教育出版社 1995 年版，第 149 页。

② 毛礼锐、沈灌群：《中国教育通史》（第六卷），山东教育出版社 1989 年版，第 125 页。

③ 北京市有 1317 名中小学教师被划为右派分子，占中小学教职工总数的 4.8％；河南、山东被错划成"右派"的教师，分别占全省右派总数的 58％、35％。

④ 何东昌：《中华人民共和国重要教育文献》（1949—1997），海南出版社 1998 年版，第 812 页。

级观点、群众观点和劳动观点，组织教师频繁下场、下乡劳动……这些跃进行为，导致教育与经济的协同关系失调，中小学校秩序混乱，师资严重短缺，教育质量急剧下降。事实证明，在基础教育领域开展主观冒进、热衷虚夸、狭隘偏执的"教育革命"，与注重客观实际、稳步推进，讲究科学性、严谨性的中小学教师法制建设的宗旨是南辕北辙的，谈不上多大意义上的优越性、建设性。

3. 法律虚无主义的滋生

在各种政治旋涡的冲击中，教育法制建设虽没有完全停止，但受到了严重的干扰和阻碍，其根源在于法律虚无主义传统的抬头及其全局性滋生。从经济上来看，政府机关扮演的是经济的组织者和管理者的角色，习惯通过直接的计划和行政指令，最大限度地集中资金、劳动力和自然资源进行统一配置，以推进国家的工业化进程；从政治上来看，高度集中的一元化政治领导体制不利于社会主义法制建设，党委的个别人权利过大，作为国家最高权力机关的全国人民代表大会的法律地位虽然没有明文改变，但其应有的权力及其在国家政治生活中的实际作用都明显弱化，处于一种可有可无的地位。行政机关不对最高权力机关和国家法律负责而对党委和党的政策负责，司法机关不仅服从党的方针政策的领导，而且服从党委对审判具体案件的指示。1958 年 2 月召开的一届全国人大五次会议，没有按法律规定听取和审议"一府两院"的工作报告、通过相应的决议，且此类情形"连续五次"[1]，使全国人大代表和人民群众失去了进行有效法律监督的权力和机会，这是一种"对全国人民代表大会宪法权力的漠视"[2]。司法机关和司法工作也受到很大削弱：1959 年 4 月，二届全国人大一次会议通过决议，以"没有单独设置之必要"为由，撤销了司法部和监察部；6 月，又撤销了国务院法制局。

反映在教育领域的情形也大率如此。在"反右"斗争中，全国各级人大代表有关教育、教师工作正当合法的发言，常被人当作反对党中央和社会主义制度的言论而横遭批判打击，有的还因此被剥夺了代表资格甚至自由与职业。国务院和各级教育行政部门的权限被削弱，正常的立法、执法工作受到多方面的压制和干涉。在法律虚无主义蔓生的社会环境下，中小学教师法规的规划、调研、审议全面受阻，已制法规的地位和作用也被人为降低。在此贬斥法制、冲击教育的年代，中小学教师法制建设原有的锐气尽失，无奈地走向全面滑坡。

---

① 杨一凡、陈寒枫、张群：《中华人民共和国法制史》，社会科学文献出版社 2010 年版，第 17 页。
② 韩延龙：《中华人民共和国法制通史》，中共中央党校出版社 1998 年版，第 408 页。

从 1960 年冬季开始的教育调整，使中小学教育事业纠偏循正，重入正常发展轨道，《中学五十条》《小学四十条》相继颁布，改革学校教学工作、推行"两种教育制度"等方面有切实的进展，中小学教师法制工作取得了积极的成果。然而从 1964 年开始，由于中央主要领导人对形势的判断产生较严重的偏差，主持制定了"二十三条"，"四清"运动和阶级斗争范围不断扩大，认为教育领域"资产阶级和修正主义的思想影响相当普遍，有些单位的领导权不是掌握在无产阶级手里，而是被资产阶级篡夺"的观点占掌控地位，教育事业受到严重冲击，有法不依、以言代法、以权压法的现象十分严重，中小学教师法制建设再次趋于停顿。

三、毛泽东的教师观

毛泽东是伟大的无产阶级革命家，也是一位政治型教育家。中华人民共和国成立前夕，他在中国人民政治协商会议开幕词中指出："随着经济建设的高潮的到来，不可避免地将要出现一个文化建设的高潮"。为了这个文化建设高潮，毛泽东对教育事业和教师工作作过许多重要的指示，对一些重大问题作出了决定性的定位。作为毛泽东教育思想重要组成部分的毛泽东的教师观，直接指导了我国 1949～1976 年这 27 年的新中国中小学教师法制建设。这种指导，不仅体现在制度建设方面，而且涉及精神历练领域。

（一）毛泽东教师观的主要内容

作为一个胸怀寰宇、学识渊博的共和国的缔造者，毛泽东的教师观具有宏大的气象、鲜明的时代特征和丰富的思想内容。

毛泽东一直充分肯定教师的重要作用。他在分析经济形势和阶级状况后指出，"社会的财富是工人、农民和劳动知识分子自己创造的"，要进一步发展新经济，建设新文化，"工人阶级必须有自己的技术干部的队伍，必须有自己的教授、教员、科学家、新闻记者、文学家、艺术家和马克思主义理论家的队伍"[1]，并且这支队伍的数量要扩大、质量要提高。

毛泽东指出："工、农、商、学、兵、政、党这七个方面，党是领导一切的。"[2] 作为"学"方面的人民教师，应当坚决维护党的一元化领导，忠诚党的

① 《毛泽东　周恩来　刘少奇　邓小平论教育》，人民教育出版社 1994 年版，第 277 页。
② 《毛泽东同志论教育工作》，人民教育出版社 1992 年版，第 275 页。

教育事业，执行党的教育方针。在培养目标上，毛泽东要求教师"为教育新后代而努力"。对学生的思想政治教育，全社会都要负起责任，但"学校的校长、教师更应该管"①，要发挥好主阵地、主渠道作用。他指示各级各类学校要科学地组织好教育教学工作，树立"学校的校长、教员是为学生服务的"观念，兢兢业业地工作，努力创造各种条件，促进下一代的全面发展。在教学内容上，毛泽东敦促教师要理论联系实际。针对有的教员在教学中的本本主义倾向，在 1965年 12 月的杭州会议上，毛泽东要求教师力戒贪多务杂、加重学生负担，而应结合工人做工、农民种田以及商品交换等实际，教给学生一些实用的知识和技能，在整体保证教育质量的前提下，可将学生的课程总量砍掉三分之一。在教学方法上，毛泽东要求教师运用启发式教学法，坚决废止灌输注入式。他多次表示，教员应该把讲义印发给学生，让学生先自学，熟悉学习内容，发现、思考疑难问题，以更好地配合教师的课堂教学。在师生关系上，毛泽东提醒教师要有师生平等、教学相长的民主意识。他批评孔子"不民主，没有自我批评的精神"，而甚为肯定中国古代书院情谊深厚、平等切磋的师生关系，尤为赞扬新民主主义革命时期我党军校形成的"官教兵，兵教官"的优良传统，要求新中国的教师认真加以借鉴、继承和发扬，建立无产阶级的新型师生关系和教风学风，使师生双方在人格平等、自由论辩的民主氛围中增长学识和才干。

"革命的或不革命的或反革命的知识分子的最后的分界，看其是否愿意并且实行和工农民众相结合"②。毛泽东指示教师，必须真情实意、自觉坚定地与工农群众相结合。在思想观念方面，教师应该增强与工农结合的自觉意识，努力学习，加强修养，在思想上站稳立场，在情感上把握方向。他批评旧式学校的小学教师对待农民的态度"非常之不好，不但不是农民的帮助者，反而变成了农民所讨厌的人"③，要求任教于各级学校的教师们戒之。在实际行动方面，毛泽东郑重建议教师积极投身于工农大众的生产、生活和斗争实际中去，尽可能地利用各种机会接近工人农民，服务工人农民。而"乡村学校教员本来就在农村"④，更应该和农民打成一片，在实践中经受锻炼，获得提高。

（二）毛泽东的教师观与新中国教师法制

毛泽东对法制工作也给予了相当的重视。他指出，"宪法就是一个总章程，

---

① 《毛泽东同志论教育工作》，人民教育出版社 1992 年版，第 258 页。
② 《毛泽东同志论教育工作》，人民教育出版社 1992 年版，第 53 页。
③ 《毛泽东同志论教育工作》，人民教育出版社 1992 年版，第 1 页。
④ 《毛泽东选集》（第五卷），人民出版社 1977 年版，第 408 页。

是根本大法"，要求"所有的人都遵守革命法制"。毫无疑问，新中国的教师法制工作是归属于整个革命法制工作的，是部分和整体的关系。从毛泽东的教育思想和他对教育工作的领导实践中，我们可以探寻毛泽东的教师观与中小学教师法制建设之间的内在关系。这种关联是多方面的，最突出地表现为以下两个方面：

1. 促进了中华人民共和国教师政策、法规的制定①

毛泽东关于教师问题的具体指示，对新中国教师法规、政策的制定起到了导向作用。中华人民共和国成立初，毛泽东指示要认真进行对失业知识分子的救济工作，帮助其就业。为此，政务院及时调研、规划、决策，很快发布了《关于救济失业教师与处理学生失学问题的指示》，及时解决了这个势必会影响教育发展和社会稳定的隐患。1955年，关于合作社学习小组和技术夜校需要教员一事，毛泽东提出不需等上面派人来，"可以就地选拔，并且要提倡边教边学"，可以安排地主富农家庭出身的知识分子担任文化教员。根据这一指示精神，有关部门转变了工作思路，制定了相应的解决办法。1956年4月，毛泽东在团中央反映小学教师有"三低"（待遇低、地位低、质量低）的情况简报上批示："此件值得一阅，并应予以解决。"4月27日，周恩来决定"在国务院常务会议中提出解决办法"。教育部受命制定具体的实施方案，经过连续两个月认真细致的研究，形成了《关于提高小学教师待遇和社会地位的报告》，使这项工作获得了阶段性的解决。

2. 很多重要观点在教师法规中得到反映

毛泽东是一个伟大的马克思主义者，他根据中国实际，继承和发展了马恩列的教师观。马克思在《剩余价值理论》一文中，认为教师"对自己的企业主说来，是生产工人"，对教师职业作了科学的定性。十月革命胜利后，列宁要求教师大军"不能把自己限制在狭窄的教师活动的圈子里，教师应该和一切战斗着的劳动群众打成一片"②，并指示党要吸引、领导"几十万教师……来参加我们正在进行的事业，使他们意识到我们的工作十分重大"③，要克服国家暂时的经济困难而"不要再舍不得增加教员的面包配给了"。苏维埃各级政府和教育组织，严格遵循列宁的指示，使旧俄来的教师的思想面貌发生了深刻变化，新教师茁壮

---

① 涂怀京、陆启光：《毛泽东的教师观》，《当代教育论坛》2002年创刊号。
② 《马克思　恩格斯　列宁论教育》，人民教育出版社1993年版，第163页。
③ 《马克思　恩格斯　列宁论教育》，人民教育出版社1993年版，第164页。

成长，在发展社会主义教育、巩固新生政权和实现全俄电气化计划等事业中发挥了积极的作用。毛泽东结合中国的国情，对此加以创造性地运用和发展。例如，在一生的大部分时期，毛泽东把在知识分子中间表现出来的矛盾定性为人民内部的矛盾；对旧教育工作者，主张采取和风细雨的方法帮助、教育他们，使其获得新观点、新方法，自觉地为人民服务；要求党政文教艺术部门坚持"百花齐放、百家争鸣"的文艺工作方针，"用放的方针来团结几百万知识分子"①，发挥好知识分子的积极作用。他的这些观点，在《关于划分农村阶级成分的决定》、中小学《暂行规程（草案）》、全日制中小学《暂行工作条例（草案）》等法规中都得到了切实的反映。

毋庸讳言，毛泽东的教师观也有其一定的历史局限性。中华人民共和国成立后，毛泽东强调所有教师都必须进行思想改造。对从旧社会过来的教师进行思想改造是必要的，甚至是紧迫的。但问题在于，毛泽东不无偏颇地认定了新中国整个教师队伍的阶级属性，过高地估计了教师思想改造的严重性、长期性和艰巨性。由于对社会主要矛盾估计的反复和对反革命集团险恶阴谋的失察，毛泽东晚年逐渐放弃了教师已是工人阶级一部分的正确判断，不适当地把大多数教师归入资产阶级、小资产阶级知识分子的范畴，列为革命的对象。他认为，在全人口中间，"知识分子是最无知识的"，教师"不听主人的话……教资本主义那一套，教出一些反革命，工人阶级是不干的，就要辞退你"②。1971 年，由张春桥、姚文元炮制的《全国教育工作会议纪要》出台，肆意捏造出荒谬的"两个估计"，严重挫伤了广大教师的政治理想和工作积极性，《全国教育工作会议纪要》也经过了毛泽东的圈阅同意。毛泽东把对教师进行"团结、教育、改造"这个仅适用于社会主义改造完成以前的政策，扩大到整个社会主义历史阶段，忽视了教师的自觉能动性和共和国自己培养的教师所占比例迅速扩大这一基本事实。在这种思想主导下，各种本不该有或扩大化了的政治运动接踵而至，广大教师长期处在批判声浪和各种形式改造的冲击下，荒废了自己的教育教学工作和学术研究工作，使国家的人才培养一度极为失调，教育事业出现大破坏、大倒退，教训是很深刻的。

在当代依法治师的生动实践中，人们应该坚持辩证的、历史的、发展的观点，正确、全面地理解、把握毛泽东的教师观，从毛泽东的教师观中吸取经验、智慧和教训，以为宝贵的借鉴，并将之铸造成飞架现实与未来的金桥，使潜在的"天堑"一变而为教育的"通途"。

---

① 《毛泽东选集》（第五卷），人民出版社 1977 年版，第 212 页。
② 《毛泽东选集》（第五卷），人民出版社 1977 年版，第 453 页。

第二节　中小学教师法规的制定

1956 年 9 月，党的八大在决议中提出，"我们必须进一步加强人民民主法制，巩固社会主义建设秩序；国家必须根据需要，逐步地制定完备的法律"。这使国人"看到了法制建设蓬勃发展的前景"①。新中国十七年教育领域的立法，主要围绕消除国民党的教育流毒，进行改革学制，进行基础教育、高等教育、成人教育诸领域的改革较全面地展开，紧密结合国家的教育政策、教师政策。此期的中小学教师法规制定工作整体上逐步、有序地推进，取得了受人瞩目的成绩。

一、中小学教师政策

中华人民共和国成立初期，教育法律法规很不完备，像行政工作和司法工作一样，各级各类教育工作遵循的原则也是有法律，从法律；没有法律，从新民主主义政策。这在当时的具体历史条件下是合理、必要的，而且开启了教育法律与教育政策之间关系的初步探索。1949～1956 年的教师政策不仅有力地促进了教师队伍和教育事业的发展，而且对教师法规的制定、实施有切实的裨益。

在教育管理工作中，国家制定的中小学教师政策是稳妥、务实的。中华人民共和国成立之初，除个别反革命分子外，中央决定对旧有学校的教职员采取"包下来"的政策，以保证接管、整顿、调整工作的顺利进行。1949 年 12 月，在北京召开了新中国第一次全国教育工作会议，提出要"以老解放区新教育经验为基础，吸收旧教育某些有用的经验，特别要借助苏联教育建设的先进经验"，定下了教育建设的基调。1951 年 3 月，教育部召开第一次全国中等教育会议，提出了中等学校的建设方针，认为学校的基本工作是教学，办好学校必须正确执行校长负责制和教师责任制。普通中学教育确立了依靠教师办学校的正确方针，加强中学教师队伍建设提上工作日程。1951 年 8 月，第一次全国初等教育及师范教育会议召开，具体规划了普及小学教育的任务，为此决定培养百万名小学教师，师范教育当前的工作方针是正规师范教育与大量短期训练相结合。1956 年 1 月，中共

---

① 杨一凡、陈寒枫、张群：《中华人民共和国法制史》，社会科学文献出版社 2010 年版，第 15 页。

中央召开关于知识分子问题的会议，周恩来在会上作了《关于知识分子问题的报告》，指出在新中国成立后，党的团结、教育、改造旧时代知识分子的政策取得了巨大成就，知识界的面貌在过去六年发生了根本变化，"他们中间的绝大部分已经成为国家工作人员，已经为社会主义服务，已经是工人阶级的一部分"①；认为社会主义建设事业，除了必须依靠工人阶级和广大农民的积极劳动以外，"还必须依靠知识分子的积极劳动"。同年 5 月，中共中央宣传部正式提出"百花齐放、百家争鸣"的方针，提倡在文学艺术工作和科学研究工作中有独立思考的自由、辩论的自由、创作和批评的自由，有发表、坚持和保留自己意见的自由。对知识分子基本状况的估计和"双百"方针的提出，极大地鼓舞了广大知识分子的积极性、主动性和创造性，两百多万中小学教师也以冲天的干劲勤勉劳动、忘我工作，热烈响应中央"向现代科学进军"和党的八大提出的国家工作重点转移到全面建设社会主义轨道上来的号召。

在这样的宏观背景下，国家出台了一批中小学教师政策。鉴于新中国刚从旧社会脱胎出来，清除旧世界痼疾的工作在各行各业迅速展开。教师工作有其特殊性，教师政策的中心任务之一是全面开展对中小学教师的政治教育和思想改造工作。1950 年 6 月，毛泽东在全国政治协商会议上提出，要在知识界开展自我改造的教育运动。1951 年 5 月，文教界批判电影《武训传》，接着又开始了对陶行知和陈鹤琴教育思想的批判。11 月，中共中央发出《关于在学校进行思想改造和组织清理工作的指示》，要求所有中小学开展教职员工学习运动，利用暑假、寒假举办教师讲习会等形式，学习时事政治和马克思列宁主义基本常识，联系自己的思想实际和工作实际，认真、自觉地开展批评与自我批评。教师思想改造运动的立足点是好的，但后来出现了一些粗暴的做法，开了用政治批判代替学术探讨的不好先例。至 1952 年秋，思想改造告一段落，直接参加这一运动的有中等学校 75% 的教职员，还有一部分初等学校的教职员。

私立学校当时占一定的比重，经费大多难以维持，学生、家长和教师都希望政府接办。1951 年接收处理了一批，次年 9 月和 11 月，教育部先后发出《关于接办私立中小学的指示》《关于接办私立中等学校和小学的计划》，提出了接办工作的方针、原则、计划和步骤，使该项工作在全国范围内稳妥、有序地展开。

中华人民共和国成立初期学习苏联先进的教育经验，是新中国教育史上的首次对外开放。中共决策层的一个重要共识是，中国革命和建设都要"以俄为师"。1949 年 10 月 5 日，刘少奇在中苏友好协会召开成立大会上明确指出，"苏

---

① 《毛泽东　周恩来　刘少奇　邓小平论教育》，人民教育出版社 1994 年版，第 239 页。

联有许多世界上所没有的完全新的科学知识，我们只有从苏联才能学到这些科学知识，如经济学、银行学、财政学、商业学、教育学等"[1]。1949年12月，毛泽东率领中国代表团访问苏联，"停留九个星期之久，表明以毛泽东为首的中国共产党人将实行'一边倒'的方针"[2]。1950年1月、4月，1954年3月，中央教育行政部门先后颁布《关于中国人民大学实施计划的决定》《哈尔滨工业大学改进计划》《同济大学、重庆大学请苏联专家来校讲学的总结》，1954年4月政务院发出《关于全国俄文教学工作的指示》，都是落实学习苏联教育经验的具体政策。中小学工作领域也处于这样的教育情势之下，教育部1950年就开始组织力量，在认真参考苏联教科书的基础上改编我国普通中学数、理、化等自然科学教科书，编辑师范学校的教育学、教材教法等教学用书，深刻影响了我国在任和未来的中小学教师的教学、培训和培养工作。1955年10月，教育部副部长陈曾固率领中小学教师代表团赴苏访问，学习、考察、研究苏联基础教育的先进经验。在我国制定第一个五年计划（1953～1957年）的过程中，参与其事的苏方教育规划人员热忱很高，积极主张提高现有学校的水平，改进对中学以上教师的培训。这些政策和举措都切实拓展了我国中小学教育政策借鉴苏联模式的深广度。有外国学者评论道："1955年，中国颁发与苏联类似的学生守则。学生要尊敬国旗和国家领导人，努力学习，遵守学校规则，认真上课，向校长敬礼，站起来回答教师提问。"[3] 情况确实如此，当年2月和5月先后出台的《小学生守则》和《中学生守则》，是教育部以"命令"的形式发布的，处学习苏联教育经验、出台中小学教育政策和教育法规的三相交错地带。

由于对教育工作的全面领导尚处于探索阶段，党和政府在对教育的功能、地位等宏观政策层面上也有过失衡之处。例如，毛泽东1956年4月作的《论十大关系》重要讲话中，就没有包括文教建设与国民经济建设的关系，使文化教育事业在国民经济建设中没有占到应有的重要战略地位。这个在国家一片大好形势下的疏漏，影响了教师政策更有张力和前瞻性的制定，对教师法制建设也不无牵掣。

1956～1966年全面建设社会主义十年间，国家很重视对教育政策和知识分子政策的调整，如1961年6月聂荣臻写给中央的《关于自然科学工作中若干政策问题的请示报告》、1962年3月周恩来在广州作的《论知识分子问题》、1962年4月毛泽东批发的中共中央《关于加速进行党员、干部甄别工作的通知》、教

① 转引自《中华人民共和国教育大事记》（1949—1982），教育科学出版社1984年版，第4页。
② 宋恩荣、吕达：《当代中国教育史论》，人民教育出版社2004年版，第233页。
③ ［澳］约翰·柯莱威利：《中国学校教育》，河北教育出版社1995年版，第143页。

育部根据中央调整工资规定而发的《关于 1963 年全国各级公办学校教职工工资调整工作的几点意见》，可以看出教师政策的地位和作用未曾有实质改变，与我国的教育法制和教师法制工作相互促进、彼此关照。

二、中小学教师法规的制定颁布

教师政策是教师法规的一个重要来源，如其中有些教师政策经过一定的程序转化成了教师法规，有些则在相关的教师法规中得到程度不同的反映。而教师法规又是教师政策的法律化，是教师政策得以贯彻实施的有效、稳定、权威的重要方式。

1949～1966 年，先后以《中国人民政治协商会议共同纲领》和首部《中华人民共和国宪法》确立的法律精神和教育原则为基础，在贯彻执行国家教育方针政策、推动基础教育发展、加强教师队伍建设的过程中，我国中小学教师法规得以萌生、发轫、初步奠基。

1949 年 9 月通过的起临时宪法作用的《共同纲领》，规定了"废除国民党反动政府一切压迫人民的法律、法令和司法制度，制定保护人民的法律、法令"，"给青年知识分子和旧知识分子以革命的政治教育，以应革命工作和国家建设工作的广泛需要"，"教育方法为理论与实际一致"，"有计划、有步骤地实行普及教育，加强中等教育和高等教育"等一系列文化教育路线，并提出了"中华人民共和国的文化教育为新民主主义的，即民族的、科学的、大众的文化教育"这个"中华人民共和国成立后第一个明确表述的教育工作方针"[1]。1954 年 9 月，第一届全国人民代表大会通过的《宪法》规定，"中华人民共和国全国人民代表大会是最高国家权力机关"，"全国人民代表大会是行使国家立法权的唯一机关"，"全国人民代表大会常务委员会行使下列职权……解释法律……制定法令"[2]，"公民具有受教育的权利"，"国家对于从事科学、教育、文学、艺术和其他文化事业的公民的创造性工作给以鼓励和帮助"，"国家特别关怀青年的体力和智力的发展"。这些由国家根本大法规定的教育原则、任务、制度、方法、权

①　李国钧、王炳照：《中国教育制度通史》（第八卷），湖南教育出版社 2000 年版，第 9 页。

②　根据 1955 年《关于授权常务委员会制定单行法规的决议》和 1982 年新宪法的规定，全国人大常委会作为全国人大的常设机构，与全国人大共同行使国家立法权。其教育立法权限包括：制定和修改除应由全国人大制定的法律以外的其他教育法律；在全国人大闭会期间，对全国人大制定的教育法律进行部分补充和修改，但不得同该法律的基本原则相抵触；撤销国务院制定的同宪法、法律相抵触的教育行政法规；撤销各省、自治区、直辖市国家权力机关制定的同宪法、教育法律、教育行政法规相抵触的地方性教育法规；等等。

限，强化了国家教育权，也明确了教育事业和知识分子的重要地位，为中小学教师法规的制定提供了最权威的法律依据。

新中国成立初期，中央人民政府组织法未明确政务院有制定法规或规则的权力，而是规定政务院有权颁发决议和命令。1954年，《宪法》虽也没有明文规定国务院有权进行行政立法，但此后国务院拥有事实上的立法权，其颁布的"指导全国各方面工作的、具有普遍约束力的文件，实际上也是法规"①。

1949～1956年，受多种合力的作用，中小学教师法制建设正式发轫。国务院（政务院）、教育部等中央立法主体一共颁布了25部中小学教师法规，如《关于改革学制的决定》《师范学校暂行规程》《关于高等师范学校的规定》《中学暂行规程（草案）》《小学暂行规程（草案）》等。这些法规的制定实施，使收回国家教育权、接管旧学校、团结教育改造知识分子、培养培训管理中小学教师、发挥中小学教师的重要作用、保障基础教育学校的教育教学等事务得以顺利进行，推进了以服务工农为方向的新中国教育建设事业。当然，此期中小学教师法制也存在一些不容忽视的问题，如"政策大于法的观念"仍是"政府的主要倾向"②，没有把主要精力放在立法和执法上；已经制定的教育法规位阶较低、规范性不强，不少法规附上了"暂行""试行""草案"等字样，影响了其应有的稳定性和权威性。"初生之物，其形必丑"，中华人民共和国成立之初的短短数年间，在极为薄弱的基础上，中小学教师法制能取得这样的成绩，其大辂椎轮之功，实不可泯。如果能保持这种势头，正式进入社会主义阶段的中国教育法制建设本应前景光明，可随后接踵而至的政治运动，使很多方面偏向了歧途。

1957年"反右"扩大化，严重冲击了教育事业，压抑了知识分子的工作积极性和主人翁精神。随后的教育大扩张，明显超过了国民经济尤其是农村经济的发展水平的负担能力，明显超过了学校基本建设、师资队伍、教育教学设备等方面的应承能力。为了改变这种互不相适的扞格局面，把整顿规范教育事业规模与提高教育质量结合起来，自1960年11月起，中央提出"调整、巩固、充实、提高"八字方针，开始着手纠正"左"的错误，为"各地的中等学校和小学"中"大多数被错误批判和处理的教职工进行了甄别平反"③，部署教育调整工作，决定停止中小学的盲目畸形发展，适当压缩全日制中小学的规模，将被压缩学校的优秀教师充实进被保留的学校，以提高师资质量和教育水平。

为扭转中小学教育工作中法制建设薄弱、率意作为现象较为严重的局面，国

---

① 杨一凡、陈寒枫：《中华人民共和国法制史》，黑龙江人民出版社1997年版，第156页。
② 劳凯声：《中国教育法制评论》，教育科学出版社2002年版，第152页。
③ 何东昌：《中华人民共和国教育史》（上），海南出版社2007年版，第293页。

家决定建立适合国情的中小学教育管理制度，由中央宣传部、教育部党组着手草拟《全日制中学暂行工作条例（草案）》和《全日制小学暂行工作条例（草案）》。遵照中央的决定和毛泽东"大兴调查研究之风"的指示，在邓小平的直接领导下，由教育部长杨秀峰负责的"条例"起草小组开始全面运作，组织力量前往北京、河北等地深入实际调查研究，同时委托吉林、陕西、上海等省、市教育厅（局）分别草拟方案。教育部还多次召开条例起草、修改工作会议，最后由教育部副部长蒋南翔完成定稿工作。1963 年 3 月 23 日，经中共中央批准，颁布了《全日制中学暂行工作条例（草案）》（即《中学五十条》），共八章五十条，其中第六章为教师专章。同日还颁布了《全日制小学暂行工作条例（草案）》（即《小学五十条》），共八章四十条，其中第六章为教师专章。这两个《条例》总结了中华人民共和国以来，特别是1958~1960 年中小学教育工作的经验教训，较为具体、明确地规范了中小学校各项工作，为提高中小学教师的地位和待遇、建立健全社会主义性质的中小学教育制度奠定了可靠的基础，"起到了当时教育基本法规的作用"①，被誉为我国 20 世纪 60 年代的教育纲领性文件。《中学五十条》和《小学四十条》是中华人民共和国成立 17 年教育法规中最具代表性的基础教育法律文献，"其制定的合法性、内容的科学性、规则的规范性，至今对教育法规建设仍有重要的借鉴意义"②。

全日制中、小学《暂行工作条例（草案）》正式发布后，受到广大教师的衷心拥护，学校教育教学秩序大有好转，教师努力钻研业务、学生刻苦读书求学蔚然成风。经过整顿，到 1963 年底，普通中小学学校数和在校教师、学生数都得到必要的压缩和精简，教育质量明显提高。这次由教育法规主导的全局性调整，不仅使当时全国中小学的面貌焕然一新，而且在中小学教师法制史上高扬了一面稳健、务实的旗帜。

1957 年 2 月，毛泽东在《关于正确处理人民内部的矛盾》一文中提出："我们的教育方针，应该使受教育者在德育、智育、体育几个方面都得到发展，成为有社会主义觉悟的有文化的劳动者"。1958 年 9 月，中共中央、国务院又在《关于教育工作的指示》中提出了党的教育工作方针，即"教育为无产阶级的政治服务，教育与生产劳动相结合"。为了并通过贯彻上述两个方针，中小学教师法规建设取得了一些成绩，甚至在某些方面还有所突破。1957~1965 年，中共中央、国务院、教育部等部门一共制定了 28 部中小学教师法规，如《关于教育事

---

① 方惠坚、郝维谦：《蒋南翔教育思想研究》，清华大学出版社 1999 年版，第 85 页。

② 郝维谦、李连宁：《各国教育法制比较研究》，人民教育出版社 1999 年版，第 275 页。

业管理权利下放问题的规定》《关于加强少年儿童校外教育和整顿中小学教师队伍的指示》《关于评定和提升全日制中、小学教师工资级别的暂行规定》《关于中学教学研究组工作条例（草案）》《全日制中学暂行工作条例（草案）》《全日制小学暂行工作条例（草案）》等，使我国中小学教师法规体系雏形略备，增强了中小学教师队伍建设的支撑力量，促进了教育与生产劳动相结合，也加快了我国向科学进军的步伐。

虽然中、小学《暂行工作条例（草案）》为学校工作提供了较为全面的法律依据，但知识分子的阶级属性问题，具体到中小学教师身上就是他们的政治地位问题，在条例中并没有获得解决，早前埋下的隐忧仍在。从1963年下半年开始，阶级斗争重被置于要纲的地位，教育为无产阶级政治服务被有的人曲解成纯粹为阶级斗争服务，教育的培养目标和培养途径偏离了正轨，直接影响了原有法规作用的正常发挥和新法规的制定出台，削弱了中小学教师法制建设应有的连续性、稳定性和权威性。许多地方和部门又开始贬抑和排斥中小学教师。例如，有地方宣称"学校工作还存在一条反动的资产阶级教育路线"，某中学"已为地主阶级篡夺领导权"，某小学"有反革命活动"，某教师"在课堂中任意辱骂摧残工人和贫下中农子女"；有的县委宣布，清洗家庭出身剥削阶级的小学教师；有的市教育局长决定，凡地富家庭出身的教师，一律不许担任班主任。同年10月，受中宣部指令，《人民教育》发表《谁说教育战线无战事》等三篇文章，批判"母爱教育"，荒谬地认为讲"母爱""童心"就是抹杀教育的阶级性，就是不要无产阶级政治方向。这些空穴来风、牵强附会式的渲染和指责，没有受到应有的抵制和干预，使有关法规中保护中小学教师合法权益条款的效力大打折扣。人们不禁要问：当时在全国轰轰烈烈开展的社会主义教育运动，难道就不包括遵守社会主义教师法制的教育？没有人能够解答。

第三节　中小学教师法规的遵守

教育法规制定颁布之后就要进入实施阶段，遵守则是实施的重要一环。"教育法规的遵守是教育法规实施的一种基本方式"[1]，"指教育法律关系主体自觉遵

---

① 李晓燕：《教育法学》，高等教育出版社2001年版，第242页。

守教育法的规定，按照教育法的规范要求作为或不作为"[1]。教育守法是教育法制的一个重要组成部分，教育守法的主体有公民和社会组织两大类，故而"国家干部、中小学校长和教师都要带头守法"[2]。要使教育守法成为一种风尚，就应该加强教育法规的宣传，使所有国家机关、社会组织、教育机构、公民个人都知晓、理解、敬畏教育法规，并将自身的行为自觉地同教育法规联系起来。在教师法规的宣传方面，我国长期以来总体上形成了较为独特的舆论优势，使相关教育法规能在预设的范围和时间内为民众知悉。例如 1963 年 3 月，《全日制中学暂行工作条例（草案）》和《全日制小学暂行工作条例（草案）》刚一颁布，中共中央就发出《关于讨论试行全日制中小学工作条例草案和对当前中小学教育工作几个问题的指示》，要求各地在中、小学全体教职工中宣读这两个《条例（草案）》，并分别组织他们逐章逐条地加以讨论。这种扎实、细密的宣传、学习方式，对广大教职员工准确理解教育法规的精神并用以指导本职工作产生了良好的效果。

本书在前四章均设置了"中小学教师法规的遵守"一节，拟分别阐述、评析各时期对中小学教师管理法规、教育教学法规和地位奖惩法规的遵守及取得的成效。有必要说明的是，中小学教师法规的遵守与中小学教师法规的内容是密不可分、互为表里、动静相成的，遵守最后都要落实到对教师法规具体内容和条款的遵守，遵出成绩，守出实效。由于"文革"十年是一段特殊的时期，本节的部分内容会把十七年和"文革"十年拢起来阐述。

一、教师管理法规

中小学教师管理是一种人事管理，从广义来说包括中小学"教师的任用、教师的评价、教师的培训和教师的激励等几个方面"[3]，从这几个方面再分解下去，相应的事项会更多些。

先略述本期的中小学教师资格法规问题[4]。中小学教师资格法规即有关中小学教师资格的法规的集合，是国家管理中小学教师队伍的重要依据。中小学教师资格法规的颁布实施，是为了形成一种中小学教师法定的职业许可制度，以提高中小学教师的整体素质和社会地位。作为一种国家制度，中小学教师资格一经取得即具有普遍适用的效力，不受时间、地域的限制，非依法律规定不得撤销或丧失。

① 黄崴、胡劲松：《教育法学概论》，广东高等教育出版社 1999 年版，第 195 页。
② 黄崴、胡劲松：《教育法学概论》，广东高等教育出版社 1999 年版，第 198 页。
③ 吴志宏：《新编教育管理学》，华东师范大学出版社 2000 年版，第 196 页。
④ 见涂怀京：《中小学教师资格法规特色探略》，《教育评论》2004 年第 1 期。

1949～1976 年，我国中小学教育在曲折和困难中前进，取得了一些发展成绩。但由于教育系统内外各种主、客观条件的影响与制约，中小学教育工作中的一些方面或环节时现疏怠凝滞之弊，一些符合教育发展规律、教师成长规律并被一些发达国家的实践证明为行之有效的教育举措，迟迟不能达成基本的共识，更毋论形成权威性结论并将之制度化，中小学教师资格问题就属此列。

关于中小学教师的资格问题，当时实际上存在这样一条不成文的规定：学生从各级师范院校毕业，即具备了作为一名合格中小学教师应有的文化专业知识和教育教学能力，也就有资格担任教师。因此，师范院校的学历证书就基本等同于中小学教师资格证书，国家通过派用制将获得学历证书的合格毕业生派遣至学校任教。这种机制可从相关的教师法规中得到印证。例如，1952 年 7 月，教育部在《关于高等师范学校的规定》中指出："师范学院培养高级中学及同等程度的中等学校师资，师范专科学校培养初级中学及同等程度的中等学校师资"；同月颁布的《师范学校暂行规程》规定，师范学校的任务是培养"全心全意为人民教育事业服务的初等教育和幼儿教育的师资"。1963 年 3 月，中共中央在《关于讨论试行全日制中小学工作条例草案和对当前中小学教育工作几个问题的指示》中指出："除了师范院校的毕业生以外，每年还要从其他高等学校、中等学校选择一部分毕业生充当中小学教师。"这些规定，在认可非师范类毕业生是中小学教师来源有益补充的同时，均强调师范院校为社会输送中小学教师的主渠道地位和"一步到位"性，且这条原则在此后的二三十年中一直没有实质更动过。也就是说，"师范学历证等同于教师资格证"没有受到过怀疑和质询。但从另一个方面来说，这种毕业院校与任教学校类级之间的应然、一一对应，实际上在无形中或者说已间接地提出了中小学教师的资格问题，师专毕业教高中、中等师范毕业教初中，即使不是被禁止的，起码也是不受提倡的。这就在客观上要求国家按中小学校教师的编制设定，有计划、有比例、按任务地发展各级师范教育，为中小学培养出合格的师资，教育好青少年一代。

正是由于师范教育的这种"正统"地位和传统信誉，教育界有时在较大范围内对知识分子执行"左"倾政策的时候，从师范院校毕业出来的教师也不太会被过于草率、粗暴地清理。例如 1962 年发起的精减中小学教师队伍运动，为了保护有真才实学的中小学教师，尽可能地保证学校的教育秩序和教学质量，国务院批转教育部意见，规定"凡国家统一分配到中、小学校的高等院校和中等师范学校的毕业生……不能作为精减对象精减出去"[①]。这一规定使许多中小学教

---

① 何东昌：《中华人民共和国重要教育文献》（1949—1997），海南出版社 1998 年版，第 1115 页。

师和校长得以免遭被除名的坎坷甚或厄运，得以在一个相对安稳的岗位上发挥自己的教育知识和技能专长。

由于受社会经济发展状况和教育发展水平的制约，国家在相关的教师法规中对新师资标准所做的规定多是原则性、导向性的，强制性成分不大。不仅在师范毕业生与中小学执教教师两者之间没有设置申请、考试、认可、批准等程序，而且允许各地区、各部门根据实际情况作必要的变通，如柳湜 1957 年 1 月曾说："从教师来说，不能规定必须是师范毕业才能教小学。"因而在当时，实际执行的任用中小学教师的标准经常是低于有关法规规定的，各级师范院校毕业生被层层拔高使用、非师范类毕业生所受教育专业训练明显不足但又没及时接受培训的情况司空见惯。这种情形再往下扩散开来，就导致了必备学历的门槛作用大幅降低，民办教师大量涌现，使全国中小学教师的学历合格率严重下滑。1976 年，初中教师的学历合格率不到 10%。

这二十多年间，这类法规对中小学教师资格问题的提出本身就是隐性、间接的，而在实际中往往被更"间接"地执行着，有时就基本上被直接放弃了。同时我们也应该看到，囿于"应为"和"能为"之间的矛盾，虽然中小学教师资格问题没有被直接而正式地提出，但并不等于该事项的完全阙如。此期散见于相关教育法规中的对中小学教师资格的某些要求，在经年的教育工作、教师工作中始终是作为一个重要的参照量和努力方向的。这种积渐式的酝酿、摸索、改进与推行，实为教师资格问题在后两个阶段得以渐次纳入现代中小学教育管理轨道所不可或缺的环节、不可逾越的阶段。

二、教育教学法规

本部分主要述析中小学教师法规中对相关人员和教育教学方面所设条款内容的遵守，暂不涉论有关教学内容、教学计划、教学纲要等政策类的一般性文件。

（一）班主任工作

班级是中小学教育教学活动的基本单位，班级管理是学校管理的重要组成部分。班主任处于班级管理的核心地位，是班集体的组织者、指导者和教育者，在形成良好的班风班纪、培养学生的优良品行、促进学生的全面发展、沟通班级与家庭社会之间的联系等方面起着重要的作用。十七年间的班主任制度基本上运转有序，教师法规中有关班主任的规定得到了较好的遵守和执行，中小学班主任及其工作的凝聚力、向心力和社会影响力得到长期维持。

1. 班主任的法定任务

班主任是班级的灵魂人物，在学校领导、学生和家长心目中都具有十分重要的地位。在班级德育管理方面，教育部在 1955 年的《关于实施"中学生守则"的指示》中要求班主任"经常注意了解学生，掌握学生的学习、生活和思想情况，就各个学生的不同情况，耐心地给他们进行教育。对于有显著进步或勇于改正错误的学生，应该及时地予以鼓励，以巩固学生已有的优良行为"①。同年的《中等学校学生会组织条例》规定："班委会应接受学生会委员会和班主任的双重领导"，但"班委会工作遇到困难时，首先应该请班主任帮助解决"，明确了班主任的优先处理权。《中学五十条》《小学四十条》等教育法规对中小学班主任的职责、任务作了一些规定和要求。例如，1963 年颁布的《中学五十条》规定："中学学生的思想政治教育，在学校党组织领导下，主要通过班主任工作"、政治课等活动来进行；"班主任应该在其他教师的协助下，对本班学生进行思想政治教育，指导学生的课外活动，组织学生的生产劳动，指导共产主义青年团、少年先锋队和班委员会的活动"。又如《小学四十条》规定："班主任应该在少年先锋队辅导员和其他任课教师的协助下，经常了解本班学生的学习、思想品德、健康等各方面的情况，及时进行教育和帮助"。这些教育法规初步形成了我国中小学校的班主任工作制度，为新中国 17 年间的中小学班主任工作提供了明确的法律依据，较好地发挥了班主任在班级德育管理和导向上的重要作用。

在班级教学管理、体育卫生管理方面。1952 年 3 月的《中学暂行规程（草案）》规定，班主任负责联系本班各科教员指导学生的学习方法，培养学习兴趣，加强了班主任所起的协调乃至优化各科任教师教学工作的作用。相关法规要求中小学班主任在校长的领导下，配合体育教师做好学生体育工作，配合卫生行政部门和学校医务人员或保健教师做好班级的卫生管理、保健工作，并将之作为一项重要的经常性任务。1960 年 10 月，正值国家经济困难时期，为了保护学生的身体和视力健康，教育部、卫生部在《关于进一步加强学校伙食管理和保护学生视力的通知》中，除了要求加强伙食管理、保证必需的营养外，还规定"学校教师（特别是班主任）必须反复教育学生，并和家长密切联系，培养学生良好的读书、写字习惯，纠正读书时的不良姿势。"② 1963 年的中、小学《暂行工作条例（草案）》规定，中小学班主任要采取积极措施保护学生的视力，"训练

---

① 中华人民共和国教育部办公厅：《教育文献法令汇编·1955》，1956 年编印，第 191 页。
② 中华人民共和国教育部办公厅：《教育文献法令汇编·1960》，1961 年编印，第 102 页。

学生端正看书、写字的姿势"。次年 9 月，教育部、国家体委等部门发布《中小学校保护学生视力暂行办法（草案）》，规定"班主任应把保护学生视力作为自己的工作职责之一，及时掌握学生视力情况，积极配合保健教师、医务人员做好视力保护工作"①。由于教育法规的持续介入干预，班主任、学校领导和体育教师的密切配合，"文革"前为保护学生视力采取的措施较为得力、有效，学生的视力健康状况一直维持在较为理想的水准上。

在操行评定、毕业鉴定方面。由于这项工作会直接影响学生在班级和学校的地位，影响他们今后的升学、就业等，因此教育法规对此作了一些必要的规定，以保证具体负责的班主任正确地行使好这项权力，实事求是、客观公正地鉴定学生的品行，同时维护好班主任群体自身的形象和声誉。1952 年的《小学暂行规程（草案）》规定，"小学儿童操行成绩的考查，由班主任会同科任教师根据生活指导标准"进行评定②。1963 年的《小学四十条》规定，班主任应"征求有关教师的意见，写出简明、具体、能够为学生所理解的评语"③。这些规定使小学班主任每学期、每学年的操行评定工作有了明确的依循。中学的情形则要慎重、复杂一些。1952 年 3 月的《中学暂行规程（草案）》规定，"操行成绩，由班主任及本班教师就学生的平时行为做经常考查，并于每学期结束时拟定评语及等级"，"由教导主任审查决定之"，程序颇为慎严；1955 年 9 月的《关于实施"中学生守则"的指示》规定，中学生操行成绩由班主任和本班教师评定，"不能过宽、过严"，在程序和审慎度上稍有宽缓。

2. 班主任队伍的建设

中小学班主任工作的基础性、事务性、独任性和"全天候"性，决定了加强班主任队伍建设的重要性。中小学教育法规从人员选任、业务培训和岗位津贴三个方面对班主任队伍建设作了明确的规定。

（1）对中小学班主任人员的选任，不应是一件随意、轻易、临时委派的事情，而是学校领导班子特别是校长的一项需多费思忖的重要工作。20 世纪 50 年代，教育部门规章对中小学班主任的任用问题作过简略却非简单的规定。1952 年颁布的中、小学《暂行规程（草案）》规定："小学各班采教师责任制，各设班主任一人，并酌设科任教师"；中学"每班设班主任一人，由校长就各班教员

①　何东昌：《中华人民共和国重要教育文献》（1949—1997），海南出版社 1998 年版，第 1308 页。
②　北京师范大学教育科学研究所：《中小学教育政策法令选编（1949—1966）》（上册）（内部发行），第 52 页。
③　华东师大教育管理学院：《建国后教育政策法令选编》（内部发行），1987 年 6 月，第 25 页。

中选聘，在教导主任和副教导主任领导下，负责联系本班各科教员指导学生生活和学习"①。60 年代则开始由综合性规章从政治和业务两方面来规定班主任的条件。例如，1963 年的全日制中、小学《暂行工作条例（草案）》规定："学校应该加强对班主任工作的领导，选派政治觉悟较高和较有教学经验的教师担任班主任。"②

（2）班主任的业务培训，是一项重要且较为经常的工作，相关内容请参阅本书第五章。

（3）班主任津贴。担任中小学班主任工作，需要付出很多额外的心血和劳动，对此给予适当的报酬既符合社会主义按劳分配原则，也能起到较好的肯定、激励效应。1955 年 1 月，教育部发出《关于中学教师兼任班主任或教研组长另给报酬的问题给北京市教育局的批复》，就北京市班主任津贴问题提出了一个初步意见，对全国其他地方产生了一定的影响，也为后来教育法规设置班主任的相关条款打下了一个基础。

（二）德育工作

德育是旨在形成受教育者一定思想品德的教育，是学校所有教职员工的一项重要工作。我国中小学教育都十分重视德育的功能，重视发挥中小学德育工作主阵地的作用③。"中小学教师是学校德育工作的基本力量"④，离开了教师，离开了教师的自觉重视和倾心投入，德育工作就无从谈起。1952 年颁布的中、小学《暂行规程（草案）》规定，中小学的教导工作采取教师责任制，中小学教师"对上课和课外活动的指导应负全面责任"，"必须对学生进行共产主义思想教育"。这一原则和要求，多年来一以贯之。

1. 教师的职业道德修养

作为"人类灵魂的工程师"，中小学教师的政治、思想、道德境界直接影响着未来一代的成长和成就境界，唯有德高品正的教师才能做好学生的教育者和引领者。1963 年颁布的全日制中、小学《暂行工作条例（草案）》，要求教师"以

---

① 北京师范大学教育科学研究所：《中小学教育政策法令选编（1949—1966）》（上册）（内部发行），第 38 页。

② 华东师大教育管理学院：《建国后教育政策法令选编》（内部发行），1987 年 6 月，第 39 页。

③ 1958 年之前，因为受到苏联教育理论的影响，我国教育界主张中小学德育主要也是通过教学活动进行，这使学校德育的地位要逊于智育。

④ 教育部政策研究与法制建设司：《现行教育法规与政策选编》，教育科学出版社 2002 年版，第 266 页。

身作则。在思想、行为方面，力求成为学生的表率"①。即使在特定的教师受贬抑的历史年代，也没有人敢公开挑战"学高为师""身正为范""德高为范""立德树人"的训条。

2. 德育师资队伍建设

中小学繁重、复杂、长期、全覆盖的德育任务，使德育师资队伍有加强、发展、壮大的客观要求。1965 年 1 月，中央批准增加中等学校专职政治课教师14000 人的编制，教育部、国家编委为此发出《关于配备中等学校专职政治课教师的通知》，强调政治课教师"在学校中肩负着培养革命接班人，同资产阶级争夺青年一代的艰巨任务"②，提出了挑选政治课教师的三项条件：出身好，政治历史清楚，立场坚定、作风正派的党、团员；具有充沛的革命热情，一定的马克思列宁主义、毛泽东思想的理论知识和实际锻炼；相当于高中文化，身体健康。

3. 增进德育工作实效

基础教育阶段德育工作的思想性和艺术性均很强，德育工作的对象又是人生观、世界观和价值观正逐步形成的中小学学生，如何使德育工作不流于形式、不走过场，有针对性、实效性，提高学生抵御不良思想影响的能力，实为亟须解决的重大教育课题。此期的教育法规对校长、班主任、教职员工的德育职责、德育实施途径等方面均作出了较成系列的规定，构架了一座德育工作制度的立交桥。此处主要评述一般中小学教师的德育职责。1952 年的《小学暂行规程（草案）》要求教师遵循"小学教导的基本原则"，对学生进行智育、德育、体育，发展学生的心性。1963 年的《小学四十条》规定，教师要注意小学生年龄、性格等方面的特点，"采取耐心、细致、反复的教育方法，不要用对待成人的办法来对待儿童少年"，以防走上德育工作的偏路歧途。如何增进中学德育工作实效，有关法规对教师也提出了明确要求。1952 年 3 月颁布的《中学暂行规程》，规定教师应从德育常规入手，负责"学生思想行为之指导，以贯彻中学教育全面发展的宗旨"③。1963 年的《中学五十条》强调教师"要注意少年青年的特点，解决学生中的思想问题，要坚持说服教育的原则，采取循循善诱、启发自觉、以理服人的方法"，教育他们拥护中国共产党，帮助他们"逐步树立工人阶级的世界观"和

① 华东师大教育管理学院：《建国后教育政策法令选编》（内部发行），第 43 页。

② 何东昌：《中华人民共和国重要教育文献》（1949—1997），海南出版社 1998 年版，第 1340 页。

③ 北京师范大学教育科学研究所：《中小学教育政策法令选编（1949—1966）》（上册）（内部发行），第 34 页。

为社会主义服务、为人民服务的坚定信念。只是"文革"十年浩劫中，原先制定的德育法规被削弱、搁置，中学德育片面突出阶级矛盾和阶级斗争，各种疾风暴雨式的政治运动成为所谓德育的主要形式，学生良好的道德品质和正确的政治观念无从培养，德育工作名存实亡，空前式微。

（三）智育工作

智育是使受教育者掌握系统的科学文化知识与技能、发展智力的教育，对提高中小学教育教学质量具有决定性的意义。面向全体学生，全面发展学生的智力和与学习及生活有关的非智力因素，是中小学教师肩负的十分重要的职责，关系到能否培养出未来社会有竞争力的优秀人才，关系到国家的前途和命运。因智育工作特有的科学性、学术性、精密性、复杂性、发展性，难以也不必单由教育法规来对之作硬性、详尽的规定，教育法规只规定智育工作的一些重要的原则、任务、方法等事项，智育工作的其他方面则较多地体现在学校政策、教学计划、课程标准和即时性的教育文件中。中华人民共和国成立后颁布的教育法规对中小学教师在智育工作中的地位、职责、要求等方面的规定，相对集中在以下三个方面。

1. 合理配备师资

合理、科学地配备师资，是保证中小学教育工作方向和整体质量的必然要求。

首先是要在各教学科目之间和教学的各个环节上合理地配备师资力量，不能失衡、偏废。1953年7月，根据中等学校对各科师资不同的需求状况，教育部发布《关于高等师范学校教育、英语、体育、政治等系科的调整设置的决定》，强调要对高等师范学校教育、英语两系科进行调减，体育系稍作调整，政治系则"须作适当的扩充和发展"[1]，并提出了对这四系科的设置及招生数等方面的具体调整办法，缓解了中等学校师资供需类别、科目上的矛盾。针对有些全日制中学让俄语教师改教其他课程或者让他们从头学习英语以备将来改教英语而引起的教学上浪费和混乱的现象，1963年9月，教育部发出《关于在扩大开设英语比例的同时注意稳定俄语教师队伍的通知》，要求有关各方着眼全局，端正认识，既要补充大量的英语师资，也要补充一定数量的俄语师资，以使外语教学得到均衡、协调的发展，满足社会对各语种人才的需要。

---

[1] 中华人民共和国教育部办公厅：《教育文献法令汇编·1953》，1955年编印，第165页。

其次是要在学校的各个年级之间合理配备师资。1960 年冬，教育部开始对中小学教育进行调整、整顿。为了纠正全国中学普遍存在的片面追求升学率的倾向，1963 年 1 月，教育部发出《关于当前中学教学工作的几点意见》，要求学校全面贯彻教育方针，"合理配备各年级的教师"，"对每个年级都应该配备一定数量的骨干教师"①，而不应将骨干教师全部集中于毕业年级，否则将直接影响基础年级的教学水平，最终还是要降低毕业年级乃至整个学校的教育质量。类似这样的规定，在相当程度上使全国中小学校以分数挂帅、以升学率高低作为唯一评价标准的不良倾向得以扭转，良好的教风学风得以形成。

2. 提高教学质量

教学质量是智育工作的生命线，是衡量、评判中小学工作的主要标准之一。为了提高中小学教师的教学水平和质量，国家在颁布的有关教育法规中，对教师教学方法的采用和教学内容的组织、传授等方面作出了一些规定。

（1）教学方法。在这个问题上，教育界的主导思想是，具体的"教学方法不应该强求一律"，但总的原则是应采用启发式教学。这无疑是对的，有关教育人士也对此作过一些推衍，如柳湜曾经说："教学上是不是也有百家争鸣……教师应该启发学生思考，引导他们从疑问和联系实际的思考中达到正确的结论。学生在钻研课本和参考书时，在运用课本知识解释实际问题时发生了疑问和争论，那就可以在课外活动中展开辩论。这样对于启发和培养学生独立思考能力有好处。"② 他的这段讲话与有关法规对教师采择教学方法的要求是一致的。

关于小学教学方法。法规要求教师应"实行理论与实际一致的教学方法，教师应根据学科系统，正确地结合儿童生活经验以及社会自然实际，并适当地运用实际事物，进行教学"③。1963 年的《全日制小学暂行工作条例（草案）》规定，小学教师应认真备课，改进教学方法，"根据儿童少年的年龄特点和接受能力进行教学"。

关于中学教学方法。1952 年的《中学暂行规程（草案）》规定："教师须根据教学计划、课程标准的规定和学生身心发展的规律，充分掌握教材内容，运用正确的教学法，按照一定的进度循序渐进地进行教学"，"中学教学方法，应注意启发学生良好的学习习惯与分析、批判、独立思考的能力"。1963 年 1 月，教

① 华东师大教育管理学院：《建国后教育政策法令选编》（内部发行），第 17 页。
② 《柳湜教育文集》，教育科学出版社 1991 年版，第 379 页。
③ 北京师范大学教育科学研究所：《中小学教育政策法令选编（1949—1966）》（上册）（内部发行），第 50 页。

育部在《关于当前中学教学工作的几点意见》中批评了"有些教师引导学生'压题'"的现象，指出这是一种不良的教学方法。同年 3 月颁布的《全日制中学暂行工作条例（草案）》强调，"教师要研究和指导学生的学习方法，教育学生养成良好的学习习惯"[①]，提高学习效率和学习成绩。

上述法律规定，指导了中小学教师在进行自然科学和社会科学课程的教学时，遵循理论与实际相一致的原则，根据学科、学生的实际情况，采用各种具体、有针对性的教学方法，并争取发明新颖、科学、启发性强的教学方法，以更好地提高教育教学质量，发展儿童少年的智力，培养他们的实践能力。

（2）教学内容。以法规的形式确定中小学的教学科目及相关要求，是中华人民共和国成立初期教育法规的一个特点，其主旨是将中小学的教学计划和科目内容用法规相对地固定下来，赋予其权威性和稳定性，以利学校和各科教师能兼顾当前和长远的工作需要，从容地安排教育教学事务，免去反复调整、变更之弊。

1952 年颁发的《小学暂行规程（草案）》，附有小学五个年级每周、每学年的教学科目及时数。例如，语文一至五年级的每周教学节数分别为 14、14、14、10、10，五年合计 2356 学时；数学一至五年级的每周教学节数分别为 5、6、7、7、7，五年合计 1216 学时。1959 年 9 月发布的《关于颁发"小学教学计划"的命令》，制订了小学一至六年级语文、算术、历史、地理、自然等科的教学计划。1952 年颁布的《中学暂行规程（草案）》后面也附上了一份《中学教学计划》，列有中学六个年级每一学期各科的教学科目及时数，很是周详，如初中三年"本国语文"的教学时数总计为 756 学时，高中三年代数的教学总时数为 216 学时，中学六年物理的教学总时数为 468 学时。这种做法反映了此期教育部门规章特别注重具体的课程安排的较为鲜见的特色。此后为应时需，中小学的教学计划、课程设置、教学内容等变动、更新、改革较为频繁，固一般均是由相关的教育政策或规划提出，教育法规只作一些重要的导向性规定。

3. 减轻学生负担

中小学教育教学工作，绝不能以牺牲学生身体健康的代价来换取知识，减轻学生课业负担与提高教育教学质量应该是辩证统一的。可并不是所有的教育行政领导和中小学校长、教师都察省到这一点，也不是任何时候都存在允许教师坚持这条原则的外部条件与环境。因此，为学生减负不只是学校和教师方面的事情，

---

① 华东师大教育管理学院：《建国后教育政策法令选编》（内部发行），第 37 页。

更需要全社会的共同努力，借助教育法的规范力来建立一种有效的监控、约束机制。

（1）减轻学生的课业负担。以学生的身心发展为本来说，"健康第一"任何时候都无疑是正确的。1951 年 8 月，针对"学生健康不良的状况颇为严重"的形势，政务院发布《关于改善各级学校学生健康状况的决定》，要求各级学校教职员"立即纠正忽视学生健康的思想和对学生健康不负责任的态度"，"教师授课应以课堂教学为主"，"各科教师应在分配时间内将课程教完、教好，并纠正和防止发动任何的突击、竞赛、硬赶进度等偏向"①。1960 年 5 月，中共中央、国务院发布《关于保证学生、教师身体健康和劳逸结合问题的指示》，规定教育行政部门和教师要切实减轻学生的学习负担，保证学生每天的睡眠时间，"中等学校学生必须保障八小时至九小时，小学生必须保障九小时至十小时"。1963 年1 月，教育部发出《关于当前中学教学工作的几点意见》，批评有些教师"频繁地举行考试、测验，致使学生为应付考试、测验而疲于奔命，损害了健康"，要求尽快纠正，以利学生的健康成长和全面发展。1964 年 3 月，教育部临时党组在一篇调查报告中指出，"近来，中小学学生课业负担过重的现象有所发展，有些情况已经相当严重。一般地说，中学比小学重，毕业班比非毕业班重，特别是有些重点学校的学生负担更重"，批评一些学校"不顾一切地增加学生的课业负担；有的甚至对国家、对上级弄虚作假，千方百计地使本校的学生有更高的升学率"②。要求"城乡全日制中小学都应该按照《暂行工作条例（草案）》的规定"，"提高教师的思想水平、业务水平"，"要使学生主要学习和理解教科书中的内容，不要离开教科书另搞一套笔记"③。

上述为学生减负的法律规定，一般在施行之初会得到较好的遵守。中小学校校长、教导主任和班主任对于各年级、各学科作业的分量和难度能会同各科教师协调平衡，以免过重、过深、过挤。教师对学生学业成绩的评定也力求切合实际，较少随意提高评分标准，创设了比较宽松的学习氛围，收效良好。但由于高考、中考指挥棒的作用和多种其他因素的推波助澜，有些法规往往难以得到长期遵守，常常会出现摇摆反复。

当然，中小学在减轻学生负担的同时也不能搞"轻松教学"，而应该千方百计地保证教育教学质量。为此，国家在相关法规中规定，"教师要加强对学生课

---

① 中华人民共和国高等教育部：《中等专业教育法令选编》，高等教育出版社 1956 年版，第 276 页。
② 程方平：《新中国教育调查回顾》，天津教育出版社 2010 年版，第 75 页。
③ 程方平：《新中国教育调查回顾》，天津教育出版社 2010 年版，第 79 页。

外阅读和其他学习活动的指导，扩大学生的知识领域"①，夯实学生进一步发展的基础；"教师可以对学生家长提供家庭教育指导"②，以协调学校教育与社会教育、家庭教育的影响，使之形成一致的教育合力，促进学生智能的持续、稳步发展。

（2）改进考评教师工作的办法。中小学校及教师给学生压学习任务的现象，责任不全在学校、教师身上，乃另有根源。中国是有着悠久课业竞争传统的考试之邦，社会上似乎形成了一种铁硬的观念：评判学校和教师的最重要甚至唯一标准只能是学生的考试成绩和升学率，其他因素无关紧要。很显然，这与科学、中正的教育评价原则和教育法规精神是决然相悖的。

教育部1963年指出，升学率的高低只反映教育工作的一个方面，不能作为衡量学校教育质量和教师教学水平的"唯一标准"③。这类禁止性规定，对提高各级主管部门的思想认识、切实改进考评中小学教师工作业绩的办法，较好地起到了"正本清源"、把握大方向的作用。但由于教育体制和整个社会运行机制并没有完全实现从传统到现代、从"近视"到"远瞻"的变革，在这样的大背景下，教育行政部门、学校领导片面地以学生考分来评价教师工作，并以此作为奖惩唯一依据的现象常有反弹，有时甚至愈演愈烈，其结果是加重了学生的学习负担，限制了他们多种潜能的发展。教师方面也是穷于应付、疲惫不堪，影响了他们从容裕如地引导学生，也影响了他们自身的专业发展。如何制定位阶更高、罚则更明确的教育法规来规范、约束各教育主体的行为，全面、科学地评价教师的工作绩效，保证中小学智育不偏离正轨，不陷于倾轧战术，是教育界和法律界共同面临的严肃课题。

（四）体育工作

体育是使受教育者增强体质以及掌握相应知识与技能的教育，是学校教育的重要组成部分。中小学校体育工作在校长的领导下，以体育教师为主，各方协调配合。"评定中、小学体育工作的成绩，最根本的是看学生的体质是否有所增强"④，围绕这一点，有关教育法规对教师的体育职责做出了一些规定。

---

① 华东师大教育管理学院：《建国后教育政策法令选编》（内部发行），第37页。
② 《教育法律手册》，法律出版社2001年版，第17页。
③ 华东师大教育管理学院：《建国后教育政策法令选编》（内部发行），第15页。
④ 浙江教育学院教育理论研究室：《教育政策法令选编（1978—1981）》（内部发行），第60页。

1. 师资队伍建设

体育师资的培养和配备是中小学开展体育工作的首要前提。由于 20 世纪 50 年代后期中等学校超常规发展，致使体育教师缺乏。为加大培养力度，拓宽体育师资的来源渠道，1959 年 8 月，教育部、国家体委发出《关于培养中等学校体育师资工作的意见》，要求"今后除高等师范院校的体育系、科培养中等学校体育师资外，体育学院和体育专科学校也要担负培养中等学校体育师资的任务"①。

2. 增强学生体质

在中小学体育工作中，搞好体育课教学是基础，考查学生体育成绩是手段，两者均指向增强学生身体素质这一目的。毛泽东、周恩来等领导人多次强调过增强学生体质的问题，而在中小学教师法规中，这条立法思路也是比较清晰的。教育法规明确规定，普通中小学校必须开设一定时数的体育课，不能随意被停、被冲，体育教师应当按一定的标准、规范和要求，搞好体育课教学工作。

在学生体育成绩的考查方面，中小学教师应该根据国家颁布的学生体育合格标准，认真考查、记录学生的体育成绩。由于体育成绩的好坏既反映学生的体质发展状况，又关系到学生的升学、就业和入伍，需学校领导给予重视，体育教师和班主任协同配合，细致周密地把这项工作做实、做好。当然，这种考查在坚持统一标准的基础上，对极少数体质特殊的学生也有一定的灵活性。

小学生体育成绩：由于小学生年龄小，身体机能发育尚不充分，因此对他们体育成绩的要求和考查相对要宽松、"日常"一些，不像中学那样注重各测验项目的成绩，而是将体育总成绩适当地分项，使体育课成绩与学生的其他体育表现相结合。例如，教育部很早就规定，小学生体育课出席的勤惰和表现（上课纪律、遵守时间、积极性、运动服装及对教师讲解的注意等）分数不计算在体育课成绩内，而将这项分数交由教导主任作为评定该生体育和操行总分数时的参考。中学生体育成绩：1953 年 5 月发出的《高等学校招生健康检查办法的联合通知》，要求招生学校教师按照相关标准考查中学生的体育成绩，同时也"应根据学生的健康状况、身体发育及体格特点，适当地降低对体弱学生的要求标准"。上述教育法规的贯彻执行，使我国中小学教师在开展学校体育工作、增强学生体质方面做出了十分可嘉的探索，同时也较好地防止了体育课教学和体育娱乐活动中的"'锦标主义'及运动过度损害健康的偏向"。

---

① 中华人民共和国教育部办公厅：《教育文献法令汇编·1959》，1960 年编印，第 30 页。

（五）劳动技术教育

除了德、智、体三育之外，中小学的劳动技术教育也是促进学生全面发展不可或缺的要素。劳动技术教育是中小学特别是中学教育的重要组成部分，是指对受教育者进行生产、技术和劳动素养方面的教育，以使他们形成正确的劳动观点和良好的劳动习惯，成长为又红又专的祖国建设人才。总体上看，"文革"以前我国中小学的劳动技术教育地位较为凸显，教育法规对劳动技术教育的实施和教师在其中的职责作过相关的规定。

为使广大中学生尤其是应届毕业生加深和巩固在课堂上学到的生物学知识，获得农业生产劳动的技能技巧，也为了这项工作避免出现散落、游离的状态而能发挥应有的教育功能，教育部于 1956 年 7 月颁发《中学实验园地工作暂行条例（草案）》，规定由校长指定实验园地主任和生物教师"负责制定实验园地工作计划"，指导学生在实验园地的"实习、实验、观察、参观等活动"，"帮助学生认识生物界的历史发展和植物类型的多样性"①。1963 年的全日制中、小学《暂行工作条例（草案）》赋予实施劳动教育相当的地位，均专列"生产劳动"一章详作规定："组织小学生参加劳动，必须由教师带领和指导，防止事故，保护健康"，"主要目的是从小养成劳动习惯，培养爱劳动、爱劳动人民、爱护劳动成果的思想感情"②。中学生参加生产劳动的目的是养成劳动习惯，培养劳动观点，在劳动过程中学习一定的生产知识和技能。教师在劳动过程中必须加强对学生的思想教育、纪律教育和安全教育。两个条例均强调"不得把劳动作为惩罚学生的手段"③，应该说，这项规定对加强劳动技术教育的育人功能、防止中小学劳动技术教育的变质和异化是非常必要的。

三、地位奖惩法规

"教师地位"一词，意指教师的身份或受尊重的程度，通常在教育政策、法规中所提的提高教师的社会地位，应该是包括教师的政治地位、专业地位和经济地位三项在内的。奖励和惩罚是教师人事管理的重要手段，也是中小学教师社会地位的一杆重要标尺。对中小学教师的社会地位和奖励、惩罚方面所作的法律规定，是各个时期教育工作必须依循的准绳之一。事实证明，什么时候教育指导思

---

①　何东昌：《中华人民共和国重要教育文献》（1949—1997），海南出版社 1998 年版，第 665 页。
②　华东师大教育管理学院：《建国后教育政策法令选编》（内部发行），第 25 页。
③　华东师大教育管理学院：《建国后教育政策法令选编》（内部发行），第 40 页。

想端正了，教师法规就会明确、恰当地规定中小学教师的社会地位和奖惩规则，并得到较好的执行。否则，中小学教师的正当权益就会遭受肢解和扭曲，教育事业就会跌入茫茫迷途。

（一）政治经济地位法规[①]

中小学教师政治、经济地位法规是教师法规的有机组成部分。在 1949～1976 年，尤其是前 17 年间，中小学教师政治、经济地位法规有自身的主要内容和沿革轨迹，在实施过程中发挥了应有的作用。教师法规中有关中小学教师政治地位、经济地位的规定是国家对中小学教师队伍实行规划和管理的重要依据。政治地位的确定是首要的问题，是对中小学教师进行他种定位的根本性前提。中小学教师同时是社会的、经济的实体，他们在经济上的地位也应该得到尊重和保障。

1. 政治地位法规的沿革及主要内容

（1）关于教师的阶级属性。1950 年，政务院通过的《关于划分农村阶级成分的决定》指出："知识分子不应该看作一种阶级成分。知识分子的阶级出身，依其家庭成分决定，其本人的阶级成分，依本人取得主要生活来源的方法决定"；"知识分子在他们从事非剥削别人的工作，如当教员、当编辑员……的时候，是一种使用脑力的劳动者"；"为工人阶级中的一部分"[②]。1957 年，全国人大常委会通过的《华侨捐资兴办学校办法》规定，侨校"教职员的政治待遇与公立学校相同"，受国家保障。革命教育家徐特立 20 世纪 50 年代曾言："既然每个人民都有了政治地位，如果说小学教师没有政治地位，这是不合逻辑的，并且是旧社会的观点。"[③] 应该说，此期教育法规对中小学教师阶级属性的规定，是科学、正确、合情理的。

随后掀起的"左"倾风潮，使中小学教师的阶级定位产生了负向的"位移"。1958 年，中央发文提出，"全国中小学教师，一般在寒假整风中都已经过'反右派'斗争，目前亟须解决清理队伍的问题"[④]。1961 年，教育部认为"当前中、小学教师一般质量不高，特别是队伍不纯、政治思想觉悟还不高"，规定

---

① 中小学教师的政治地位与经济地位关联密切，故合两者论之。见涂怀京：《中小学教师政治经济地位法规沿革述评》，《昭通师专学报》2007 年第 3 期。
② 何东昌：《中华人民共和国重要教育文献》（1949—1997），海南出版社 1998 年版，第 52 页。
③ 《徐特立教育文集》，人民教育出版社 1979 年版，第 254 页。
④ 何东昌：《中华人民共和国重要教育文献》（1949—1997），海南出版社 1998 年版，第 812 页。

今后高等和中等师范学校招生，"凡学生家庭属五类分子的一般不予招收"①。1963 年，中共中央发出《关于加强少年儿童校外教育和整顿中小学教师队伍的指示》，认定"中、小学教师队伍不纯的情况也是带有普遍性的一个问题"，还有一些"毒害少年儿童的牛鬼蛇神"②。

（2）关于教师的政治前途。中华人民共和国成立初期，当教师是工人阶级的一部分时，可"受到民主政府法律的保护"，存在施展自身才智的空间。当"反右"扩大化时，教师就成了被揭发、斗争、清理的对象，正当的出路被堵塞。1958 年，《关于在国家薪给人员和高等学校学生中的右派分子处理原则的规定》和《关于处理中小学教师中的右派分子、反革命分子和其他坏分子问题的指示》规定，将中、小学教师中的右派分子大部分调离学校，对他们的处理，依据情节轻重、态度恶劣程度，分别给予"实行劳动教养""送农村或其他劳动场所监督劳动""留用察看""降职降级降薪"等处罚③。对"酌情从宽"的教师，"凡是中学教员中的'右派分子'，一般应该向学校工作人员和所教班次的学生宣布，说明他是'右派分子'，但是愿意改正错误，所以留校工作"。"右派分子"教师原有的经济待遇绝大部分被降低，政治上的前途只能是坦白、认错、改造。1963 年，中央决定对"普遍性"的"队伍不纯"的中、小学教师群体开始又一轮"有计划、有步骤地加以整顿"。

2. 经济地位法规的沿革及主要内容

在旧社会，"教师最怕失业，每到寒暑假，教师们就要在家里焦急地等聘书，聘书不到，一家子的生活来源就断绝了，这时候妻哭子号，真是有说不出的辛酸"④。中华人民共和国成立后，基本上消除了这种现象，但有时中小学教师及其家庭也会遭遇不应有的贫困与艰辛。中小学教师的经济地位史，实质上就是按劳分配原则在中小学教师群体中实行和实现程度的历史，而有关这方面的教育法规，就是要贯彻、落实社会主义的分配体制。

工资津贴制度方面。教师工资是以货币的形式支付的教师劳动报酬。工资既是教师谋生的需要，又是维持和激发教师工作积极性主动性、稳定教师队伍的重要管理手段，还是衡量教师职业的魅力、声望和社会地位的一个重要指标。按照

① 中华人民共和国教育部办公厅：《教育文献法令汇编·1961》，1962 年编印，第 52 页。
② 何东昌：《中华人民共和国重要教育文献》（1949—1997），海南出版社 1998 年版，第 1221 页。
③ 何东昌：《中华人民共和国重要教育文献》（1949—1997），海南出版社 1998 年版，第 794～795 页。
④ 《徐特立教育文集》，人民教育出版社 1979 年版，第 299～300 页。

1950 年制定的《工资条例》（草案），国家在 1952 年进行了一次全局性的工资改革。同年 8 月，柳湜对教育系统的这次工资改革做了初步总结："工资百分比增加最多的是小学教师。全国初等学校教职员工的总平均工资的新标准较现行的标准增加了 37.4%……各级学校教职员工的工资都有了相当的提高。"① 1956 年，国务院发布《关于工资改革的决定》，全国实行统一的货币工资制度，教育部、高教部据此制定了全国大、中、小学教员和行政人员等九个教师工资标准表。通过此次调整，中小学教师工资水平有了较大幅度的提高。

"反右"发动后的几年中，上述教师工资标准被凝固，逐渐失去了调节脑力劳动和体力劳动工资关系的功能，不仅"右派分子"教师的经济待遇被人为降低，而且中小学教师整体的工资也相对降低。为了解决"因'大跃进'的冲击，职工收入减少、生活水平下降"等问题②，国家决定提升教师的工资级别，增加部分教师的工资。1960 年 2 月，国务院发布《关于评定和提升全日制中、小学教师工资级别的暂行规定》，强调"以教师的思想政治条件和业务工作能力为主要依据，同时必须照顾其资历和教龄"；新参加工作的教师，在见习期满后，"应该根据城市和乡村不同的生活水平，及时地分别评定其工资级别"③，根据学历的不同，工资级别的起点一般是中、小学教师工资标准八级、九级或十级，体现出合理的级差。1960 年 3 月，教育部发出《关于 1960 年高等学校和国家举办的全日制中、小学教师工资升级工作的几点意见》，规定中小学教师工资的升级面为 25%，升级面在全国各省、自治区、直辖市之间不作调剂，至于其内部中学与小学之间或地区与地区之间是否进行调剂，则由各省、自治区、直辖市党委确定。《规定》《意见》较为妥善地解决了工资调整中出现的一些问题，虽然没能恢复 1956 年工资改革形成的脑力、体力劳动者报酬的合理差距，但全国中小学教师工资明显偏低的情况有所缓和。

这与我国的教育投资状况也紧密相关。中华人民共和国成立后的"第一个五年计划"时期（1953～1957 年），教育发展与经济建设的关系处理得比较好，经济获得了较快的增长，教育和教师工资也得到较大的提升。"二五"计划及以后一段时期，由于实质上对教育事业重视不够等原因，教育经费在国民经济中的分配比例偏低。据统计，十一届三中全会之前的近 30 年，我国教育事业费占国家财政总支出的比例一直徘徊在 4%～7%，从没有超过 8%，这与教育事业的发展需要是很不适应的，也是中小学教育事业发展和教师队伍建设一直踌躇不前的一

---

① 《柳湜教育文集》，教育科学出版社 1991 年版，第 276 页。
② 庄启东、袁伦渠、李建立：《新中国工资史稿》，中国财政经济出版社 1986 年版，第 100 页。
③ 中华人民共和国教育部办公厅：《教育文献法令汇编·1960》，1961 年编印，第 25 页。

个直接、重要的原因。

（二）专业教职地位法规①

现代社会是高度分工的社会，由于专业在社会职业体系中占据重要的位置及其职能的不可替代性，专业地位就成为社会地位的一项主要标志。"教师的专业地位是决定性评价指标，是教师的社会地位的实际体现及其他指标的基础"②。中小学教师专业地位法规的颁布实施，就是为了科学、规范地评价并保障中小学教师的专业地位，促进教师队伍的发展壮大。1949~1976 年，在国家形势、教育制度和法律制度的变迁中，我国中央各级教育立法主体制定了一批位阶、效力、内容各有不同的中小学教师专业地位法规。

1. 法规沿革简况

中小学教师专业地位的建构，有其诸多直接或间接的支撑点，譬如相关宪法权利的规定、职业的法律定性、职业道德规范、培养培训、资格的获取等。1950年 8 月，政务院通过《关于划分农村阶级成分的决定》，指出知识分子"当教员、当编辑员……的时候，是一种使用脑力的劳动者"。1952 年 7 月，教育部颁行的《关于高等师范学校的规定》提出，"师范学院培养高级中学及同等程度的中等学校师资，师范专科学校培养初级中学及同等程度的中等学校师资"；《师范学校暂行规程》规定，师范学校的任务是培养"初等教育和幼儿教育的师资"。1957 年 1 月的《关于中学教学研究组工作条例》（草案）规定，各科教学研究组的主要任务是通过教学研究工作提高教师的思想和业务水平。1958 年 3 月的《关于在小学和各级师范学校教学拼音字母的通知》要求中小学语文教师参加拼音字母的学习，以保证拼音字母教学推广工作的顺利进行。1960 年 5 月的《关于迅速提高在职教师政治、文化、业务水平的初步意见》（草稿）提出，要"采取切实有效的措施，迅速提高在职教师的水平"，"保证教学改革顺利进行和教育质量进一步提高"。1963 年 3 月的《关于讨论试行全日制中小学工作条例草案和对当前中小学教育工作几个问题的指示》要求，"建立一支又红又专的教师队伍对于中小学教育事业有决定性的意义，各级党委和教育行政部门必须做好这个工作"。这些举要的法规对中小学教师岗位专业性质、专业地位的认定，总体上尚处于隐性、模糊、初步的阶段，但为以后的逐渐明确和进一步提升打下了必

---

① 见涂怀京：《中小学教师专业地位法规探略》，《江西社会科学》2006 年 12 月特辑。
② 郑淮：《论确保教师的专业地位与专业权利》，《教育人事》2001 年第 1 期。

要基础。

2. 法规规范要点

徐特立 1951 年曾说："我认为小学教师应该有专业思想……使广大人民群众得到科学和技术的基本教育，这种伟大的任务就落在小学教师身上。"① 循着革命老教育家的这个思路，如果中小学教师具有了专业思想和专业技能，也就应该被赋予相应的专业地位。作为"文革"前的代表性法规，1963 年的中、小学《暂行工作条例》（草案）主要是向教师提出了一些基本要求："教师的根本任务是把学生教好"，要爱护学生、以身作则、努力学习。《条例》强调的是教师的教学业务，而不是教育教学专业水准，更没有提教师资格这一行业准入制度。这说明，中小学教师的专业地位问题尚处于蛰伏期。联合国教科文组织 1966 年发表的《有关教师地位的建议》，肯定教师是一种专门职业，呼吁全球的"教师应被充分地保护，以免于恣意的行为影响其职业地位或职业生涯"。我国教育法规对此呼吁的响应，经历了一个缓慢、渐进的过程。

教师权利和义务的统一，也是教师专业地位的一个重要表征。教师的权利是指作为教师职业群体应该享有的职权和利益，是维护教师的专业权威所必需的。这一阶段教师的权利不是由法规来明确，而是从其他的单位、个人应尽什么义务或教师本身的工作职责等角度来反衬的，没有条理化、系统化。例如，1963 年的全日制中、小学《暂行工作条例》（草案）只提出，要注意提高"教师的社会地位，逐步改善他们的生活待遇"；1966 年 7 月，中共中央、国务院发布《关于改革高等学校招生工作的通知》，要求中学的学校领导、教师要认真评议，"把德、智、体三方面条件最好的学生推荐出来"。这种不正面规定权利的状况显然是囿于时代的大条件所致。

师生关系是指教师和学生在教育、教学、交往活动中形成的相互关系，是最能体现中小学教师权利义务的关系之一，其内容及走向可以从有关教育法规尤其是学生行为规范和教师职业道德规范上较为集中地表现出来，表征着中小学教师专业地位的降与升。在尊师方面，有关法规向学生提出了明确的要求。1955 年 2月和 5 月，教育部先后公布小学生守则和中学生守则，要求学生"听从校长教师的教导"；"用心听教师的讲解"，"用心做好教师指定的课外作业"；"回答教师提问时要起立，得到教师允许后再坐下"②。在爱生方面，对中小学教师的规定

---

① 《徐特立教育文集》，人民教育出版社 1979 年版，第 255 页。
② 中华人民共和国教育部办公厅：《教育文献法令汇编·1955》，1956 年编印，第 190 页。

和要求亦是严肃而一贯的，有关教育法规强调教师在实施学生守则的过程中，要"以正面教育为原则，应该防止惩办主义的偏向"①。

（三）奖励惩罚法规

"权责统一、赏罚分明"是人事管理的重要原则之一，坚持这项原则，对中小学教师管理工作来说，也能起到奖励先进、警策后进的作用。

1949～1966 年的 17 年，是我国中小学教师奖惩法规的宽泛化时期。在队伍管理上，由于教师和其他知识分子一样主要被视为国家干部，因而在很多方面就将管理国家干部的法规直接适用于教师。又由于当时"政策大于法的观念"是"政府的主要倾向"②，这就使变动性很强的政策在教师管理中起着十分重要的作用。在这两种情形交并存在的大环境下，关于中小学教师的奖惩事务，一般不由教育类法规来规范，而主要是体现在国家的相关行政法令和行政政策中。这种情形，就是此处所权称的中小学教师奖惩法规的宽泛化。根据所颁法规种类、性质的不同，可以将宽泛化分为正常态和异常态两种类型。

其一是正常态的宽泛化，指国家在行政法规或政策中对中小学教师的奖惩事务规定得较为平实和理性。例如，1958 年 1 月，教育部在给广西省教育厅《关于中、小学和师范学校教职员工奖惩办法的制定问题的答复》中明确提出："一般职员和工友的奖惩问题，可按国务院'关于国家行政机关工作人员的奖惩暂行规定'办理。"③《答复》还建议，在奖励方面，各地应根据教师的工作特点，以中小学教师"所教育的学生在政治觉悟、文化程度、劳动态度和健康状况等方面的实际成长变化情况作为主要依据"；在处罚方面，"必须贯彻严肃慎重、区别对待的方针。违法失职人员，要根据他们所犯错误的性质和情节的轻重，参照本人平常的表现及其对所犯错误的认识程度，分别进行处理"。循此原则精神，各级政府不定期地对全国的中小学教师进行了各种形式的奖励和惩罚。例如，1960 年 6 月，中共中央、国务院召开"全国文教群英会"，表彰了一批有突出贡献的中小学教师；1956～1965 年，北京市评选了数十名中、小学特级教师，其他省、市、自治区有的也开展了该项工作；对体罚学生、造成不良影响和恶劣后果的少数中小学教师（如西安市南何村初级小学教员惠某把一个九岁女生的耳朵撕裂三分之一；江西遂川县田心乡五村小学教师肖某罚学生高举双手，眼望太阳，弄得汗如雨下，衣服湿透为止；武汉市樱桃园村小学校长马某经常违法打骂学生，一

---

① 中华人民共和国教育部办公厅：《教育文献法令汇编·1955》，1956 年编印，第 188 页。
② 劳凯声：《中国教育法制评论》，教育科学出版社 2002 年版，第 152 页。
③ 中华人民共和国教育部办公厅：《教育文献法令汇编·1958》，1959 年编印，第 166 页。

天内发生 56 次以上①）都做了必要的处理。

较为宽泛的教师奖惩法规难以很好地保证中小学教师奖励制度的针对性和稳定性②，也不易树立中小学教师惩罚制度的权威性和严肃性③。但一般来说，此期的奖惩制度与我国教育法制建设所处的具体历史阶段相表里，其执行效果总体上值得肯定，使中小学的教师管理工作既有奖励的导引，又有可能面临的处罚作为底线，较好地激发了广大中小学教师的上进心和工作热情，增强了他们的责任心和自律能力，保证了队伍正常的建设和发展。

其二是异常态的宽泛化，指国家在行政法规或政策中对中小学教师的奖惩事务规定得较为片面甚至"左"化，这主要发生在"反右"运动以后。例如，1958 年 3 月发布的《关于处理中小学教师中的"右派分子"、反革命分子和其他坏分子问题的指示》规定，对中小学教师中的右派分子、反革命分子和坏分子，实行降职、降级、降薪，留用察看，监督劳动，劳动教养甚至刑事处分；1963 年 10 月的《关于加强少年儿童校外教育和整顿中小学教师队伍的指示》规定："对于少数侮辱、奸污女学生和有其他反动行为的犯罪分子，则必须及时依法严惩。"④ 需引起注意的是，问题并不在于能不能对教师实施相关处罚，而在于用什么客观而非臆断的标准去判别和确定教师中的这些"分子"？遗憾的是，这两个《指示》均避开了此至要之点，使局面时常陷入混乱、失控之中，有相当数量的中小学教师以莫须有的罪名被逮来做应急或凑数的"分子"，成了教育法制建设严重滑坡年代里的无辜受冤者。

同时也应该看到，此期出台的几项教育法规也包含了一些中小学教师奖惩条款。例如，1952 年 3 月的《小学暂行规程（草案）》规定，教师对学生"不得实行体罚或变相的体罚"；1960 年 2 月，在《关于评定和提升全日制中、小学教师工资级别的暂行规定》中，国务院要求各地教育行政部门和学校在学期末或者学

---

① 《柳湜教育文集》，教育科学出版社 1991 年版，第 240 页。

② 无论是地方或学校的奖励，还是全国性文教"群英会"式的奖励，抑或是评选中小学特级教师的工作，由于没有专门的教育法规加以保障，因此往往是临时性的、应景性的，一旦各级决策层的注意力发生转移或受到某方面事件的冲击，奖励工作往往很容易中断。

③ 针对屡有发生的严重影响学生身心发展的野蛮教育行为，有关人士更多的是强调对肇事者的批评、教育。如 1951 年 8 月，柳湜在《严厉揭发对儿童体罚的现象》一文中指出："体罚这一现象是封建主义在儿童教养问题上的遗毒，它在旧式学校中，成为一种'管理'儿童的制度。单单用行政命令、揭发与批评，那还不能彻底解决问题。最根本的方法是要向教师们进行系统的教育"。就这一问题，徐特立也提出："小学教师就是有知识的文化干部，应该对于体罚学生的问题做深刻的检讨。"平心而论，他们所提的整治措施是必要的，但立足教师法制来看似乎又是不够的。

④ 何东昌：《中华人民共和国重要教育文献》（1949—1997），海南出版社 1998 年版，第 1222 页。

年末，对为人民教育事业做出贡献的中小学教师"给予必要的精神或者物质的奖励"①；1963 年 3 月的全日制中、小学《暂行工作条例（草案）》规定："长期从事教育工作而又成绩优异的教师，是教育工作的专家。"上述条文对中小学教师的教育教学行为起到了较好的引导、规范作用，只是由于有些规定在实施奖惩的条件和措施上还不明确、具体，在程序上更是几乎没有涉及，适用性、可操作性不强，因此在政令性文件占主导的情况下，这些奖惩条款不易落实，很难发挥其应有的效力，这是一个显见的缺失。

---

① 中华人民共和国教育部办公厅：《教育文献法令汇编·1960》，1961 年编印，第 25 页。

第二章
停滞破坏期的中小学教师法制
(1966 ~ 1976 年)

在"文化大革命"中，林彪、江青反革命集团竭力使教育成为他们篡党夺权的工具，不择手段，倒行逆施，教育领域遭受重大浩劫，沦为重灾区，教书育人、尊师爱生的优良传统被破坏殆尽。就教育法制来说，无法无天"潘多拉魔盒"的打开，使中小学教师法制建设停滞、倒退，直至遭到严重破坏。另外，由于政府的合法性和连续性，自不应完全否认 1966 年 5 月至 1976 年 10 月中小学教师法制的存在，何况法制本身还有正常与否之分。当然，"文革"十年中那几个打上了"左"的烙印的规范性教育文件只能被视为特殊形态的教师法规，乃特殊时期凋敝教师法制的孤寂缩影。

第一节 中小学教师法制的停滞

这场给整个国家和各族人民带来深重灾难的内乱一爆发，教育领域便首当其冲，"阶级斗争"的地位迅速提升，出现秩序全面混乱的局面，法律虚无主义泛滥，教师权利遭受践踏，中小学教师法制建设陷入停滞、被破坏、被废弃的困境。

一、教育秩序混乱

1966 年 5 月 16 日，中共中央召开扩大会议，通过了《中国共产党中央委员会通知》，标志着"文化大革命"正式开始。中共八届十一中全会通过的《关于无产阶级文化大革命的决定》提出，"在这场'文化大革命'中，必须彻底改变资产阶级知识分子统治我们学校的现象"。在"大乱才有大治"的骚动中，林彪、"四人帮"及其爪牙，到处煽风点火，制造事端，中小学校秩序大乱，"读书无用论"蔓延，通过高考选拔人才的制度被定性为"培养了资产阶级的接班人"，出现"停课闹革命"、红卫兵运动、破四旧、大串联、揪斗学校领导教师等系列性群体事件。"复课闹革命"后，许多地方以社会为工厂、农场，开展名目繁多的"革命大批判""教育革命"试点，一味盲目追求学校数量和发展速度，以实现"要逐步在大中城市普及十年教育，农村有条件的地区普及七年教育"的乌托邦式目标，使普通中小学的发展严重失控。工宣队、贫宣队进驻学校后，进行无休止的"斗、批、改"。

1968年10月5日，《人民日报》刊载黑龙江省柳河五七干校的报道，自此以后，五七干校在全国兴办，大学及大中城市中小学的教职工被轮流下放到五七干校劳动，经受了苦难，荒废了专业，地位被贬黜，中小学师资的整体力量和组成结构被削弱、破坏。以阶级斗争而非科学文化知识教育为主课，把中小学办成了政治学校。1971年8月，在张春桥、迟群等人的操纵下，通过了《全国教育工作会议纪要》，推出进一步摧残教育事业的"两个估计"。十年动乱不堪的秩序，造成了教育事业和中小学教师法制建设的大倒退、大崩坍，至少少培养了100万名合格的大专及以上毕业生和200万名以上的中专毕业生，各行各业人才匮乏，青黄不接，国家处在危难崩溃的边缘。

二、法律虚无主义泛滥

从法制建设的思路来分析，"文化大革命"是新中国社会主义法制很不健全的必然产物。导致20世纪50年代末期逐步抛弃社会主义法制原则、偏离正规化法制发展道路的那些不正常、临时性、人为性的制度，并没有随着60年代中期我国进入一个新的发展时期而有所修正，在某些方面还在继续发展。当这些制度的作用不断加强、地位不断稳固而又没有受到询问、质疑时，人们就信服它了，法律虚无主义就此泛滥开来。"文革"一开始，各地红卫兵冲向社会扫"四旧"，揪斗"牛鬼蛇神"，外地学生上北京串联，用大鸣、大放、大字报、大辩论掀起的所谓"大民主"代替了有法制作保证的真正的民主。全国和地方各级人大及其常委会被停止活动达八年之久，其职权被文化革命小组、文化革命委员会和革命委员会等这些"无产阶级文化革命的权力机构"取代。可是，这些非法定权力机构却从未履行过真正的立法、监督等功能，其作用只是参与制造"个人迷信"和"个人崇拜"、刻板执行"最高指示"。林彪、江青反革命集团为了阴谋得逞，借口"群众运动天然合理"，鼓吹"革命造反行动用不着遵守法制"，肆意结党营私，阴谋篡党夺权。在他们的严重干扰下，1975 年的宪法居然取消了"法律面前人人平等""国家机关依法活动"等社会主义法制基本原则，造成了对社会主义法制核心内容的全面破坏，这是"反右"时期滋生的法律虚无主义的恶性泛滥。真正意义上的中小学教师法制建设被尘封，正常运行机制全部瘫痪。

这十年间，中小学教师奖惩法规及其实施也坠入了虚无化的泥潭，正常的奖惩运行机制全部停顿。中小学教师遭受冲击与煎熬，他们的法定权利丧失殆尽，义务则被无限制地扩大。

1966 年 12 月，中共中央、国务院发出《关于对大中学校革命师生进行短期军政训练的通知》，决定派军队干部战士对学校师生进行短期军政训练。1967 年 2 月，中共中央先后发出《关于中学无产阶级文化大革命的通知（草案）》和《关于小学无产阶级文化大革命的意见》，指示中、小学的文化革命委员会（小组）"把教职员中那些坚持反动立场的地、富、反、坏、'右分子'清除出去，由教育机关安排，就地劳动改造"①。1969 年 1 月，《红旗》杂志刊登"厂办校，两挂钩"的调查报告及按语，称兰州铸造厂"五·七"中学由"厂革委会成立了一个由工人毛泽东思想宣传队、老工人、驻校解放军和革命师生组成的三结合的教育革命领导小组"，"废除班主任制，按年级组成班、排、连"……执行这一系列规定的结果是广大中小学教师接受了本无甚必要的、"下马威"性质的军训，"批判"和"自我批判"就此取代"教学"，成了他们生活、生命里的中心词；有的部门往往按家庭出身把一批优秀的中小学教师调离学校、监督劳动，粗暴地剥夺了他们教育教学的基本权利，诸如此类。这些排斥奖励、专事惩罚、无视教师权利、违背教育规律的"改造性"规定的出台及执行，异化了中小学教育领域的法制建设，使整个中小学教师队伍确然处于"毛将焉附"的困境。

1971 年 8 月，"四人帮"把持的《全国教育工作会议纪要》炮制出荒谬的"两个估计"：中华人民共和国成立后至"文革"前的 17 年，一小撮叛徒、特务、走资派疯狂推行反革命修正主义教育路线，毛主席的无产阶级教育路线基本上没有得到贯彻执行；原有教师队伍中站稳无产阶级立场的是少数，大多数人的世界观基本上是资产阶级的，是资产阶级知识分子。《纪要》像一具沉重的枷锁，禁锢了全国数百万教师的精神与灵魂。1974 年 1 月，一份《转发河南省唐河县马振扶公社中学情况简报的通知》，将初二学生张某投水自尽的责任完全推给教师，责令"严肃处理这一修正主义教育路线进行复辟的严重恶果"。次月，

---

① 何东昌：《中华人民共和国重要教育文献》（1949—1997），海南出版社 1998 年版，第 1421 页。

河南省委以"推行修正主义路线逼死革命小将"的罪名，将校长罗某和班主任杨某逮捕。颠倒是非、翻云覆雨、深文周纳，在教师奖惩法规虚无化的魔影中，对广大中小学教师的压制与迫害却至为严实，导致了中小学教育事业的灾难性倒退。

三、教师权利遭受侵害

我国自古就有"天、地、君、亲、师"同列并尊的传统，教师肩负着"传道""授业""解惑"的神圣使命，也历代不变地被赋予了应有的荣誉和权利。可历史进入 20 世纪 60 年代中期，社会主义制度下的教师却被戴上了"臭老九"的高帽，陷入权利被肆意践踏、人格受无端屈辱的境遇。1967 年 2 月 4 日由中共中央发出的《关于小学无产阶级文化大革命的通知（草案)》和《关于中学无产阶级文化大革命的意见》规定，由教师和高年级学生选举产生文化革命委员会或文化革命领导小组，打击党内走资派，把教职工中的地、富、反、坏、"右分子"清除出去，空出的职位让大批未经培训的人员取代。革命委员会不让教师有学校管理权和晋升机会，大批教师被下放到五七干校或穷乡僻壤劳动。红卫兵可以随心所欲地揪斗干部、教师以及一切被他们认为是"牛鬼蛇神"、走"白专"道路的人，有肇事者竟形容"改造教师就如同把球按在水下，你越往下按，它越往上浮"，把教师描绘成麻木不仁、顽冥不化的教仆。这岂止是教师群体的悲哀，更是整个民族的莫大耻辱。1971 年，《全国教育工作会议纪要》认定，"原有教师队伍中，比较熟悉马克思主义，并且站稳无产阶级立场的，是少数"，因此有必要让教师"在教育革命的实践中暴露出一些旧思想，帮助他们纠正错误"①。这样一些不顾客观现实、违背马列主义基本原理的错误定性，使许多人蒙受冤屈，广大中小学教师面临的是一片危险的、无所攀缘的教育沼泽地，他们进退无据、惶恐度日。

教育教学权方面。对学生进行日常的教育、教学和管理，是中小学教师最基本的权利。然而令人心痛的是，这项权利却屡受非难。1973 年 11 月，《北京日报》将黄某小学生的两封来信和日记整理成《一个小学生的来信和日记摘抄》登出。信和日记反映的是她与班主任老师之间的一些不同看法，纯属师生之间正常的观点、认识上的分歧。然而"四人帮"一伙却利用该件事，大批所谓"师道尊严"，在全国中小学横扫资产阶级"复辟势力"，强迫许多对学生严格要求

---

① 何东昌：《中华人民共和国重要教育文献》(1949—1997)，海南出版社 1998 年版，第 1481 页。

的教师作检查、受批判，怂恿不明事理的学生抛开学生守则等行为规章，找茬批判老师，以敢于反对、攻击老师为荣，造成了"教师教不了，学生学不了"的混乱局面，"给教育战线特别是中小学造成了灾难性的破坏"①。

获取报酬权方面。1968 年 11 月 14 日，《人民日报》发表山东嘉祥县马集公社小学教师侯振民、王庆余《建议所有公办小学下放到大队来办》的信件，该信建议所有农村公办小学下放到人民公社的大队来办，国家不投资或少投资，教师都回本大队工作，不再领取工资，改由生产大队记工分，教师本人及其子女被转为农村户口。很显然，这个建议是十分轻率无理的。我国农村经济长期落后，农村小学教师待遇本来就很低，如果再把大批公办小学改为民办，国家又不拨专款，这样就既加重了教师的生活和心理压力，涣散了教师队伍，又加重了农村和农民的负担，还会产生其他尖锐的矛盾。在讨论的过程中（教师是不容置喙的），全国各地农村普遍将公办小学下放到大队办理，许多教师被改为由大队记工分，按月领取工资报酬的权利被侵害。据统计，全国农村小学民办教职工占全体农村小学教职工的比例 1965 年为 52.6%、1975 年为 59.1%②，造成这个比例差的重要原因之一就由此而来。当然，高师、中师停办，也使中小学教师队伍结构受到破坏。另外，在教育革命的口号下，农场职工、复员退伍军人、社会待业高中初中生，还有一部分"掺沙子"的工宣队员、贫宣队员等进入中小学教师队伍③。

在这极为特殊的十年间，广大中小学教师的各项权利被公然地以斗争、暴力、诬陷或冠冕堂皇的方式侵犯，有关保护中小学教师条款的"条例""规程""办法"被悉数"打入冷宫"，中小学教师法制遭到彻底破坏。

第二节 "两个估计"对中小学教师法制的破坏

"四人帮"居心叵测，凭借手中的权力倒行逆施。1971 年，全国教育工作会议期间炮制《全国教育工作会议纪要》，对 17 年的教育工作做了十分荒谬的"两个估计"，是"四人帮"摧残教育事业、破坏教育法制、迫害广大中小学干部师生的黑纲领，危害极大。

---

① 毛礼锐、沈灌群：《中国教育通史》（第六卷），山东教育出版社 1989 年版，第 242 页。

② 《中国教育年鉴》（1949—1981），中国大百科全书出版社 1984 年版，第 83 页。

③ 杨荣昌：《教师继续教育课程体系研究》，华东师范大学 2006 年博士学位论文，第 105 页。

一、《全国教育工作会议纪要》的炮制

1966 年 5 月 7 日，毛泽东在给林彪的一封信中提出："学生也是这样，以学为主，兼学别样，即不但要学文，也要学工、学农、学军，也要批判资产阶级。学制要缩短，教育要革命，资产阶级知识分子统治我们学校的现象，再也不能继续下去了。"应该说，"五七"指示在总体精神上是与毛泽东本人 1957 年提出的教育方针和 1958 年党中央提出的教育工作方针相一致的，但这个在特殊年份发出的特定指示，同时也是毛泽东"向教育工作者提出的一项政治任务，其意义不局限于教育领域"①，实乃"文革"时期文教工作的总纲。中共中央、国务院、教育部（国务院科教组）依据"五七"指示精神，共下发了 7 件特殊的中小学教师法规，如《关于对大中学校革命师生进行短期军政训练的通知》《关于小学无产阶级文化大革命的通知（草案）》《关于中学无产阶级文化大革命的意见》《关于派工人宣传队进学校的通知》等，以及 1971 年出台的《全国教育工作会议纪要》。

1971 年 4 月 15 日至 7 月 31 日，国务院在北京召开全国教育工作会议。虽然受到众多与会者的反对和抵制，周恩来总理也明确表示过"红线还是照耀了教育战线的"、教育与卫生战线"经费不能减少，还要逐年增加"等意见，但被会议主持者封锁，会议最终还是形成了由迟群主持起草，经张春桥、姚文元亲手定稿的《全国教育工作会议纪要》（以下简称《纪要》），使广大中小学教师的身心蒙受了巨大的创伤。《纪要》不仅使以后数年中小学教师法制的主观条件丧失殆尽②，而且是对以前制定的中小学教师法规合法性、权威性的全盘否定。

二、"两个估计"对中小学教师法制的破坏

《全国教育工作会议纪要》全面否定中华人民共和国成立以来教育工作取得的成绩，并抛出荒唐的所谓"两个估计"：一是断言新中国成立后的十七年中，"一小撮叛徒、特务、走资派，把持教育部门的领导权，疯狂推行反革命修正主义教育路线，毛主席的无产阶级教育路线基本上没有得到贯彻执行"；二是认为

---

① 李国钧、王炳照：《中国教育制度通史》（第八卷），湖南教育出版社 2000 年版，第 47 页。

② 教育立法的主观条件包括"对调整对象已形成或正在形成正确的、可行的政策"、"立法主体要充分认识到教育立法的重要作用"等，见黄崴、胡劲松主编：《教育法学概论》，广东高等教育出版社 1999 年版，第 177~178 页。

"原有教师队伍中，比较熟悉马克思主义并且站稳无产阶级立场的是少数"，大多数人"世界观基本上是资产阶级的"①，是资产阶级知识分子。按照这"两个估计"，对从旧社会过来的老知识分子和学术上有成就的知识分子，一律作为"资产阶级反动学术权威"，或一批二看，或一批二养。对于新中国培养起来的教师，大多数也被视为资产阶级知识分子，其根据是"过去接受的是资产阶级教育"，是在"修正主义路线的毒害下受资产阶级知识分子的教育"。为此《纪要》提出："让原有教师分期分批到工厂、农村、部队，政治上接受再教育，业务上进行再学习，尽快地适应教育革命的要求。"②《纪要》是"四人帮"妄图利用教育阵地篡党夺权的险恶道具，是强加给广大中小学教师的精神枷锁。

上述《关于对大中学校革命师生进行短期军政训练的通知》《全国教育工作会议纪要》等规范性文件和其他的教育情况简报、按语、社论等，一道干预、调控了"文革"期间停课闹革命、复课闹革命、批判"修正主义教育路线"、盲目跟风发展普通中小学等教育事项的方向、速度和进程，使中小学教师遭受本不应有的磨难，使中小学教师法制和中小学教育事业遭受了一场严重的内乱和动荡。

肖城公社郝店小学教师张月峰是一个革命老干部的女儿，由于对"育红"提出不同意见，一九七五年被"下放"到偏远的社队劳动改造。同时，将其爱人、共产党员、肖城中学的负责人曹端正加上反郭庄的罪名，下放到肖城西南离家七八十里的社队搞"社教"，接受"再教育"。张、曹二同志的三个小孩只好交由张老师年老多病的父母照料。张老师的父亲因被打成"走资派"非常气愤，又加之无人护理，病情日益加重。但那个黑干将的亲信仍不让张、曹二位同志回家探望。后来，有的同志实在看不下去，就打电话告诉张、曹老师，待回来时，其父已离开了人间③。

十年动乱期间，在极端困难的条件下，党和人民一直在与林彪、江青反革命集团破坏教育、否定教师作用的行为做斗争。周恩来、邓小平、王震、周荣鑫等国家和教育部的领导人，为尽量减少"文革"给教育工作造成的损失，维护教师的正当权益，顶住层层干扰、阻挠，付出了许多艰苦的努力。1975年9月26

①　何东昌：《中华人民共和国重要教育文献》（1949—1997），海南出版社1998年版，第1479～1481页。

②　何东昌：《中华人民共和国重要教育文献》（1949—1997），海南出版社1998年版，第1481页。

③　《以假乱真意在篡党夺权》，《安徽教育》1978年第1期。

日，主持中央日常工作的邓小平在听取胡耀邦的工作汇报时指出，教师有个地位问题，教育部门应该调动教师的积极性。教育部长周荣鑫对反革命集团的错误估计公开提出异议，"几百万教师在培养学生，还天天说他们是资产阶级知识分子，这不是自己打自己的嘴巴吗"？广大中小学教师身处逆境，仍保持着对党的教育事业的忠诚，在许多场合理直气壮地表达自己的观点，为教育事业呼鸣。在1972年10月召开的中小学教材编写和出版工作会议上，有的教师就尖锐批评，教育质量下降是因为没有执行好中、小学《暂行工作条例（草案）》等法律法规，忽视了学生基础知识的掌握和基本技能的训练，压抑了教师的工作积极性。这些忠诚、仗义的言行，昭示着中国教育的韧力和希望。

第三章
转折改革期的中小学教师法制
（1976～1993 年）

长达十年非法律化、非制度化、非有序化的状态结束后，党和政府进行了冷峻深刻的反思，意识到必须坚决把被颠倒的东西重新摆正过来。经过拨乱反正，国家的政治、经济、生活逐步走上正轨，教育界也基本肃清了"文革"的流毒和影响，处理了大量的遗留问题，教育事业和教育法制进入了历史性转折时期。"20 世纪 80 年代初，教育法律在中国的出现是一个重要的历史事件，它标志着'依法治国'的意识和行动终于在教育领域有了开端。"[1]

在邓小平教育思想的指导下，以教育体制改革为中心的各项教育改革举措相继出台，教育发展的壁垒被渐次打破。1978 年底党的十一届三中全会召开、1982 年新宪法颁布、1985 年的《关于教育体制改革的决定》、1986 年的《义务教育法》、1987 年教育战略地位的确立、1992 年的《中华人民共和国义务教育法实施细则》、1993 年 2 月的《中国教育改革和发展纲要》和 10 月的《中华人民共和国教师法》，紧锣密鼓，好戏连台，昭示了 1976 年 10 月至 1993 年 10 月"教育新十七年""教师新十七年"的到来[2]，中小学教师法制也进入乘风破浪的转折改革期。

第一节 中小学教育的拨乱反正与启动改革

教育拨乱反正的开展，深入揭批"四人帮"，整顿恢复教学秩序，进行教育事业调整，全面、准确评价毛泽东对教育工作的指示，这一系列的举措胜利结束后，中国教育已然进入改革开放的启动和推进阶段，精彩纷呈，美不胜收。

---

[1] 劳凯声：《中国教育法制评论》（第 6 辑），教育科学出版社 2009 年版，第 190 页。

[2] 本期起止点各有一标志性事件：1976 年 10 月 6 日，粉碎"四人帮"；1993 年 10 月 31 日，通过、颁布《中华人民共和国教师法》。

一、教育拨乱反正的开展

1977 年 11 月，中央决定将"文革"期间进驻大、中、小学的工宣队从学校全部撤出。教育战线揭批"四人帮"，进行拨乱反正，紧锣密鼓地平反冤假错案，为"文革"和"反右"中受诬陷和迫害的教职员工洗冤昭雪。例如，1977年 11 月 30 日，中共河南省委召开 3 万人大会，为"马振扶中学事件"中蒙冤的教师和干部平反；同年 12 月 10 日，教育部和中共北京市委联合召开 18000 人大会，宣布为永乐中学、景山学校、马振扶中学受迫害的教师、干部昭雪；湖北省累计纠正中小学教职工中的冤假错案共 5 万多件；上海市区中小学共平反冤假错案 14567 件，绝大多数平反对象感到满意；1978 年 4 月 15 日，中共中央决定为1957 年被错划为"右派分子"的人"摘帽"[1]，其中就有相当数量的中小学教师。

1978 年，中央又相继决定撤销红卫兵、红小兵，恢复少先队、学生会组织。至为重要的是，只有尽快推倒"两个估计"，才能真正为教育界的全面拨乱反正彻底铺平道路。在邓小平"八·八"讲话精神的鼓舞下，教育部门组织力量，集中开展了对"两个估计"的批判，澄清了被"四人帮"歪曲了的是非黑白。通过一系列的批判、整顿措施，中小学教育秩序得到较快的恢复，尊师重教的社会风尚逐步形成。1978 年 10 月 31 日，胡耀邦在中央组织部召开的政策座谈会上代表中央明确宣布："我们党在新中国成立前后提出来的，以旧社会过来的知识分子为主要对象的团结、教育、改造的方针，现在已经不适用了。"[2] 这个讲话，起到了实质上否定"两个估计"的重要作用。1979 年 3 月，中央正式发文撤销《全国教育工作会议纪要》，"两个估计"自此成为历史的陈迹、教育的尘埃。

中小学教育呈现勃勃生机。中共十一届三中全会以后，广大中小学教师继续热烈开展真理标准问题的讨论，解放了思想、提高了认识、统一了步伐。

在深入人心的"实践是检验真理的唯一标准"讨论热潮中，中共十一届三中全会召开，批判了"两个凡是"的教条思想，重新确立了马克思主义的思想路线、政治路线和组织路线，结束了两年的徘徊期，提出了发展社会主义民主、健全社会主义法制的任务，实现了全党全国工作重心的转移。在中央的正确领导下，中小学的拨乱反正工作向纵深发展，整顿、恢复了长期被破坏的教育教学秩

---

① 中共十一届三中全会后的复查表明，1957 年开始的运动共划定"右派分子"552877 人。

② 何东昌：《中华人民共和国重要教育文献》（1949—1997），海南出版社 1998 年版，第 1650～1651页。

序，提高了教育质量，加强了师资队伍建设，对中小学教师的信任和使用也脱开禁区进入了一个新阶段。

> 有的领导不敢放手提拔教师，李海扬却说："为什么总不放心？有的干部原来也是教师，离开教育战线就可以提为公社书记、局长，而学校的老师却不能当校长、教导主任。你对人家不敢相信，还谈什么尊重！"当他听到省、地重点中学双峰一中要求从其他战线调配干部充实领导班子时，立即指出："一中有的是人才，为什么不能从教师中提拔？"于是，就从该校教师中提拔了六名副校长和副教导主任。九年来，这个县九十七个中小学行政干部恢复了职务，一百一十七名教学骨干提拔到了学校领导岗位①。

拨乱反正的进行及取得的卓然成效，给中小学教师法制建设的复苏和进一步发展注入了全新的动力，"有法可依、有法必依、执法必严、违法必究"的社会主义法制原则深入人心，泽惠神州。

二、教育改革的全面启动

经过拨乱反正和调整整顿，教育事业有了发展和提高，教育改革的话题呼之欲出。人们认识到，仅单纯、孤立地用传统模式在教育界内部进行改革尚不够，还必须动员全社会的力量，依靠法制来为教育改革护航。1980 年 12 月，中共中央、国务院在《关于普及小学教育若干问题的决定》中首次正式提出"要搞好教育立法，责成教育部立即着手研究拟定符合我国国情的《小学教育法》，尽快提交人大常委会讨论通过"②。

1982 年 9 月，中共召开十二大，把农业、能源和交通、科学和教育列为国家经济发展的战略重点，确立了教育在整个社会主义现代化建设中的重要战略地位。12 月 4 日，新宪法获得通过，这是我国法制建设史上最重要的里程碑之一，其中第十九条规定，"普及初等义务教育"，以国家的根本大法来保障义务教育的推行。1984 年 5 月，六届全国人大二次会议通过的《民族区域自治法》也列有学校和教师条款，关涉中小学教师权益。1985 年 1 月，六届全国人大常委会通

---

① 《尊师篇——记双峰县委书记李海扬》，《湖南教育》1981 年第 1 期。
② 《三中全会以来重要文献选编》（上）（内部发行），人民出版社 1982 年版，第 553～554 页。

过《关于教师节的决定》，规定每年的 9 月 10 日为教师节。1985 年 5 月 15 日，实行改革开放政策以来的第一次全国教育工作会议在北京召开，中共中央于 5 月 27 日正式颁布《关于教育体制改革的决定》，总结了我国教育发展的历史经验，明确了党和国家的教育指导思想，作出了一系列改革教育的重大决策，并提出实行九年义务教育的任务。1986 年 4 月 12 日，六届全国人大四次会议通过《中华人民共和国义务教育法》，规定"国家采取措施加强和发展师范教育"，"建立教师资格考核制度"，"采取措施提高教师的社会地位，改善教师的物质待遇"。国务院及其各部委、地方人大及政府也制定了一批有关教育的法规、规章，丰富了教育法规的内容。中小学教师法制进入了健康发展的阶段，教育改革得到了强有力的推进，各级各类教育积极主动迎接新技术革命的挑战，持续扩大对外教育交流，多方位进行教育体制改革。1992 年，中共十四大再次重申"必须把教育摆在优先发展的战略地位"，强调"进一步改革教育体制、教学内容和教学方法"。1993 年 2 月，中共中央、国务院发布《中国教育改革和发展纲要》，强调要全面改革高等教育、中等教育、初等教育、幼儿教育、特殊教育、成人教育、师范教育、少数民族教育和妇女教育，提出建设有中国特色社会主义教育体系的主要原则之一是必须依靠广大教师，不断提高教师的政治和业务素质，努力改善他们的工作、学习和生活条件。并就今后的教师队伍建设工作做了部署。这个重要《纲要》，指导了当时及至 2009 年的中国教师法制建设。

三、邓小平的教师观

中华人民共和国成立后，邓小平任西南局第一书记期间，"十分重视教育工作，强调要坚持党对教育事业的领导，发挥教师的积极性"[1]。担任中央书记处总书记期间，他参与中央的宏观教育决策，亲自参与了 20 世纪 60 年代初的教育调整工作，使教育事业进入一个稳定发展的阶段。"文革"期间一复出，邓小平就对教育这一"重灾区"进行大力整顿。1977 年邓小平第三次复出，自告奋勇抓教育，立刻决断当年即恢复高考制度，亲自领导教育界的拨乱反正和改革开放。他在 1980 年 1 月所作的《目前的形势和任务》报告中指出，要注意"一个重要的比例问题，就是经济发展和教育、科学、文化、卫生发展的比例失调，教科文卫的费用太少，不成比例"，高屋建瓴，高瞻远瞩。邓小平还指示，"要健全教育部的机构，要找一些四十岁左右的人，天天到学校里去跑……了解情况，

---

① 陈至立：《陈至立教育文集》（上），高等教育出版社 2015 年版，第 50 页。

监督计划、政策等的执行"①，并"始终强调要把加强教师队伍建设当作一件大事来抓"②，使教育工作出现了崭新的气象，取得了巨大的成就。

立足于经济建设、社会进步和教育发展的高度，邓小平十分重视教育改革和教师队伍工作，号召全党要认真落实党的知识分子政策，切实解决教师地位和待遇问题，以调动广大教师教书育人的积极性与创造性。作为邓小平教育理论重要组成部分的"邓小平的教师观"，指导了我国 1977～2009 年三十多年的中小学教师法制建设。这种指引导向的弥足珍贵之处，不仅因其具有重要性和全局性，而且体现于其与时俱进、恒在隽永的特质。

（一）正确定位教师的劳动性质

1978 年 3 月，中共中央、国务院在北京召开全国科学大会，邓小平在讲话中重点强调，知识分子的绝大多数已经是工人阶级的一部分。此后，邓小平又多次在教育工作会议等场合重申，"从事体力劳动的，从事脑力劳动的，都是社会主义社会的劳动者"；"绝大多数教职员工热爱社会主义，勤勤恳恳地为社会主义教育事业服务，为民族、为国家、为无产阶级立了很大的功劳，为人民服务的教育工作者是崇高的革命的劳动者"③；"无论是从事科研工作的，还是从事教育工作的，都是劳动者"。这些重要论述，明确了教师的劳动性质和劳动价值。邓小平进一步指出，"一个学校能不能为社会主义建设培养合格的人才，培养德智体全面发展、有社会主义觉悟有文化的劳动者，关键在教师"④，并且"中小学教师中也有人才，好的教师就是人才"⑤，因此，"我们要提高人民教师的政治地位和社会地位，不但学生应该尊重教师，整个社会都应该尊重教师"⑥。为此，他建议召开全国教育大会，总结交流办学经验，"奖励有成就的大学、中学、小学教师""特别优秀的教师可以定为特级教师"，并同时"希望广大教师努力在政治上、业务上不断提高，沿着又红又专的道路前进"。

（二）大力提高教师的经济待遇

1983 年 9 月，邓小平为北京景山学校题词"教育要面向现代化，面向世界，

---

①　《邓小平文选》（第 2 卷），人民出版社 1994 年版，第 68 页。

②　陈至立：《陈至立教育文集》（上），高等教育出版社 2015 年版，第 54 页。

③　《毛泽东 周恩来 刘少奇 邓小平论教育》，人民教育出版社 1994 年版，第 289 页。

④　《毛泽东 周恩来 刘少奇 邓小平论教育》，人民教育出版社 1994 年版，第 288 页。

⑤　《毛泽东 周恩来 刘少奇 邓小平论教育》，人民教育出版社 1994 年版，第 282 页。

⑥　《毛泽东 周恩来 刘少奇 邓小平论教育》，人民教育出版社 1994 年版，第 289 页。

面向未来"，指明了中国教育改革发展的道路。可教师的经济待遇长期过低，不利于人才的流入，制约了教育事业的发展，也影响了"三个面向"指示的贯彻落实。邓小平历来肯定教师队伍的重要作用，十分重视提高教师的地位和待遇，认为这是落实教育事业战略地位的题中之意。他明确指示有关部门，"无论怎么困难，也要提高教师的待遇"；"现在小学教师的工资太低，一个好的小学教员，他付出的劳动是相当繁重的，要提高他们的工资"。在 1978 年 4 月召开的全国教育工作会议上，邓小平指示："要研究教师首先是中小学教师的工资制度。要采取适当的措施，鼓励人们终身从事教育事业。"① 1988 年 9 月，邓小平又谈到，教育投资、教师待遇问题应当"作为一个方针、一个战略措施，从长远来说，这个问题到了着手解决的时候了"②。邓小平的一系列指示，也"为教师节的确定和《教师法》的颁布奠定了理论和政策基础"③，是中小学教师法制建设的重要指南。

第二节　中小学教师法规的制定

教师法规的制定，是指有关国家机关在其权限范围内，依照法律程序制定、修改和废止有关教师的法律和其他规范性教育法律文件的活动，解决的是"有法可依"的问题。本节主要评述"教师新十七年"中小学教师法规的制定及与之相关的几个方面，以此反映中小学教师管理、教师法制的推进态势。在这个进程中，中小学教师政策依然发挥着重要的先导作用。

一、中小学教师政策

1978 年 4 月 28 日，教育部批准北京景山学校马淑贞、郑俊选、方碧辉三位小学教师为特级教师，中小学荣誉称号授予制度建立。7 月 1 日，北京通县一中数学教师、班主任刘淳朴被教育部和北京市授予"模范班主任"称号，《人民教育》第 7 期以《春雨之歌》为题介绍其先进事迹，在全国产生了很大的反响和激励示范效应。随后，一些省、自治区、直辖市也陆续授予一批中小学教师以"优秀教师""模范班主任"等光荣称号，有力地提高了中小学教师的社会地位，

---

① 《毛泽东 周恩来 刘少奇 邓小平论教育》，人民教育出版社 1994 年版，第 289 页。
② 《毛泽东 周恩来 刘少奇 邓小平论教育》，人民教育出版社 1994 年版，第 291 页。
③ 曲绍卫：《邓小平的人民教师观》，《教育研究》1997 年第 4 期。

增强了教师职业的荣誉感、责任感，推动了尊师重教良好社会风气的形成。10 月 12 日，教育部印发《关于加强和发展师范教育的意见》，该项政策明确规定，今后学校补充的新师资应尽快做到：高中教师具有师范学院或相当这一级的高等学校毕业程度、初中教师具有师范专科学校或相当这一级的专科学校毕业程度、小学教师具有中等师范学校毕业程度，为此要求各地统筹规划，建立好师范教育网络。

"一个中心，两个基本点"的国策确立后，教育界也加快了改革开放的步伐。1985 年 5 月 15 日，实行改革开放以来的第一次全国教育工作会议在北京召开。27 日，中共中央正式颁布《关于教育体制改革的决定》，明确了教育指导思想并做出了一系列重大教育决策，提出要逐步实行校长负责制，要建立一支有数量足够、质量合格的基础教育师资队伍，充分调动教师的工作积极性，指导了此后一段时期教师法规的制定。为落实"必须把教育摆在优先发展的战略地位"，使教育更好地为社会主义现代化建设服务，1993 年 2 月 13 日，中共中央、国务院发布《中国教育改革和发展纲要》（以下简称《纲要》），分析了我国在社会主义初级阶段的国情以及教育工作面临的形势，提出了 20 世纪末中国教育改革和发展的方针任务，绘就了行进的蓝图。《纲要》明确指出，"建设一支具有良好政治业务素质、结构合理、相对稳定的教师队伍，是教育改革和发展的根本大计"，"加快教育法制建设，建立和完善执法监督系统，逐步走上依法治教的轨道。制定教育法律、法规，要注意综合配套，逐步完善"①。这个重要政策对此后一段时期的教师法制建设起到了继长增高的重要指向和推动作用。

二、中小学教师法规制定进展

1982 年，国家新《宪法》第四十六条第二款规定："国家培养青年、少年、儿童在品德、智力、体质等方面全面发展"，这为教师教育教学法规的制定和实施提供了最权威的法律依据。1976～1993 年，各级立法主体颁布了《义务教育法》及其实施细则、中小学《教师职务试行条例》《教师法》等多方面的教育法规，对广大中小学教师开展各项本职工作起到了指引、评价和保障作用。

从立法权限的划分上，立法工作分为中央立法和地方立法，这与我国的政治体制是相适应的，有利于维护社会主义法制的统一，充分发挥中央和地方立法主体的积极性和创造性。"中央立法是全国人民代表大会及其常务委员会、国务院

---

① 教育部政策研究与法制建设司：《现行教育法规与政策选编》，教育科学出版社 2002 年版，第 345 页。

及其所属各部、委员会依法定职权和程序制定法的活动"①，各级中央立法主体制定的规范性文件的法律位阶虽不同，但均有在全国范围一体遵循的效力。教育法规和教师法规作为法律体系中的分支，其制定除应遵循我国立法的共同指导思想和基本原则外，还有自身独特的精神和准则，其制定必须贯彻国家的教育方针，符合我国教育事业的发展状况，遵循教师教育教学活动的特点和规律，以保证其方向性、科学性和实效性。本部分重点阐述中央教育立法主体在制定教师法律、教师行政法规和教师部门规章上的立法权限、立法程序和具体的立法进展。

（一）教师法律的制定

教育法律是依据宪法制定的教育法规性文件，分为教育基本法律和教育单行法律，具有很高的法律效力。教师法律属教育法律中的一类，由行使国家立法权的全国人大及其常委会在各自的权限范围内、遵照一定的立法程序制定。

1. 立法主体及其立法权限

同是教师法律的立法主体，全国人民代表大会和全国人大常委会的立法地位是不同的，两者的教育立法权限也存在差异。前者地位要高于后者，权限亦大于后者。

（1）全国人民代表大会的教育立法权限。1954 年 9 月，第一届全国人民代表大会第一次会议在北京召开，确立了我国的根本政治制度即人民代表大会制度，"结束了全国政协代行全国人民代表大会职权的局面，结束了中央人民政府委员会行使最高国家立法权、行政权、司法权等最高权力的局面"②。这次会议通过了《中华人民共和国宪法》，以后又相继于 1975 年、1978 年和 1982 年颁布了三部宪法，其中 1982 年的新宪法对进一步完善人民代表大会制度和其他国家制度贡献尤殊。作为我国的最高权力机关，全国人民代表大会的教育立法权限包括：制定和修改宪法中的教育条款；制定和修改基本教育法律；改变或撤销全国人民代表大会常务委员会有关教育的不适当的决定；等等。由全国人大行使国家最高的教育立法权，是教育法制统一的重要表征和根本保证。

（2）全国人民代表大会常务委员会的教育立法权限。根据宪法规定，全国人大常委会作为全国人大的常设机构，与全国人大共同行使国家立法权。其教育立法权限包括：制定和修改除应由全国人大制定的法律以外的其他教育法律；在

---

① 曾庆敏：《法学大辞典》，上海辞书出版社 1998 年版，第 160 页。
② 杨一凡、陈寒枫、张群：《中华人民共和国法制史》，社会科学文献出版社 2010 年版，第 10 页。

全国人大闭会期间，对全国人大制定的教育法律进行部分补充和修改，但不得同该法律的基本原则相抵触；撤销国务院制定的同宪法、法律相抵触的教育行政法规；撤销各省、自治区、直辖市国家权力机关制定的同宪法、教育法律、教育行政法规相抵触的地方性教育法规等。全国人大常委会及其各专门委员会的组成人员来自各个行业，代表性、专业性强，人数适中，议事充分，能及时地解决教育法制中的具体问题，满足教育立法的客观需要。扩大全国人大常委会的立法权限，让其顺应形势发展承担大量的教育立法工作，是十分必要的。

2. 立法程序

全国人大及其常委会在行使立法权时，必须遵循一定的法定程序。立法程序体现着立法活动的内在规律和要求，只有按照立法程序制定的法律才是合法有效的。制定教育法律的程序大致可分为以下四个阶段：

（1）提出教育法律议案。法律议案是指法律制定机关开会时，提请该机关列入议程讨论决定的关于法律制定、修改或废除的提案或建议。提出法律议案是一项法定的权力，我国有关法律规定，全国人大主席团、全国人大各专门委员会、30 名以上的全国人大代表等机关和代表群体具有教育法律提案权。在立法实践中，教育立法的议案主要是以国务院为提案人向全国人大或其常务委员会提出。在此之前，必须经由一个细致、缜密的法律制定准备阶段。

（2）审议教育法律议案。审议教育法律议案是指法律制定机关采用会议的形式，对列入议程的法律草案正式进行审查和讨论。一般来说，教师法律草案的审议须经过两个步骤：第一步是国务院报送的教育法律草案（包括法律草案的说明、相关材料等）先由教科文卫委员会初审，再由法律委员会统一审议，并提出审议结果报告；第二步是将教师法律草案和法律委员会的审议报告结果提交全国人大或其常委会，委员们围绕该法律草案是否违反宪法规定，是否符合政治、经济和教育发展的需要，法律条文、逻辑体系是否规范严密等一切必要的问题进行自由、充分的商讨和辩论。

（3）通过教育法律。教育法律的通过是指法律制定机关对法律草案经过讨论并进行表决后，获得正式同意、批准，法律草案由此便成为法律。所以，这一步骤是整个立法程序中最有决定意义的阶段。宪法须经全国人大代表的三分之二以上的多数通过，教育法律议案须经全国人大代表的过半数通过，全国人大常委会审议的教师法律议案须由常委会全体组成人员的过半数通过。

（4）公布教育法律。教育法律的公布是指法律制定机关将通过的法律用一定的形式予以正式公布。我国宪法规定，中华人民共和国主席根据全国人民代表大会和全国人民代表大会常务委员会的决定，以主席令的形式公布法律。教师法律的公布也必须经过这道最后的法定程序。

（二）教师行政法规的制定

教育行政法规是国家最高行政机关为实施、管理教育事业，根据国家宪法和教育法律制定的规范性文件，是教育法律体系中的一个重要组成部分。教育行政法规针对的是不特定的个人和组织，具有反复适用性，这使它区别于国务院颁布的其他文件①。教师行政法规是国家最高行政机关在其立法权限范围内通过一定的立法程序而制定的，其法律效力仅次于教师法律。

1. 立法主体及其立法权限

国家教育行政管理涉及教育活动的方方面面，有些教育活动的学术性、专业性、时间性很强，如果所有的问题都由全国人大及其常委会制定法律来规范和调整，这既不可能，也无必要。为了顺应我国教育发展的大势，跟上世界教育立法的潮流，1982 年颁布的新宪法对我国的立法体制作了重大调整，明确赋予国务院根据宪法和法律制定行政法规、规定行政措施、发布决定和命令的权力。国务院制定的教育行政法规的法律效力仅次于国家法律，除全国人民代表大会及其常务委员会以外，任何机关都无权予以改变或撤销，且必须遵照执行。具体来说，国务院的教育立法权限包括：依照法律制定、修改教育行政法规；提出教育立法议案；改变或撤销所属各部、委发布的不适当的教育部门规章；改变或撤销地方各级国家行政机关发布的不适当的地方教育行政规章。

2. 立法程序

1987 年 4 月颁布的《行政法规制定程序暂行条例》，使行政法规的制定工作初步走上了制度化轨道。2000 年 3 月公布的《立法法》又对此作了更明确、系统的规定，使我国行政法规的制定程序更为科学、规范。

（1）立项，即将制定教师行政法规的项目纳入立法计划。国务院的立法计划一般由国务院的法制工作机构——法制局负责编制，其工作程序如下：由中央教育行政部门提出立法项目，法制局从社会主义法律体系和教育行政管理的要求出发，对该立法项目进行分析、研究，确定其必要性、可行性和出台时机，然后报请国务院批准。凡是在有关立法项目涉及的领域里，国家的体制和方针政策已

---

① 乔晓阳：《立法法讲话》，中国民主法制出版社 2000 年版，第 206 页。

经确定或者实践经验基本成熟的，应当纳入计划，抓紧起草，尽快出台。对改革还不到位、尚处于试点阶段的立法项目，则宜审慎考虑该项目的出台时机，待条件基本成熟后再纳入计划。

（2）起草，即拟定教师行政法规条文草案和说明的活动。教师行政法规一般由中央教育主管部门承担起草任务，但要注意保证起草组成人员的合理结构，既要有教育专家、法律专家，又要有从事一线教育实际工作的人员，还要广泛征求社会各方面的意见和建议。草案试拟稿形成后，由教育部长主持召开部务会议审查讨论，形成正式的草案送审稿。

（3）审查，即将草案送审稿呈交政府法制工作机构进行审查。为了保证国家法制的统一，提高立法质量，政府法制工作机构要全面审查送审稿的合法性，找准草案存在的矛盾和焦点，进一步征求各方意见，协调部门之间的分歧，进行细致的修改，并写出审查结果报告。

（4）决定，即报请国务院审议决定。由于教师行政法规具有一定的创制性和普遍的约束力，影响甚大且广泛，属国务院工作中的重大问题，所以一般须经国务院常务会议或者国务院全体会议讨论决定。教师行政法规的制定不实行表决制，由总理最后作出决策。

（5）公布。这是教师行政法规制定工作的最后一道程序，教师行政法规只有经总理签署国务院令公布后才具有法律效力。国务院令的内容通常包括该教师行政法规的制定机关、通过日期和施行时间等。

《全国中小学勤工俭学暂行工作条例》《教师资格条例》等教师行政法规就是由国务院主导、按照上述程序制定出台的。被誉为"我国教师管理制度的一项重大改革，也是完善我国教育法制建设的一项重要措施"的《教师资格条例》①，是国务院于 1995 年 12 月 12 日制定并以第 188 号国务院令发布的，自发布之日起施行。

（三）教师部门规章的制定

在中央立法主体制定的教师法规体系中，教师部门规章数量最多、调整范围最广，可操作性、针对性、即时性强，有时在暂缺相关的教师法律、教师行政法规的情况下，能起到针对突出问题、提供应急规范的作用。教师部门规章的制定必须根据宪法、教师法律和教师行政法规，不得与之相抵触。教师部门规章的法律效力较低，但在全国范围内仍具有普遍的约束力和规范力。

---

① 《中国教育报》，1995 年 12 月 25 日，第 1 版。

1. 立法主体及其立法权限

教师部门规章的立法主体是国务院所属的中央教育行政部门和其他职能部、委、局。中华人民共和国成立以后较长的一段时期内，没有法律明确部门规章的立法主体及其权限。1982年的新宪法规定，国务院各部、委根据法律和国务院的行政法规、决定和命令，在本部门的权限范围内发布命令、指示和规章。1989年的《国家教育委员会行政法规、规章发布办法》规定，部门规章可由"国家教育委员会根据法律、行政法规的规定，在职权范围内发布"①，1999年的《教育部规章及重要规范性文件起草、审核和发布办法》在此基础上作了进一步的规定。但总体上看，有关法律对部委立法权限的界定仍不很明晰，如有时中央教育行政机关经国务院授权也可以发布教师行政法规。这个问题在2000年3月公布的《立法法》中得到了较好的解决。《立法法》将部门规章纳入调整范围，使部门规章的属性和效力得到了明确定位——"是对立法理论和立法体制的一次符合实际需要的大胆创新"②。在立法实践中，中央教育行政部门在本部门权限内，根据教育事业发展的客观需要，单独发布或与有关部委联合发布行政规章，加强了对教师工作的法制化管理，提高了行政效率，促进了教育的发展。

2. 立法程序

《国家教育委员会行政法规、规章发布办法》规定，国家教委"制定的规章，由负责起草的单位送政策法规司审核，并提交国家教育委员会全体会议或委办公会议通过后，由委主任签署发布令"。《教育部规章及重要规范性文件起草、审核和发布办法》根据新变化的情况，对规章的制定程序作了进一步的规范。相对于教师法律、教师行政法规的制定来说，教师部门规章"起草和决定的程序都比较粗放"③，这与其法律效力的层级和主要规范较为具体的教育活动的功能是相匹合的。

（1）编制教师规章制定规划。规划报教育部部长审批后，由部内设置的教育法制工作机构组织实施④。

---

① 李晓燕：《教育法学》，武汉工业大学出版社1992年版，第299页。
② 曹康泰：《中华人民共和国立法法释义》，中国法制出版社2000年版，第173页。
③ 曹康泰：《中华人民共和国立法法释义》，中国法制出版社2000年版，第173页。
④ 2009年，教育部的法制工作机构是"政策法规司"，系由"政策研究与法制建设司"更名而来，再往前则分别为研究室、政策法规司、司局级政策研究室、办公厅内设的政策研究室、参事室等，从一个重要的侧面反映了中央教育行政部门教育法制工作的加强或弱化。

（2）拟定教师规章草案。由教育部内的一个或多个专业司、局成立规章起草小组，负责规章的前期调研、初稿起草、征求意见、修改和说明等工作。

（3）审查教师规章草案。负责拟定规章草案的单位将草案上报给部内的法制工作机构进行审查，法制工作机构在对规章草案进行必要的讨论、修改和协调后，写出审查报告，连同规章草案一并提请教育部审议。

（4）教师规章的审议公布。由教育部长召集部务会议审议规章草案，与该规章有关的单位负责人也应当根据会议要求列席，以便随时向会议反映情况，使规章的审议过程能做到综合考量，集思广益，严谨科学，保证规章质量。部门规章的制定不进行表决，实行部长负责制。规章通过后，按照《立法法》"部门规章由部门首长签署命令予以公布"的规定，由教育部长签署教育部令公布。

（5）教师规章的备案解释。教育部通过的行政规章，应当在 30 天内向国务院和法律规定的其他机关报送备案。规章在执行过程中的解释工作，视具体情况由教育部法制工作机构或教师主管部门解释。

《中小学教师考核合格证书试行办法》《中小学教师继续教育规定》和《中小学校长培训规定》等部门规章，大体就是由教育部按照上述程序制定的，在 1986 年 9 月、1999 年 9 月和 12 月分别以国家教委第 9 号令、教育部第 7 号令和第 8 号令发布。当然，不同的教师部门规章在具体的制定过程中的某些环节也不尽相同，尤其是规章的前期调研阶段更是各异其趣。

（四）教师法规的清理

法规清理是教育法律规范系统化的一种形式，也是一项教育立法工作，只能由一定的国家机关依照法定的职权和程序进行。中华人民共和国成立以来，中央各级教育立法主体制定、颁布了一大批教育法律、教育行政法规和教育部门规章。随着教育发展和改革的深入，有的教育法规与国家现行的法规相抵触或实际上已被新的法规所代替，需要停止执行；有的教育法规只适应当时的情况、适用期已过而应予废止；有的因调整对象已消失而自行失效。在过去，尤其是 1982 年之前的教育法规名称不是很规范、统一，内容有重复、交叉的现象，为了维护社会主义教育法制的统一与尊严，推进依法执教，消除混乱现象，使现行教育法规更加规范化、系统化，实有必要适时对中华人民共和国成立以来的教育行政法规、部门规章进行清理。

1987 年 1 月 3 日，经国家教委等部门清理、国务院法制局复查和国务院审议，国务院公布了《关于明令废止和宣布自行失效的行政法规和法规性文件目录（1949—1984）》。

1989 年 8 月 7 日，国家教委印发《关于公布废止与自行失效规章及规章性文件目录的通知》，一共包括正式文件 415 项、应予废止的 68 项、自行失效的 347 项，其中涉及中小学教师的有《师范学校暂行规程》等 22 项。

1994 年 5 月 16 日，国务院发布《关于废止 1993 年底以前发布的部分行政法规的决定》，连同 1987 年 1 月那次，国务院两次发文宣布的教育行政法规和法规性文件共 101 项，包括应予废止的 4 项、明令废止的 7 项、自行失效的 90 项，其中直接涉及中小学教师工作的有《关于改革学制的决定》等 13 项。

2001 年 10 月 6 日，国务院公布《国务院关于废止 2000 年底以前发布的部分行政法规的决定》。自 1994 年对中华人民共和国成立至 1993 年底国务院（含政务院）发布或者批准发布的行政法规进行全面清理以来，客观情况又发生了很大变化。为了适应改革开放和建立健全社会主义市场经济体制及我国加入世界贸易组织新形势的需要，国务院对截至 2000 年底现行行政法规共 756 件进行了全面的清理。经过清理，国务院决定：①对主要内容与新的法律或者已经修改的法律、党和国家新的方针政策或者已经调整的方针政策不相适应的，以及已被新的法律或者行政法规所代替的 71 件行政法规，予以废止；②对适用期已过或者调整对象已经消失、实际上已经失效的 80 件行政法规，宣布失效；③对 1994 ～ 2000 年底公布的法律、行政法规已经明令废止的 70 件行政法规，统一公布。其中与教育和教师有关的包括：《中华人民共和国消防条例实施细则》《中华人民共和国档案法实施办法》《国务院关于工人、职员退休处理的暂行规定》《关于各级公办学校教职工退职退休时解放以前和解放以后连续工龄计算的几点原则规定》《关于提高主要副食品销价后发给职工副食品价格补贴的几项具体规定》《关于调整工资区类别的几项具体规定》《行政复议条例》《事业单位奖金税暂行规定》等项。

2007 年 5 月，随着新修订的《义务教育法》贯彻实施的不断深入，鉴于部分教育规章和文件存在已过时效、已被新规定所取代、不适应管理要求或者与法律规定不一致等情况，教育部（会同公安部）宣布废止六项规范性文件，其中包括 1992 年的《中小学校园环境管理的暂行规定》和 1998 年的《国家教育委员会、公安部关于流动儿童少年就学暂行办法》两项部门规章①。

上述五次法规清理中，被宣布废止或失效的中小学教师行政法规和部门规章的数目是 45 项，而实质上只有 42 项，因为其中均发布于 1952 年的《中学暂行规程（草案）》《小学暂行规程（草案）》和《干部子女小学暂行实施办法》3 项

---

① 《中国教育报》，2007 年 5 月 20 日。

因"串门过户"而被重复清理，这也说明我国教育法规存在制定权限不明确、名称使用不统一和不规范的现象，不仅给教育法规的制定实施带来不利的影响，有时也会使教育法规清理工作产生些许的紊乱。每一次的教师法规清理，都会促使现行教师法规的进一步规范化、系统化，会给教师法制工作带来新的契机，会有裨益于依法治师的时代进程。

1949～2009年，我国教育立法主体的权限逐步明确，立法程序日益规范，教师法规的制定工作取得了较为丰硕的成绩，初步建成了有中国特色的中小学教师法规体系，保障、推动了教育事业的向前发展。存在的问题有：我们对各种教育法渊源、本质、特性的把握尚不准确、全面，配套法规的制定较为滞后，法规清理的周期偏长，等等。今后应从依法治国的高度来推进依法治教、依法治师，注意加强教师法律制定的规划性、教师行政法规制定的创制性以及教师部门规章制定的执行性①，以使众多位阶不同的中小学教师法规始终处于良好的动性状态，形成一个上下衔接、统一协调的有机整体。

（五）中小学教师法规制定的进展

像其他各行各业的形势一样，此期的教师法制建设也处于良性的复苏阶段。1978年3月5日修订的《宪法》规定，国家对于从事科学、教育、文学、艺术等文化事业的公民的创造性工作给予鼓励和帮助。根据当时教育的客观情况，对中小学教师最亟须、最实际的"鼓励和帮助"之一，就是排除一切障碍，首先把"文革"之前制定的相关法规作适当修订后重新颁布，以应他们受国家法律保护更好地为人民教育事业服务之急需。1978年9月22日，经少量修改，教育部同时颁布了《全日制中学暂行工作条例（试行草案）》和《全日制小学暂行工作条例（试行草案）》，及时地为转折时期的中小学工作提供了法律依据，使中小学教育工作的各项秩序在较短的时间里恢复、建立了起来，教育殿堂恢复了往昔的神圣与庄严，并为下一阶段的教育改革做好了必要的法规准备。

1. 中小学教师法规的阶段性成果

1980～1984年，是中小学教育改革的准备阶段。中国中小学教育的规模为世界之最，学校、学生和教师的数量也最多，在实现发展模式转轨的过程中，教育与社会各方面的关系及其内部各层面的关系错综复杂、千头万绪，若要处理

---

① 本处的执行性意指教师部门规章规定的事项，应属于执行教师法律或者国务院有关教师的行政法规、决定、命令的具体工作事项。见曹康泰主编：《中华人民共和国立法法释义》，中国法制出版社2000年版，第177～178页。

好、协调好，袭用传统的行政手段来加以规定、裁量则存在显而易见的局限性。决策层逐渐加强了运用法律的力度，教育法规数量快速增加，涉及面明显拓宽，如关于教师的培养培训、工资待遇、教育教学、班主任工作等方面，就颁行了《中等师范学校规程（试行草案）》《关于调整中小学教职工工资的办法》《关于增加中小学民办教师补助费的办法》《加强教育学院建设若干问题的暂行规定》《全国中小学勤工俭学暂行工作条例》《全国优秀少年先锋队辅导员奖励条例（试行）》《关于普通中学和小学班主任津贴试行办法（草案）》等规范性文件。这些部门规章大多是在已有的法律框架下制定的，虽法律层次不算高，但在全国范围内均有一体遵循的法律效力，使中小学教师工作的许多方面开始有章可循、有法可依，对增强教育法律关系诸主体的法律意识、提升法律素养也起到了积极的作用。如此情势，中小学教师法制建设也就水涨船高了。

2. 中小学教师法规的新进展

随着我国经济体制改革的逐步深入，科技体制和教育体制的改革越来越成为亟待解决的战略任务。1985年5月27日，中共中央发布《关于教育体制改革的决定》（以下简称《决定》），提出了实施九年义务教育等战略发展目标，指出改革事业要"在简政放权的同时，必须加强教育立法工作"。围绕此《决定》提出的改革目标和宏观决策，中小学教育进入了一个较快的依法治理、有序发展时期。中小学教师法规在规定教师教育教学、培训提高等方面的权利义务上有了新的进展，产生了新的特点，开始呈现出现代教育立法的特征。

（1）法律层次的提升。此前的中小学教师法规体系中，还没有由国家最高权力机关制定的直接含有教师条款的法规，这种法规位阶较低、效力较弱的情形在此阶段开始有了很大的改观。1985年1月21日，六届全国人大常委会通过《关于教师节的决定》，该决定具有与教育法律同等的法律地位。1986年4月12日，六届全国人大四次会议审议通过的《义务教育法》规定，应加强培养、培训合格的中小学师资，改善教师的待遇，保障教师合法权益。《义务教育法》虽非教育基本法，却仍由全国人大制定，可见其受重视、期望的程度，是我国中小学教师法制建设开始迈入法制自觉年代的重要标志。1991年9月4日，七届全国人大常委会通过《未成年人保护法》，在"学校保护"一章中规定，学校教师"应当尊重未成年人的人格尊严，不得对未成年学生和儿童实施体罚、变相体罚或者其他侮辱人格尊严的行为"，这是首次在非教育类法律中规定中小学教师的权利、义务。经过连续的立法活动，中小学教师法规的法律层次有了切实的提升，体系框架初步形成，包容量明显增大，有利于将来从纵、横两个方向上的扩展。

（2）法规涵盖面的拓宽。要扩大教育法规的规范力和约束力，除了提升法律层次外，还必须尽力拓宽法规的涵盖面，以使法规能更好地调整教育主体之间的关系，规范各教育主体的活动。在这点上，中小学教师法规建设的进展也令人刮目。从人员上看，有一般中小学教师法规，也有中小学班主任、体育教师、出国教师法规；从经费上看，有中小学财务管理法规，也有教育费附加、教龄津贴管理使用法规；从地域上看，有普通地区中小学教师法规，也有少数民族地区中小学教师法规。如《〈中华人民共和国义务教育法〉实施细则》《关于减轻小学生课业负担过重问题的若干规定》《中学班主任工作暂行规定》《学校体育工作条例》《出国教师生活待遇的有关规定》《征收教育费附加的暂时规定》《关于教师教龄津贴的若干规定》《中华人民共和国民族区域自治法》等，使人们真切地感受到，这是一个教育法制化正式起步的阶段，一个教育民主化、科学化、现代化的春天。

1985 年的《关于教育体制改革的决定》提出了我国新时期的教育工作方针，即"教育必须为社会主义建设服务，社会主义建设必须依靠教育"。1986 年 4 月通过的《义务教育法》作出的一个方针性规定如下：义务教育必须"努力提高教育质量，使儿童、少年在品德、智力、体质等方面全面发展，为提高全民族的素质，培养有理想、有道德、有文化、有纪律的社会主义建设人才奠定基础"。1976～1993 年，在贯彻上述两个方针的过程中，国家各级教育立法主体一共制定了中小学教师法规 76 件，其中含教师条款的法律有 5 部，行政法规、部门规章 71 项。除前文谈及的法规外，还包括《中学教师职务试行条例》《小学教师职务试行条例》《小学班主任工作暂行规定（试行）》《加强中学实验教学的暂行办法》《中小学教师职业道德规范》《教师和教育工作者奖励暂行规定》《学校卫生工作条例》等，对提高中小学教师的素质能力地位、试行中小学教师职务制度、加强班主任工作和学校团队工作等多个方面，起到了较好的指引、规范和保障作用。同时，我们也应该看到，由于新时期的教育法律保障体系还不健全，加之存在种种客观原因，中小学教师的社会地位、经济待遇还不高，侮辱殴打教师、拖欠教师工资和干扰教师正常工作的违法现象还屡有发生，严重挫伤了教师的工作积极性。教育改革事业发展的需要，呼唤教师法规建设新的、更大的突破。

（3）教师单行法的酝酿。1993 年 10 月 31 日通过的《中华人民共和国教师法》，是由全国人大常委会依据宪法制定的一部重要法律，是我国教师法规体系中的母法。通过对《教师法》制定、颁布历程的叙述和分析，我们可以对教师法律的立法程序等方面有一个大致的了解和把握。

1986 年 3 月，在六届全国人大四次会议和全国政协六届四次会议上，张承先、杨辉、陈日亮等 415 名全国人大代表和政协委员分别向大会提交了关于尽快制定《教师法》的建议和提案。国家教委在收到上述议案后，立即向全国人大办公厅作了明确答复，并成立了教师法起草工作领导小组和起草小组，开始了《教师法（草案）》的调研起草工作。在起草过程中，有人曾建议先制定一部中小学教师法。后来经过再三考虑、权衡，认为还是制定一部全口径的《教师法》为好，这既有利于从法律上确定各级各类学校教师的地位和权益，又仍可突出中小学教师①。经过多方、多次征求意见，1989 年 4 月 30 日，国家教委办公会议讨论通过《教师法（草案送审稿）》，上报给国务院。经过多次论证、修改，1990 年 5 月，国务院法制局局务会议通过《教师法（草案）》，国务院常务会议于同年 6 月 1 日、10 月 10 日先后两次对《教师法（草案）》进行了讨论。根据讨论意见，国务院法制局和国家教委对有关问题作了进一步的修改。1991 年 8 月 9 日，国务院总理李鹏主持国务院第 89 次常务会议，原则通过《教师法（草案）》，决定对这个法律文件进行修改后提请全国人大常委会审议②。

1991 年 8 月下旬，李鹏总理向七届全国人大常委会第 21 次会议提交了国务院关于提请审议《教师法（草案）》的议案。8 月 29 日，受国务院委托，国家教委主任李铁映就《教师法（草案）》的立法宗旨、提高教师素质及待遇、民办教师、教师权益保护等问题向会议作了说明。委员们在 8 月 27 日至 9 月 4 日的会议期间认真审议了该项议案，认为"草案的整个框架是好的"，制定一部教师法也十分必要。但该议案尚存在明显的缺陷，"从法律的可行性和有些内容来看还需要进一步充实、完善"③，因而没有通过《教师法（草案）》。鉴于七届全国人大任期将满，全国人大在换届前夕要求国务院撤回了《教师法（草案）》。

根据人大常委会提出的修改意见和 1993 年《中国教育改革和发展纲要》的原则精神，国务院对《教师法（草案）》作了进一步的修改。1993 年 10 月，国务院向八届全国人大常委会第四次会议再次提交关于提请审议教师法草案的议案。1993 年 10 月 22 日，国家教委主任朱开轩向会议作了关于《教师法（草案）》的说明，主要说明了教师待遇和教师聘任制这两个重点修改的问题。10 月 22 日至 31 日，委员们认真审议了国务院提交的《教师法（草案）》，并进行了充分、热烈的审查和讨论。讨论过程中，委员们不仅从大处着眼，宏观把握立法要

---

① 游忠永：《教育法学》，四川人民出版社 1996 年版，第 320 页。

② 《中国教育报》，1991 年 8 月 10 日，第 1 版。

③ 《中国教育报》，1991 年 9 月 5 日，第 1 版。

旨，而且对"每一条款也是反复考虑，选取最佳方案"①。多数委员认为，《教师法（草案）》的立法基础比较好，虽然"从战略意义上讲，《教师法》还不够成熟，但对解决目前的实际问题，特别是农村教师、基础教育教师的问题有十分重要的意义，希望尽早出台"②。

会议期间，根据委员们提出的意见，全国人大法律委员会召集国家教委、国务院法制局等单位对议案又进行了一次修改。经过多方紧张、积极、有成效的工作，《教师法》"最后于1993年10月31日下午由全国人大常委会表决通过"③。时任国家主席江泽民签署第15号主席令，公布了《中华人民共和国教师法》，于1994年1月1日起施行。至此，这部历时九年，教育界、法律界及社会各界对之寄予了热切期望、为之做出了极大努力的重要法律正式诞生，标志着我国教师队伍建设开始了由依靠行政手段到依靠法律手段的历史性转轨。

这部教育单行法以国家《宪法》为立法基础，是我国历史上首部专门为教师制定的法律，第一次用法律形式明确了教师在社会主义现代化建设中的重要地位，对维护教师的合法权益，造就一支具有良好思想品德和业务素质的教师队伍，推动全社会尊师重教风气的形成起到了十分重要的作用。《教师法》对人的效力适用于我国各级各类学校所有从事教育教学工作的教师以及教辅人员，其空间效力包括我国主权所及地域，其时间效力则是指对1994年1月1日（《教师法》生效日）之后的教育关系和教育活动进行调整、规范。《教师法》的法律地位，对于《宪法》和教育基本法（当时尚未制定）而言，是子法，"但在教师法规体系中，《教师法》又是母法"④，法律效力很高，在中小学教师法规中可以起主导性作用，其对中小学教师履行教育教学职责中最根本、最重要的问题，如教师的权利和义务、资格和任用、考核和奖励、工资待遇、住房医疗等诸多方面作出了全面的规定，是包括中小学教师在内的所有教育法律关系主体必须切实遵守的。《教师法》的颁布实施，使我国中小学师资队伍建设正式走上了专门化、法制化的轨道。

① 《中国教育报》，1993年11月5日，第2版。
② 《中国教育报》，1993年10月30日，第1版。
③ 《中国教育报》，1993年11月1日，第1版。
④ 游忠永：《教育法学》，四川人民出版社1996年版，第319页。

第三节　中小学教师法规的遵守

　　法规的遵守亦称教育守法，是法规实施的一种重要方式，是法规的自律性实施。教师法规的遵守是指所有教育守法的主体正确地行使教师法规定的权利，忠实地履行教师法规定的义务，按照教师法律规范作为或不作为，自觉依照教师法律法规办事，不得有超越教师法律法规的特权。相应地，要树立教师法规的权威，在全社会形成尊师、重教、守法的风气，一是要加强教师法规知识的宣传、普及工作，增强人们的法律意识；二是要确实执行对违反教师法规行为的惩处，两者缺一不可。

　　教育事业毕竟不只是教育界自身的事业，教育法也非只针对学校、教师、学生和家长而与其他人员无涉，而是需要全社会的关心、支持和参与。宣传面过窄，显然会限制教育法规的社会影响力，不利于使教育守法成为人们生活和工作的自觉需要，不利于教育法制的进步。1985 年以来，我国教育系统连续开展了多个五年一期的教育普法工作，并将之纳入国家司法部主持的全国性的群众普法运动中，使《义务教育法》《未成年人保护法》《教师法》等教育法律法规的立法宗旨、基本原则、实施步骤、条件保障和法律责任等内容为广大的受众所知悉，他们在知道国家的宪法、刑法、民法的同时，也树立起了对教育法由衷的尊重，全社会的教育守法展示出了新的面貌。教育法规的宣传工作还存在一些薄弱之处，如对有些教育行政法规特别是教育部门规章的宣传、解释、普及的力度还比较有限，使教师和其他教育法律关系主体难以对法定的权利和义务有比较透彻的理解和把握，有时还往往视正当的维权行为为"僭越"、非分之举，对应尽的义务有时却以"情有可原""下不为例"为由而加以无原则的宽谅或自谅，削弱了教育法规的实施效果，逐渐造成"社会上有相当一部分人（包括部分执法者）对有关教育的法规常不屑一顾"的令人忧心的状况①。扫除成见弊俗、扭转方向局势的有效途径之一，就是继续大力开展教育法制宣传，使教育法规的精神和原则家喻户晓，并内化为公民自觉的教育法律意识，进而转化为自觉守法的行动。

---

　　① 《中国教育报》，1993 年 11 月 27 日，第 1 版。

一、教师管理法规

（一）中小学教师资格问题逐步明确

粉碎"四人帮"后，我国教育界打破了教条思想的束缚，启动了教育改革征程，这就必然要求建设一支适应新形势的教师队伍。由于十年内乱的冲击，至 1978 年，全国小学、初中、高中教师的学历合格率分别为 47.1%、9.8%、45.9%[①]，且一部分学历合格的教师也难以胜任教育教学工作的需要，教师队伍的质量问题十分突出。为此，教育部 1978 年 10 月发出的《关于加强和发展师范教育的意见》（以下简称《意见》）指出："今后，普及教育所需补充的新师资，应尽快地逐步做到：高中教师具有师范学院（师范大学）或相当这一级的高等院校毕业程度，初中教师具有师范专科学校或相当这一级的专科学校毕业程度，小学教师具有中等师范学校毕业程度"[②]。尽管对教师的学历要求在具体条文上没有提高，但确然是国家在社会转折时期，试图恢复用法律手段规范中小学教师培养、提高中小学教师队伍质量的积极表征。该《意见》中对学校新师资提出的期望性要求已含有明显的资格意味，体现出了改旧布新的前瞻意识。

1985 年 5 月，中共中央在《关于教育体制改革的决定》中指出："必须对现有的教师进行认真的培训和考核，把发展师范教育和培训在职教师作为发展教育事业的战略措施"，"在此之后，只有具备合格学历或有考核合格证书的，才能担任教师"。这个应时而出的重要教育政策，指导了此后一段时期的教育资格法制建设，使中小学教师资格问题不容许被人再以"原则上""灵活性"为借口随意拖延或打折扣，而是如在弦之箭，不得不发了。

六届全国人大四次会议于 1986 年 4 月通过的《义务教育法》，在中小学教师资格问题上取得了实质性突破。该法第十三条第二款规定："国家建立教师资格考核制度，对合格教师颁发资格证书"[③]，"有计划地实现小学教师具有中等师范学校毕业以上水平，初级中等学校的教师具有高等师范专科学校毕业以上水平"。相较于教育部 1978 年的《意见》，其突破性体现在：第一，对实施义务教育学校教师的资格问题由国家法律来规范，权威性得到提高；第二，加了"以上"两字，删去了"或相当……毕业程度"，显示了国家提高中小学教师资格标准、加

---

① 刘英杰：《中国教育大事典》（1949—1990），浙江教育出版社 1993 年版，第 684 页。

② 何东昌：《中华人民共和国重要教育文献》（1949—1997），海南出版社 1998 年版，第 1649 页。

③ 《教育法律手册》，法律出版社 2001 年版，第 62 页。

强教师岗位专业性的明确意向。该法针对的主要是义务教育，但正如基础教育事业是一个有机整体，义务教育学校和高级中学的教师资格问题也是密不可分、互相关联的，牵一发而动全身，因而是可以在本法宏观立法意图内推衍出关于高中教师资格的潜在设定的。

此后还颁布了多项教师法规，如 1986 年的《小学教师职务试行条例》《中学教师职务试行条例》、1988 年的《提高中小学教师工资标准的实施办法》、1991 年的《中小学教师职业道德规范》、1992 年的《〈义务教育法〉实施细则》等。这些法规对中小学教师管理、职责、待遇等方面的规定，都有教师资格所含的"学历""教育教学能力""履职情况"等要素，除起到了配合《义务教育法》的宣传实施，使教师资格问题在社会上更为清晰、明确的作用外，还从不同的角度和层面酝酿着、生成着将来更高位阶的或专门性的教师资格法规所必需的法理、教理因子，加快了中小学教师资格问题从宽泛性、分散性阶段走向专门性、整体性阶段的进程。在 1976～1993 年这 17 年间，中小学教师资格问题由期望性的要求、事实上的存在到由法规正式提出，集中地反映了我国教师工作领域法律意识的增强和法治文明的提升。

（二）中小学教师职务制度

中华人民共和国成立以后，我国教师专业技术职务管理工作经历了"不断变革、不断发展的三个阶段"：教师专业技术职务任命制、教师学衔和称号制度和教师职务聘任制①。至于中小学教师的职务制度，则要"后进""单纯"得多，属于第三阶段的初始时期。中小学教师职务制度，迟至 20 世纪 80 年代中期才开始建立，因为中小学教师职务制度牵涉的人员、机构很广，评定标准、晋级程序、系列比照较复杂，而且须与财政、人事部门的改革协调进行。与中小学教师资格制度相较，中小学教师职务制度的试行时间要早几年，而且前期力度大，在全国走出了大面积实施的重要一步。中小学教师职务制度虽然在法律规定的完善度上不及资格制度，但其所受关注的程度和产生的社会效应却超乎后者之上，因为这密切关系到教师的专业发展、个人荣誉、工资待遇和教师队伍的综合建设。

1. 中小学教师职务制度的建立

1977～1983 年，国家开始恢复和改进职称评定工作，但教育界仅限于高等学校。在中小学启动教师职务制度是在《关于教育体制改革的决定》发布的第

---

① 郭齐家、雷铣：《中华人民共和国教育法全书》，北京广播学院出版社 1995 年版，第 412 页。

二年，即1986年。

中央职称评定工作领导小组在总结以往的经验教训时，认为简单地恢复职称评定制度不能适应国家经济体制发展的形势，因而确定职称改革的方向是实行专业技术职务聘任制度。国务院肯定了这个思路，并于1986年2月18日发布《关于实行专业技术职务聘任制度的规定》，明确了"专业技术职务是根据实际工作需要设置的有明确职责、任职条件和任期，并需要具备专门的业务知识和技术水平才能担负的工作岗位，不同于一次获得后而终身拥有的学位、学衔等各种学术、技术称号"①。遵照此项行政法规，国家教委组织力量开始了与此相关法规的调研、起草工作。1986年5月，中央职改领导小组转发国家教委《中学教师职务试行条例》和《小学教师职务试行条例》这两个规章，自发布之日起施行，并授权各省、自治区、直辖市和国务院有关部委根据各自的实际情况，分别制定实施细则和相关的配套法规。从此，开始在全国中小学全面实行教师职务制度。为了加强中小学教师职务制度建设，进入20世纪90年代以后，国家教委等部门先后发出了《关于中小学教师职务聘任工作中有关问题的通知》《关于当前做好中小学教师职务聘任工作的几点意见》等政策性文件，使中小学教师职务制度在改革中不断得到补充和完善。随着经济体制的转轨，劳动人事制度的深刻变革，1993年以后，教师职务制度进入了全面深化改革的新阶段，当年10月颁布的《教师法》明文规定"国家实行教师职务制度"，《教育法》也列有国家实行教师职务制度的法律条款，从而提升了教师职务制度的法律地位，保障了教师职务系列的权威性，为新时期中小学教师职务制度的发展、健全、创新提供了充分的法律依据。

中小学教师职务法规和政策的陆续出台，为以后将之与中小学教师资格制度、聘任制度以及考核、奖惩、培养和培训等工作有机地结合起来，更好地发挥整体功能，实现教师职务由任命制向聘任制的转轨奠定了良好的基础。

2. 中小学教师职务制度的特征

如上所述，有关中小学教师职务的法规有多件，但主要内容则集中地反映在1986年5月7日发布的《中学教师职务试行条例》《小学教师职务试行条例》这两个部门规章和随发的《关于中小学教师职务试行条例实施意见》中。这两个《职务试行条例》和相关的文件，内容较为全面周详，对中小学各级教师的职责、任职条件、考核和评审等方面设立了相应的法律规范，其特征如下：

---

① 《中华人民共和国教育法律法规总览》（1949—1999），法律出版社2000年版，第1610页。

（1）全面考量。评定中小学教师职务，不是仅看学历等表层因素，而是"必须经过教师职务评审委员会从政治思想、文化专业知识水平、教育教学能力、工作成绩和履行职责等方面进行评审"①，体现了全面考量的原则。在政治思想方面，无论是中学教师还是小学教师，都必须具备一个首要条件，即"拥护中国共产党的领导，热爱社会主义祖国，努力学习马克思主义和党的路线、方针、政策，有良好的师德，遵守法纪，品德言行堪为学生的表率，关心爱护学生，教书育人，使学生在德育、智育、体育等方面得到全面发展，努力做好本职工作，并在完成本职工作前提下，结合工作需要，努力进修，提高教育和学术水平"②。另外，中小学教师还必须同时具备一个内容大致相同、程度有层级差异的基本条件，包括：掌握教育学、心理学、教学法知识和文化专业知识，教育教学效果较好，胜任班主任工作等方面。

（2）宽严结合。中小学教师职务法规对参评条件的宽严度把握得较为适宜，做到了张弛裕如、经权结合。就社会上有人质疑中小学教师《专业合格证书》的实际水准，1991 年 2 月，国家教委、人事部重申："中小学教师《专业合格证书》是国家教委对不具备国家规定学历的中小学教师经过严格统一考试合格后颁发的一种证明"，"今后仍可作为评聘教师职务时，视同相当学历的参评条件"③。此举解开了人们的疑问，维护了教师《专业合格证书》的学术信誉。鉴于《专业合格证书》与正规学历证书毕竟不能完全等同，国家教委在《关于中、小学教师职务试行条例的实施意见》中规定，不具备国家规定学历、只有专业合格证书的中小学教师晋升一级教师，"其晋升职务的年限一般应比具有合格学历证书的稍长一些"④。以上条款整体上展现了宽的一面。

既然中小学教师职务是国家承认的一种专业技术职务，故而制定严格的标准以保持其专业信誉和学术地位是十分必要的。相关的中小学教师职务法规性文件把重点放在这方面，如《关于中、小学教师职务试行条例的实施意见》强调，不具备国家规定学历的中小学教师，一般应通过考核；"取得教材教法考试合格证书的教师，只能聘任或任命其担任三级教师职务，聘任或任命其担任二级教师以上职务，还必须取得专业合格证书"；1986 年 9 月 1 日以后到中小学任教的教师，必须取得相应的合格学历证书，否则不能担任一级教师；1986 年在 35 周岁

---

① 教育部政策研究与法制建设司：《现行教育法规与政策选编》，教育科学出版社 2002 年版，第 189 页。

② 郭齐家、雷铣：《中华人民共和国教育法全书》，北京广播学院出版社 1995 年版，第 475 页。

③ 郭齐家、雷铣：《中华人民共和国教育法全书》，北京广播学院出版社 1995 年版，第 494 页。

④ 郭齐家、雷铣：《中华人民共和国教育法全书》，北京广播学院出版社 1995 年版，第 479 页。

以下的教师，或1986年9月1日以后到中小学任教的教师，必须取得相应的合格学历证书，否则不能担任高级教师。这一系列较严格的硬性规定，意在维持中小学教师队伍的整体素质和良性结构，确保中、高级职务教师群体的水准和活力。

就中小学教师职务制度而言，职务评审是核心的一环，《职务试行条例》对此作了明确的规定：中学二、三级教师和小学一、二、三级教师的任职条件，由县级评审委员会审定；中学一级、小学高级教师的任职条件，由地级评审委员会审定；中学高级教师的任职条件，由省级评审委员会审定。各级评审委员会各司其职，各负其责，不宜躐等①。这些规定保障了中小学教师职务评审层级性、权威性、规范性和高效性的统一。实际上，这些要求或程序只是相对严格，没有人为抬高中小学职务评定、晋升的门槛。

（3）注重基础。这里所谓的基础，主要是指小学。小学教育是基础教育的基础，国家鼓励各种支持和加强小学教育的行为，包括教育立法和教师职称评审等方面对小学教育的侧重与倾斜。这一点，从两个《职务试行条例》中也看得出来。例如，同是高等师范学校本科毕业生，任教于小学的，见习一年期满，考核合格并具备相关基本条件，就可被评为小学高级教师；而任教于中学的，见习一年期满，考核合格并具备相关基本条件，只能被评为中学二级教师，要想晋升为中学一级教师（与小学高级教师同为实质上的中级职务），则需四年以后。再如，《中学教师职务试行条例》规定："根据加强和改革基础教育的需要，在小学任教、教育教学水平和能力高于小学高级教师任职条件、从事基础教育科学研究的小学教师，亦可由省级教育行政部门聘任或任命中学高级教师职务。"② 应该说，类似这样的规定是合理、必要、具前瞻性的，是帮助优秀小学教师努力突破职称评审瓶颈的法规性举措，因为在传统观念上，小学教师的社会地位不高、不应该高，而在现实条件下，小学教师的职务前景也确然受到了一定的限制。

我国有关中小学教师职务的法律法规，对中小学各级职务教师的职责、任职条件、考核、晋级等方面作出的规定，是符合中小学教育教学工作的客观需要和教师的成长规律的，较好地规范、推动了中小学教师职务评聘活动的开展。

---

① 中小学特级教师的评选，是一种荣誉性质的职务和称号，从严格意义上来说不属于教师职务制度评审的范畴系列。

② 教育部政策研究与法制建设司：《现行教育法规与政策选编》，教育科学出版社2002年版，第192页。

二、教育教学法规

有研究者主张，"在正规的学校教育中，学校管教权主要是通过教师来实现的，即它主要是通过授权给教师来实现"①。此期的中小学教师法规，既含有这样的授权，又包含对中小学教育、教学、管理等事务的诸多规定和要求。

（一）中小学班主任法规

1. 班主任的法定任务

20 世纪 70 年代末，《关于班主任工作的要求》出台，对中小学班主任的职责、任务作了一些规定，初步形成了我国的中小学班主任工作制度。随着教育改革的推进和德育工作重要性的凸显，进一步加强班主任工作的地位和作用成为大势所趋，原有的政策亟须修订、提升。1988 年 8 月，国家教委将以前的相关文件系统化为两个专门性的部门规章，即《中学班主任工作的暂行规定》和《小学班主任工作暂行规定（试行）》，对班主任工作的地位、职责、方法、原则和基本任务作了比较详细、具体的规定，把班主任工作向规范化、法制化方向推进了一大步。

（1）在班级德育管理方面。教育部 1980 年颁发了《关于中学共青团工作几个具体问题的规定》，要求班主任与学校团组织密切合作，教育和引导团员起模范带头作用②。1988 年的中、小学《班主任工作暂行规定》，明确了中小学班主任的一项重要职责是联系本班学生的思想实际，按照《小学德育纲要》和《中学生日常行为规范》向学生进行思想政治教育和道德教育，培养他们良好的道德品质和文明行为习惯，逐步树立为人民服务的思想和为实现社会主义现代化而奋斗的志向③。

（2）在班级教学管理方面。根据教育发展的新形势对班级教学管理工作提出的更高要求，国家教委在 1988 年颁发的中、小学《班主任工作暂行规定》中强调，班主任应"经常与任课教师取得联系"，"组织科任教师商讨本班的教育工作，互通情况，协调各种活动和课业负担"，"协同对学生进行学习目的的教育，

---

① 劳凯声：《中国教育法制评论》（第 1 辑），教育科学出版社 2002 年版，第 142 页。
② 国家教委办公厅：《基础教育法规文件选编》，北京师范大学出版社 1988 年版，第 282 页。
③ 教育部政策研究与法制建设司：《现行教育法规与政策选编》，教育科学出版社 2002 年版，第 198页。

激发学习兴趣，培养刻苦学习的意志，教会学习方法，学好功课"。这些规定保证了建立以班主任为中心、科任教师共同参与的班级教学指挥系统，维护了班级正常、良好的教学秩序，提高了学生的学习效率和学习质量。

（3）在班级体育、卫生管理方面。中小学班主任要在校长的领导下，配合体育教师做好学生体育工作，还应积极配合卫生行政部门和学校医务人员或保健教师的工作，并将之作为一项重要的经常性任务。此处主要阐述教育法规对学生视力保健工作中班主任职责的规定。

1979 年 12 月颁布的《中、小学卫生工作暂行规定（草案）》强调，"班主任、任课教师应协助学校卫生人员和保健教师开展学校卫生工作"，"教育学生保护视力，认真做好眼保健操，遵守用眼卫生要求"①。这项规定的进步之处在于，它不仅提出了班主任和学校其他教师的职责，而且提出了保护视力的具体措施和要求。在升学和高考的压力下，中小学生课业负担很重，加强眼睛卫生保健的问题又突出起来。为此，教育部等部门于 1982 年 1 月发布《保护学生视力工作实施办法（试行）》，重申"班主任应把保护学生视力工作作为自己的工作职责之一，及时掌握学生视力情况，积极配合学校卫生人员、保健教师做好视力保护工作"。上述保护学生视力的条款，不仅是对中小学班主任和教师的法律规定，而且包含着对班主任"爱的教育"的人文要求。这些教育法规的制定实施，使多年来中小学生的视力在总体上得到了较好的保护，或者在情况糟到一定程度时能稳住并有所好转，促进了学生身、心两方面的健康成长。只是，此后却没有持续加大《保护学生视力工作实施办法（试行）》的执行力度或修订充实后再予颁布，改由政策（如 1987 年的《关于加强学生视力保护、全面开展学校卫生保健工作的通知》）来一般性地提出保护学生视力的要求，这就易使该项工作实际上的约束力减弱，中小学班主任、校长和其他教师的注意力会很自然地转到其他更带强制性、应急性的事务上面，无形中削弱了保护学生视力的工作，这可从那些年中小学生近视率不断攀升的事实中得到印证。

（4）在操行评定、毕业鉴定方面。1988 年国家教委颁布《小学班主任工作暂行规定（试行）》，提出班主任应"做好学生的品德鉴定和学籍管理工作"②。总的来看，在评定学生上，小学班主任的地位、作用和自主性呈逐渐增强的趋势，同时也更为规范了。例如，20 世纪五六十年代，班主任写学生评语、鉴定一般要与科任老师商量，现在就不须经此程序，改而规定班主任教师可以独立行

---

① 浙江教育学院：《教育政策法令选编（1978—1981）》（内部文件），第 64 页。

② 教育部政策研究与法制建设司：《现行教育法规与政策选编》，教育科学出版社 2002 年版，第 195 页。

使该项权力，并兼做一部分学籍管理工作。中学的情形仍要复杂一些，1988年8月的《中学班主任工作暂行规定》强调，班主任应"做好本班学生思想品德评定和有关奖惩的工作"。这些规定相较而言透出一种正规、严肃、慎重的意味，班主任于这方面的职责也由先前的单纯评定操行成绩扩大到参与决定奖惩事宜。

（5）在评优、保送和毕业鉴定方面。1982年5月，教育部、团中央颁发《关于在中学生中评选三好学生的试行办法》，规定评选三好学生要"在班主任指导下，由各班学生民主评议提名，再经班级任课教师讨论同意"，确立了班主任在一定民主程序中的指导地位。1988年的《普通高等学校招收保送生的暂行规定》强调，应"在学生自愿、班主任和任课教师推荐的基础上，确定本校保送生名单"①，以保证选送的公开、公正性。1984年2月的《关于高中建立学生档案的暂行规定》提出："学年评语和毕业鉴定是档案的重要内容，应由班主任和任课教师共同研究后认真负责、实事求是地填写"，不能将个人的好恶偏向掺杂其中，以力争把好基础教育最后阶段的操行评定关。

由于中学生即将面临考试、就业、走向社会等各种紧迫的现实问题，学校对他们的奖惩记录和思想品德鉴定是相关部门最终决定是否录用的一项重要依据，故此中学班主任的职责显然更重一些，对他们工作的要求和标准也更多、更高一点，这从教育法规的数量、内容和要求上也可以较明显地体现出来。

2. 班主任队伍的建设

20世纪70年代以后，教育部出台专门的教育政策，将选任班主任的标准和步骤初步加以条目化、程序化。例如，附同《关于普通中学和小学班主任津贴试行办法（草案）》发出的《关于班主任工作的要求》规定："班主任应挑选工作好、思想好、作风好，具有一定教学水平、管理学生经验和组织能力的教师担任。按照择优任用的原则，每学年经过教师评议一次，由学校领导批准。"② 在教育法制建设逐步加强的大背景下，国家教委于1988年发布了中、小学《班主任工作暂行规定》，提出了担任班主任应该具备的政治素质、职业道德、责任心、教育教学能力等方面的条件，强调"学校校长要按条件选聘班主任"③，以免错选、漏选或不必要的经常换选，影响班级正常的建设工作。内容较为全面、具体的专门性班主任规章的颁布实施，标志着我国选任中小学班主任的工作开始走上

① 《教育法律手册》，法律出版社2001年版，第241页。
② 国家教委办公厅：《基础教育法规文件选编》，北京师范大学出版社1988年版，第397页。
③ 教育部政策研究与法制建设司：《现行教育法规与政策选编》，教育科学出版社2002年版，第196页。

规范化轨道，并使 1986 年颁布的中、小学《教师职务试行条例》中的"胜任班主任工作""具有班主任工作经验"等条款明确、具体化了。同时，中小学教师法规也列有加强对班主任工作的领导和考核的内容，强调"学校应该加强对班主任工作的领导"[①]，校长和教导主任应"定期召开班主任会议"，认真进行工作指导，"对于不履行班主任职责、玩忽职守或其他原因，不适宜做班主任工作的，应撤销或免去其班主任职务"[②]。这种制度对及时处理存在的问题、保证班主任工作的质量和不断更新、提升班主任队伍实属必须。

在班主任津贴方面。担任中小学班主任工作，需要付出很多额外的心血和劳动，对此给予适当的报酬既符合社会主义按劳分配原则，也能起到一种激励效应。班主任津贴议题 1979 年重被提出，是年 11 月，教育部、财政部等部门根据中小学班主任的工作要求和工作量联合颁发《关于普通中学和小学班主任津贴试行办法（草案）》，就班主任的津贴标准作了如下具体规定："中学每班学生人数在 35 人以下发 5 元，36～50 人发 6 元，51 人以上发 7 元；小学每班学生人数在 35 人以下发 4 元，36～50 人发 5 元，51 人以上发 6 元。每班人数在 20 人以下的，可酌情减发。"[③] 该规章同时对复式班学生人数的计算办法、减发或不发班主任津贴的特殊情形也作了规定。国家教委在 1988 年颁发的中、小学《班主任工作暂行规定》中提出，班主任任职期间，一律享受班主任津贴，各地可根据财政状况，对国家原规定的津贴标准适当提高。同年 12 月，人事部、国家教委、财政部联合发布《关于提高中小学班主任津贴标准和建立中小学教师超课时酬金制度的实施办法》，规定"从 1988 年第四季度起，提高中小学班主任津贴"，提高的幅度由各地自行确定。根据这些法律规定，随着工资标准的提高和消费水平的上涨，各地班主任津贴均有稳定的提高，象征意义有所减弱，经济意义则得到了实在的提升。

除了津贴制度外，教育法规还有其他一些对班主任实行合理倾斜的规定，如可以减少班主任的上课时数、优秀班主任可以参评特级教师、做出突出贡献的班主任可以获得国家级荣誉称号等。这些规定，增强了中小学班主任岗位的吸引力，稳定、壮大了班主任队伍，使这支队伍在中小学教育教学管理工作中发挥了越来越重要的作用。

---

① 华东师大教育管理学院：《建国后教育政策法令选编》（内部发行），1987 年 6 月，第 39 页。

② 教育部政策研究与法制建设司：《现行教育法规与政策选编》，教育科学出版社 2002 年版，第 200 页。

③ 国家教委办公厅：《基础教育法规文件选编》，北京师范大学出版社 1988 年版，第 398 页。

（二）德育工作

随着教育的发展和时代的进步，德育的内涵日臻丰富，至 20 世纪 90 年代，广义上的学校德育是指"对学生进行政治、思想、道德和心理品质教育，是中小学素质教育的重要组成部分，对青少年学生健康成长和学校工作起着导向、动力、保证作用"①。1993 年的《教师法》要求教师应该"对学生进行宪法所确定的基本原则的教育和爱国主义、民族团结的教育"。"学为人师，行为世范"，只有加强教师的职业道德修养、搞好德育师资队伍建设、增进德育工作实效，才能顺利推进中小学德育这一系统工程，不断开创中小学德育工作的新局面，培养更多德才兼备的国家建设人才。

1. 教师的职业道德修养

1984 年 10 月，教育部颁布《中小学教师职业道德要求（试行草案）》，旨在改进中小学教师的思想政治工作，提高教师队伍的道德素质。鉴于在教育日常工作中，有的中小学教师的思想道德行为时或出现一些问题，师德建设的整体水平离"为人师表"的社会要求尚有一定的差距，国家加强了这方面的立法，以专门性的法规来强化对教师职业道德的要求。1991 年 8 月，国家教委颁发《中小学教师职业道德规范》，从政治、业务、仪表等六个方面提出了要求。

此外，为使加强中小学教师的职业道德建设落到实处，其他的教育部门规章也提出了一些相应的要求和规定。教育部 1986 年颁布的中、小学教师《职务试行条例》，规定中小学教师应该"有良好的师德，遵守法纪，品德言行堪为学生的表率"，并将这一要求与任职条件挂钩。1992 年 6 月的《中小学校园环境管理的暂行规定》，要求教师"模范执行《中小学教师职业道德规范》，言行一致，以身作则，为人师表"。可见，诸法规对中小学教师的道德要求是一贯、一致的，形成了一个良好的序列。

2. 德育师资队伍的建设

为更有效地开展德育工作，1979 年 4 月，共青团中央、教育部联合颁发规章，要求"加强辅导员队伍的建设"，"做好辅导员的配备、培训工作"，又在次年 9 月发布的《关于中学共青团工作几个具体问题的规定》中要求"各地教育

---

① 教育部政策研究与法制建设司：《现行教育法规与政策选编》，教育科学出版社 2002 年版，第 263 页。

部门和团委要共同做好团干部的配备和培养提高工作"，"在调整工资、评选先进、评定职称时，应同其他教师、干部一律对待"。1983 年 2 月、10 月，共青团中央、教育部先后发布《全国优秀少年先锋队辅导员奖励条例（试行）》和《关于学校少先队工作几个具体问题的补充规定》，分别明确"给予全国优秀少先队辅导员的荣誉和奖励，应当与优秀教师和模范班主任同等对待"，"各地团委和教育部门要共同做好少先队辅导员的选配和聘请工作"，"对于从事少先队工作有显著成绩的少先队辅导员应予以表彰"。1987 年 2 月，共青团中央、国家教委等部门发布《关于中学少先队工作的若干规定》，强调加强对中学少先队工作的领导和辅导员队伍建设，辅导员同其他教师一样处于学校教育的第一线，优秀辅导员应享受同级优秀教师的待遇。这些法规的制定实施，加强了政治课教师、团干部、少先队辅导员等学校德育骨干队伍的建设，保证了我国中小学德育工作的正确方向和全面深入。

（三）智育工作

智育是中小学全体师生员工须全力参与的中心枢纽工作，也是国家教育法律法规时加介入、规范的一项极为重要的教育事务。

1. 合理配备师资

1988 年 3 月，国家教委发布《中小学校实验室工作的规定》，指出实验室工作是教学工作的重要组成部分，要求"选派相关学科的教师或实验技术人员主持实验室日常工作"[1]，以不断提高实验教学水平，使实验教学和理论教学相互促进，提高学生理解、掌握、运用科学知识的能力和水平。学校的各个年级、各门学科之间，也需合理地配备师资。

2. 提高教学质量

教学质量是智育工作的生命线，为了提高中小学教师的教学水平和质量，国家在颁布的有关教育法规中对此作了一些规定。

（1）教学方法。"文革"结束后的教师法规对教学方法的规定虽较为原则，但立意更高，要求教师掌握先进的教育理念，以指导教育实践的进行，创造、发明出富有特色和效果的教学方法。关于中学的实验教学方法，国家教委给予了高度的关注，在 1988 年 3 月发布的《加强中学实验教学的暂行办法》中，要求中

---

[1]　何东昌：《中华人民共和国重要教育文献》（1949—1997），海南出版社 1998 年版，第 2727 页。

学理科实验教师应"按照教学大纲和教材要求，精心设计实验步骤和教学方法，做好实验准备"。具体实验，"教师应先作示范"，指导学生按"实验步骤进行操作，仔细观察，分析思考，得出结论"①。这些法律规定，指导了中小学教师在进行各科教学时，遵循理论与实际相一致的原则，根据学科、学生的实际情况采用各种具体的教学方法，并争取发明新颖而科学的教学方法，以更好地提高教育教学质量，发展儿童少年的智力，培养他们的创新精神、学习能力和实践能力。

（2）教学内容。形势或事务需要时，相关的教育法规会对进入中小学课堂的某些新兴、特殊的教学内容作出倾斜性规定。1990 年 9 月通过的《中华人民共和国著作权法》规定，若教师因学校课堂教学的需要，翻译或者少量复制已经发表的作品，可以不经著作权人许可，不向其支付报酬。1991 年 6 月，国务院发布《计算机软件保护条例》规定，因课堂教学等非商业性目的的需要对软件进行少量的复制，可以不经软件著作权人的同意，不向其支付报酬。这些规定适当扩大了教师采用教学素材、教学内容的权利和范围，丰富了教学手段和教育信息，有利于打开学生的知识视野，提高、激发学生对前沿科技的感受力和向往度，真正使中小学成为培养创新人才的摇篮。当然，中小学教师也不得"更进一步"，擅自逾越法规设置的界限，侵犯著作权人和软件制作者的相关合法权利，否则就要承担相应的法律责任。

3. 减轻学生课业负担

减轻学生课业负担与保障学生身体健康和提高教育质量之间是辩证统一的，有时亦需借助教育法规的监控、约束力。

（1）减轻学生的课业负担。进入 20 世纪 80 年代后，为了应对升学、中考、高考的压力，中小学生的课业负担又出现加重的趋势。1983 年 12 月，教育部指示中学教师"要减轻学生过重的学习负担"，"不得随意增加课时"②。1986 年 1 月，国家教委、国家出版局等部门发出《关于严禁擅自编写、出版、销售学生复习资料的规定》，强调中小学教师不得搞题海战术，不得助长学生复习资料泛滥之风。同时规定，"为提高教师教学水平和中小学教育质量"，经国家教委批准，可组织编写、出版"供教师用的教学参考书、教学参考资料和教学挂图"，允许教师在不增加学生负担的前提下采择使用。1988 年 5 月，国家教委发布《关于减轻小学生课业负担过重问题的若干规定》，要求教师不得随意增加教学时数和

---

① 《教育法律手册》，法律出版社 2001 年版，第 88～89 页。
② 国家教委办公厅编：《基础教育法规文件选编》，北京师范大学出版社 1988 年版，第 94 页。

内容，不布置机械重复和大量抄写的练习，"要按时下课，不拖堂，要按时放学，不占用课余时间或节假日给学生集体补课"，控制学科竞赛的次数，并明确提出要将学校和教师减轻学生课业负担的情况"作为当前中、小学督导评估的依据"。1990 年 6 月，国家教委、卫生部在《学校卫生工作条例》中，再次严明规定"学校或者教师不得以任何理由和方式，增加授课时间和作业量，加重学生学习负担"。

（2）改进考评教师工作的办法。1983 年 12 月，《关于全日制普通中学全面贯彻党的教育方针、纠正片面追求升学率倾向的十项规定（试行草案）》提出："从全国到地方坚决不搞升学考试名次排队，不得给地方、学校下达升学指标，不得片面地只按升学率高低对学校和教师进行奖惩"。1988 年又下文重申，任何单位和个人不得以学生考试成绩或升学率的高低"排列学校、班级、教师的名次，也不得以此作为评定他们工作好坏，进行奖惩的唯一依据"①。这些禁止性规定，对提高各级主管部门的思想认识、认真改进考评中小学教师工作实绩的办法，较好地起到了正向作用。但由于整个社会舆论情势依旧，以学生考分和升学率的高低来评价教师工作的现象压而不止、欲罢不能，仍时常大行其道。

（四）体育工作

1. 师资队伍建设

1979 年 10 月，教育部、国家体委发布《中、小学体育工作暂行规定（试行草案）》，提出要从各方面加强体育师资建设，"保证体育教师队伍的相对稳定，不要轻易调换他们的工作"。1990 年 3 月，《学校体育工作条例》颁布实施，专列"体育教师"一章，规定学校要"按照教学计划中体育课授课时数所占的比例和开展课余体育活动的需要配备体育教师"，"对体育教师的职务聘任、工资待遇应当与其他任课教师同等对待"，"除普通小学外，学校应当根据学校女生数量配备一定比例的女体育教师"。1986 年 4 月，国家规定："在体育教师、场馆、设施、经费等方面，对试点学校要有扶植措施，"② 以应培养学生运动员试点学校的工作之需。这些连续一贯、系列配套的法律法规条款，缓解了体育教师数量不足、性别比例不当的矛盾，促进了一支较高素质的中小学体育师资队伍的形成，提高了体育的质量和水平。

---

① 赵世平、田玉敏：《教育政策法规》，天津社会科学院出版社 1991 年版，第 403 页。
② 何东昌：《中华人民共和国重要教育文献》（1949—1997），海南出版社 1998 年版，第 2420 页。

2. 增强学生体质

　　普通中小学校必须开设一定时数的体育课，体育教师应当按一定的标准和要求搞好教学工作。1979年10月的《中、小学体育工作暂行规定（试行草案）》要求，体育教师应"上好体育课，掌握学生的体能情况，钻研教材，认真备课，改进教学方法，努力提高教学质量"，以体育实践课为主，重视学生的实际锻炼；有条件的中学应实行"男女生分开教学"，"小学体育课应防止'成人化'的教学"。1990年2月，《学校体育工作条例》规定："体育课的教学形式应当灵活多样"，"应当遵循学生身心发展的规律，教学内容应当符合教学大纲的要求，符合学生年龄、性别、特点和所在地区地理、气候条件"①；学校和体育教师还可以有计划地组织学生远足、野营和举办夏（冬）令营等形式的体育活动。这些规定做到了原则性和灵活性的结合，充分地发挥了中小学体育课教学的作用，使学校体育课堂得到了有机的延伸，强健了学生的体魄。

　　中小学教师应该根据国家颁布的学生体育合格标准，认真考查学生的体育成绩。以教育法规的形式来规范中小学生体育成绩的考查，始于"文革"结束后。

　　小学生体育成绩方面。1979年发布的《体育教学大纲（试行草案）》规定，学校领导和教师应结合平时成绩和定期考核的成绩，综合核定小学生每学期的体育总成绩。1992年2月，国家教委发布《小学生体育合格标准实施办法》，规定六年制小学从五年级开始、五年制小学从四年级开始实施该办法，并强调"学校要把实施体育合格标准作为贯彻党的教育方针的一项重要工作列入学校工作计划，体育教师负责体育课、《国家体育锻炼标准》测验成绩的评定及总分评定工作，班主任负责'两操一活动'的评定工作"。这些法规保证了各方在考查小学生体育成绩时能充分考虑到小学的性质和小学生的身心特点，做到客观性、灵活性、科学性与发展性的统一。

　　中学生体育成绩方面。教育部1979年要求中学领导、体育教师和班主任按《体育教学大纲（试行草案）》的规定，结合平时检查和定期考核的情况，综合核定学生每学期的体育成绩。1987年9月，国家教委发布《中学生体育合格标准的试行办法》，规定"已建立学生档案的学校，应建立体育合格登记卡。每学年按要求逐项登记，并由班主任、体育教师签字"，"学生毕业时，将登记卡放入学生档案"。对个别学生，"如确属客观原因仍达不到体育合格标准，经学校

---

① 《教育法律手册》，法律出版社2001年版，第428页。

校长严格审批，可适当放宽要求"①。国家还决定在 1989 年的全国普通高校招生工作中，"执行体育不合格的学生不得报考的规定"②，这显然比此前（如 1953 年）的规定要严格得多，提高了对中学体育工作的要求。1991 年 5 月，为促进中学全面贯彻出台不久的《学校体育工作条例》，国家教委发布《中学生体育合格标准实施办法》，要求学校依照《国家体育锻炼标准》进行测验，并结合学生的体育课成绩和早操、课间操、课外体育活动的出勤情况，综合评定其体育成绩。对申请降低标准的学生，要从严掌握，"班主任要考查申请人参加各种体育活动的积极性和进取精神，并签署意见。体育教师、班主任审查同意后，学校要召开专门会议讨论"③。从上可以看出，有关法规对中学生的体质要求较为严格，对放宽标准的审批把握较紧，对教师应负职责的法律规定也更为严肃，较好地防止了体育课教学和体育娱乐活动中的"'锦标主义'及运动过度损害健康的偏向"。

3. 培养体育后备人才

国家十分重视在基础教育尤其是中学教育阶段培养优秀的体育后备人才，并一直致力于建设此类重要基地。1979 年 10 月，《中、小学体育工作暂行规定（试行草案）》强调，学校应按照《国家体育锻炼标准》开展体育运动的普及和提高工作，建立以传统项目为主的运动队，"学校领导、班主任和科任老师对运动队的学生应予以支持"，使他们在训期能专心训练，提高运动水平。1986 年 4 月，国家教委、国家体委发布《全国培养高水平学生运动员试点学校申报审批暂行办法》，规定学校体育的一项重要任务是"培养德智体全面发展的、具有较高体育运动技术水平的优秀人才"，中小学应选择本校的传统优势体育项目设点，同时"考虑大、中、小学校运动项目、运动队的对口衔接、合理布局"。1990 年 3 月的《学校体育工作条例》规定，有条件的普通中小学，经批准可以开展培养优秀体育后备人才的训练。次年 3 月，国家教委发布《试点中学培养体育运动后备人才暂行管理办法》，规定在组织领导上，试点中学"应在主管校长领导下"，"统一安排、组织实施试点的各项工作"；在"运动场地器材使用及体育经费安排上，要统筹兼顾，不得偏废"；在体育师资和班主任的调配上，要从体育教师或校外专家中挑选思想品德好、事业心强、有较高专项业务水平的人担任训练教师；学校运动员所在的班级，应配备教学经验丰富、责任心强、热心体育工作的

---

① 国家教委办公厅：《基础教育法规文件选编》，北京师范大学出版社 1988 年版，第 295 页。

② 何东昌：《中华人民共和国重要教育文献》（1949—1997），海南出版社 1998 年版，第 2706 页。

③ 《教育法律手册》，法律出版社 2001 年版，第 449 页。

教师担任班主任，对"因训练和比赛所缺课程，班主任应及时安排补课和辅导"①。这些前后相继的教育行政法规和部门规章，位阶虽不同，却各从师资、训练、教学、管理等方面作了较为明确、细致、协调性较好的规定，使试点中小学凭借相对较好的体育设施和条件，培养、涌现出了一批田径、射击、球类、游泳等项目上的体育尖子。

（五）其他工作

"文革"结束以后，教育观念发生很大改变，美育开始复苏，地位逐步提升，这从有关教师法规中可以得到反映。

1. 美育

美育是使受教育者掌握审美基础知识、形成审美能力、培养正确的审美观点的教育。中国近现代大力提倡并坚定实施美育的著名人物蔡元培先生，任教育总长时阐述了新的教育宗旨，将美育列为并举的五育之一，主张一切课程都应该贯彻美育的精神，并在掌校北大期间进行了可贵的实践，对中国美育教育的实施产生了重大而深远的影响。由于较长时期受到"左"倾思想的影响，美育在中小学教育中遭遇漠视、贬斥，教师的美育热情与才能受抑，学生的审美能力培养无从谈起。在教育改革激起的千层绚丽之浪中，发抒生命体验和改革激情的美育工作被赋予了应有的法律地位。1992 年 3 月颁布的《〈义务教育法〉实施细则》明确规定，实施义务教育学校必须贯彻国家的教育方针，教师要"对学生进行德育、智育、体育、美育和劳动教育"，促进学生身心的全面发展。

对学生进行美育的素材、方法和途径是多种多样的，这就要看中小学教师是否善于裁剪挖掘和灵活应用。1988 年 8 月的中、小学《班主任工作暂行规定》，强调班主任教师应"按照德、智、体、美全面发展的要求开展班级工作"②，培养良好的班集体，而不应有所偏废。1992 年 6 月发布的《中小学校园环境管理的暂行规定》，要求学校领导和教师努力创设良好的育人环境，从学校校园绿化、美化等方面入手，实现美育的日常化、生活化。这些关于美育的法律规定，端正了美育的导向，扩充了美育的内容，丰富了美育的形式，鼓励并指导了广大中小学教师因时、因人、因事、因校制宜，发挥教育智慧，有创意地、潜移默化式地培养学生感受美、鉴赏美和创造美的能力。

---

① 何东昌：《中华人民共和国重要教育文献》（1949—1997），海南出版社 1998 年版，第 3128 页。
② 教育部政策研究与法制建设司：《现行教育法规与政策选编》，教育科学出版社 2002 年版，第 198 页。

2. 劳动技术教育

随着社会的发展进步，许多行业的劳动强度和密度普遍降低，但中小学的劳动和技术教育却不应简单地随此而削弱。1992 年《〈义务教育法〉实施细则》规定，教育必须为社会主义现代化建设服务，"必须与生产劳动相结合"，指明了培养全面发展的建设者和接班人的根本途径，为新时期中小学教师对学生进行劳动技术教育提供了明确的法律依据。在其他相关的教育法规中，也要求中小学教师组织学生开展勤工俭学活动，建好劳动基地，通过劳动实践促进学生的社会化。广大中小学教师遵照这些规定，努力提高自身的生产理论知识水平和实践操作能力，努力创造各种条件，对学生进行了形式多样、内容丰富的劳动技术教育，很好地完成了国家和人民交给的任务。

德、智、体、美、劳五育既相对独立又相互联系，构成了一个不能割裂的统一整体。在中小学教育实践中，应"防止和克服重此轻彼、顾此失彼的片面性，坚持全面发展的教育质量观"①。自中华人民共和国成立后的 60 年内颁布的中小学教师法规注重了这一点，较好地保证了学校教育的主导地位，发挥了学校教师协调各育之间互补、共进关系的主导作用，促进了学生身心的均衡发展。当然，现行教育法规对中小学教师教育教学工作的规定还存在一些疏漏和偏枯之处，与有关学生的法律规定和有关师生的教育政策之间的有机衔接还时显欠缺，对教育前沿动态的把握和反映还不够灵敏，全程性、科学性与渗透性还有待加强，这些是今后中小学制度建设和中小学教师法制建设应当解决的课题。

三、地位奖惩法规

（一）政治经济地位

1. 政治地位法规的主要内容

（1）关于教师的阶级属性。1976 年，林彪、江青集团垮台。1978 年，中央重申知识分子中的绝大多数已经是工人阶级的一部分。1982 年新《宪法》规定，"社会主义建设必须依靠工人、农民和知识分子"，第一次以国家根本大法的形式，把包括中小学教师在内的知识分子确定为国家的主人和社会主义建设的依靠

---

① 袁振国：《当代教育学》，教育科学出版社 2002 年版，第 74～75 页。

力量。1985 年 1 月，国务院总理赵紫阳向六届全国人大常委会提交《关于提请审议建立"教师节"的议案》。同月 21 日，常委会第九次会议通过了《关于教师节的决定》。从此每年 9 月 10 日的教师节成了在人民群众中具有广泛影响的重要节日，人民教师的政治地位得到了前所未有的提高。相继出台的《义务教育法》《教师法》等，也明确规定"教师是履行教育教学职责的专业人员"，"全社会应当尊重教师"。

（2）关于教师的政治前途。1978 年 9 月，教育部对 1963 年的中、小学《暂行工作条例》（草案）进行了修改和补充，摒弃了"教师是剥削阶级或是工农阶级皮上之毛"的错误论调，明确中小学教师是无产阶级的一部分，是有能力而且有资格投身于国家教育建设大业的。1993 年 10 月《教师法》规定，教师承担培养社会主义事业建设者和接班人、提高民族素质的使命；1995 年 3 月颁布的《教育法》规定，"全社会应当尊重教师"，并专列第四章规定教师和其他教育工作者的权利、义务、权益保障和队伍建设等，都赋予了人民教师作为社会主义教育事业发展中坚力量的远大政治前途。

应该看到，无论是中小学教师的阶级属性，还是他们的政治前途，20 世纪 90 年代中期的两部重要教育法律——《教师法》和《教育法》，都作出了十分明确的规定或指向，直至中华人民共和国成立 60 周年的 2009 年。

2. 经济地位法规的主要内容

（1）工资津贴制度方面。1976 年以后，分配领域开始出现教师与体力劳动者收入"倒挂"的现象，引起中央关注。1980 年 12 月，中共中央、国务院在《关于普及小学教育若干问题的决定》中指出："现在，小学教师平均工资居于全国各行业之末，中学教师是倒数第二，这是极不合理的。必须切实改革中小学教师工资制度，适当提高他们的工资待遇。"[1] 1981 年 10 月，国务院转发教育部《关于调整中小学教职工工资的办法》，规定"升级人数指标按 1980~1981 学年初教育事业统计年报中的国家固定教职工和公办中、小学长期代课教师数的 100% 计算"，"在现行工资标准的基础上，采取先补、后靠、再升级的办法"[2]。企业办的中小学教职工，"原则上参照本办法调整工资"。这次工资的适时普调，使中小学教师工资有了明显的增长。但由于历史欠账太多，全国教师的平均工资水平仍低于国民经济 12 个行业的平均水平。

---

① 中央文献研究室：《三中全会以来重要文献选编》（上）（内部发行），人民出版社 1982 年版，第 552 页。

② 何东昌：《中华人民共和国重要教育文献》（1949—1997），海南出版社 1998 年版，第 1979 页。

1985 年，国家进行工资制度改革，包括中小学教师在内的事业单位工作人员实行以职务工资为主的结构工资制。教职员的结构工资由基础工资、职务工资、工龄津贴和奖励工资四部分组成，前三项构成教师基本工资。考虑到中小学教育工作的特殊性，国家决定中小学教师除了按照教师职务确定工资级别外，还可享受教龄津贴①。同年 7 月，国家教委发布《关于教师教龄津贴的若干规定》，确定了普通中小学公办教师的教龄津贴标准："教龄满五年不满十年的，每月三元；满十年不满十五年的，每月五元；满十五年不满二十年的，每月七元；满二十年以上的，每月十元"。1988 年 1 月，人事部、国家教委颁发《提高中小学教师工资标准的实施办法》，决定"从 1987 年 10 月起可以将中小学和幼儿园教师现行的各级工资标准……均提高 10%"，也可以"将增资总额的大部分用于提高工资标准，小部分用于调整中小学教师内部的工资关系"。这是为改善中小学教师经济状况进行的又一次工资普调。1988 年 12 月，人事部、国家教委、财政部发布《关于提高中小学班主任津贴标准和建立中小学教师超课时酬金制度的实施办法》，规定中小学教师"在保证教学质量的前提下，授课超过课时定额的，按照本人实际超过的授课时数发给酬金②，以部门规章的形式建立了对提高中小学教师工资起很实际作用的超课时津贴制度。但慢舟侧畔千帆过，1988 年，全民所有制职工年平均收入为 1853 元，而中小学教师工资只有 1700 元。1991 年，教育系统平均工资在 12 个行业中由"老九"降为"老十"。

　　1993 年 10 月，因为教师工资待遇等问题被搁置了两年的《教师法》终于出台。《教师法》明确规定，"教师的平均工资水平应当不低于或者高于国家公务员的平均工资水平，并逐步提高，建立正常晋级增薪制度"。由于国家机关公务员的工资水平比较稳定，保障机制好，把教师工资与公务员的工资挂钩，"使教师工资的整体标准、具体标准有了可操作的原则"③。根据国务院 1993 年 11 月公布的工资制度改革方案，次年 2 月，人事部、国家教委发布《中小学贯彻〈事业单位工作人员工资制度改革方案〉的实施意见》，规定"中小学教师实行国家统一的职务序列和职务工资标准"，工资构成上，主要分为专业技术职务工资和津贴部分，前者是工资构成中的固定部分，津贴是活的部分，在中小学主要体现为课时津贴等项，占工资构成中的比例为 30%。这些规定，标志着一套体现教师职业性质和劳动特点的工资制度开始建立，对提高中小学教师的经济地位具有十

---

　　① 1963 年 3 月，全日制中、小学《暂行工作条例（草案）》曾规定："对长期从事教育工作的教师，应该实行教龄津贴制度"。由于条件的制约，该项规定当时没有实际推行。

　　② 何东昌：《中华人民共和国重要教育文献》（1949—1997），海南出版社 1998 年版，第 2820 页。

　　③ 游忠永：《教育法学》，四川人民出版社 1996 年版，第 374 页。

分重要的现实意义。

（2）中小学教职工住房建设方面。在国家财政十分困难的情况下，仍极力保障这个民生工程：中小学"六五"期间，全国城市中小学教职工住房建设竣工建筑面积 614 万平方米，"七五"期间达 1497 万平方米，是"六五"的 2.44 倍；"八五"前三年（截至 1993 年），全国城市中小学教职工住房建设竣工面积达 1071 万平方米，三年投资超过"七五"计划的总和①。

（二）专业教职地位②

现代社会是高度分工的社会，专业地位成为公民社会地位的重要标志之一。中小学教师专业地位法规明确了中小学教师不同于一般知识分子的"履行教职的专业人员"的职业定性，以及是在一般公民权利义务基础上兼有专门权利义务的主体，而师生关系则是其动性缩影。

1977 年 12 月的《关于加强中小学在职教师培训工作的意见》，要求除努力发展和积极办好师范教育以外，还应尽快地、切实地抓好在职教师的培训提高工作。1980 年 12 月的《关于普及小学教育若干问题的决定》，要求加强中小学教师的培养培训、降低民办教师的过高比例。1982 年 10 月的《加强教育学院建设若干问题的暂行规定》，强调教育学院的主要任务是培训中学在职教师和教育行政干部；12 月 4 日通过的新《宪法》，规定必须扩大知识分子的队伍，创造条件，充分发挥他们在现代化建设中的作用。1985 年 1 月的《关于教师节的决定》，规定每年的 9 月 10 日为教师节。1986 年 4 月的《义务教育法》，规定"国家采取措施加强和发展师范教育，加强培养、培训师资"，"建立教师资格考核制度"，"保障教师的合法权益，采取措施提高教师的社会地位"；5 月的《中学教师职务试行条例》和《小学教师职务试行条例》，启动了中小学教师职务制度。1987 年 2 月的《普通高等学校函授教育暂行工作条例》，规定"高等师范函授教育，必须以培养中等学校的师资为主要任务"。1990 年 3 月的《学校体育工作条例》，对体育教师的配备、进修培训、职务聘任、工资待遇等方面作了原则规定。1991 年 8 月的《中小学图书馆（室）规程》，规定图书馆（室）应直接由校长领导，积极为师生提供书刊情报资料和教学参考资料。1993 年 6 月的《特级教师评选规定》，对中小学教师评选特级教师的条件、指标、程序及特级教师的待遇和职责做了规定。

---

① 陈至立：《陈至立教育文集》（上），高等教育出版社 2015 年版，第 17 页。
② 见涂怀京：《中小学教师专业地位法规探略》，《江西社会科学》2006 年 12 月特辑。

上述教育法规充当了此期中小学教师专业地位的"晴雨表"，其中有两个重要的指数：一是对教师职业的法律定性，二是对教师权利、义务的明确规定。20世纪80年代中期教育改革启动以后，"晴雨表"上长期徘徊在低水准区位的这两个指数开始不断攀升。1993年10月31日颁布的《中华人民共和国教师法》，正式奠定了我国中小学教师专业化的基石。

教师的职业定性——从一般的知识分子到履行教职的专业人员。"文革"结束后，日益宽松的学术氛围和不断发展的教育实践，为探讨教师的专业地位提供了良好的时机与条件。20世纪90年代以前，教育理论界比较公认的提法为：教师是"学校中传递人类科学文化知识和技能，进行思想品德教育，把受教育者培养成一定社会需要的人才的专业人员"①。随着社会对教师的要求不断提高，有学者开始强调教师的教育科研能力，认为这是教师专业化的内在要求和必由之路。在教育法学界，人们也致力于对教师职业法律地位的辩论和探讨。

教师的权利和义务——从一般的公民权利义务到兼有专门的权利义务。由于教师法制建设一度进展缓慢，中华人民共和国成立后相当长的时期内，很少有法规对中小学教师在专业上应享的权利和应尽的义务作明确规定，而只是把教师的权利义务和公民一般的权利义务等同。进入20世纪90年代以后，教师的专业地位有了实质性的跨越，《教师法》系统规定了教师的专业权利和义务。师生关系是中小学教育教学工作中最基本的关系，在一定意义上可以说，师生关系的演变史也就是教师权利义务的演变史。

教师的权利是指作为教师职业群体应该享有的职权和利益，为维护教师的专业权威所必需。以前，教师的权利不是由法规来明确，而是从其他的单位、个人应尽什么义务或教师本身的工作职责等角度来衬映的。20世纪80年代以后，我国在这方面取得了切实进展，有些法规开始从不同的侧面零星地列有中小学教师的权利条款。例如1987年10月，国家教委发布《中小学教材送审办法》，规定编写教材的单位和个人提出的教材教学试验报告"要说明教材试验情况、效果和试验师生的评价"②。

师生关系是教师权利义务的一个生动缩影。师生关系是指教师和学生在教育、教学活动中形成的相互关系，是最能体现中小学教师权利义务的关系之一。

---

① 顾明远：《教育大辞典》（第1卷），上海教育出版社1990年版，第230页。

② 何东昌：《中华人民共和国重要教育文献》（1949—1997），海南出版社1998年版，第2675页。此外，1995年3月发布的《中小学少数民族优秀教材评奖办法》，规定中小学教师可以"推荐中小学优秀教材"，这体现了教师法定权利的向前扩展，是教师教育教学权的有机延伸，有利于将中小学教师法律上的权利转化为事实上的权利。

师生关系的内容及其走向可以从有关教育法规，尤其是学生行为规范和教师职业道德规范上集中地表现出来，它客观地记录着中小学教师专业地位的变迁。其一，从尊敬到尊重，中小学教师权利义务的统一性。这里的统一性是指教师在与学生的教育交往中，既享有自己的权利，又必须履行自己的义务。①尊师方面，有关法规向学生提出了明确的要求。教育部在 1978 年、1981 年、1991 年和 1994年先后发布的中小学学生守则、行为规范中，要求中小学生对老师要"见面行礼，主动问好，要用尊称，不直呼姓名"，乘公共车船主动给"师长让路、让座"；"上课专心听讲，大胆发言"，"上、下课时，起立向老师致敬；下课时，请老师先行"①。②爱生方面，对中小学教师的规定和要求亦是严肃而一贯的。有关教育法规强调教师在实施学生守则的过程中，应"热爱、尊重、了解和严格要求学生，循循善诱，诲人不倦"②。遵照普遍要求与突出先进相结合的杏坛传统，国家和社会经常适时地推出该年代尊师爱生的典型，使广大师生学有榜样、见贤思齐。这样就将尊重教师的劳动和关心学生的成长和谐地统一于无限生动的教育实践之中，并渗入现代性的特质。其二，从单向到双向，中小学教师权利义务的平等性。这里的平等性是指教师在与学生的教育交往中，其权利和义务在内容和范围上的平等③，既不允许教师可能有的特权作风，又必须限制学生可能有的极端放任自由。20 世纪 80 年代中期以前的教育法规中，大多只对学生作单向的要求，如 1955 年的中小学生《守则》和 1981 年的中小学生《守则》等。这种单向的、不平等的师生关系显然不能满足教育民主化的要求，因而受到有识之士的针砭。因此，国家一方面继续于 1991 年颁布了《小学生日常行为规范》，1994 年颁布了《中学生日常行为规范》，另一方面开始加强对教师职业道德和职业行为的规范。1991 年 9 月的《未成年人保护法》规定，"学校、幼儿园的教职员应当尊重未成年人的人格尊严，不得对未成年学生和儿童实施体罚、变相体罚或者其他侮辱人格尊严的行为"。1992 年 3 月，《〈义务教育法〉实施细则》规定，学校教师"对品行有缺陷、学习有困难的儿童、少年应当给予帮助，不得歧视"。

（三）奖励与惩罚法规

"文革"结束后，经历了从宽泛化到虚无化的我国中小学教师奖惩法规，开始走上规范化的轨道。至 2009 年，初步形成了一个层级较为合理、涵盖面明显

---

① 教育部政策研究与法制建设司：《现行教育法规与政策选编》，教育科学出版社 2002 年版，第 248页。

② 《教育法律手册》，法律出版社 2001 年版，第 480 页。

③ 游忠永：《教育法学》，四川人民出版社 1996 年版，第 347 页。

扩大、与我国教育实际情况较为切合的中小学教师奖惩法规系列，奠定了在基础教育工作领域依法治教的一块重要基石。

1976～2009 年，我国中小学教师奖惩法规的规范化、现代化的程度明显提高。拨乱反正结束以后，中央先后于 1985 年、1993 年颁布了《关于教育体制改革的决定》和《中国教育改革和发展纲要》，对加强教育法制建设作出了紧贴实际、放眼未来的规划与部署。《义务教育法》《教师法》《教育法》等法律法规也相继出台，标志着法律手段在教育管理中的地位日益提升，有力地推动了我国依法治教和依法治师的当代进程。

1. 法规形式上的规范化

这 33 年间，我国中小学教师奖惩法规形式上的规范化，同以往相较，主要表现在以下两个方面。

首先，有关中小学教师奖惩事务的规定是许多教育法规的有机组成部分，一般都以专章或专条、专款的形式体现出来，此外还制定了几个专门的教师奖励法规。例如，1986 年颁布的《义务教育法》中的第十四、十六条分别是奖、惩条款；1993 年《教师法》的第七章为"奖励"，设两条，第八章为"法律责任"，设五条；1995 年的《教师资格条例》，第六章为"罚则"，共五条；1999 年的《中小学教师继续教育规定》，专设第五章"考核与奖惩"，共四条。专门的奖励法规则有 1994 年的《教学成果奖励条例》、1998 年的《教师和教育工作者奖励规定》等多项。这些奖惩法规或条款中，有的专指中小学教师，有的虽指向面较宽，但大多都与中小学教师密切相关。和以前奖惩条款的零星、分散甚至没有比起来，此期的中小学教师奖惩法规在形式上要规范、科学得多，与先进国家教育立法技术的发展趋势也保持了相当的一致性。

其次，有关中小学教师奖惩事务的具体教育法律规范不再是可随意长短、随兴划设的规条，而一般须具备假定、处理和奖惩三个要素[1]，方能成为由国家强制力保证实施的具有严密逻辑结构的行为规则。例如《教师法》第十一条第二款规定："不具备本法规定的教师资格学历的公民，申请获取教师资格，必须通过国家教师资格考试。"其中的"不具备本法规定的教师资格学历"就是这个法律规范的假定部分，其中的"必须通过国家教师资格考试"就是这个法律规范的处理部分。《教师和教育工作者奖励规定》第二条规定："国务院教育行政部门对长期从事教育教学、科学研究和管理、服务工作并取得显著成绩的教师和教

---

① 劳凯声：《高等教育法规概论》，北京师范大学出版社 2000 年版，第 101 页。

育工作者，分别授予'全国优秀教师'和'全国优秀教育工作者'荣誉称号。"这是法律上的奖励规定。《教师资格条例》第二十条规定："参加教师资格考试有作弊行为的，其考试成绩作废，3 年内不得再次参加教师资格考试。"这是法律上的惩罚规定。需要说明的是，教育法律规范的假定、处理和奖惩这三个逻辑要素并不一定都同时出现在同一教育法律条文中，有时可以分散在数项法律条文中，甚至可以在两个以上的法律文件中表达出来。

2. 法规内容上的规范化

此处所谓的内容上的规范化，是指中小学教师奖惩法规能够应时而进，对奖励、惩罚的种类、条件、事由等规定得更为全面、明确、具体、易行，较好地凸显了教育事业的特征和教师职业的特点。

（1）奖励的种类与条件。根据国家的教育法规，奖励中小学教师的种类主要有授予国家级荣誉称号、评选特级教师和其他各级别的表彰奖励等几种，并要求受奖者具备对应的实绩和条件。总的奖励原则是以精神奖励为主，并与物质奖励相结合。

例如授予国家级荣誉称号。《教师法》第三十三条第三款规定："对有重大贡献的教师，依照国家有关规定授予荣誉称号。"第一种荣誉称号是"全国优秀教师"和"全国优秀教育工作者"。1992 年，国家教委发布《教师和教育工作者奖励暂行规定》："国务院教育行政部门会同人事部门对长期从事教育、教学和管理、服务工作并取得显著成绩的教师和教育工作者分别授予'全国优秀教师''全国优秀教育工作者'的称号，颁发相应的奖章和证书。"[①] 该奖项每两年奖励一次，每次的奖励名额按照教职工总数的万分之五左右分配给各省、自治区、直辖市。经修订，国家教委于 1998 年颁发了《教师和教育工作者奖励规定》，决定这项奖励工作改由国务院教育行政部门会同全国教育工会、中国中小学幼儿教师奖励基金会统一组织领导，奖励工作每三年进行一次，奖励比例为万分之一点四左右[②]，较以前有所降低。第二种荣誉称号是"全国教育系统劳动模范"（全国模范教师）和"全国教育系统先进工作者"。《教师和教育工作者奖励暂行规定》提出，对"全国优秀教师""全国优秀教育工作者"中"有突出贡献者，授予'全国教育系统劳动模范'称号"，同时颁发"人民教师"奖章和证书，按教职工总数十万分之五的比例进行奖励。《教师和教育工作者奖励规定》对应部分的

① 何东昌：《中华人民共和国重要教育文献》（1949—1997），海南出版社 1998 年版，第 3414 页。
② 此处的"万分之一点四"系笔者根据有关法规中的数据转算得出。

内容是，对做出突出贡献者，仍"由国务院教育行政部门会同国务院人事部门授予'全国模范教师'和'全国教育系统先进工作者'荣誉称号"[1]，除领取一次性奖金外，还享受省（部）级劳动模范和先进工作者待遇。此项奖励的比例为十万分之六左右，较以前略有提高。2000 年，"全国共评选出劳动模范和先进工作者 2946 人，其中教育系统 222 人，占劳模总数的 7.5%，比 1995 年提高了 1.5个百分点"[2]。2005 年，在当选的 2969 名全国劳动模范和先进工作者中，有教育系统的 200 名优秀教师和教育工作者，他们和教育系统全体代表应教育部之邀，欢聚北京师范大学，共话新时代劳模精神[3]。

多年的奖励实践证明，1998 年修订颁布《教师和教育工作者奖励规定》是适时适情的。新规章考虑到了我国教师尤其是中小学教师的数量、结构、分布等现实情况，考虑到了教师的成长周期，也考虑到了国家级奖励的榜样性、权威性和地方级奖励的针对性、及时性之间的对接与协调，保证了授予荣誉称号这项奖励工作良好、持久的激励效应。

再如评定特级教师。"文革"结束后，根据党中央"对于优秀的教育工作者应当大力予以表扬和奖励，对于特别优秀的教师可以定为特级教师的指示"[4]，教育部和国家计委于 1978 年 12 月联合颁发了《关于评选特级教师的暂行规定》，重新启动了这项工作。1993 年 6 月又发布了经修订的《特级教师评选规定》，明确提出"'特级教师'是国家为了表彰特别优秀的中小学教师而特设的一种既具先进性又具专业性的称号"[5]，规定参评特级教师者，政治条件上，必须遵纪守法、拥护中国共产党、热爱社会主义祖国；业务条件上，参评高中、初中、小学特级教师应分别"具有中小学高级教师职务"；特级教师的评选名额一般控制在中小学教师总数的 1.5‰ 以内，津贴标准为"每人每月 80 元，退休后继续享受，数额不减"。法定的严格标准和专定待遇，使特级教师在我国教育界具有很高的社会地位和学术声誉。1982 年 1 月，全国共评选出中小学特级教师 1113 名[6]，至 1997 年底，特级教师达 1 万多人[7]。不断壮大的特级教师群体的榜样、辐射、示范作用，增强了中小学教师队伍的向心力、凝聚力，提高了中小学校的教学质

① 《教育法律手册》，法律出版社 2001 年版，第 490 页。

② 陈至立：《陈至立教育文集》（上），高等教育出版社 2015 年版，第 485 页。

③ 后来该项奖定为五年一次。2010 年，全国共评选出劳动模范和先进工作者 2985 人，其中教育系统 206 人，占劳模总数的近 7%。

④ 浙江教育学院：《教育政策法令选编（1978—1981）》，第 50 页。

⑤ 《教育法律手册》，法律出版社 2001 年版，第 480 页。

⑥ 卓晴君、李仲汉：《中小学教育史》，海南出版社 2000 年版，第 305 页。

⑦ 教育部办公厅：《邓小平理论指引下的中国教育二十年》，福建教育出版社 1998 年版，第 48 页。

量和水平，促进了基础教育事业的健康发展。

其他的表彰奖励。《教学成果奖励条例》规定，中小学教师如果创造、发明出"反映教育教学规律，具有独创性、新颖性、实用性，对提高教学水平和教育质量、实现培养目标产生明显效果的教育教学方案"①，提出的申请通过中央教育行政部门组织的评审，可以获得国家级或省（部）级教学成果奖。《教师法》第三十三条第一款、第二款规定："教师在教育教学、培育人才、科学研究、教学改革、学校建设、社会服务、勤工俭学等方面成绩优异的，由所在学校予以表彰、奖励"，"地方各级人民政府及其有关部门对有突出贡献的教师应当予以表彰、奖励"。《学校体育工作条例》规定，对成绩显著的体育教师，"各级教育、体育行政部门或者学校应当给予表彰、奖励"。这些给我们传递着以下明确信息：中小学教师只要敬业爱岗、勤勉工作、精心育人，是会得到政府的肯定与奖励、学生及家长的信任与拥戴的。仅 1989 年，全国就有近 30 万名教师受到各级中小学、幼儿教师奖励基金会的表彰，奖励金额达 4000 多万元。其中，国家级优秀教师 1.98 万人，省级优秀教师 3 万人，市县级优秀教师 25 万人②。实践充分表明，《教育法》第十三条"国家对发展教育事业做出突出贡献的组织和个人给予奖励"的规定，正在得到越来越全面的落实。

（2）惩罚的种类与事由。惩罚是奖励的共生质、伴生物③。奖励是为了鼓励、促进正向教育行为，惩罚则是惩戒、阻遏负向教育行为，但两者在根本目的上是一致的。由于受各种主客观因素的牵制、诱惑和侵袭，极少数中小学教师有时也会以不同方式、在不同程度上触犯法律法规。1991 年 7 月 16 日，国家教委、人事部印发《关于当前做好中小学教师职务聘任工作的几点意见》的通知，要加强中小学教师职务评聘工作的检查和监督，对在职务评聘工作中营私舞弊或借机打击迫害教师的，要严肃处理。对于伪造学历、资历，谎报成绩，骗取教师职务的，要坚决取消其教师职务，并给予相应的处分。

为了预警、预防于事前，惩治、处理于事后，国家在相关的教育、民事和刑事法律法规中，也制定了一些具体的惩罚规定，主要包括行政制裁、刑事制裁和民事制裁三类。

行政制裁方面。①行政处分，这一般是指学校或教育监督机关对教师实行的内部纪律上的惩戒措施。法律规定，中小学教师如有以下违法行为，将被给予警

---

① 教育部政策研究与法制建设司：《现行教育法规与政策选编》，教育科学出版社 2002 年版，第 71 页。

② 何东昌：《当代中国教育》（上），当代中国出版社 1996 年版，第 145 页。

③ 廖胜辉、公方彬：《奖惩之道》，军事谊文出版社 1993 年版，第 244 页。

告、严重警告、记过、留用察看、开除公职等行政处分：体罚学生，情节尚不严重的；故意不完成教育教学任务给工作造成损失的；"弄虚作假或者剽窃他人教学成果获奖的"①；"使用未经依法审定的教科书，造成不良影响的"②；等等。不够或不适行政处分的，如对"无正当理由拒不参加继续教育的中小学教师"，可以提出批评。②行政处罚。涉及人身安全的违法行为由公安机关根据《治安管理处罚条例》实施处罚。其他的教师违法行为，由县级以上人民政府的教育行政部门根据《教育行政处罚暂行实施办法》等教育法规实施处罚。中小学教师如有以下违法行为，将被给予警告、停考、停止申请认定资格、撤销教师资格等教育行政处罚：侵犯学生人身权，体罚学生，情节较为严重；"弄虚作假或以其他欺骗手段获得教师资格的"；"品行不良、侮辱学生，影响恶劣的"③；参加教师资格考试有作弊行为的；等等。

刑事制裁方面。中小学教师如有以下违法行为，将由国家司法机关给予管制、拘役、判处徒刑等刑事处罚：体罚学生，经教育不改，"情节严重，构成犯罪的"④；"明知校舍或者教育教学设施有危险，而不采取措施，造成人员伤亡或者重大财产损失的"⑤；等等。受到剥夺政治权利或者故意犯罪受到有期徒刑以上刑事处罚的，不能取得教师资格；已经取得教师资格的，丧失教师资格。

民事制裁方面。触犯了相关法规的中小学教师，在承担行政法律责任或刑事法律责任的同时，如果造成损失的，必须同时承担赔偿对方当事人经济等方面损失的民事法律责任。

依照法律规定，各级国家行政机关、司法机关和中小学校对涉及违法、犯罪的极少数中小学教师依法进行了处理和惩罚，其中的一些典型案件在社会上产生了很好的教育、警戒作用。从长远和本质上来说，惩罚性法律规定对广大中小学教师而言并非可怕的"紧箍咒"，而是可贵的警示仪。有了这个警示仪，中小学教师才会自觉地增强法治意识和自律能力，在社会适应和职业发展的道路上走得更顺利、更稳健、更成功。

经历了 60 年的艰辛探索和不断发展，我国中小学教师奖惩法规从形式到内

---

① 《教育法律手册》，法律出版社 2001 年版，第 23 页。

② 《教育法律手册》，法律出版社 2001 年版，第 70 页。

③ 教育部政策研究与法制建设司：《现行教育法规与政策选编》，教育科学出版社 2002 年版，第 315 页。

④ 教育部政策研究与法制建设司：《现行教育法规与政策选编》，教育科学出版社 2002 年版，第 23 页。

⑤ 教育部政策研究与法制建设司：《现行教育法规与政策选编》，教育科学出版社 2002 年版，第 11 页。

容都有了实质性的进展，初步实现了中小学教师奖惩事务上的"有法可依"，在教师管理实践中也取得了可嘉的成绩，今后更应上层次、创特色、扩效力。我们还可以通过中小学教师奖惩法规来分析中小学教师教书育人能力和他们的社会地位之间的关系史。细究既往，我们看到，在中小学教师奖惩法规的"宽泛化"时期，奖惩条款的含混、笼统，在专业导向上掣肘着中小学教师能力的增长，他们的社会地位则升降无常；"虚无化"时期，奖励被弃而惩处滥施，损噬着中小学教师的能力，贬黜了他们的应有地位；"规范化"时期，奖惩趋向专门和均衡，"跃如"着中小学教师的能力，匡益了他们的社会地位，使"能""位"之间较好地实现了对应、互动与联进。扣紧这根主线，我们亦可放开思绪续加推衍：只有以良正的奖惩法规来切实保障、优化和完善中小学教师教书育人能力与他们社会地位之间的"能""位"关系，才能进一步增强教育事业的效能，提高教育事业在整个国家建设中的地位；才能稳步聚集古老中华的民族复兴能量，提高中华人民共和国在世界强国之林中的地位。如果我们确立这个理念和志向，并决然从包括加强教师法制建设在内的所有方面去励精图治、发奋图强，那么，我们的教育事业就一定能揭开更靓丽的新篇章。

第四节　中小学教师法规的适用

教育法规的实施包括适用和遵守两个方面，是指通过一定的方式，使教育法律规范的要求在教育管理实践中得到贯彻和实现的活动。其实质是将教育法律规范中规定的权利和义务关系，转化为现实生活中的权利和义务关系，转化为教育法律关系主体的行为，其所解决的是"有法必依、执法必严、违法必究"的问题。制定教师法规的根本目的是使之在教育活动中付诸实施并取得成效，否则就会成为一纸空文。教师法规的实施，包括教师法规的行政适用、司法适用和教师法规的遵守三类活动，其中"遵守"已基本上在本书各章设节阐述。教师权益的保护须以相关的教育法律关系主体遵守教育法规为前提，否则这些权益就不能由"习惯权益"或"道德权益"转化为法律权益，这是人们十分不愿意看到的。国家应当使有关组织和全体公民弄清个人利益与集体利益、眼前利益与长远利益、教育利益与社会利益的关系，增强教育守法的自觉性并知悉其三种形式：①禁令的遵守，即遵守禁止性规范。禁止性教育法律规范是明确规定不得采取某种行为的法律规范，若有违反，就要受到法律制裁，常用"禁止""不得"等字样来表述，如《义务教育法》第十六条第二款规定："禁止侮辱、殴打教师"。②义务的履行，即遵守义务性规范。义务性教育法律规范是指规定必须采取某种行为的法律规范，不履行义务要受到法律的追究，常用"应当""必须"等字样来表述，如《教育法》第四条第三款规定："全社会应当尊重教师"。③权利的享用，即遵守授权性规范。授权性教育法律规范是指授权国家机关、社会组织或公民有权采取某种行为的法律规范。这种权利公民可以享有，也可以自行放弃。但国家机关的权利一般是其职权，既是权利又是义务，属于必须享用的权利，特殊情况下才有选择余地。授权性规范常用"可以""根据……确定……"等字样来表述，如《中学教师职务试行条例》规定："聘任或任命教师担任职务应有一定的任期，每一任期一般为三至五年，可以续聘或连任。"对守法责任、形式的知悉与掌握，有助于教育法律关系各主体增强法律意识和法治观念，按照教育法律规范的规定办事，并自觉地与违反教育法规、损害教师权益的行为做不妥协的斗争。

一、中小学教师法规的行政适用

教师法规的行政适用即教育行政执法，是指主管教育的行政机关及其委托的组织和法律、法规授权的组织，依照教师法规的规定裁决、处理具体教育事项的活动。在我国，教师法规的行政适用主要由中央和地方各级政府及其教育主管部门来实施。

（一）教育行政执法的演变

教育行政执法是适用教育法的规范、产生法律效力的活动。1949 年中华人民共和国成立以后，教育事业管理迅速成为国家行政的一个重要方面。1999 年国务院发布关于全面推进依法行政的决定后，更是加快了教育管理工作从"无法可依""有法不依"走向"依法行政""依法治教"的进程，代表国家意志的教育行政执法不断得到加强。这主要体现在以下两方面：

1. 教育行政执法的职能日益扩大

"教育行政部门依法履行职责或具体适用教育法律、法规、规章的行为，都是教育行政执法行为，都属于依法行政的范围"①。进入 20 世纪 80 年代以来，随

---

① 教育部办公厅、直属机关党委：《邓小平理论指引下的中国教育二十年》，福建教育出版社 1998年版，第216 页。

着教育法规数量的增多，其调整、规范的教育工作领域持续扩大，教育行政部门具体适用这些法规的活动覆盖到教育经费、教育考试、教师资格和职务、教师福利和待遇、学生管理和培养等各个方面。在世界范围内教育权国家化的潮流下，我国各级教育行政部门从依法治国、依法治教的高度出发，严肃、公正执法，从实体上、程序上准确适用教育法律法规，保证了执法工作的公定力、确定力、拘束力和执行力，从根本上改变了以往教育行政执法相当薄弱的状况，扩张了教育行政管理的职能。

2. 教育行政执法的主体渐趋多元

在主要通过行政手段进行教育管理的年代，教育行政执法的观念很淡薄，实际上的执法主体一般就是单一的各级教育主管机关。国家民主法制建设启动后，法律手段在教育管理中的地位明显上升，教育行政执法的深广度有了很大的扩展，执法主体也趋向多元化，主要包括国务院和地方各级人民政府、各级教育行政部门、县级以上各级人民政府其他有关部门和法律法规授权的其他组织①。教育行政执法的主体可以依法采取教育行政措施、教育行政处罚和教育行政强制执行等各种具体的执法形式，影响行政管理相对人的权利义务，或者对其行使、履行教育权利和义务的情况进行监督检查，并制裁其违法行为。教育行政执法主体的多元化和执法形式的多样化，既是我国教育行政执法不断演进的鲜明表现，也是促其再行改革的重要动因。

要巩固、扩大教育法制的成果，仅仅依靠柔性的教育守法显然不够，同时还应该加大对与教育守法相对应的教育违法的刚性惩治力度，以震慑少数人，坚决维护教师合法权益。当然，国家行政、司法机关在"执法必严、违法必究"时，也须谨记"适用这条原则的范围和方式却大有推敲的余地，法家式的严刑峻法与西方现代的严格依照法律行使权利在本质上有天壤之别"②，不要倚重倚轻，而应坚定地坚持罪责法定的原则，这是处理教师遭受侵权（包括教师侵权）案件时必须切实注意的。下面我们就来分析一个打砸学校，侵犯校长、教师法定权益的案例。

> 1986 年 11 月 9 日，某县七圩乡一名生前为该乡涌兴村初级中学师生看过病的医生病故。当晚，校长毛某前往吊唁，村支书孙某提出要将死者葬在校园里，被毛校长拒绝。次日早晨，毛校长发现有几人在学校挖坑，立即出面

---

① 公丕祥：《教育法教程》，高等教育出版社 2000 年版，第 107～108 页。
② 黄之英：《中国法治之路》，北京大学出版社 2000 年版，第 28 页。

制止并派人去乡政府汇报。副乡长周某到场后，没有阻止丧葬活动，致使哭喊声不断，学校无法上课。趁周副乡长吃饭的空隙，学校教师将棺材移出校园，周知道后，拍桌子大骂毛校长。死者亲属揪住毛校长的衣领，将他双手反绑拉至墓穴旁。孙某叫嚷要把毛活埋，周某声称"一切后果由我负责"。一些群众有恃无恐，大肆破坏学校的围墙、门窗和菜园，并强行将棺材埋在校地，学校被迫停课一天①。

这是一起严重干扰学校秩序、侵犯教师教育教学权和人身权的违法事件。我国《教育法》第七十二条规定，扰乱学校教育秩序，"破坏校舍、场地及其他财产的，由公安机关予以治安管理处罚"；"侵占学校校舍、场地及其他财产的，依法承担民事责任"。《教师法》第三十五条规定，"侮辱、殴打教师的，根据不同情况，分别给予行政处分或者行政处罚"。《义务教育法》第十六条规定，任何组织或者个人"不得扰乱教学秩序，不得侵占、破坏学校的场地、房屋和设备；禁止侮辱、殴打教师"。《治安管理处罚条例》规定，扰乱学校秩序，致使教学工作不能正常进行，尚未造成严重损失的，应予处罚。根据《国务院关于国家行政机关工作人员的奖惩暂行规定》，国家行政机关工作人员如有违法失职行为，尚未构成犯罪的，应予行政处分。在本案中，周某、孙某及其他肇事者，触犯了上述有关教育法和其他法律法规，扰乱了涌兴村初中正常的教书育人秩序，侵犯了教师权利，破坏了学校财产，必须接受相应的处罚。事发后，该县县委、县政府依法做出了严肃处理：给予周某撤销副乡长职务和党内严重警告处分；给予孙某撤销村党支部书记职务的处分；对其他责任制、肇事者分别给予赔偿经济损失、罚款、党内严重警告等处理。这个处治决定本身折射出我国教育法制在维护学校、教师合法权益方面的进步，值得充分肯定。但审视该事件反映出的人们几处蒙昧状态的教育法制意识和法律素养，它留给人们的不是大快人心的喜悦，而是沉痛与叹息。

（二）中小学民办教师整治消化与教育行政执法

据《教育大辞典》载，民办教师是指"中国中小学中不列入国家教员编制的教学人员"。除极少数在农村初中任教外，绝大部分集中在农村小学；一般具有初中以上文化程度。由学校或当地基层组织提名，行政主管部门选择推荐，县

---

① 张维平：《中小学校学法用法案例评析》，辽宁大学出版社 1999 年版，第 492～495 页。

级教育行政部门审查（包括文化考查批准，发给任用证书）；生活待遇上，除享受所在地同等劳动力工分报酬（1979 年后享受'责任田'）外，另由国家按月发给现金补贴"。在 1949～2000 年的半个世纪中，民办教师都是中小学教师队伍不可或缺的组成部分，这支队伍为推动我国基础教育的发展、在广大农村地区普及初等义务教育、提高基层民众的科学文化素质做出了重大贡献。自中华人民共和国成立后的 60 年间颁布的中小学教师法规，其内容涵盖了这个特殊教师群体建设与整治的多个方面，对推动各级教育行政机关及其他部门善始善终地维护其权益、发挥其作用、最后稳妥地解决民办教师问题，起到了重要的确认、促进和保障作用。

1. 整治消化方针

民办教师是我国特定历史条件下的产物，具有必然性和过渡性，因而就要经历一个产生、发展、整治、消化的完整周期。中华人民共和国成立以来，教育法规和政策对这个周期进行了较为有效的规范和调控，尤其是 20 世纪 80 年代中期全面发起的普及义务教育运动，对中小学师资的结构与质量提出了新要求，在统筹规划的基础上发挥民办教师的作用、解决民办教师问题已是刻不容缓、势在必行。国家有关部门在制定教师法规、政策着手解决这一问题的过程中，既尽可能地照顾绝大多数民办教师的利益，又从建设面向未来的高素质中小学教师队伍的大局考虑，不断推出前后相继、切实可行的整治举措，如期地在 20 世纪末基本解决了民办教师问题，使我国中小学教师的整体素质达到了前所未有的高度。

（1）民办教师的发展历程。与新中国教育事业一样，民办教师队伍也经历了一个跌宕起伏的发展过程。1949 年，我国有小学民办教师 10.5 万人，占小学教师总数的 12.60%；中学民办教师 28239 人，占中学教师总数的 42.40%。1952 年 11 月开始的教育整顿，使民办教师数量显著下降。至 1956 年，小学民办教师人数为 9.1 万，占小学教师总数的 5.20%；中学民办教师仅 1497 人，占中学教师总数的 0.80%。应该说，这个数字标志着一个较高的水准、很好的势头，令人振奋，再经几年努力，民办教师问题就可以顺利解决。

可事情的发展常常出乎人们的预料和意愿之外。经过 1957 年的群众集体办学运动和 1958 年的"教育大跃进运动"，民办教师的数量又大量增加。至 1959 年，小学有民办教师 62.4 万人，所占比例升为 24.90%，中学有民办教师 28960 人，所占比例为 8.30%，均明显上升。1961 年，国家调整、压缩教育事业规模，优化教师队伍结构，次年小学、中学民办教师所占比例又分别降至 20.20% 和 5.70%，形势暂时趋好。1963 年以后，基础教育再度扩容，1965 年小学民办教师猛突增至 175.1 万人，占小学教师总数的 45.40%。由于中学一般不请当地农村的文化人充任教师，而是基本上按计划地接收正规师范院校的毕业生，因此民办教师的数量没有像小学一样猛升，反倒略有下降，1965 年是 23041 人，占中学教师总数的 5.00%。"文革"期间，中小学教育被逼上一条畸形发展的道路，民办教师队伍极度膨胀。至 1977 年，小学民办教师 343.9 万人，占 65.80%，中学民办教师 127.27 万人，也猛升至 39.90%，均达到历史最高值。这两个"最高值"，却"见证"了我国中小学教师队伍的整体结构和质量跌入历史最低谷。

教育领域的"拨乱反正"结束后，国家采取一系列措施，加强了对民办教师的管理和整顿。1985 年，小学、初中和高中的民办教师分别为 275.9 万人、41.35 万人和 2940 人，1992 年则分别降至 204.50 万人、25.34 万人和 1421 人，所占比例也明显下降，小学由 51.30% 降至 37.00%，中学由 15.70% 降至 8.11%，期间没有出现大的反复。1993 年《教师法》颁布后，国家运用法律和行政手段，进一步加大了对民办教师的规划、整治力度，取得了很好的成效。至 2000 年年底，全国小学有民办教师 27.72 万人，占小学专任教师总数的比例是 4.73%，中学民办教师 2.51 万人（其中高中仅 258 人），占中学教师总数的比例降至 0.63%，如期实现了在 20 世纪末基本解决民办教师问题的奋斗目标，中小学教师队伍的结构得到了实质性优化，教育教学水平实现了新的跨越。

（2）"关、转、招、辞、退"五字方针。面对来源多样、基数庞大、结构复杂的民办教师群体，采取"一刀切"的处理办法显属莽撞、行不通。国家在数十年引导、管理、整治民办教师队伍经验的基础上，逐渐形成了对民办教师工作"关、转、招、辞、退"的五字方针。其具体内容如下：所谓"关"，就是"坚决关住新增民办教师的口子，任何地区、单位都不得以任何理由新增民办教师"；"转"，就是"要有计划地将合格民办教师转为公办教师"；"招"，就是"进一步扩大师范学校定向招收民办教师的数量"；"辞"，就是"坚决辞退不合格民办教师"，同时清退未经县以上教育行政部门批准、乡村自行录用的所谓"计划外民办教师"和代课教师；"退"，就是"建立民办教师保险福利基金，改进民办教师离岗退养办法"①。这个方案是有的放矢、切中实情的。需要略作说明的是，五字方针的实施并非孤立独进，而是与其他的中小学教师法规有着切割不断的联系。本处将其作为整治消化民办教师的主导方针，是赋予了其具有相当的前提性和包容性的。

民办教师工作的五字方针，是通过多年来发布的一系列相关的法规、政策逐

---

① 《法律法规司法解释实用手册·教育》，中国法制出版社 2001 年版，第 428～430 页。

步形成和完善的。1978 年 1 月，国务院批转教育部《关于加强中、小学教师队伍管理工作的意见》，提出"公办教师的自然减员，应由教育部门于当年如数从民办（代课）教师中选择补充"①。1980 年《高等学校招生工作的规定》提出："师范院校可以优先录取民办教师。"② 同年 12 月，为改变中小学民办教师比重过大的状况，中共中央、国务院在《关于普及小学教育若干问题的决定》中规定："国家每年安排一定的专用劳动指标，经过严格考核，将合格的民办教师分期分批转为公办教师。民办教师中的骨干更应早转。另外，师范院校每年都要招收一部分民办教师。通过上述办法，在几年内使民办教师比例降到百分之三十以下。"以上 3 项法规注重的是"转"和"招"。

1983 年 8 月，《关于中小学教师队伍调整整顿和加强管理的意见》提出："经考核不合格，不能胜任教育教学工作的民办教师，一般应予以解聘。对解聘人员，要认真做好思想政治工作，妥善安置"；"在考核合格的民办教师中，转一部分为公办教师；从高等、中等师范学校招生指标中，划出一定比例，按一定条件招收中、小学民办教师"③。1986 年 6 月的《关于实施〈义务教育法〉若干问题的意见》提出："各地区教师自然减员的指标，原则上用于招收新师资或合格民办教师的招收、招聘"。这些规定，在承接前策的基础上，又新增了"辞"这一措施。这样，加上常识性、必然性的"关"，五字方针的四个方面实已初步形成轮廓。

通过十多年的努力，民办教师队伍的"瘦身"工作取得了不小的成绩。但情况仍比较严峻。1990 年，小学、初中和高中的民办教师占各段教师总数的比例仍分别有 41.20%、10.00%、14.10%，实有进一步加大整治力度的必要，其关键是继续执行、调整现策，综合配套，以收多管齐下之效。1992 年 8 月发出的《关于进一步改善和加强民办教师工作若干问题的意见》，第一次较为全面地提出，民办教师的整治工作要"坚持'关、招、转、辞、退'统筹安排，配套实施，综合治理"的方针；经考核合格的民办教师，由县以上教育行政部门发给《民办教师任用证书》。1995 年 10 月，国家教委在《关于〈教师法〉若干问题的实施意见》中具体规定："国务院和地方人民政府每年划拨指标后，应从民办教师中选招公办教师；扩大师范学校招收民办教师入学的比例；对经培训仍不能胜任教育教学工作的民办教师，由县级教育行政部门批准辞退；对老年、病残民办教师离岗后的生活予以妥善安置"。"退"已在其中。至此，五字方针基本定型。

---

① 郭齐家、雷铣：《中华人民共和国教育法全书》，北京广播学院出版社 1995 年版，第 465 页。
② 华东师范大学教育系资料室：《高等教育文献法令选编》（内部发行），1981 年 1 月，第 246 页。
③ 华东师大教育管理学院：《建国后教育政策法令选编》（内部发行），1987 年 6 月，第 244 页。

1997 年 9 月，国务院办公厅发出《关于解决民办教师问题的通知》，提出 "解决民办教师问题的工作要在加强管理、提高素质、改善待遇的同时，全面贯彻实施 '关、转、招、辞、退' 的方针，分区规划，分步实施，逐步减少民办教师数量，力争到 20 世纪末基本解决民办教师问题"。我们应注意到，五字方针由 1992 年的 "关、招、转、辞、退" 改为 1997 年的 "关、转、招、辞、退"，从表面上看仅只是两个字的顺序对调，其实质却是该方针的进一步完善，鲜明地体现了政府对民办教师的深切关怀：因为师范学校定向 "招" 收的民办教师，还要经过几年的再学习和必需的考试、考核等程序，而将合格民办教师 "转" 为公办教师，只要上级政府下拨劳动人事指标即可解决。孰难孰易，自不待言。五字方针像一个被智能化的文字导演，适时、妥当地安排完成了光荣教育使命的民办教师退场，而把一支充满朝气的中小学教师队伍推上了 21 世纪中国教育的前台。

表 3-1　新中国中小学民办教师主要年份发展变化简表　　　　单位：人

年份	小学教师			初中教师			高中教师		
	总数	民办教师		总数	民办教师		总数	民办教师	
		人数	占%		人数	占%		人数	占%
1949	836000	105000	12.6	52645	22094	42.0	13995	6145	43.90
1950	901000	225000	25.0	56955	19091	33.5	12153	4664	38.40
1956	1749000	76000	5.2	152272	1304	0.8	34925	193	0.60
1957	1884000	141000	7.5	193702	16189	8.4	80131	2060	2.50
1964	3108000	996000	32.0	362656	27367	7.5	78859	1992	2.50
1965	3857000	1751000	45.4	379165	21822	5.8	77910	1219	1.60
1976	5289000	3416000	64.6	2034636	886849	43.6	694343	100190	14.40
1977	5226000	3439000	65.8	2361109	1113637	47.2	825583	139016	16.80
1985	5377000	2759000	51.3	2159905	413531	19.1	491690	2940	0.60
1986	5414000	2739000	50.6	2239318	424944	19.0	518338	3075	0.60
1990	5582100	2301000	41.2	2470355	246293	10.0	562266	79207	14.10
1991	5532252	2169477	39.2	2516659	275695	10.9	573262	1777	0.31
1992	5526491	2044959	37.0	2564987	253435	9.9	576145	1421	0.25
1993	5551597	1929740	34.8	2607855	224652	8.6	558976	1261	0.23
1994	5611324	12255	0.22	2686868	4921	1.8	546839	1866	0.34
1995	5664057	16146	0.29	2783721	7707	2.8	550521	2841	0.52
1996	5735790	22140	0.39	2892688	12307	4.3	572071	4040	0.71

年份	小学教师			初中教师			高中教师		
	总数	民办教师		总数	民办教师		总数	民办教师	
		人数	占%		人数	占%		人数	占%
1997	5793561	28802	0.50	2981630	2190	0.07	605132	384	0.06
1998	5819390	28448	0.49	3054658	21201	0.69	642442	10953	1.70
1999	5860455	496643	8.47	3148117	40928	1.30	692439	243	0.03
2000	5860316	277207	4.73	3248608	24882	0.76	756850	258	0.03

注：根据《中国教育大事典》（1949～1990）及 1991～2000 年《中国教育统计年鉴》和《中国教育事业统计年鉴》等计算整理。

从表 3-1 中可以看出，1993 年对民办教师作了多项规定的《教师法》颁布后，1994 年小学、初中的民办教师比例分别由 34.80%、8.60% 骤降至 0.22%、1.80%，突出地反映了《教师法》的巨大权威性和执行效力。例如，天津市就于当年将 1124 名民办教师全部转为公办教师，成为全国最先解决民办教师的地区之一。此后几年，民办教师人数稍有反弹，除了普及义务教育对师资的需求有增加外，也说明了存在执行《教师法》不力的问题。1997 年，初中、高中民办教师的比例；分别由上一年的 4.30% 和 0.71% 降至 0.07% 和 0.06%。究其缘由，主因之一是 1996 年国家教委发出了《关于加强"民转公"工作的几点意见》，发挥了"转"的迅捷作用；又兼 1997 年国务院办公厅发出了《关于解决民办教师问题的通知》，并要求"各省、自治区、直辖市将当地的具体实施计划于 12 月底前报送国务院办公厅并抄送国家教委、人事部、国家计委和财政部"，也收到了立竿见影之效。可见，中小学教师法规和政策的制定施行大大加快了民办教师问题的解决进程。

进入 2001 年，民办教师问题基本获得解决的中小学师资队伍，并非立刻就全部由国家在编教师组成，而是仍存在数以十万计的代课教师（见表 3-2）。代课教师是指在公立学校中没有事业编制的临时教师。20 世纪 80 年代开始，教育部为提高基础教育的师资质量，在全国"一刀切"不允许再出现民办教师，但不少偏远贫困山区因财政困难而招不到公办老师，这些空缺仍需临时教师来填补，他们即被称为"代课教师"。代课教师没有任何"名分"，且没有完全享受教师的待遇，通常集中在那些公办教师不愿意去的偏远地区，那里颇为常见的景象是"一个老师，一所学校的"。近些年来，各级教育行政部门也一直在致力于解决代课教师问题。

表3-2　21世纪初部分年份全国小学、初中代课教师数量变化简表

单位：人

年份	小学代课教师	初中代课教师
2001	580814	123773
2003	423857	119041
2004	378614	120535
2006	311833	115691
2007	272282	107024
2008	250852	103309

2. 同工同酬原则

在报酬给付上，我国原则上执行公办教师与民办教师"同工同酬"的原则。"同工同酬"是指"民办教师和公办教师在同等条件下，履行相同的教师职责，在工资收入上享受同等待遇"[1]。1993年颁布的《教师法》，将民办教师定义为"国家补助、集体支付工资的中小学教师"[2]，即表明民办教师的工资来源渠道与公办教师有很大的不同。这一规定并不必然是同工同酬原则实现的障碍，只是长期以来，由于能稳定下发的国家补助部分所占比例很小，集体支付部分常常缺口很大，全额兑现普遍困难，使民办教师的工资福利待遇偏低，没有体现社会主义的按劳分配原则。为了使民办教师的经济报酬与其担负的教育教学任务和重要使命相称，完全或大体实现民办教师与公办教师同工同酬，我国各级立法主体颁布了一些这方面的教育法规、政策，并在实际执行过程中取得了一些成效。

（1）与公办教师同工同酬。很显然，只有当民办教师工资中的国家补助工资与集体支付工资之和等于或大致等于公办教师的基本工资额时，才称得上是同工同酬。因而，有关民办教师工资的法规也大多是对这两部分工资的发放作出引导和规定。

1981年10月，国务院批转教育部《关于增加中小学民办教师补助费的办法》，提出要"适当改善中、小学民办教师的生活待遇"，规定国家增加民办教师补助费的范围如下："由县一级教育行政部门发给了任用证书，或正式批准确

---

① 教育部政策研究与法制建设司：《现行教育法规与政策选编》，教育科学出版社2002年版，第206页。

② 教育部政策研究与法制建设司：《现行教育法规与政策选编》，教育科学出版社2002年版，第22页。

认，并已按国家规定领取民办教师补助费的直接从事中、小学教育工作的专职教师"；标准如下："在国家规定补助费标准的基础上，平均每人全年增加补助费50 元"；同时要求"各省、市、自治区要根据当地生产组织形式，制定出具体措施和办法，切实保证广大民办教师从社队得到的报酬不低于中上等劳动力每年平均实际经济收入水平"①。该《办法》较为详细、具体，执行也较有力，普遍提高了全国范围内民办教师的工资报酬。1992 年 3 月，《〈义务教育法〉实施细则》规定，依法征收的农村教育费附加，由乡级人民政府负责统筹安排，主要用于支付民办教师的工资、改善办学条件和补充学校公用经费，使各地在农村教育费附加中列支民办教师集体统筹部分工资有章可循，减少了随意敷衍和口惠而实不至的现象，较好地保护了民办教师应有的经济权益。

为了切实缩小民办、公办教师之间的工资差距，1993 年的《教师法》规定，"各级人民政府应当采取措施，改善国家补助、集体支付工资的中小学教师的待遇，逐步做到在工资收入上与国家支付工资的教师同工同酬"，第一次以法律的形式规定同工同酬原则。1995 年 8 月的《关于实施〈教育法〉若干问题的意见》强调，"各级教育行政部门要会同人事等有关部门，制定统筹解决民办教育问题的规划。要采取有效措施，逐步做到民办教师与公办教师同工同酬"。同年 10月，国家教委在《关于〈教师法〉若干问题的实施意见》中规定："民办教师工资的国家补助部分，由县级财政负责支付，县级财政确有困难的，由上级地方人民政府采取措施予以解决，但经济发达的地区经省级人民政府批准可由乡级财政负责支付。民办教师工资中集体统筹部分，由农村教育费附加予以保证。除经济发达的农村地区外，农村教育费附加首先保证民办教师集体统筹部分工资的发放，不得用以冲抵民办教师工资中应由财政支付的部分"②。上述法律及其实施意见中的义务性、禁止性教育法律规范的颁行，解决了一些在民办教师工资发放中出现的缓急不分、职责不明、拖欠克扣等现象，并为各地制定相关的地方性法规提供了依据。

1988 年 8 月的中、小学《班主任工作暂行规定》强调，民办教师应享受与公办教师同等的班主任津贴，纠正了某些地方对民办教师班主任津贴的不合理做法。1998 年的《教师和教育工作者奖励规定》明确提出："尚未实行职务工资制度的民办教师，获得'全国模范教师''全国教育系统先进工作者'荣誉称号时"，应该"奖励晋升工资"。这项规定告诉人们，争取实现民办、公办教师同

---

① 何东昌：《中华人民共和国重要教育文献》（1949—1997），海南出版社 1998 年版，第 1980 页。

② 教育部政策研究与法制建设司：《现行教育法规与政策选编》，教育科学出版社 2002 年版，第 205页。

工同酬的领域不是只限于一般意义上的工资发放，而同样适用于津贴、奖励等多个方面。

在民办教师的福利事项上，国家也制定了相关的法规，以尽量做到一视同仁，防止差距过大。1962 年 9 月，教育部、商业部、全国供销合作总社联合发出《关于解决中小学民办教师和代课教师的副食品和生活日用品供应问题的通知》，要求各地纠正将中小学民办教师的副食品和生活日用品供应标准与公社社员等同的不恰当做法，提出应当"与公办教师一样，和当地脱产干部享受同等待遇"①。该项法规性通知不仅较好地解决了当时民办教师生活用品供应上的困难，而且其内在精神也长期得到了尊重和承继。1988 年 6 月，国家教委等三部门发布《关于农村年老病残民办教师生活补助费的暂行规定》，要求各地对由于年龄和身体原因、符合补助条件的民办教师"离开岗位后的生活补助费由原工作单位按月发放"，"最低标准不得少于现行民办教师补助费中的国家补助部分"。1995 年 10 月的《关于〈教师法〉若干问题的实施意见》要求，"地方各级人民政府应当积极鼓励建立民办教师福利基金"。这两项规定，推动了民办教师生活福利、医疗保健和"老有所养"等实际困难的解决，是逐步实现同工同酬目标而采取的切实步骤。

（2）泾渭依然分明。由于国家补助部分数额较小，民办教师收入水平主要取决于集体支付工资的多寡及能否按时支付。由于各地人民生活水平、城乡财政收入状况差异很大，国家不宜用法规来作强制性的统一规定，只是授权各省、自治区、直辖市根据实际财务情况自行决定。其结果是各地做法各异，不仅不同地区民办教师之间的收入差距明显，而且全国民办教师整体上的收入与公办教师相比，还是泾渭分明、难如人意，离"同工同酬"相去甚远。

1985 年 7 月的《关于教师教龄津贴的若干规定》提出，"民办教师是否实行教龄津贴制度，由各地根据实际情况决定"，有些地方决定不实行，致使其辖内的民办教师没有享受到公办教职人员享有的津贴。1988 年 1 月，人事部、国家教委颁发《提高中小学教师工资标准的实施办法》，决定将中小学教师现行的工资标准"提高 10%"，同时却留了一个"尾巴"："中小学民办教师的工资或补贴标准是否提高，由各省、自治区、直辖市根据实际情况决定"。因此，有些地方没有实质性的作为，致使很多民办教师没能增薪，与公办教师的工资差距拉大。1988 年 12 月，《关于提高中小学班主任津贴标准和建立中小学教师超课时酬金制度的实施办法》规定，中小学教师"授课超过课时定额的，按照本人实际超

过的授课时数发给酬金"，可又补充道："中小学民办教师和企业单位所属中小学教师是否参照上述规定执行，分别由各省、自治区、直辖市和企业自行决定"①。该条款却成为有关部门不划拨增资款的理由，这对民办教师和企业办的中小学校教师显然是有失公平的。

1992 年 8 月，国家发文强调，民办教师的工资收入（包括国补部分和集体自筹部分）不得低于公办教师平均工资额（按国家统计局工资总额构成的口径）的 2/3。贯彻执行后，曾使民办教师的收入状况有所好转。于是 1993 年的《教师法》更进一步，规定各级人民政府应当改善民办教师的待遇，"逐步做到在工资收入上与国家支付工资的教师同工同酬"。这种法律的引导性规定，实有其积极意义。但主要由于经济因素的制约，有关部门和个人主观能动性的缺欠，几年实施下来的结果离同工同酬尚有较大的差距。

> "1994 年我们曾去江西吉安农村调查研究。记得有一次去一所农村小学，当走过一间昏暗、破旧的小屋时，看到一位 50 岁左右的老师正在那里批改学生作业。我走进去问他，在这里工作几年了？他回答 17 年了。我又问他每月的工资有多少？他回答 56 元。当我吃惊地问他为什么这么少呢？他说因为是民办教师。我顿时感到一阵心酸，强忍住盈眶泪水离开了那间小屋。"②

鉴于上述这种情况，政府在 1997 年 10 月下发的一个文件中，仍回到了 1992 年"三分之二"的政策上，但强调要切实加强执行力度，有关单位、个人不得以任何理由和形式拖欠、克扣民办教师工资。应该说，在客观条件暂时不允许同工同酬的情况下，划定 2/3 为界限也是务实的，使许多地方不再好高骛远或虚报成绩，而是能通过踏实、勤勉、给力、细致的工作，去争取实现可以也应该达到的目标。20 世纪的最后几年中，民办教师的工作报酬获得了一定程度的改善，这自然值得肯定。但同工同酬毕竟没有实现，重要的原因之一，是因为民办教师工资大多是由权威性和稳定性不够的教育政策来定调，而缺少教育法律法规的明确性、强制性规定，使一些经济相对落后或经济本不差但主要领导不重视民办教育的地区，少发、扣发民办教师应得报酬的现象就习以为常了，这是一个令人心痛的缺憾。但人们若能以此为鉴，作为今后教育行政执法和中小学教师法制建设

---

① 何东昌：《中华人民共和国重要教育文献》（1949—1997），海南出版社 1998 年版，第 2820 页。
② 李岚清：《李岚清教育访谈录》，人民教育出版社 2003 年版，第 39 页。

的警示与鞭策，从这个意义上来说，缺憾也有其不可替代的价值。

尽管存在一些波折、反复的时段与方面，但从60年的主流来看，各期相关教师法规的颁布实施，使民办教师的工资收入在同工同酬目标的牵引、促动下有了比较实在的增长，助成民办教师的队伍整治问题获得了较圆满的解决，这是我们引以为傲的。人们还应注意到，1994年以后，国家一般不再发布专门的民办教师法规，而倾向提出一些民办教师的政策。这不应当视作忽视法治的表现，相反，这正是国家相关立法主体立法智慧的体现，因为考虑到离2000年基本解决民办教师问题只有短短几年的时间，如果再就民办教师问题立法，一方面将出现仓促立法、挂一漏万的局面，另一方面因调整对象即将消失，新出台的法规不久就要自行失效，导致立法不当和立法成本太高，这是有悖于国家教育立法原则的。

二、中小学教师法规的司法适用

教育司法是指国家司法机关依据一定的职权和程序，具体运用法规处理教育案件的专门活动。这里所谓的教育案件，既指那些在教育法规调整范围内的教育类案件，也包括那些发生在教育教学活动过程中的案件，而无论其本身是属于行政、民事还是刑事的范畴，"也不管教育法是否直接对此设有明确的规范"①。在我国，人民法院、人民检察院都是教育司法权的主体。教育司法的目的，是以国家的暴力手段强制维护教育法律关系和教育活动秩序，是教育法制的最后一道防线，作用甚为紧要。

（一）教育司法的进展

中华人民共和国成立前三十年的大部分时间内，抓阶级斗争之纲治理国家的政治氛围、高度计划的经济体制和教育的工具论占主导地位，不存在生发真正意义上的教育司法的土壤。1978年12月十一届三中全会召开后，我国社会主义民主法制建设和教育立法工作不断向前推进，教育司法也因此取得了长足的进展，成为教育法制不可或缺的重要组成部分。与教育行政执法具有较明显的从属性不同，教育司法具有很强的独立性，它只服从法律，依法对相关教育案件进行公正、独立的审判，能有效地维护教育秩序和教育法律关系参加者的合法权益，并在必要时给予相应的法律救济。从以往教育司法案件的审理来看，绝大多数涉及的是教育活动中的刑事和民事案件，教育行政诉讼在20世纪90年代末也有明显

---

① 黄崴、胡劲松：《教育法学概论》，广东高等教育出版社1999年版，第214页。

的增加，标志着教育司法职能的拓展。但教育司法却较少涉及违反教育法规本身的案件，而这一部分在很大程度上决定着教育教学活动的正常秩序和发展环境，因而还存在展进的空间。所以说，教育司法是我国教育法制建设发展到一定阶段的产物，同时又将随着政治、经济、法律和教育的时代变迁而孕育新的、更大的突破。

（二）中小学教师责任与教育司法

教育司法也是教师工作领域实行法治至为重要的防线，其标志性功能之一就是"维护教育法律关系参加者，尤其是保护作为个人的教育法律关系主体的权利"①。如果缺少教育司法的参与，教师的教育教学、指导评价学生等权利就很难得到有力而稳定的保障，这将阻碍学校工作的运转和教育事业的发展。当然，保护权利与履行义务、承担责任是辩证统一的。在某一具体案件中，司法机关若能依法、客观、公正地认定作为教育事故当事人之一的教师有无责任或有什么责任，实质上也就是维护了权益的平衡与统一。教育司法对教育秩序和教师权益的维护，依据的是可重复操作的法的威力，只要法恒常，这种维护及其效应就亦当坚决、稳定而久长。能否恪守不唯上、不唯权、只唯法的原则审理涉教案件，是一个国家有无真正的教育司法的试金石。下面试就两个与教育司法相关的案例进行分析。

一个发生在"文革"期间的教师责任案件：

1973 年 7 月 10 日下午，河南省唐河县马振扶公社中学举行英语期末考试，初二（1）班学生张玉勤答不上来，就在考卷背面写下：我是中国人，何必要学外文，不会 ABCD，还能当接班人，接好革命的班，还埋葬帝修反。班主任让她在班上做检查，她不做。为此，学校负责人在校会上不点名地批评了她。7 月 12 日吃早饭时，张玉勤说自己生病了，让同学代请病假，然后离开学校，投水自尽。1974 年 1 月，中央转发迟群等人炮制的《河南省唐河县马振扶公社中学情况简报》，该《简报》指称马振扶公社中学是教育战线搞复辟的典型，是学校教师和负责人逼死了张玉勤。次月，河南省委以"推行修正主义路线逼死革命小将"的罪名，命令有关部门将马振扶公社中学校长罗长奇和班主任教师杨天成逮捕。

---

① 黄崴、胡劲松：《教育法学概论》，广东高等教育出版社 1999 年版，第 218 页。

另一个发生在"文革"之后的教师责任案件：

> 1982年5月27日，天津市新大路中学初三年级女学生王骏英，因对班主任白某某不准自己进教室听课、白某某及教导处主任郭某某在调解自己与同学的矛盾中处理不公等原因，于当天下午6点多钟在该校教导处服毒身亡。此后的十多年间，王骏英之父王丰臣向有关部门写了200多封申诉信，要求公开女儿的验尸报告和遗书，并追究新大路中学及当事人的法律责任。1995年4月24日，王丰臣向天津市河北区人民法院起诉新大路中学。立案后，法院经过7个多月的准备工作，于1995年12月6日、19日连续两次开庭审理此案，并作出一审判决："……白某某处理问题得当，并没有对王骏英打骂、体罚等情况。其服敌敌畏中毒死亡，亦非被告及第三人白某某、郭某某所致……故原告要求被告赔偿之主张本院不予支持①。"

对1973年的河南马振扶公社中学事件和1995年的天津新大路中学案件，本文无意在此再作声讨或评析法院的判决是否无懈可击，而只是想对这两个实例进行客观、理性的历史比照，以加深我们对教育司法的进步意义和积极功能的理解与体认。

正常教育秩序：肆意破坏与依法保障。在马振扶公社中学事件中，"四人帮"一伙抓住一个学校管理中的偶发事故，包藏祸心，无限上纲，将马振扶中学树为推行修正主义教育路线的反面典型，严重破坏了学校的教育秩序。在新大路中学案件中，面对一个久而未决的颇为繁难、复杂的问题，由于司法机关的介入，把对学校的冲击和干扰降到了最低限度，正常的教学秩序得到了较好的维持，国家的教育事业避免遭受到不应有的损失。

教师合法权利：公然侵犯与依法维护。客观地说，在马振扶公社中学事件中，班主任杨天成"对有缺点错误的学生，缺乏热情关怀、积极帮助和耐心细致的思想教育工作，这是错误的"②，作为校长的罗长奇也应负一定的领导责任。但是，他们的错误毕竟属于是否善教善管的问题，属于工作方法和领导能力的问题，对他们作相应的行政处理是适宜的。然而，他们却被逮捕，人身自由权遭到公然、粗暴的侵犯。在新大路中学案件中，客观地说，从事件的过程与后果来

---

① 劳凯声、郑新蓉：《规矩方圆——教育管理与法律》，中国铁道出版社1997年版，第229～230页。
② 河南省教育局：《揭开所谓"马振抚公社中学事件"的真相》，《人民教育》1977年第3期。

看，有关教师并非没有一点过错。然而幸运的是，没有人对案件妄下旨意，司法机关以事实为根据，以法律为准绳，经过依法独立审理，认定学生服毒与班主任、教导主任的行为没有直接的、必然的关系，故而不予追究学校和有关教师的法律责任。

教育法制观念：消泯于政治蛊惑与觉醒于法律判决。在马振扶公社中学事件中，人们看不出个人行为和法律制裁之间有什么内在的因果联系，看到的却是政治旋涡中的权大于法和所谓"教育路线"斗争中的翻云覆雨，看到的是教育事业被肆意践踏和人民教师权利被随意侵犯。久而久之，人们泯灭了对法律的信仰，内心原有的一些教育法制观念荡然无存。在司法机关审理新大路中学案件的全过程中，人们亲身感受到了法治的严肃与公正，生发出对法律的由衷敬畏和严格守法的自觉警示。浸染于国家教育司法"河水弯弯总向前"的欣慰与憧憬中，公民现代教育法制观念的形成就是水到渠成的事了。

自中华人民共和国成立后的 60 年间，我国中小学教师法规的实施工作取得了长足的进步，实现了新的跨越：执法机构渐趋完善，执法主体素质明显提高，学校秩序、教师工资、教师教育教学权和人身权得到了更有力的法律保障。但是，我们也应该看到，教育行政执法不力的现象还较为普遍，教育司法还很少审理违反教育法本身的案件，教育守法还没有普遍地成为人们自觉的意识与行为，离现代法治国家的标准尚有很大的差距。我们要增强危机感和使命感，充分利用本土法律资源，同时积极引进西方先进的制度和理念，继续从各个方面和各个环节建立健全教育管理和教师法规实施的机制，在中国教育法治的新征程中，稳步实现由形式法治向实质法治的转化。

第四章
规范发展期的中小学教师法制
(1993 ~ 2009 年)

为了贯彻中共十四大精神，落实"必须把教育摆在优先发展战略地位"和《中国教育改革和发展纲要》中的指导思想，使教育更好地为社会主义现代化建设服务，1993 年 10 月，全国人大常委会审议通过了《教师法》，标志着我国中小学教师法制建设进入规范发展期。1995 年 3 月，《教育法》获审议通过；1999 年 12 月，教育部在北京召开了全国第一次教育法制工作会议，研究了新形势下全面推进依法治教的工作部署；2004 年 12 月，教育部制定了《中小学教师教育技术能力标准（试行)》，旨在提高全国中小学教师的教育技术能力水平，促进教师的专业发展；2006 年 6 月，十届全国人大常委会修订通过《中华人民共和国义务教育法》，将原来简略的 18 条扩展为较为翔实的 63 条；2008 年 9 月，教育部修订印发《中小学教师职业道德规范》，含爱国守法、爱岗敬业、关爱学生等主要内容。这些都为 1993 年 10 月到 2009 年 12 月间的中小学教师法制建设增添了新的动力，催生了新的成果，注入了鲜明的规范性和美轮美奂特质，教师队伍管理和权益保障进入了一个深入推进教育改革和素质教育的新阶段，我国教育改革与发展已经步入依法治教的健康轨道。"各级人大和政府在普法、执法、司法、检查、监督等各个环节做了大量工作，开创了依法治教的良好局面"①。

第一节 中小学教师法规的制定

1993 年 10 月 31 日，八届全国人大常委会第四次会议通过《中华人民共和国教师法》，这是新中国第一部集教师的行业管理和权益保护为一体的综合性的专

---

① 陈至立：《陈至立教育文集》（上），高等教育出版社 2015 年版，第 264 页。

门法律，开启了中小学教师法制建设的规范发展期。1999 年 6 月，中共中央、国务院召开改革开放后的第三次教育工作会议，会后形成了《关于深化教育改革、全面推进素质教育的决定》，对加强教育法制、建设一支高质量的全面推进素质教育的教师队伍作出了总体规划。2004 年 2 月，教育部颁布《2003—2007 教育振兴行动计划》，提出要进一步深化人事制度改革，积极推进全员聘任制度，加强制度创新和依法治教，加强和改善教育立法工作，完善中国特色教育法律法规体系。在这个时代进程中，中小学教师法规的制定取得了重要突破，并清晰呈现出规范化、系列化的轮廓。

一、中小学教师法规制定的突破

　　1993 年 2 月发布的《中国教育改革和发展纲要》，指出要"建设一支具有良好政治业务素质、结构合理、相对稳定的教师队伍"，"加快教育法制建设，建立和完善执法监督系统，逐步走上依法治教的轨道"。同年 10 月通过的《中华人民共和国教师法》，是由全国人大常委会依据《宪法》制定的一部重要法律，是我国教师法规体系中的母法。1995 年 3 月 18 日，《教育法》审议通过，有中国特色的中小学教师法规体系框架得以基本形成。进入 21 世纪，中小学教师法规有了新的进展：2001 年 4 月 28 日，九届全国人大常委会通过《中华人民共和国国防教育法》，内有学校国防教育、国防教育的保障等专章；8 月 8 日，教育部发布《教师资格证书管理规定》，对教师资格证书的颁发、补发、换发、收回、防伪、编号和法律责任作了具体的规定，使教师资格的法定制度更趋完善，更易于操作；2002 年 8 月 21 日，教育部发布《学生伤害事故处理办法》，在保护了学生和家长合法权益的同时，亦规定了十条中小学校的"免责条款"，有利于更好地发挥学校教师开展教育教学工作的主动性、积极性和创造性；2004 年 3 月 25 日，教育部发布《中小学生守则》，从大处、宏观着眼，对学生思想品德形成和行为习惯养成提出了基本要求，其鲜明的时代性为中小学教师开展德育工作拓展了视界；2006 年 6 月 29 日，十届全国人大常委会修订通过《中华人民共和国义务教育法》，将 20 年前旧法较为简略的 18 条，扩展为较为翔实的 63 条，并专列"第四章　教师"，更明确、科学地规范了教师的权利、义务，指示了教师的专业发展道路。2008 年 9 月，教育部、中国教科文卫体工会全国委员会修订印发《中小学教师职业道德规范》，主要含爱国守法、爱岗敬业、关爱学生、教书育人、为人师表、终身学习六项内容。教育领域斐然的法制工作成效，使依法治教理念深入人心，依法治教活动稳步推进，还时掀高潮。正如时任国务院副总理李岚清在一次座谈会上所说："事实说明，仅靠政策和行政手段，靠行政领导人的重视，是难以完全解决这些突出问题的。社会主义市场经济体制的建立和现代化的实现，必须有完备的法制来规范和保障，教育的改革和发展也有赖于教育法制的健全。"① 通过坚持不懈的探索和努力，我国中小学教师法规建设取得了重大的历史性突破。

（一）教师单行法的创制

经过 1986 年 3 月全国人大会议和全国政协会议上代表和委员们的建议和提案，国家教委、国务院法制局、国务院常务会议提交草案送审稿、多次组织讨论、进一步修改、原则通过、提请全国人大常委会审议，全国人大第七、第八两届常委会历时九年认真、慎重而积极的审议，教育界、法律界及社会各界寄予热切期望、做出极大努力的《中华人民共和国教师法》，于 1993 年 10 月 31 日获得通过，1994 年 1 月 1 日起施行。这部教育单行法以《中华人民共和国宪法》为立法基础，是我国历史上首部专门为教师制定的法律，第一次用法律形式明确了教师在社会主义现代化建设中的重要地位，对维护教师的合法权益、造就一支具有良好思想品德和业务素质的教师队伍、推动全社会尊师重教风气的形成起到了十分重要的作用，使我国中小学师资队伍建设正式走上了法制化的轨道。此项内容上一章已有论及，不再赘述。

（二）教育基本法的创制

为真正落实教育优先发展的战略地位，从根本上解决教育事业发展所遇到的种种实际问题，1995 年 3 月 18 日，八届全国人大三次会议审议通过了《中华人民共和国教育法》，同年 9 月 1 日起施行。《教育法》全面总结了中华人民共和国成立以来，特别是改革开放以来我国教育改革与发展的正反两方面经验，对我国教育的性质和方针、教育基本制度、各教育法律关系主体的法律地位、教育与社会的关系、教育投入和法律责任等有关教育全局的重大问题作出了全面的规定，是我国教育立法最重要的成果之一。《教育法》从中国国情出发，博采众长，做到了全面性与针对性、规范性与导向性、原则性与可操作性、国际性与民族性的较为成功的结合。仅从内容和条文的繁简度来说，日本的《教育基本法》全文只有 11 条，1000 余字，给人过于简略、规范难周之感。韩国的《教育法》设 11 章 177 条，2 万多字；罗马尼亚的教育基本法更是含 12 章 196 条，字数长达 3 万

---

① 《中国教育报》，1995 年 3 月 26 日，第 1 版。

字，难免有繁杂、琐碎之嫌。而我国的这部《教育法》共 10 章 84 条，约 1 万字，应该说是较为适中的，既能发挥全面规范教育事业的功能，又不烦琐庞杂，长而无当，得到了社会各界的普遍赞誉。

《教育法》是宪法之下的国家基本法律，与民法、刑法、劳动法等基本法律处于同等的法律地位，在教育法部门中具有最高的法律效力，是制定其他教育法规须臾不能离之的重要法律依据，为建立适应社会主义市场经济的教育体制机制提供了坚实的保障。《教育法》的颁布实施，也标志着我国较为完整的教师法规体系的初步建立。《教育法》第四条规定"全社会应当尊重教师"，并专列第四章规定了教师和其他教育工作者的权利、义务、权益保障和队伍建设等方面的内容，不仅是此后制定和实施教师法规的法律依据，也是理解和执行先于《教育法》颁布的教师法规的法律依据，并且能够将教师法规与其他教育法规甚至某些非教育类法规有机地统一、协调起来，为教师工作领域建立了功能较为完备的法律支撑体系。

此外，随着有中国特色的社会主义教育法律法规体系的初步形成，教育法制的空前发展和日益丰富的法律实践，源源不断地为教育法学研究提供了大量素材，教育法学在回应实践需要和自身理论建构上，取得了长足的进步①，教材、著作、论文不断问世，中国教育学会教育政策与法律专业委员会的成立也在积极筹备中②。教师法规制定在与教育法学、教师法学研究和教师政策落实推行等各方面的良性互动中，蕴含着新的突破契机。

二、中小学教师法规的规范化及系列化

通过教育法制工作者的不懈努力，我国中小学教师法规逐渐走向规范、成熟，法规名称渐趋统一，法规内容渐成系列，做到了初步的衔接对应配套，科学性、可操作性也有了相当的增强。

（一）法规名称的规范统一

1987 年以前，中小学教师法规特别是行政法规和部门规章的名称使用不统一、不规范，使"在实践中难以把这类法律形式同行政措施、决定和命令相区别，造成立法工作上的随意性"③。例如，1983 年 2 月由共青团中央和教育部发

---

① 劳凯声：《中国教育法制评论》（第 12 辑），教育科学出版社 2014 年版，第 235 页。
② 2010 年 10 月，中国教育学会教育政策与法律专业委员会在北京成立。
③ 劳凯声：《教育法论》，江苏教育出版社 1993 年版，第 240 页。

布的《全国优秀少年先锋队辅导员奖励条例（试行）》、1987 年 5 月由国家教委发布的《普通高等学校函授教育暂行工作条例》，本属于教育部门规章的范畴，却以"条例"冠名。这种不规范现象容易造成立法上的随意和执法上的偏差。1987 年 4 月 21 日，国务院批准颁布《行政法规制定程序暂行条例》，规定行政法规的名称为条例、规定和办法，使行政法规在名称规范上着实前进了一步。迄今为止，我国部门规章的名称还没有严格统一的规定，但立法界和学术界基本上达成了一个共识，这就是"行政规章的制定，名称不得用条例"①。这方面的有关规定和共识，在自此至 2009 年的中小学教师法规制定工作中得到了很好的注意和遵守。

（二）法规内容的系列配套

此期的中小学教师法规达到了相应的数量，更可喜的是初步形成了某些内容上的系列配套。以教师资格方面的法规为例，按法规层次来说，形成了从"法""条例"到"规定""办法"，再到地方性法规、规章的内部系列。《教育法》规定，"国家实行教师资格、职务、聘任制度"；《教师法》规定，"国家实行教师资格制度"，并规定了取得教师资格应当具备的相应学历等事项；《教师资格条例》则是教师资格的专门性法规，对教师资格的分类与适用、教师资格条件和教师资格认定等方面作了明确具体的规定；《教师资格认定过渡办法》对教师资格过渡的范围、教师资格的申请等事项作了要求；同属部门规章的《〈教师资格条例〉实施办法》则列出了资格认定条件、资格认定申请和资格证书管理等方面的条款；《教师资格证书管理规定》对教师资格证书的颁发、补发、换发、收回、防伪、编号和法律责任作了具体的规定，使教师资格的法定制度更趋完善，更易于操作；省、自治区、直辖市人大或政府也制定了相对应的有关教师资格的地方性法规、规章。这样，在教师资格管理上，就由效力等级不同的法规构成了形式较为协调统一、内容较为和谐配套的法律规范体系，且整个系列的原则性、可操作性各得其宜，有利于此项工作的顺利推进和深入开展。在教师职务、教师工资津贴等方面，法规也呈现出这种趋势。如果中小学教师法规的制定能保持这种系列配套的势头并不断增强科学性与前瞻性，那法规的内部结构将更加完善，作用、功能将得到更充分的发挥。

八届全国人大三次会议 1995 年通过的《中华人民共和国教育法》，第一次以国家立法的形式将国家的教育方针法律化："教育必须为社会主义现代化建设服

---

① 孙萍、娄成武：《行政法学》，武汉出版社 2002 年版，第 13 页。

务，必须与生产劳动相结合，培养德、智、体等方面全面发展的社会主义事业的建设者和接班人"。此后至 2009 年的中小学教师法规建设，基本上是以《教育法》及其规定的教育方针为核心而有序进行的。此期颁布的中小学教师法规共70 件，其中含教师条款的法律有 6 部，行政法规和部门规章 64 项（见表 4 -1）。除了在前文中提到的以外，还包括《中华人民共和国体育法》《预防未成年人犯罪法》《普及九年义务教育评估验收办法（试行）》《教学成果奖励条例》《实行全国中小学校长持证上岗制度的规定》《教育行政处罚暂行实施办法》《中小学教师继续教育规定》等。这些法规以前所未有的深广度介入中小学教师工作领域，推动了教师资格制度的实施与逐步完善、教师工资制度的初步确立、中小学德育与体育改革的深化以及前一阶段出台的教育法规的修订等各项工作。换言之，这些教育法规较好地规范了近 1000 万中小学教师的权利和义务，发挥了他们的重要作用，加速了中小学实施素质教育的时代进程。

通过对各个历史时期中小学教师法规数量对比（见表 4 -1），我们可以看出新中国中小学教师法规建设的沧桑、奋进史。60 年以来，针对教育领域与中小学教师密切相关的关键、重大问题，我国一共颁发了 206 件中小学教师法规，建立了涵盖面较广的、较为完备的法律规范。至此可以说，我国已初步形成了有中国特色的中小学教师法规体系，从根本上改变了中小学教师工作无法可依的局面，走上了依法治师的规范化轨道，推动了教育事业稳定、健康、有序的发展。至于目前仍然存在的一些问题，如由于既得利益者的阻挠，还存在不少立法盲点；以权压法、以言代法的现象还较为普遍；法律工具主义还占有很大的市场……这些正是需要我们用法治梭镖去捣毁的封建残堡。

表 4 -1　新中国各个时期中小学教师法规数量对照简表

单位：件（部）

时期	法律	行政法规、部门规章	合计
发轫探索期（1949～1966 年）	0	53	53
停滞破坏期（1966～1976 年）	0	7	7
转折改革期（1976～1993 年）	5	71	76
规范发展期（1993～2009 年）	6	64	70
中华人民共和国成立 60 年 （1949～2009 年）	11	195	206

第二节　中小学教师法规的遵守

一、教师管理法规

（一）中小学教师资格制度

1. 中小学教师资格事务的法制化

1993 年 2 月，中共中央、国务院发布《中国教育改革和发展纲要》，提出"绝大多数中小学教师要达到国家规定的合格学历标准"，与此密切关联的教师资格标准由国家制发。此《纲要》是中国教育改革和发展的行动指南，对世纪冲刺阶段的中小学教师法规建设有着重要的指导作用。在这样的大背景下，《教师法》《教育法》《教师资格条例》等法律法规相继出台，我国中小学教师资格由悬置的"问题"转态为实际的"事务"，全面走上了法制化的轨道。

（1）教师单行法的颁布宣示了中小学教师资格法制化的正式启动。1993 年10 月，八届全国人大常委会第四次会议通过的《教师法》，是我国首部专门为教师制定的法律。该法第三章第十条至第十五条都是有关教师资格的规定，包括"国家实行教师资格制度""取得教师资格应当具备的相应学历""教师资格的认定"等方面的教育法律规范。对中小学教师资格事务而言，《教师法》比《义务教育法》规定的范围更广，内容更丰富；又由于《教师法》是教师法规体系中的母法，概括性、包容性较强，允许而且要求不与之抵触的有关中小学教师资格的下位法纳入其框架体系之中。

（2）教育基本法的创制提升了中小学教师资格制度的法律地位。1995 年 3月，八届全国人大三次会议通过的《中华人民共和国教育法》，是《宪法》之下的国家基本法律，在教育部门法中具有最高的法律效力。《教育法》第四章第三十四条明确规定，国家致力于"提高教师素质，加强教师队伍建设"，"实行教师资格、职务、聘任制度"。教育基本法的介入，切实地提升了教师资格制度的法律地位和内在强制性，而且能够将教师资格法规与其他教育法规甚至某些非教育类法规有机协调起来，从而为中小学教师资格领域的法规建设提供了极具权威性的法律依据和保障。

（3）教师资格条例等法规的实施推动了中小学教师资格制度向纵深扩展。1995 年 12 月，国务院发布《教师资格条例》，该项专门性行政法规首次以义务性规范规定："中国公民在各级各类学校和其他教育机构中专门从事教育教学工作，应当依法取得教师资格"①，这就赋予了教师资格制度的不可违背性。该条例包含"教师资格分类与适用""教师资格条件""教师资格考试""教师资格认定"等内容，共七章二十三条，条文规范，内容具体，职责分明，易于操作，因而被舆论评价为"是提高教师地位、规范教师管理、推进《教师法》全面实施的一件大事"②。同月 28 日，国家教委发布《教师资格认定过渡办法》，对教师资格过渡的范围、教师资格的申请和认定等事项做了明确细致的要求，并据此开始了对在岗教师的资格认定工作。至 1998 年夏初，整个教师资格过渡工作基本结束，取得了预期的成效，为教师资格制度的全面实施打好了各项基础。2000年 9 月，教育部颁布《〈教师资格条例〉实施办法》，规定"符合《教师法》规定学历的中国公民申请认定教师资格，适用本办法"，并制定了资格认定条件、资格认定申请和资格证书管理等方面的具体条款，由此将中小学教师资格制度推上了全方位铺开的新阶段。2001 年 4 月，我国首次面向社会认定教师资格工作进入实际操作阶段，每年春、秋两次正常认定。由于基本上每一位师范毕业生在毕业之前都能成功申请到教师资格证书，具有相对的稳定性和普遍性，因此教师资格制度出台的一个很重要的目的，是吸纳非师范毕业的学生通过教师资格认定进入教师队伍，从而优化我国教师队伍的整体水平和学缘结构。北京市某区教师资格认证中心负责人曾表示：北京最初实施教师资格证书制度的时间是 1997 年，按过渡期的相关政策，对在职教师基本完成教师资格认证，2001 年开始全面实施，主要对过渡期间没有认证的教师及新任教师进行认证。2003 年 5 月 21 日，教育部第 16 号令《普通话水平测试管理规定》出台，明确应接受测试的人员包括"教师和申请教师资格的人员"等。2004 年开始一年两次，并且面向社会开始认证，其中首次面向社会认证时只有 100 多人，真正属于非师范类的只占三分之一，其余的还是师范生。当年"对社会人员收取 340 元的认证费"，"后来根据《中华人民共和国行政许可法》的有关规定，目前北京市教师资格的申请者除了要交六元的证书工本费外，一律不收取其他任何费用，认定过程中所需的费

---

① 教育部政策研究与法制建设司：《现行教育法规与政策选编》，教育科学出版社 2002 年版，第 81 页。

② 《中国教育报》，1995 年 12 月 20 日，第 1 版。

用由财政统一拨款解决"①。截至 2007 年底，全国共有 1963.63 万人取得教师资格②，其中大部分是中小学教师资格证书获得者。

2. 中小学教师法规体系的特点

至 2009 年底，我国初步形成了中小学教师法规的体系框架，作为其重要组成部分的中小学教师资格法规，在形式和内容上具有如下两个特点：

其一是法规层次的系列配套。中小学教师资格法规数量较多，在结构上诸类法规各处其宜，初步实现了从法律层面的"法"（《教育法》《教师法》）、行政法规层面的"条例"（如《教师资格条例》）到部门规章层面的"规定""规程""办法""细则"（如《〈教师资格条例〉实施办法》《小学管理规程》）等的综合配套。换句话说，在我国中小学教师资格的管理上，由位阶不同、效力等级不同的法规构成了形式较为统一、结构较为合理、兼具原则性和可操作性的法律规范体系，这将保证中小学教师的选择任用工作更加有序、规范，推动中小学教师队伍整体水平的提高和中小学素质教育的实施。另外，有教师资格系列法规、教师培训系列法规、其他相关系列教师法规和依法治师的实践经验作基础和依凭，我们还可以全面、深入、综合地去研究各种新、旧教师法律问题，着手构建具有中国特色和中国风格的教师法学③。

其二是法规内容的科学适用。①科学性。《教师资格条例》规定教师资格分七类，其中有三类属普通中小学教师资格，分类合理，衔接灵活，简洁易行。《教师资格认定过渡办法》规定，学历合格的教师"由本人按其所在学校的层次和类别申请认定相应的教师资格"，学历不合格的人员则"由本人按其现任职务申请认定相应的教师资格……在完全中学任教的，经本人申请、所在学校提出建议，由相应的教师资格认定机关认定初级中学教师资格或者高级中学教师资格"④。由于中小学教师职务的初次评审在 20 世纪 80 年代后期就基本完成，而任何一级教师职务的条件和要求都比相应的教师资格条件和要求高，这样把学历不合格教师资格的过渡与其职务相挂钩，从法理上、习惯上、时序上和技术上来说均是切实可行的。②开放性。《教师资格条例》规定，"取得教师资格的公民，可以在本级及其以下等级的各类学校和其他教育机构担任教师"，这就意味着，如果愿意并办理必要的手续，高中教师可以任职于初中，初中教师可以任职于小

① 刘瑜：《我国教师资格证书制度研究》，首都师范大学 2006 年硕士学位论文。
② 杨晨光：《完善教师资格制度强化教育教学能力》，《中国教育报》2008 年 4 月 30 日第 2 版。
③ 黄崴、胡劲松：《教育法学概论》，广东高等教育出版社 1999 年版，第 9 页。
④ 《中华人民共和国教育法律法规总览》（1994—1999），法律出版社 2000 年版，第 1586 页。

学，小学教师可以任职于幼儿园。这对增强教师的流动性、加强低一级学校的师资力量、提高教育质量显然是有益的。下行如此，上行却需要条件，"已取得教师资格的公民拟取得更高等级学校或者其他教育机构教师资格的，应当通过相应的教师资格考试或者取得教师法规定的相应学历"①，并经依法认定方行。这条规定在作了必要限制的同时，又起到了激励优秀、有志的教师通过刻苦努力脱颖而出的作用。③适用性。在这里指适合国情与教情。《〈教师资格条例〉实施办法》要求中小学教师的"普通话水平应当达到国家语言文字工作委员会颁布的《普通话水平测试等级标准》二级乙等以上标准"。这条规定对提高教师的汉语言素养、维护汉语言文字的主导地位、增强师生的民族认同感和自豪感十分必要，且所订普通话水平标准又是绝大部分教师经过努力可以达到的。该《实施办法》还规定，"符合《教师法》规定学历的中国公民"，均可以"申请认定教师资格"，这就在保证申请者的基本学历条件的前提下，较大地扩展了申请取得教师资格者的范围，显然有利于我国中小学教师队伍储备人才和动态优化。

诚然，我国中小学教师资格法规远没有达到尽善尽美的程度，还存在一些缺憾与不足。但从问题的萌生到措施的出台，从受政策的应景划设到主要由法律的稳定调控，我国中小学教师资格制度在走过了 60 年的风雨之路后，迈上了法治阳光暖照的康庄大道，已初步形成有中国特色的、较为科学规范的中小学教师资格法规系列，是我国依法治教、依法治师历程的靓丽缩影。2000 年出版的《中华人民共和国职业分类大典》，把社会职业分为八大类，将教师归属"专业技术人员"一类，反映出教师职业地位获得了社会较广泛的认同。我们可以将此部分地归功于教师资格制度实施之效，也可以将之视作教师资格制度继续向前推进的新基点。人们欣喜地看到，服务于推进中国教育民主化、现代化的恒常主题，在教育法律体系的支撑下，在教师资格法规的社会价值和个体价值的实现过程中，作为教育法律关系主体之一的广大中小学教师，在其所处的社会地位与其所具备的教书育人的能力之间，正形成着一种值得嘉许的对应与平衡，这种"能"与"位"的对应、互动与共进，不仅为正直奋发的人们所殷盼、激浊扬清的时代所褒扬，而且也正是教育改革、社会改革无限的涤荡力和生命力之所在。

（二）中小学教师职务制度

接上章的"中小学教师职务制度"。按照国家的整体部署和相关法律规定，

---

① 教育部政策研究与法制建设司：《现行教育法规与政策选编》，教育科学出版社 2002 年版，第 85 页。

中小学教师职务制度得到了积极的实施。初始，中小学校特别是一些师资队伍较强的传统老校，教师职务定额偏紧，使一批具备相应职务水平的中老年教师不能进入高、中级职务岗位，严重挫伤了他们的积极性。在做好思想政治工作的同时，1988 年 1 月，国家要求各省、自治区、直辖市在中央追加的指标和各自的机动指标内"给中小学增加一定的职务限额"，还可在中小学教师总人数 3% 之内再增加一些中小学教师职务限额。通过各方面的努力，我国中小学教师高级、中级和初级职务教师的比例渐趋合理，小学专任教师中获中教高级、小教高级职务的人数和中学专任教师中获高级、一级职务的人数连年稳步攀升，小学和初中未评级教师所占的比例逐年下降，教师整体素质明显提高，结构明显改善（见表 4-2、表 4-3）。我国中小学教师职务一般实行任命制，20 世纪 90 年代后期开始，在有条件的一些地区和学校实行了聘任制，迈出并持续迈出了教师职务由任命制向聘任制转变的重要步伐。

表 4-2　我国小学专任教师专业技术职务结构简表　　　　单位：人

年份	教师总人数	中教高级	小教高级	小教一级	小教二级	小教三级	未评级	未评级比例
1991	5532252	1887	584597	2031394	1366623	396625	1151126	20.81%
1992	5526491	1415	574677	2082354	1425409	366122	1076514	19.48%
1993	5551597	2274	657472	2311510	1354816	296714	928811	16.73%
1994	5611324	3035	855632	2470054	1238511	232724	811368	14.46%
1995	5664057	3687	994581	2560377	1159991	192155	753266	13.30%
1996	5735790	4315	1128404	2637278	1077681	160860	727252	12.68%
1997	5793561	4750	1256189	2718405	1009844	122755	681618	11.77%
1998	5819390	5642	1362300	2747562	974491	89871	639524	10.99%
1999	5860455	6115	1489690	2738706	971018	70908	584018	9.97%
2000	5860316	7182	1591414	2720904	947192	64148	529476	9.03%
2001	5797746	10398	1714351	2659260	870120	44922	498695	8.6%
2003	5702750	15813	2037609	2534656	703780	39083	371809	6.52%
2004	5628860	18277	2191733	2458818	596178	31558	332296	5.90%
2006	5587557	28212	2530930	2307148	387455	23818	309994	5.55%
2007	5612563	34001	2671043	2256727	323647	22203	304915	5.43%
2008	5621938	41881	2795610	2170542	269333	19479	325093	5.78%

注：根据 1991～2009 年的《中国教育统计年鉴》和《中国教育事业统计年鉴》等资料计算整理。

表4-3 我国普通中学专任教师专业技术职务结构简表① 单位：人

年份	初级中学					高级中学				
	高级	一级	二级	三级	未评级	高级	一级	二级	三级	未评级
1991	22947	418924	871101	602783	600904	67491	164137	181138	66839	93657
1992	23451	415253	931644	623400	571239	64380	161197	205788	62669	82111
1993	29422	458425	1074265	561422	484321	69800	165988	219981	45421	57786
1994	45996	537110	1182974	485537	435251	81231	173455	216102	32078	43973
1995	56187	588497	1240862	446492	451683	86622	182189	210956	25740	45014
1996	67743	638902	1286305	416027	483711	92134	195549	209851	23663	50874
1997	76687	697686	1308327	415158	483772	96586	215169	212778	24277	56322
1998	82856	755354	1332296	416512	467640	100574	235734	219001	26053	61080
1999	94979	822787	1374344	414690	441317	111085	258279	232660	27101	63314
2000	106374	887196	1426203	406653	422182	123187	282778	254624	28008	68253
2003	129683	1119241	1477150	358052	343009	191670	377317	350104	33982	117502
2004	195655	1193067	1455039	323206	309817	220147	409234	387437	37491	136372
2006	267523	1331390	1370002	229740	264823	282510	469453	460354	35165	139700
2007	305047	1381810	1339779	198175	239485	306953	487537	490905	31227	126482
2008	348124	1423602	1302747	161170	233314	329460	504970	502012	24619	114472

注：根据1991～2009年的《中国教育统计年鉴》和《中国教育事业统计年鉴》等资料计算整理。

我国虽然在《教师法》中规定实行教师聘任制度，但由于对教师身份、特别是公立学校教师身份定位不明确，导致其相应的包括聘任制度在内的管理制度缺乏法理基础，迄今尚未出台关于教师聘任的专门立法，对教师聘任的类型、期限、条件、程序、解聘、辞聘等事由的规定比较模糊、笼统，处于不健全、不周密的状态。在此情势下，各地学校虽然与教师签订聘任合同，但做法上各行其是，很多流于形式，"有些情况下学校无法解聘不胜任的教师，有些情况下学校又可以任意解除与教师的合同，造成现实中的诸多纷扰"②。2008年实施的《劳动合同法》，第九十六条为教师聘任制度提供了一定的参考依据："事业单位与实行聘用制的工作人员订立、履行、变更、解除或者终止劳动合同，法律、行政法规或者国务院另有规定的，依照其规定；未作规定的，依照本法有关规定执行"。但由于公立学校教师的地位不同于民办学校教师或企业职工，并不很适宜

① 各职级教师数与未评级教师数之和，即为该年份教师的总量。
② 申素平：《教育法学：原理、规范与应用》，教育科学出版社2009年版，第215页。

作为劳动法的调整对象，因此从长远来说，国家应借鉴美、欧等国家和地区的有益经验（如公立中小学教师终身制、制定教师聘任专门法规等制度），加快进行教师聘任制度的立法工作。

20 世纪 80 年代中期掀起的教育改革大潮中，逐步形成、发展的中小学教师资格制度和职务制度恰似其中两股奔腾不止的急湍，而中小学教师资格法规和职务法规则起到了导航、引向的作用。在教育法制建设不断加强的 2009 年，我国中小学教师资格、职务制度在改革中继续得到发展和完善，为优化教师队伍结构、合理配置教师资源、使我国中小学教师管理工作步入科学化法治化的轨道起到了不可替代的重要作用。当然，在中小学教师队伍制度建设中还存在一些缺陷和漏洞，《教师职务条例》和有关教师聘任工作的法规一直没有出台，现有教育法规与其他部门法规之间的衔接、协调还有待通过修改和制定位阶较高的法律予以加强。解决这些问题的任务，就历史地落在更新一代的中国教育工作者身上。

教师聘任合同的契约精神，是社会契约观念在教师管理领域的体现，要求教师聘任合同应具有两个基本特性，即"平等性"与"合意性"[1]，探寻权力与契约的最佳契合，从程序和制度上来规范和控制聘任合同双方，尤其是管理者一方遵循教师聘任合同适用的"公共利益""公正竞争""信赖保护""诚实信用"等原则[2]，以防止不对等的扩张，保障合意的实现。同时，需认真对待、研究和处理我国教师聘用合同解除中的"事由体系的构建"和"范围的扩张与收缩"等问题[3]。

二、教育教学法规

（一）中小学班主任法规

2009 年 8 月 12 日，教育部发布《中小学班主任工作规定》，共七章二十二条，明确了班主任的配备与选聘、职责与任务、待遇与权利、培养与培训、考核与奖惩等事项，在一定程度上统合了此前法规中有关班主任的规定和要求，回应了素质教育改革的时代呼唤，是一个较好的在时间和内容上"双压轴"的教师部门规章。

1996 年的《小学管理规程》规定，班主任教师要同各科任课教师密切联系，

---

① 劳凯声：《中国教育法制评论》（第 8 辑），教育科学出版社 2010 年版，第 184 页。
② 劳凯声：《中国教育法制评论》（第 8 辑），教育科学出版社 2010 年版，第 191 页。
③ 劳凯声：《中国教育法制评论》（第 8 辑），教育科学出版社 2010 年版，第 200 页。

"协调配合对学生实施教育"。1998 年的《中小学德育工作规程》也规定，"中小学校要建立、健全中小学班主任的聘任、培训、考核、评优制度"，以发挥"中小学校德育工作的骨干力量"之一的班主任在学校德育中的更大作用。60 年的德育工作实践说明了一个道理：在社会主义中国，没有班主任的主动、全面、制度化的参与，中小学校的德育工作将严重失衡，德育系统工程难以真正建立。班级课程教学也是班主任进行班级管理的一项主要活动，相关教师法规要求建立以班主任为中心、科任教师共同参与的班级教学指挥系统，以维护班级正常、良好的教学秩序，提高学生的学习效率和学业成绩。《中小学班主任工作规定》强调，班主任要"全面了解班级内每一个学生，深入分析学生思想、心理、学习、生活状况；关心爱护全体学生，平等对待每一个学生，尊重学生人格；采取多种方式与学生沟通，有针对性地进行思想道德教育，促进学生德智体美全面发展"。要"认真做好班级的日常管理工作，维护班级良好秩序，培养学生的规则意识、责任意识和集体荣誉感，营造民主和谐、团结互助、健康向上的集体氛围"，"组织、指导开展班会、团队会等形式多样的班级活动，注重调动学生的积极性和主动性"。

在操行评定方面，《小学管理规程》规定，"班主任教师每学期要根据学生的操行表现写出评语"①；《中小学班主任工作规定》要求，"组织做好学生的综合素质评价工作，指导学生认真记载成长记录，实事求是地评定学生操行，向学校提出奖惩建议"。

在班主任队伍建设方面，《中小学班主任工作规定》提出，"班主任由学校从班级任课教师中选聘。聘期由学校确定，担任一个班级的班主任时间一般应连续 1 学年以上"；选聘班主任，应当在教师任职条件的基础上突出考察"作风正派，心理健康，为人师表""热爱学生，善于与学生、学生家长及其他任课教师沟通""爱岗敬业，具有较强的教育引导和组织管理能力"这三个方面。"学校建立班主任工作档案，定期组织对班主任的考核工作。考核结果作为教师聘任、奖励和职务晋升的重要依据"，"教育行政部门建立科学的班主任工作评价体系和奖惩制度"，对从事班主任工作表现突出的教师予以表彰奖励，优选考虑选拔进管理层，而"对不能履行班主任职责的，应调离班主任岗位"。这种法规性的制度安排，对及时处理存在的问题、保证班主任工作的质量和不断优化、提升班主任队伍实属必需。关于班主任津贴，《中小学班主任工作规定》规定，"各地

---

① 教育部政策研究与法制建设司：《现行教育法规与政策选编》，教育科学出版社 2002 年版，第 126 页。

要合理安排班主任的课时工作量，确保班主任做好班级管理工作"，"班主任工作量按当地教师标准课时工作量的一半计入教师基本工作量"，"班主任津贴纳入绩效工资管理。在绩效工资分配中要向班主任倾斜。对于班主任承担超课时工作量的，以超课时补贴发放班主任津贴"。这些规定增强了中小学班主任岗位的吸引力，稳定、壮大了班主任队伍，使这支队伍在中小学教育教学工作中发挥了越来越重要的作用。

有研究者提出，应"尽快出台《中小学班主任工作规定》实施细则，明确班主任的权利、义务和职责，保障班主任的人身安全"①。一般而言，教育法律和教育行政法规在必要时可以进一步制定其实施细则，教育部门规章在一定意义上本身就有实施细则的性质，该建议虽从教育法规制定的原则上看或有可商榷之处，但其立足点和目标愿望指向是值得点赞的。

班主任在班级中居上传下达、"坐镇"管理的核心地位，职责重大，岗位光荣。班主任可根据国家相关的教育法规和政策，倾力、倾情、民主、科学地治班，营造优良的班风学风，建设团结互助、协力向上的班集体，让全体同学心情舒畅、意气风发、爱心洋溢、奋发力为，有的能鱼翔浅底，有的能虎驰峻岭，有的能鹰击长空。这样的班级，才会是培育人、陶冶人、养成人的可恋的班级；这样的学校，才会是尊重人、发展人、幸福人的磊落的学校。

班主任工作鲜明地体现了中小学教育的中国特色，班主任法规就是执持描染这种鲜明特色如椽之笔的上乘画师。随着教育画卷的不断展开，人们更期望适时将《中小学班主任工作规定》上升为行政法规层面的《中小学班主任工作条例》，以进一步完善这支宏笔的性能，使其继续挥泼苍劲的墨彩，勾画出未来中国教育的一座座重镇、一条条河川。

（二）德育工作法规

作为"人类灵魂的工程师"，中小学教师的政治、思想、道德境界直接影响着未来一代的健康发展和成长成才。为了适应深入推进素质教育的需要，国家教委于1997年8月修订《中小学教师职业道德规范》，向中小学教师提出了"依法执教""爱岗敬业""热爱学生""严谨治学""团结协作""尊重家长""廉洁从教""为人师表"八项要求②。十一年之后的2008年9月1日，教育部、中国教科文卫体工会全国委员会又修订颁发了《中小学教师职业道德规范》，主要含爱

---

① 梅新林、吴锋民：《中国教师队伍建设问题与建议》，中国社会科学出版社2011年版，第22页。

② 教育部政策研究与法制建设司：《现行教育法规与政策选编》，教育科学出版社2002年版，第209页。

国守法、爱岗敬业、关爱学生、教书育人、为人师表、终身学习等内容。这些专门教育法规的颁行，表明国家对师德建设和学校德育工作的极端重视，也使绝大多数教师将这些法规性要求内化为自己的自觉意识和行动，开创了学校新貌，树立了教育新风，提升了社会文明。

1. 德育师资队伍的建设

进入 20 世纪 90 年代后，我国进入改革开放的攻坚阶段，国际国内意识形态领域发生了深刻的变化，各种矛盾和斗争更加复杂激烈，个人主义、自由主义、拜金主义、享乐主义等消极腐朽思想呈扩张蔓延之势，社会主义精神文明和学校德育工作受到严峻的挑战。在这种局势下，建设中小学德育师资队伍就不能墨守成规、按部就班，而必须有相应的拓展和突破。1998 年 3 月发布的《中小学德育工作规程》要求"各级教育行政部门要努力培养造就中小学德育专家、德育特级教师和高级教师，要创造条件不断提高思想品德课和思想政治课教师的教学水平"，"各级教师进修学校和中小学教师培训机构要承担培养、培训思想品德课和思想政治课教师的任务"。国家发布专门的德育工作规章，是为了造就出一支高素质的学校德育师资队伍，从根本上改变中小学"重智育轻德育、一手硬一手软"的失衡现象，保证国家教育方针的全面贯彻执行。2007 年 6 月，共青团中央、全国少工委、教育部、人事部共同制定《少先队辅导员管理办法（试行)》，对辅导员的任职条件、配备与管理、职责、考核、奖励等作了规定。

2. 增进德育工作实效

基础教育阶段德育工作的思想性、艺术性都很强，德育工作的对象又是人生观、世界观和价值观容易波动的中小学学生。如何使德育工作不流于形式、切实增进德育工作实效，提高学生抵御不良思想影响的能力，乃为亟须很好解决的教育课题。1949~2009 年，教育法规对校长、班主任、教职员工的德育职责、德育实施途径等方面均作出了系列的规定，构架了一座德育工作制度的立交桥。校长和班主任的德育任务本书其他地方会谈到，此处主要评述关于一般中小学教师德育职责的规定。

1996 年 3 月，国家教委在系统总结以往德育工作经验教训的基础上提出，小学的德育工作要"教职工参与，教书育人、管理育人、服务育人"①，使学校德

---

① 教育部政策研究与法制建设司：《现行教育法规与政策选编》，教育科学出版社 2002 年版，第 126 页。

育全员工参与、全时段贯穿、全环节渗透。1998 年 3 月，《中小学德育工作规程》规定，教师应将德育工作"同智育、体育、美育、劳动教育等紧密结合"，"同家庭教育、社会教育紧密结合"①，使德育融入学生们的学习、生活、实践之中，起到多管齐下、潜移默化的功效。这些法规指导、推动了小学教师进行有创意的德育工作，较好地实现了培养学生初步具有"爱祖国、爱人民、爱劳动、爱科学、爱社会主义"的思想感情和良好品格等德育工作目标。

如何增进中学德育工作实效，有关法规对中学教师也提出了明确的要求。改革开放进入 20 世纪 90 年代以后，国家更为强调中学德育的重要性和规范性，规定中学教师开展德育工作，应遵照"《中学德育大纲》施行"，改进德育方法，从中学生的实际出发，遵循青少年的身心发展规律，分层次地确定德育工作的目标和内容，培养和发展学生的分辨是非能力、道德评价能力和自我教育能力，不断提高学生的"社会主义思想觉悟，使他们中的优秀分子将来能够成长为共产主义者"。

（三）智育工作法规

1996 年颁布的《小学管理规程》，要求教师"积极开展教育教学研究，运用教育理论指导教育教学活动，积极推广科研成果及成功经验"。2004 年 12 月，教育部印发《中小学教师教育技术能力标准（试行）》，含三部分一附录，旨在提高中小学教师教育技术能力水平，促进教师专业能力发展，更好地开展学校智育工作。2009 年 11 月，教育部制定《中小学实验室规程》，其中第三章为"管理与人员"，规定了相关的职责事项，强调了智育和实验能力的培养工作。此外，相关教育法规还设置了教师奖励条款，在教学改革、教材建设等方面贡献突出的教师可以获得国家级奖励②。

在一些教育法规中，对培养学生智慧能力的工作给予了关注，作出了原则性规定。在智育工作中，班主任与各科任教师应坚持以学生的个性发展和能力培养优先，而不被一时的世俗舆论左右。前些年，北京某大学的一位教授在其博客中提出"打倒万恶的奥数教育"，引发了人们的热议，支持者很多，反对声也有。无论观点如何不同，都反映出社会上对教育问题、对孩子成长问题的高度关注。不过我们认为，"奥数教育"是打倒不了也不应该去打倒的。正是因为有了奥

---

① 教育部政策研究与法制建设司：《现行教育法规与政策选编》，教育科学出版社 2002 年版，第 263 页。

② 教育部政策研究与法制建设司：《现行教育法规与政策选编》，教育科学出版社 2002 年版，第 210 页。

数、奥物、奥化、奥生、天文奥赛和计算机等奥赛，才鼓舞、激扬了一大批优秀有志的中小学生平日跃跃欲试、发奋钻研、勤学精思，考试时全力以赴、纵横捭阖、出入重围，砥砺了他们的智慧、才能与性情，护航了他们的扬帆成长。试问，难道要让"奥赛"这种在国人心中有崇高信誉的"奥林匹克教育"（恰似"奥林匹克运动"）让位于泛滥的网聊、低值的嬉闹、无聊的脑转弯和蜂起的"哇塞"吗？不要忘了，中国孩子屡屡在国际奥赛上称雄，是我们可引以为傲的已为数不多的领域之一，而且这也是未来民族振兴的重磅希望所寄。使人感到新异的是，有些地方的教育行政部门常日对学者们的话均平素处之，不想这次却不同，据报道有多个省市的教育厅局在博客引发的"风口浪尖"时刻，决定立停组织诸如"希望杯""迎春杯""友谊杯""联盟杯""华罗庚杯"等学科竞赛，"紧急避险"的意识堪称一流。不幸的是，这样的一流、超一流，恐怕要把教育办成"藏一流""压一流"的工具。当然，一张印有竞赛试题的 A4 纸卖到 5 元、10 元很不好，对以此寄生的教育黄牛、教育蛀虫加以曝光、斥责乃至惩处都是完全可以的，但不能因噎废食、以偏概全，不能由此而贸然否定奥数教育、奥赛培训、奥赛研学与奥赛热望，否则就划错了教育的"主谓宾"，禁塞了学生发展的"趵突泉"①。

（四）体育卫生工作法规

体育是使受教育者增强体质以及掌握相应知识与技能的教育，是学校教育的有机组成部分。"青少年学生的部分体能素质指标近 20 年来持续下降；超肥胖学生的比例迅速增加，城市超重与肥胖的男生已接近了 1/4；中学生的视力不良率已经超过了 2/3，大学生的视力不良率高达 83%。在 2005 年高校招生中，有85% 的考生专业受限；在近两年的征兵工作中，有 63.7% 的高中毕业生因体检不合格被淘汰。"② 2000~2005 年，学生身体素质下降幅度明显，肺功能、耐力持续下降，爆发力下降，视力下降，肥胖者增多③。这些数据和现象给了人们强烈的警示，催生出了一些举措，如 2002 年全国有 14 个省、自治区、直辖市建立了38 个学生体质健康监测站；同年 7 月 4 日，教育部、国家体育总局发布《〈学生体质健康标准（试行方案）〉实施办法》，要求此《标准》应在校长领导下，由教务处、体育组、医务室、班主任协同配合，共同组织实施。

① 《奥数教育，何恶之有》，http：//www.usors.cn/blog/tnxx2006/index.asp，2009 年 4 月 19 日。
② 《陈至立教育文集》（下），高等教育出版社 2015 年版，第 348 页。
③ 中国学生体质健康研究组：《2005 年中国学生体质与健康研究报告》，高等教育出版社 2008 年版，第 103 页。

2007 年 3 月 22 日，教育部、总参谋部、总政治部制定《学生军事训练工作规定》，共七章四十八条，以加强包括高中生在内的学生军事训练工作制度化、规范化建设，确保学生军事训练工作的正常开展。4 月 23 日，中共中央政治局召开会议，讨论并通过了《关于加强青少年体育增强青少年体质的意见》，要求认真落实"健康第一"的指导思想，全面实施国家《学生体质健康标准》，使广大青少年在增长知识、培养品德的同时，认真落实"健康第一"的要求，锻炼和发展身体的各项素质和能力。2008 年 6 月，卫生部制定《中小学生健康体检管理办法》，对健康体检的基本要求、检查结果反馈与档案管理等方面作出了规定。2009 年，全国 19 个省、自治区、直辖市建立了 43 个学生体质健康监测站。另外，各级政府行政职能部门须继续抓紧体育后备人才的培养工作，加大相关教育行政法规和部门规章的制定力度，从师资、训练、教学、管理、支持措施等方面作出更为明确、细致的规定，使试点中小学更好、更多地培养、涌现出一批批体育尖子，成长为社会主义体育事业的优秀继承者和接班人。

　　学校卫生工作方面。2002 年 9 月，教育部、卫生部联合颁发《学校食堂与学生集体用餐卫生管理规定》，要求建立主管校长负责制，配备专职或兼职的食品卫生管理人员，防止食物中毒或者其他食源性疾患事故的发生，保障师生员工身体健康。2005 年 11 月，卫生部发布《学校食物中毒事故行政责任追究暂行规定》，共十五条，对事故按照严重程度进行了划分，规定了学校主要领导、主管领导和直接管理责任人的责任。

　　2008 年 1 月 4 日上午，肥城公安局安站派出所接辖区某小学报案，称学校食堂蓄水池有异味，怀疑被人投毒。经现场勘查，民警从蓄水池上方的压水机附近提取了一个药瓶。经初步鉴定，药瓶里装的是 1605 剧毒农药。经过调查摸排，民警将犯罪嫌疑人小学教师王某抓获。原来，王某与该校书记蒋某有矛盾。1 月 1 日，王某趁学校放假之机，携带剧毒农药潜入学校，倒入蓄水池上方的压水机内，企图以此报复蒋某。由于发现及时，王某的犯罪行为没有引发学校群体中毒事件。王某因涉嫌投毒被肥城公安机关依法逮捕[1]。

---

　　① 摘编自 2008 年 1 月 16 日《齐鲁晚报》。

（五）校长工作法规

中小学校长也是中小学教师中的一员，此处拟通贯择要式地线性阐述1949～2009 年中小学校长法规的内容及实施情况。

1912 年中华民国一成立，学校"监督"一职即被改称为"校长"，一直沿用至今。中小学校长是一校之魂，是"教师的教师"，负有重要的政治、文化和教育使命。在一定意义上可以说，有什么样的校长，就有什么样的学校。中华人民共和国成立以来，随着教育事业规模的扩展，我国中小学校长队伍也不断发展壮大，截至 1999 年底，仅正职校长数就达 659504 人①。2009 年，全国普通小学、初中、高中校数为350958 所，正职校长级人数应达 526437 人左右②。60 年来，我国教育法规对中小学校的内部管理体制和校长的地位、职责、培训等方面作出了许多权威性规定，促进了校长队伍的建设和校长素质才能的提高，调整了校长参与其中的各种教育法律关系，保障了基础教育事业的稳步发展。

1. 校长与管理体制

中小学的内部管理体制决定校长在学校处于什么地位，拥有哪些职权，能起何种作用。60 年以来，教育法规在这方面的规定没有也不可能凝固不变，而是通过波动起伏形成了一条较为分明的来径。

（1）校长在学校内部管理体制中的地位。教育法规对中、小学校长在学校管理体制中的地位的规定在很多方面是相类同的，但两者之间也存在一定的差异，兹述如下。

首先，小学校长的地位。小学校长在学校内部管理体制中的地位经历了一个较为曲折的变化发展过程。中华人民共和国成立初，我国小学大多实行校务委员会制，小学校长是国家干部，在校务委员会中享有重要的权力。1952 年 3 月颁布的《小学暂行规程（草案）》规定："小学采用校长负责制，设校长一人，负责领导全校工作"；"校务会议：由校长为主席，全体教职工出席"。按照该《规程》，小学校长的地位得到加强：校长由政府委派，直接对人民政府负责，负责领导全校的工作，学校一切重大问题，校长有最后决定权；学校党组织与行政之

---

① 管培俊、宋永刚：《世纪之交我国中小学校长培训和队伍建设》，《教育发展研究》2000 年第 11 期。

② 根据《2009 年各级各类教育发展基本情况》中的统计，当年全国普通高中、初中、小学的校数为 350958 所，按每校 1.5 个正职级校长计（含副校长兼书记、原正职校长转任书记等情况），即得数 526437。

间没有领导或指导关系，但应相互配合。这种管理体制赋予了校长的决策权，使小学内部的党政职责分明，管理效率提高，各项教育教学工作主动性、创造性增强。但这种体制的欠缺之处，是有时会出现校长专断的情况，在某种程度上影响了学校整体工作的协调性。1957 年后，全国政治形势发生了重大变化，小学开始大力加强党的领导。按照 1958 年 9 月《中共中央、国务院关于教育工作的指示》精神，全国小学普遍建立了党支部，实行党支部领导下的校长负责制，校长不具有独立决策权。为了总结经验教训，探寻教育发展规律，理顺小学内部管理体制，经中共中央批准，教育部于 1963 年颁发了《全日制小学暂行工作条例（草案）》，规定小学"校长是学校行政负责人，在当地党委和主管的教育行政部门领导下，负责领导全校的工作，团结全体教职工完成教学计划"①，小学党支部对学校行政工作负的是"保证和监督的责任"。此后 3 年，小学内部的党政之间互不干扰，各司其职，配合较顺，校长的工作主动性和创造性较好地调动了起来，小学教育又有了新的起色。"文革"期间，小学实行革命委员会制，校长一职被无形取消。

1978 年 9 月，教育部修订颁布了《全日制小学暂行工作条例（试行草案）》，规定全日制小学"实行党支部领导下的校长分工负责制，学校的一切重大问题，必须经过党支部讨论决定。校长是学校行政负责人，要贯彻执行党的教育方针，执行上级党委、教育行政部门和党支部的决议"②。这种体制强化了党的领导，保证了小学工作的政治方向，但其负面效应也显而易见，如学校党支部权力偏大，校长作用的发挥时被屏蔽。1985 年 5 月，《关于教育体制改革的决定》提出"学校逐步实行校长负责制"，1993 年 2 月的《中国教育改革和发展纲要》进一步明确"中等和中等以下各类学校实行校长负责制"。在国家政策的宣传、引导下，我国小学出现过党支部监督下的校长负责制等形式，其他形式的内部管理体制试验也在探索之中。随着教育体制改革的进一步深入和小学教育事业有秩序的稳步发展，教育界人士认为在小学实行校长负责制的条件已基本具备，呼吁国家进行相关的教育立法来加以确立和推行。1996 年 3 月 9 日，国家教委发布的《小学管理规程》规定："小学实行校长负责制，校长全面负责学校行政工作。农村地区可视情况实行中心小学校长负责制。"③该项部门规章的应时颁布，实现了小学内部管理体制在更高水平上的"回归"，提高了小学校长的地位，为小

① 华东师大教育管理学院：《建国后教育政策法令选编》（内部发行），第 29 页。
② 浙江教育学院：《教育政策法令选编（1978—1981）》（内部文件），第 22 页。
③ 教育部政策研究与法制建设司：《现行教育法规与政策选编》，教育科学出版社 2002 年版，第 124 页。

学全面推进素质教育注入了强劲的动力。

其次，中学校长的地位。中学校长在学校内部管理体制中的地位，在较长时期和很多方面与小学校长是相同或相近的，但有时又不如后者那样确定，存在一定的模糊性和默示性。从中华人民共和国成立之初到 20 世纪 80 年代，除了"文革"期间实行不设校长的革命委员会制外，按照 1952 年《中学暂行规程（草案）》、1958 年《中共中央、国务院关于教育工作的指示》、1963 年《全日制中学暂行工作条例（草案）》和 1978 年《全日制中学暂行工作条例（试行草案）》等法规的规定，我国中学依次实行过校务委员会制、校长负责制、党支部领导下的校长负责制、党支部领导下的校长分工负责制等多种形式的内部管理体制。自然，各种管理体制都有其长处与不足，但一般来说，当法规赋予了中学校长必要的决策权，可以在行政事务管理上少受校内外有关机构的过分牵制时，学校的管理效率往往比较高，教育教学质量提高较快；而当学校的一切重大问题（有时会把一般问题人为提升到重大问题）都必须经过党支部讨论或上级部门代为拍板决定，校长只能全盘、被动地执行其决议时，往往就会出现不合校情、诸事颟顸、效率低下的局面，导致学校工作缺乏活力和聚力，教育质量难以正常提高。

1984 年，教育部在《关于普通中学学校领导班子调整工作的几点意见》中强调："普通中学实行党支部领导下的校长负责制。学校党支部与学校行政领导，应明确分工，各负其责，互相配合，搞好工作。"① 这种提法与 1978 年的中学实行"党支部领导下的校长分工负责制"相较，有了一些积极的变化，蕴示了今后的调整方向。1985 年《关于教育体制改革的决定》和 1993 年《中国教育改革和发展纲要》这先后印发的重要教育文件，逐步明确要在中等和中等以下各类学校实行校长负责制。受此感召和指导，很多地方积极开展了在中学实行校长负责制的改革实验，为立法工作积累了一些实践经验。

立法实践中，在需要规范的内容大体一致的情况下，国家有关小学、中学的教育立法一向比较同步，如 20 世纪 50 年代的中小学《暂行规程》、60 年代的全日制中小学《暂行工作条例（草案）》和 80 年代的中小学《班主任工作暂行规定》就几乎是同时颁布的。但有时也会出现例外，如国家教委 1996 年发布了《小学管理规程》，规定小学实行校长负责制，可《中学管理规程》一直不见出台，什么时候用法律规定在中学实行校长负责制还是个未知数。1998 年 3 月发布的《中小学德育工作规程》规定，"中小学校的德育工作应实行校长负责的领导

---

① 华东师大教育管理学院：《建国后教育政策法令选编》（内部发行），第 262 页。

管理体制"①，虽在是否全面实行校长负责制这点上仍语焉不详，但明文规定校长负责德育就无疑是向该目标又迈开了一步。当然，之所以出现教育立法主体对中学实行校长负责制颇有些踌躇不决意味的情形，是有很多主客观原因的，中学内部管理体制究竟怎样才能与中学教育日益凸显的社会参与性相适应，如何协调地与小学和高等学校的内部管理体制相衔接②，当是其中的重要因素。

对起步较晚的社会力量举办的中小学，大多是由学校董事会赋予校长相应的职权，所以国务院在 1997 年发布的《社会力量办学条例》中只原则规定，该类"教育机构的校长或者主要行政负责人负责教学和其他行政管理工作"，没有就此作更多的具体要求。

内部管理体制事关中小学校发展的活力和前途，必须根据国家政治、经济、教育改革的大局和趋势，用法律来对校长的地位作出科学、权威的规定，使校长职务真正做到职责、权力、利益三方面的统一，为今后适时推出有中国特色的中小学校长职级制等改革举措奠定坚实的基础。

（2）校长的工作待遇。中华人民共和国成立后的最初几年中，中小学校长由国家委派，是国家干部，享受相应级别国家干部的待遇。当然这种套用不是机械的，必定要带上作为学校管理者的工作特点。往后，选任校长有了很大的变化，一些法规对校长的岗位待遇作了相应的规定，大致来说，除了参照普通教师之外，中小学校长还应享受其他方面的工作待遇。

第一，在工资、职称的评定上。1963 年，中共中央在《关于讨论试行全日制中小学工作条例草案和对当前中小学教育工作几个问题的指示》中规定，长期从事中小学教育工作、成绩卓著的校长"是教育工作的专家，工资待遇应该较高"。类似的规定在当时得到了较好的执行。进入 20 世纪 80 年代后，由于传统的行政隶属关系，中小学校的行政级别一般不高，如果还是一律对号入座，势必影响到校长的待遇。时任国家教委副主任何东昌提出，中小学校长的"社会地位和经济待遇，不应受行政隶属关系的限制，不宜机械套用党政干部的职务系列"。各地根据社会发展实际，依照相关法规政策的精神，制定了一些具体实施措施，保证了中小学校长应有的工资级别。1978 年 12 月颁布的《关于评选特级教师的暂行规定》明确提出："领导教育教学工作有特长的校长……也应列为评选对

---

① 教育部政策研究与法制建设司：《现行教育法规与政策选编》，教育科学出版社 2002 年版，第 264 页。

② 1998 年颁布的《高等教育法》规定："国家举办的高等学校实行中国共产党高等学校基层委员会领导下的校长负责制。"见教育部人事司组编：《高等教育法规概论》，北京师范大学出版社 1999 年版，第 365 页。

象"。在实际操作中，各级政府及其教育主管部门在评定中小学校长的专业技术职务时，一般都会充分考虑校长的岗位任务、业务特长和管理成绩，适当地予以优先考虑。

第二，在岗位的稳定性上。根据中小学校工作的特点，《教育法》规定，经过德、能、勤、绩考核合格的中小学校长，一般不硬性实行任期制。教育部1963年就明文提出："现有的中小学校领导骨干，应该力求稳定，不要轻易调做其他工作，并且帮助他们提高工作能力。"① 这一做法，得到了较好的传承。1997年的《实行全国中小学校长持证上岗制度的规定》要求，"对已获得岗位培训合格证书的校长，各地应采取有效措施，保持相对稳定"。这些连贯性的规定，保证了校长工作和校长队伍的相对稳定，有利于校长积累、总结、提炼工作经验，带领所在学校更好地发展。中央教育行政部门还不定期地表彰全国优秀校长，如国家教委1993年9月发出《关于表彰全国优秀中小学校长的决定》，隆重表彰了一批具有创新精神、做出了突出贡献的中小学校长，可以说是促进校长队伍建设的用心、切实之举。从长远来看，中小学校长工作待遇的最佳解决途径，应是教育、人事、劳动法律手段的综合运用，客观评价中小学校长的工作，着力保障中小学校长应享有的各项权利。

2. 校长的岗位职责

中小学校长是学校全面贯彻国家的教育方针、法规和政策的直接实施者和领导者，对校长职责的规定在一些综合性的教育法规中一直占有很显要的位置。1963年的全日制中、小学《暂行工作条例（草案）》，规定中小学校长负有贯彻教育方针，领导学校教学、思想政治工作，组织生产劳动，关心师生员工生活，管理人事工作和学校的校舍、设备、经费等主要职责②。1995年的《教育法》第三十条规定，"学校的教学及其他行政管理，由校长负责"。1996年的《小学管理规程》规定，小学校长负有贯彻执行教育方针、法令法规，制订并组织实施学校发展规划和学年工作计划，注重教职工队伍建设和协调学校、家庭、社会教育四条职责。数十年来，中小学校长肩负着管理学校、团结带领教职工、培养学生成才等重要的职责，这些职责大多分解、细化在多项相关的教育和教师法规中。

2002年6月25日，教育部发布《学生伤害事故处理办法》，共六章四十条，

---

① 北京师范大学教育科学研究所：《中小学教育政策法令选编（1949—1966）》（上册）（内部发行），第170页。

② 华东师大教育管理学院：《建国后教育政策法令选编》（内部发行），1987年6月，第45页。

在保护学生和家长合法权益的同时，还规定了中小学校无法律责任或不承担事故责任的十项条款，有利于更好地发挥学校校长、教师开展教育教学工作的主动性、积极性和创造性。2006 年 6 月 30 日，教育部、公安部等联合发布《中小学幼儿园安全管理办法》，共 9 章 66 条，对学校负责人和教师的安全管理职责、日常安全管理等方面作了规定。

（1）行政工作。中小学校长担负的行政工作包括教学行政工作、教师工作和后勤工作等多个方面，具体反映在相关教育法的规定和要求中。

首先，教学行政工作。在教学校务方面，作为当然主席的校长应主持召开校务会议①，讨论、审查、部署学校重大事务，并定期指导各科教学会议。在实习、实验工作方面，学校应"指定实验园地实习教师或生物教师"担任园地主任和副主任②；校长应负责实验室工作，"有一名主持教学工作的校长分管"实验教学工作③。在教学环境、秩序方面，学校若遇特殊情况必须停课，"一天以内的由校长决定"；"在学校创设良好的育人环境，建立正常的教育教学秩序，维护教职工和学生的合法权益，是校长工作的重要职责"④。在电化教育方面，中小学"要有一名校级领导主管电化教育工作"⑤。在体育、卫生工作方面，"学校应当由一位副校长主管体育工作"⑥；"要保证学生的睡眠、休息和课外体育、文娱、科技活动时间。学校领导要有人负责抓体育和卫生保健工作"；试点学校"应在主管校长领导下"，"组成领导机构，统一安排、组织实施试点的各项工作"；学校应"指定一名领导人（校长、副校长）负责，切实加强领导，组织全体师生认真开展学生视力保护工作"⑦。林林总总，无一阙如。

其次，教师工作。教师是学校教育教学工作的主要力量，一个合格的、善于凝聚教师力量的中小学校长，"应该把教师队伍建设放在工作的首要地位"，应"把师资培训作为办学的基本建设切实抓起来"⑧。正如一位中央教育行政官员所

---

① 北京师范大学教育科学研究所：《中小学教育政策法令选编（1949—1966）》（上）（内部发行），第 54 页。

② 何东昌主编：《中华人民共和国重要教育文献》（1949—1997），海南出版社 1998 年版，第 665 页。

③ 《教育法律手册》，法律出版社 2001 年版，第 88 页。

④ 教育部政策研究与法制建设司：《现行教育法规与政策选编》，教育科学出版社 2002 年版，第 95 页。

⑤ 教育部政策研究与法制建设司：《现行教育法规与政策选编》，教育科学出版社 2002 年版，第 296 页。

⑥ 《教育法律手册》，法律出版社 2001 年版，第 431 页。

⑦ 何东昌：《中华人民共和国重要教育文献》（1949—1997），海南出版社 1998 年版，第 1308 页。

⑧ 柳斌：《关于基础教育的思考》，上海教育出版社 1992 年版，第 61 页。

说的那样，"提高教师水平最主要的是抓校长和支部书记"①，并把这列为考核校长工作成绩的重要内容。在我国，中小学教师的日常管理、定期考核工作，资格认定、职务评定的前期组织、审定、建档工作等，都必须由校长来组织领导，因此在这方面实有建章立制的必要。但由于中小学校长关涉教师的工作是学校总体工作的一部分，许多方面已由相关的教育法规作了规定，为避免叠床架屋之嫌或匆出失当之虞，一般情况下国家就不再另行订立此类法规，而是一同既往，沿用常规。此处仅简略评述其中有代表性的两个：1996 年的《小学管理规程》规定，校长的主要职责之一是"加强教职工队伍建设"，校长"应重视教师的继续教育，制订教师进修计划"，改变了过去教师走出去进修提高很多是个人行为的现象，提高了学校工作的整体性和师训的效率，促进了教师素质的全面提升，并增强了中小学校长努力建设好学校自培基地的自觉性和能动性；1998 年颁布的《中小学德育规程》要求中小学校长"组织全体教师、职工，通过课内外、校内外各种教育途径，实施《小学德育纲要》《中学德育大纲》"②，全面提高小学、初中、高中阶段学生的思想政治素质和道德品质修养。

随着素质教育的不断推进，加强教师队伍建设的重要性日显，为适应这种形势，今后应重点制定位阶较高的教育法规，加大有关校长教师工作条款的权威和分量，使中小学校长能以法的规范性与强制性作后盾，排除各种干扰和阻碍，把这项工作做得更好。

最后，后勤工作。1956 年 7 月，教育部在《中学实验园地工作暂行条例（草案）》中规定，对园地主任的工作，校长"应指定学校会计员、事务工作人员给以必要的协助"。1983 年 2 月的《全国中小学勤工俭学暂行工作条例》规定，"校办工厂、农场在校长领导下进行工作"。1991 年 8 月，《中小学图书馆（室）规程》规定，"校长应直接领导本校图书馆（室）"的工作。1992 年 11 月，《全面消除和杜绝中小学危房的规定》要求，"各地要把消除和杜绝危房的任务列入各级分管教育的领导及学校负责人的职责范围"，各中小学校校长"要增强安全意识，经常注意察看校舍等方面的安全状况"。1997 年 6 月的《中小学校财务制度》规定，"学校的财务活动在校长的领导下，由财务部门统一管理"。这些教育规章，对增强中小学校长的责任意识、服务意识和法律意识，规范、指导校长的专项管理工作，保障校长切实抓好后勤事务以促进学校的中心工作，起到了很好的作用。

---

① 何东昌：《十年历程》，人民教育出版社 1994 年版，第 460 页。

② 教育部政策研究与法制建设司：《现行教育法规与政策选编》，教育科学出版社 2002 年版，第 264 页。

（2）学生工作。学生是教育工作的对象，是有发展需要和发展潜能的年轻个体。《教育法》规定，中小学校长必须端正办学思想，面向全体学生，切实地把学生工作放在重要的位置，创设良好的条件和氛围，提高教育教学质量，促进学生的健康成长。

德育在大部分时期是我国中小学教育的首要任务，校长应顺应大局，加强领导，科学决断，精心组织。20 世纪 50 年代，教育部发出关于实施学生守则的指示，要求在对学生进行德育的过程中，"各校校长应领导全体教师，通过课堂教学和各种课外活动，积极地注意培养学生自觉遵守纪律的习惯"，"校长、教导主任和全校教师对学生的要求和态度必须一致，不能你松我紧，彼此矛盾"①；学生严重违反守则的，经校务会议慎重讨论决定，并经校长批准，评给"三分"②，以观后效。为了做好高中学生的建档工作，1984 年 2 月的《关于高中建立学生档案的暂行规定》要求，"学校应由一名副校长负责学生档案工作"，以保证该项工作的严肃、公正、细致和真实。1996 年 3 月的《小学管理规程》规定："小学要将德育工作摆在重要位置，校长负责"，班主任和各科教师相互协调，综合实施。1998 年的《中小学德育规程》进一步明确："中小学校的德育工作应实行校长负责的领导管理体制"，校长要"主持制定切实可行的德育工作计划"，组织所有教育力量，通过各种实施途径，把学生培养成为热爱祖国、品行端正、行为文明、遵纪守法的公民。中小学校长只有把德育抓好了，学校教育工作才能获得正确的导向和发展的动力。

中小学校长应该重视学生的团、队、会工作，关心学生的自治、自动和自得。1952 年 3 月，教育部在《中学暂行规程（草案）》中规定："中学行政领导方面应切实扶助校内外各种社团的工作，并密切结合工会、青年团、学生会办好学校。"③ 同年 12 月，教育部、高教部颁发《中等学校学生会组织条例》，规定学生会"在校长领导下"进行各项工作，"学生会委员会的工作计划须经校长批准"。这方面的教育法规范和保障了中华人民共和国成立后 17 年间中学校长对学生社团工作较有成效的领导，同时又使学生社团在自主发展过程中摸索、积累了一些良好的自治经验。"文革"期间严重失序，无法无天，一切均被废置。1979 年 4 月，共青团中央、教育部发布《关于学校少先队工作几个具体问题的规定》，

---

① 中华人民共和国教育部办公厅：《教育文献法令汇编·1955》，1956 年编印，第 189 页。

② 对于评给"三分"的学生，应该向他宣布可能给以开除学籍的警告。见中华人民共和国教育部办公厅：《教育文献法令汇编·1955》，1956 年编印，第 192 页。

③ 北京师范大学教育科学研究所：《中小学教育政策法令选编（1949—1966）》（上册）（内部发行），第 40 页。

强调学校党政领导"要关心和支持少先队工作"，把少先队工作提上学校的重要议事日程。为加强领导，把学校少先队工作做得更好，1983 年 10 月，《全国优秀少年先锋队辅导员奖励条例（试行）》规定，有条件的小学还可以选聘副校长兼任大队辅导员。在团的工作方面，《关于中学共青团工作几个具体问题的规定》要求，各中学的"行政领导要关心和支持团的工作，要有一名领导同志分管"①，以更好地开展团的活动，发展、壮大团的组织，并为中学高年级的党建工作打下扎实的基础。

中小学校长还应该深入学生群体，了解学生的学习、生活实际，以的放矢地排解学生困惑，做好学生工作。对此，我国教育法规一贯明确要求，中小学校长、副校长在搞好学校管理工作的同时，一般"均应兼课"，校务确实繁重的校长，"得报请领导机关核准，酌量减免"②，中小学校长参加教学工作的情况和成绩，应作为考核其工作的一项必要内容。另外，校长应参与、指导家长委员会的工作③，与家长们交流观点、意见和信息，实现良性互动，形成对学生的教育合力。

教育法规的制定与实施，为中小学校长提供了一个全面贯彻教育方针、促进学生全面发展的法律平台，推动了我国中小学的办学主导思想由实际上存在的单纯培养拔尖生向提高全体学生综合素质的转变、由重智育向德智体美均衡发展转变、由注重为升学服务向培养各式人才为社会主义现代化建设服务转变。其已起作用不容低估，其将来效应未可限量。

（3）校长的法律责任。权力、利益和责任是三位一体的，落实到中小学校长身上亦然。作为教师队伍的一员，校长首先要拥担教师的权、责、利，随后才是校长岗位的权、责、利。由于中小学校教育事务繁多，牵涉面广，校长又处于学校管理的最高层，为加强引导和规范，许多教育法规对校长在工作中可能会出现的违法情形规定了罚则。在前文曾谈到过，"文革"前我国没有专门的校长责任法规条款，一般是套用国务院的相关行政法规。20 世纪 80 年代制定的教育法规中，开始出现有关校长的处罚条款。1988 年颁布的《普通高等学校招收保送生的暂行规定》，就普通高校招收中学保送生工作中的徇私舞弊现象提出："除

① 国家教委办公厅：《基础教育法规文件选编》，北京师范大学出版社 1998 年版，第 283 页。

② 北京师范大学教育科学研究所：《中小学教育政策法令选编（1949—1966）》（上册）（内部发行），第 58 页。

③ 教育部政策研究与法制建设司：《现行教育法规与政策选编》，教育科学出版社 2002 年版，第 131 页。

追究学校主管校长责任外，还将通报取消中学……的保送资格。"① 1992年11月，国家教委等部门在《全面消除和杜绝中小学危房的规定》中，强调对中小学"工作失职致使校舍倒塌造成伤亡的，要从严追究有关人员和有关领导的责任，直至追究刑事责任"。1995年10月，国家教委在《关于〈教师法〉若干问题的实施意见》中规定，在实施教师资格制度后，学校如违反《教师法》，聘任不具备教师资格者担任教师工作，情形严重的，"应由上级主管部门或者教育行政部门对学校负责人给予行政处分"②。1996年12月，国家教委同时发布《义务教育学校收费管理暂行办法》和《普通高级中学收费管理暂行办法》，规定："对乱收费屡禁不止、屡查屡犯，情节严重的，要按国家有关规定对学校负责人给予行政处分。"③ 类似的法规不胜枚举，这对遏制中小学择选保送生和聘用教师工作中的不正之风、消除学校危房隐患、整治乱收费等诸多现象和问题，起到了强有力的震慑和防范作用。当然，这并不是说中小学校长动辄得究，只要他们牢固树立法制观念，依法治校、秉公办事、常备不懈，那相关的罚则就可以"敬而远之"。

（六）其他工作法规

1. 美育

《教育法》《小学管理规程》等法规中要求学校教育促进学生"德、智、体等方面全面发展"的规定，显然是将美育包括于内的。1996年3月，国家教委规定，教师"应上好音乐、美术课，其他学科也要从本学科特点出发发挥美育功能。美育要结合学生日常生活，提出服饰、仪表、语言、行为等审美要求，培养健康的审美情趣"④。这些关于美育的法律规定，端正了美育的导向，扩充了美育的内容，丰富了美育的形式，指导了广大中小学教师发挥自身的教育智慧，去悉心培养学生感受、鉴赏和创造美的能力。2002年7月25日，教育部公布《学校艺术教育工作规程》，对中小学校的艺术课程，课外校外艺术教育活动，艺术教育的保障、奖励与处罚等作了相应的规定。

---

① 《教育法律手册》，法律出版社2001年版，第242～243页。

② 教育部政策研究与法制建设司：《现行教育法规与政策选编》，教育科学出版社2002年版，第207～208页。

③ 教育部政策研究与法制建设司：《现行教育法规与政策选编》，教育科学出版社2002年版，第270页。

④ 教育部政策研究与法制建设司：《现行教育法规与政策选编》，教育科学出版社2002年版，第127页。

2. 劳动技术教育

随着社会的发展进步，许多行业的劳动强度和密度普遍降低，但中小学的劳动技术教育却不应简单地随此而削弱。1995 年《教育法》规定，教育必须为社会主义现代化建设服务，"必须与生产劳动相结合"，指明了培养全面发展的建设者和接班人的根本途径，为新时期中小学教师对学生进行劳动技术教育提供了权威的法律依据。1996 年的《小学管理规程》规定，教师"应加强对学生的劳动教育，培养学生爱劳动、爱劳动人民、珍惜劳动成果的思想，培养从事自我服务、家务劳动、公益劳动和简单生产劳动的能力，养成劳动习惯"。在其他相关的教育法规中，也要求中小学教师组织学生开展勤工俭学活动，建好劳动基地，通过劳动实践促进学生的社会化。广大中小学教师遵照这些规定，努力提高自身的生产理论知识水平和实践操作能力，努力创造各种条件，对学生进行了形式多样、内容丰富的劳动技术教育，较好地完成了国家和人民交给的教育教学任务。

德、智、体、美、劳五育既相对独立又相互联系，构成了一个不能割裂的统一整体。在中小学教育实践中，应"防止和克服重此轻彼、顾此失彼的片面性，坚持全面发展的教育质量观"①。1949～2009 年颁布的中小学教师法规注重了这一点，较好地保证了学校教育的主导地位，发挥了学校教师协调各育之间互补、共进关系的主导作用，促进了学生身心的均衡发展。当然，现行教育法规对中小学教师教育教学工作的规定还存在一些疏漏和偏枯之处，与有关学生的法律规定和有关师生的教育政策之间的有机衔接还较为欠缺，对教育前沿动态的把握和反映还不够灵敏，全程性、科学性与渗透性还有待加强，这些是今后中小学制度建设和中小学教师法规建设应当解决的课题。

三、地位奖惩法规

（一）经济地位方面

1. 工资水平方面

1993 年的《教师法》第一次明确规定："教师的平均工资水平应当不低于或者高于国家公务员的平均工资水平"。为了进一步增强教师工资正常增长机制的

---

① 袁振国：《当代教育学》，教育科学出版社 2002 年版，第 74～75 页。

法律保障，1995 年颁布的《教育法》第五十五条规定，各级人民政府的教育财政拨款要"保证教师工资和学生人均公用经费逐步增长"，这就将教师工资增长制度纳入法定的"三个增长"原则之下。2006 年修订的《义务教育法》，将 1993 年《教师法》中的表述略加修改为"教师的平均工资水平应当不低于当地公务员的平均工资水平"，最实质的"教师平均工资水平不低于公务员"的说法，截至 2009 年已被教育法律整整强调了 16 年。对该项事务的执行情况，成为上级直至中央考核、评价各级党政领导干部政绩的一项重要内容。经过政府多年坚持不懈的努力，我国中小学教师的收入水平实现了稳步的增长①（见表 4 - 4、表 4 - 5）。

表 4 - 4 1988 年中小学教师基础工资、职务工资标准（六类工资区）

单位：元/月

职务等级	职务工资标准								基础工资
	一	二	三	四	五	六	七	八	
中学高级教师	150	140	130	120	110	100	91	82	40
中学一级教师 小学高级教师	110	100	91	82	73	65	57		40
中学二级教师 小学一级教师	82	73	65	57	49	42	36	30	40
中学三级教师 小学二级教师	57	49	42	36	30	24			40
小学三级教师	42	36	30	24	18	12			40

资料来源：《中国教育大事典》（1949—1990）。

从表 4 - 4 和表 4 - 5 可以看出，1988～1993 年的五年间，我国中小学教师工资中的主体部分，即职务工资标准有了明显的提高，工资的各项构成也更体现了中小学教师的职业特性。但从横向进行比较，我们会发现，实际情况仍不容乐观。如表 4 - 6 所示，2000 年，我国普通中学教师平均工资为 9239 元，小学教师平均工资为 8085 元，而当年国家机关平均工资为 10024 元，全国平均工资为 9371 元，中小学教师工资不仅低于国家公务员，而且低于全国平均工资，没有达到《教师法》规定的要求，在一定程度上影响了教师职业的吸引力和社会地

---

① 1988 年的职务工资加上基础工资即为实发工资；1993 年的职务工资加上相应的津贴即为实发工资。

位，因此中小学教师的工资水平实有进一步提高的必要。2001年，"全国中学、小学教师月平均工资分别由1995年的452元、415元增加到906元、804元"①，分别提高了100.4%和93.7%，颇有新世纪的亮堂气象。

表4-5　1993年中小学教师专业技术职务等级工资标准　　单位：元/月

职务等级	职务工资标准										津贴部分
	一	二	三	四	五	六	七	八	九	十	
中学高级教师	275	305	335	365	395	435	475	515	555		62～238（按在工资构成中占30%计算）
中学一级教师 小学高级教师	205	225	245	265	285	315	345	375	405	435	
中学二级教师 小学一级教师	165	179	193	213	233	253	273	293	313	333	
中学三级教师 小学二级教师	150	162	174	192	210	228	246	264			
小学三级教师	145	156	167	183	199	215	231				

资料来源：《中华人民共和国教育法律法规总览》。

表4-6　2000～2009年中小学教职工平均工资简表②

类别＼年份	2000	2001	2002	2003	2004	2005	2006	2007	2008	2009
全国平均工资（元）	9371	10870	12422	14040	16024	18364	21001	24932	29229	32736
国家机关平均工资（元）	10024	12097	13932	15517	17623	20521	22927	28140	32938	35326
小学教职工平均工资（元）	8085	9649	11207	12223	13747	15528	17729	22554	26258	
普通中学教职工平均工资（元）	9239	11080	12857	14415	16299	18476	20979	25954	29889	

2006年7月，国务院启动教师工资制度改革，主要精神是按照最新制定的事业单位人员工资方案套改教师工资，建立岗位绩效工资制度。主要内容有：①教

① 陈至立：《陈至立教育文集》（中），高等教育出版社2015年版，第403页。
② 2000～2008年数据来源于《中国统计年鉴2001—2009》中的分细行业职工平均工资表、按细行业分职工平均工资表；2009年数据来源于《中国统计年鉴2010》中的按行业分城镇单位就业人员平均工资表。

师工资由岗位工资、薪级工资、绩效工资和津贴补贴四部分构成。其中，岗位工资实行"一岗一薪，岗变薪变"，薪级工资实行"一级一薪，定期升级"。②教师工资分配的原则，强调要确保"教师平均工资水平不低于地方公务员平均工资水平"，规范工资发放秩序。③岗位绩效工资的实施方面，第一步是基本工资部分的套改，教师原来的职务工资被岗位工资和薪级工资取代；第二步是绩效工资改革，从2009年1月起，全国义务教育学校实施绩效工资，依据"多劳多得、优绩优酬"的原则，重点向一线教师、骨干教师和做出突出成绩的其他工作人员倾斜。岗位绩效工资制度的特点可以概括为"提高、规范、平衡、配套"，其主旨就是通过改革总体上提高教师的工资水平，通过增加档级划分，扩大和鼓励各类优秀人才长期从教、终身从教，促进教育事业发展①。

从表4-6可以看出，建立岗位绩效工资制度后，2007年与2006年相较，全国中、小学教职工年平均工资分别增加4975元、4825元，2008年又分别增加3935元和3704元，增幅明显，而且普通中学教职工平均工资连续两年较明显地超过全国平均工资，这是此次工资改革带来的改变和提高。

2. 其他福利待遇方面

《教师法》《教育法》等单行法律还对城乡中小学教师的住房、医疗、退休退职等方面的待遇、对社会力量举办的中小学校教师的待遇等均作了明确的规定。1994~1997年，全国城市中小学教职工住房建设共投资413亿元，竣工建筑面积6626万平方米，"达到了历史最高水平"②，教师的"社会地位明显提高"，"全国要求报考师范院校的考生逐年有所增加，师范院校的录取分数线和考生质量有了明显提高"③。"1994~2000年，全国共计投入资金1144亿元，建造教师住房1.5亿平方米，相当于1949~1993年的1.9倍"④。上述列举，反映了国家长期以来注重用法制和政策手段解决广大中小学教师生活上的后顾之忧、努力提高其生活福利待遇的不懈努力和切实成果。

1993年和2009年，我国教育总经费支出分别是1059.90亿元、16502.71亿元，国家财政性教育经费支出分别是867.8亿元、12231亿元，国民生产总值（GNP）分别是35260亿元、340507亿元，财政性教育经费支出占GNP的比重分别是2.46%、3.59%，自《教师法》颁布实施以来的16年中，国家教育经费支

---

① 刘淑兰：《教育行政学》，北京师范大学出版社2013年版，第184~185页。
② 陈至立：《陈至立教育文集》（上），高等教育出版社2015年版，第18页。
③ 陈至立：《陈至立教育文集》（上），高等教育出版社2015年版，第19页。
④ 李岚清：《李岚清教育访谈录》，人民教育出版社2003年版，第40页。

出的跃升幅度和质量很可观，很值得书上一笔。

为提高中小学教师经济地位所做的许许多多的努力，无疑都是值得肯定的。但是，像做任何事情都会有必要的限度一样，改善教师的工资福利待遇也应该在客观条件许可的范围内进行，也有不应逾越的界限，不然就会影响整个教育事业的发展，反过来又会实质阻碍教师工资待遇的提高和生活条件的改善。因而，有关教育法规要求各项教育经费在使用上必须各得其所，不得随意支配，包括不能动用其他款项来发放教师的津贴、奖金和福利，若有违反，亦得照章处罚。这些着眼大局的法律规定，有利于保障中小学教学设施的逐步完备、农村学校校舍的维修新建和学校公用经费的正常开支。虽然有些教育经费没有直接发给教师，但用在改善学校办学条件这个十分重要的方面，促进了学校各项工作的开展和教育教学质量的提高，因而得到了广大中小学教师的理解和支持。在这里，规矩与方圆、个人与集体、当前与长远的辩证法被包括中小学教师在内的诸教育法律关系主体演绎得淋漓尽致。

1949～2009 年，中小学教师政治、经济地位法规的制定实施，虽历经波折和反复，但总的来说仍较好地发挥了指引、评价、教育和保障的社会作用，实现了政治、经济、文化、秩序的社会价值。相较而言，中小学教师政治地位法规的指引作用和经济地位法规的秩序价值表现得更为凸显一些。

指引作用是指指引人们按照国家教育发展的原则、目标和要求开展教育活动的作用。中小学教师政治地位法规，指示和导引了行政机关、社会各界和学校等教育法律关系主体围绕国家的教育目的，严格执行、自觉遵守教育法规，尊重教师的合法权益，保障教师的政治地位，形成强大的社会合力，推进教育事业的发展，促成教育目的的实现。另外，政治地位法规也为中小学教师展现了未来的光明前景，激发了他们的使命感、积极性和创造力，指引了他们为培养祖国建设人才竭智教书育人的道路、专业发展的道路。

秩序价值是指建立教育活动秩序和教育关系秩序的价值。其一，中小学教师经济地位法规较为规范地建立了中小学教育从业人员的工薪、物质分配秩序和分配关系。除了上面陈述的以外，还体现在相关法规要求各项教育经费在使用上必须各得其所，不得违规支配。例如，1986 年 4 月国务院颁发（1990 年 6 月修改）的《征收教育费附加的暂行规定》、1996 年 12 月国家教委发布的《义务教育学校收费管理暂行办法》①、1997 年 3 月国家教委等部门发布的《农村教育集资管

---

① 教育部政策研究与法制建设司：《现行教育法规与政策选编》，教育科学出版社 2002 年版，第 270 页。

理办法》等法规①，明确规定了地方征收的教育费附加、义务教育的杂费借读费和农村教育集资等款项，只能用于改善中小学的教学场所、设施及办学条件，不得用于教职工工资福利和奖金的发放，必须遵守，不允违反。其二，中小学教师经济地位法规也较为规范地建立或协助建立、维护了在整个社会发展大背景下中小学教育事业的发展秩序。为提高中小学教师经济地位的所有努力，也应当在国家实力许可的范围内和现有的制度框架下进行，否则就既会拖累经济大局的良性运行，也会损害教育事业本身的发展，更会从根本和长远上阻碍教师工作、生活条件的改善和提高。纵观自中华人民共和国成立后的 60 年间独立性逐渐增强但总体上仍较弱的中小学教师经济地位法规，其规范的内容及力度与国家整体运行的规律性要求是大致印合的。

为加速中国教育的民主化、科学化和法治化进程，我们要认真总结历史的经验教训，把握今天素质教育对教师队伍建设提出的新挑战、新要求，放眼海外，博采众长，继续大力加强中小学教师法制建设，使中小学教师政治、经济地位法规的制定、实施、监督、修订等各项工作做到与时俱进、扎实深入、卓有成效。

（二）专业教职地位方面

1993 年 10 月通过的《教师法》，就教师的权利和义务、资格和任用、培养和培训、考核、待遇和奖励、法律责任等作了明确的规定。1994 年 3 月的《教学成果奖励条例》规定，"各级各类学校、学术团体和其他社会组织、教师及其他个人，均可以依照本条例的规定申请教学成果奖"。1995 年 3 月的《教育法》规定，"全社会应当尊重教师"，并专列第四章规定教师和其他教育工作者的权利、义务、权益保障和队伍建设等；12 月的《教师资格条例》规定了教师资格的分类与适用、教师资格条件、教师资格考试、教师资格认定等各项内容。1997年 7 月的《中小学电化教育规程》要求电教专职人员必须具备教师资格，学科教师要学习并掌握电化教育的基本知识和技能；8 月的《中小学教师职业道德规范》要求教师依法执教、爱岗敬业、热爱学生、严谨治学、团结协作、尊重家长、廉洁从教、为人师表。1998 年 1 月的《教师和教育工作者奖励规定》明确奖励的对象是全国各级各类学校教师，含荣誉称号的类别、评选条件、推荐比例等条款。1999 年 9 月的《中小学教师继续教育规定》对中小学教师继续教育的内容与类别、组织管理、条件保障作了具体规定；12 月的《中小学校长培训规定》明确了中小学校长培训的内容与形式、组织和管理以及有关各方的培训责

---

① 《法律法规司法解释实用手册·教育》，中国法制出版社 2001 年版，第 424 页。

任。2000 年 9 月的《〈教师资格条例〉实施办法》就教师资格认定条件、资格认定申请、资格认定和资格证书管理作了明确规定。2001 年 8 月 8 日教育部发布《教师资格证书管理规定》，对教师资格证书的颁发、补发、换发、收回、防伪、编号和法律责任作了具体的规定，使教师资格的法定制度更趋完善，更易于操作。以上列举的法规对中小学教师岗位专业性质、专业地位的规定、强调，反映了 1993 年《教师法》颁行后中小学教师法制建设的加速发展态势。

在教育法学界，人们致力于对教师职业法律地位的辩论和探讨。在立法实践中，教师的专业地位也时常被提及并逐步明确。在多方面力量的共同推动下，1993 年 10 月 31 日通过的《教师法》第三条规定，"教师是履行教育教学职责的专业人员"，"第一次从法律上确认了教师的社会地位的专业性和神圣性"①。1995 年 3 月的《教育法》对这一职业定性作了进一步的权威性确认。从此社会上对教师职业不可替代性的认同感得到增强，教师的专业地位正逐渐与医生、律师、工程师等传统专业群体接近，逐渐地被"等量齐观"。

教育法律对教师专业地位的认可，反过来又促使人们进行学术上的进一步探究。有学者认为，在日益开放和民主的社会，人们不应把教师职业的专业化狭隘地理解为只讲职业技能而忽视人性发展的"专业化主义"，教师专业化更寄望于"教师要捍卫和平，要创造新文化，要寻求公正廉明的政治，要为教育机会均等而斗争"②。这样的主张，是顺应了世界民主政治发展大潮的，也昭示着中国教师法制建设的大方向。

进入 20 世纪 90 年代以后，教师的专业地位有了实质性的跨越，《教师法》系统规定了教师的专业权利和义务。师生关系是中小学教育教学工作中最基本的关系，在一定意义上可以说，师生关系的演变史也就是教师权利义务的演变史。

在以前相关教育法规条款的基础上，1993 年应时而出的《教师法》第一次系统地提出了教师的如下权利：①进行教育教学活动，开展教育教学改革和实验；②从事科学研究、学术交流，参加专业的学术团体，在学术活动中充分发表意见；③指导学生的学习和发展，评定学生的品行和学业成绩；④按时获取工资报酬，享受国家规定的福利待遇以及寒暑假期的带薪休假；⑤对学校教育教学、管理工作和教育行政部门的工作提出意见和建议，通过教职工代表大会或者其他形式，参与学校的民主管理；⑥参加进修或者其他方式的培训③。可以将这六项权利简称为教育教学权、科学研究权、指导评价权、获取报酬权、参与管理权和

① 劳凯声、郑新蓉：《规矩方圆——教育管理与法律》，中国铁道出版社 1997 年版，第 248 页。
② 劳凯声、郑新蓉：《规矩方圆——教育管理与法律》，中国铁道出版社 1997 年版，第 251 页。
③ 《教育法律手册》，法律出版社 2001 年版，第 464 页。

培训进修权。教师的这些权利受到法律的保护，行政机关、社会、学校及其他教育机构应当切实加以维护，不得任意侵犯。

不仅如此，有关法规还就对教师的法律救济问题作了明确规定。例如，《教师法》规定，教师对学校或其他教育机构侵犯自己的合法权益，或对其作出的处理不服的，可以向教育行政部门提出申诉；1998 年 3 月发布的《教育行政处罚暂行实施办法》规定，中小学教师"对行政处罚决定不服的，有权依据法律、法规的规定，申请行政复议或者提起行政诉讼"①。在法治文化的陶冶下，当代中小学教师逐渐增强了权利意识，开始"扬弃"上一辈教师讷于享受权利的"美德"。当有必要时，他们就会自觉地拿起法律的武器，走上日益宽阔、成本日趋合理的维权之路。因为他们懂得，依法维权绝不仅是个人的私事，更是推动教育现代化的必要一环。

教师的义务是指作为教师职业群体应该承担的必须履行的责任，是国家对教师行为的必要限制，既体现了我国的社会性质和文教传统，又是世界各国的共同做法。在过去，教师的义务总是作为一种业务要求或道德要求提出来，规范性、权威性不够，同样不利于教师专业地位的确立与提高。在各方面条件基本成熟的形势下，《教师法》也系统规定了教师应当承担的义务，主要有以下几项：①遵守宪法、法律和职业道德，为人师表；②贯彻国家的教育方针，遵守规章制度，执行学校的教学计划，履行教师聘约，完成教育教学工作任务；③对学生进行宪法所规定的基本原则的教育和爱国主义、民族团结的教育，法制教育以及思想品德、文化、科学技术教育，组织、带领学生开展有益的社会活动；④关心、爱护全体学生，尊重学生人格，促进学生在品德、智力、体质等方面全面发展；⑤制止有害于学生的行为或者其他侵犯学生合法权益的行为，批评和抵制有害于学生健康成长的现象；⑥不断提高思想政治觉悟和教育教学业务水平②。可以把这六项义务简称为遵守法规义务、教育教学义务、思想教育义务、尊重学生人格义务、保护学生权益任务和提高自身水平义务。以教育法律规定教师的专业义务，有助于教师增强责任感和使命感，鞭策他们努力上进、争做贡献，同时也是教师的专业地位得到提升的一个重要表征。对教师的义务作出上述法律规定，既非一蹴而就，也非凝滞刻板所能成，而是内含着一个动态演进的过程。

《教师法》等法律法规对教师权利和义务的系统规定，使人们认识到，权利

---

①② 教育部政策研究与法制建设司：《现行教育法规与政策选编》，教育科学出版社 2002 年版，第 18 页。

和义务不是孤立存在的，没有无权利的义务，也没有无义务的权利，教师的权利和义务是辩证统一、相互制约、相互促进的关系，都是为了一个共同的目的：使教师更好地"承担教书育人、培养社会主义事业建设者和接班人、提高民族素质的使命"。

1997 年 8 月，国家教委颁布经修订的《中小学教师职业道德规范》，要求教师依法执教、爱岗敬业、热爱学生、严谨治学、团结协作、尊重家长、廉洁从教、为人师表。2008 年 9 月，教育部、中国教科文卫体工会全国委员会修订印发《中小学教师职业道德规范》，主要含爱国守法、爱岗敬业、关爱学生、教书育人、为人师表、终身学习等内容。这一系列符合现代教育法制理念的立法举措，使中小学教师的权利和义务实现了在师生关系这一层面上的平等，促进了相关教育法规之间的对应与协调，对进一步提升中小学教师的专业地位是很有裨益的。

当然，相较于高等学校教师职业的专业性，中小学教师职业的专业性还"远没有得到社会的承认"，原因主要有："作为专门职业的核心属性的高度的专门知识与技能、技术，没有得到充分开发"，"教师在其专业领域内的独立自主性的低弱"，"现实中仅具有最低限度的职业意识和最小限度的专业知识能力的教师还大量存在"，"教师待遇的偏低""大众传播媒介的现代化多样化"①，这是中小学教师法制需看到的问题，也是国家和整个社会需努力去改进提高的时代课题。

新中国教育史已经证明，教育指导思想端正，教师法规建设就会得到加强，就能保障和促进中小学教师包括专业地位在内的社会地位，教育事业就会呈现出勃勃生机。相反，中小学教师的社会地位就会遭受屈压和贬损，教育事业就会受到冲击和损害。鉴往知来，21 世纪我们要在依法治教、依法治师的时代旗帜下，进一步做好中小学教师专业地位法规废、改、立的工作，使之更科学、更规范、更配套，并切实做好法规的实施和监督工作，使"天地君亲师"的华夏文化传统实现符合历史和教育发展规律的现代转换与丰富更新，使"履行教育教学职责的专业人员"的法律定性和"人类灵魂工程师"的光荣称号及其社会效应真正做到名至实归、众望所归、惠润当代而泽被久远。

① 刘淑兰：《教育行政学》，北京师范大学出版社 2013 年版，第 167～168 页。

第三节　中小学教师法规的适用

进入规范发展期后，我国中小学教师法制建设有了很大的进展，教师法规的行政适用进一步加强，教育法的司法适用即教育法司法化也有了较突出的进展。根据 2008 年 3 月至 2009 年 8 月对新华网、人民网教育频道、人民法院网、光明日报、楚天都市报等网站和报刊的随机搜索，共收集到与中小学校相关的案例 239 例，其中"教师违规侵权行为共 80 例……任用教师不当 1 例……教师事故 2 例，教师管理侵权纠纷 5 例……学校、教师组织、参与舞弊案 7 例"①，可见此类有教师涉及的教育案例也呈明显的上升趋势，教育法律关系主体依法依规对簿公堂的情形日益多了起来，公民的法律意识迅速增强，良好的法律环境正在形成。

一、中小学教师法规行政适用的推进

教育行政执法"指具有教育行政执法权的主体为实现法定职权和法定职责，依法实施影响行政相对人有关教育权利和义务的行政行为"②。法律的生命力在于实施，教师法律法规的实际权威，主要来自其对教育生活的现实关怀和对教育生活过程中所面临问题的有效解决过程。教育行政执法要切实体认到这一点，该项工作涉及面非常宽泛，所以要"不断提高教育行政部门依法行政的能力和水平"③，"教育部门不依法行政就要承担相应的法律责任"④。有研究者认为，"教育行政执法主体包括法定行政机关与法律、法规授权组织两类"，"并且教育行政执法决定的作出和执行为同一主体"，职权类型主要包括教育行政处理、教育行政许可、教育行政处罚、教育行政强制、教育行政裁决、教育行政确认、教育行政给付等⑤。当然，随着我国教育行政法制的进展，教育行政执法的内涵也得到进一步的丰富，如教育行政执法的主体不再局限于教育行政机关、教育行政执法已突破仅限于具体行政行为的理论认识、教育行政执法职权的范围进一步明晰

①　劳凯声：《中国教育法制评论》（第 8 辑），教育科学出版社 2010 年版，第 32 页。
②　劳凯声：《中国教育法制评论》（第 5 辑），教育科学出版社 2007 年版，第 166 页。
③　陈至立：《陈至立教育文集》（上），高等教育出版社 2015 年版，第 426 页。
④　陈至立：《陈至立教育文集》（上），高等教育出版社 2015 年版，第 423 页。
⑤　劳凯声：《中国教育法制评论》（第 5 辑），教育科学出版社 2007 年版，第 158～159 页。

并拓展①。

（一）中小学教师工资发放与教育行政执法

> 1992 年 1 月 5 日，朱德元帅的故乡——四川仪陇县乐兴小学 48 名教师联名向中央领导写信，要求兑现工资。据仪陇县教委介绍，全县拖欠教师工资累计已达 700 多万元，农村教师拖欠工资大多在 7 个月，全县 7000 名教师中有不少人靠借贷度日。一位教书 40 年的老教师借贷 1110 多元，饮食中几个月不见油腥；一位中年教师因工资无着，其妻不堪贫困，吵着离婚，1992 年 5 月赌气出走，至今未归；一位青年教师要招待女朋友，几位教师掏尽衣包支援，仍凑不足一斤肉钱；朱德委员长生前就读过的仪陇县药铺垭小学现任校长，妻子重病在床，无力支付老人生活费，翻遍全身只掏出 2 角 8 分钱，当着记者的面号啕大哭②。

中小学教师工资的发放方面，还在相当程度上存在一个不甚正常的“反”现象：过去，政府财政困难，中小学教师的工资很少拖欠；改革开放十多年了，经济、教育发展进入了快车道，拖欠教师工资的事情还多了起来，严重了起来。“1993 年我一上任就遇到一个突出问题，就是许多地方出现拖欠中小学教师工资的现象，一共欠了 14 亿多元……教师的工资本来就低，还发不出，教育还办得下去吗？”③

1993 年是我国经济建设和改革开放取得成绩很大的一年，也是《教师法》正式制定、颁布的一年。但是从下半年起，全国却出现了历史上未曾有过的大面积拖欠中小学教师工资的风潮。据当年 9 月的不完全统计，拖欠金额高达 14 亿元，涉及 26 个省、自治区、直辖市。教师节过后，仍欠 6 亿多元，“拖欠地区之多、金额之大，前所未有”④。

很显然，主要问题之一出在教育行政执法方面。因此，“首先可以从教师法的行政执法上来保证解决拖欠教师工资问题”⑤。虽然《教师法》对保障教师工

---

① 劳凯声：《中国教育法制评论》（第 5 辑），教育科学出版社 2007 年版，第 163～164 页。
② 吴易成：《让教师安安心心地教书育人》，《群言》1994 年第 3 期。
③ 李岚清：《李岚清教育访谈录》，人民教育出版社 2003 年版，第 15 页。
④ 《为了教师的今天和明天》，北京师范大学出版社 1994 年版，第 350 页。
⑤ 《中国教育报》，1994 年 1 月 3 日，第 2 版。

资和待遇有明文规定，但"由于政府行政部门及其工作人员在对学校的管理过程中越权或滥用职权，做出教育经费核拨使用不当、拖欠教师工资、乱摊派或变相敛走教师应得的福利等行为而侵犯了相对人合法权益的事件依然时有耳闻，如据报道，河南省平顶山市中小学教师被拖欠工资近 10 年"①。

我们以湖北省孝感市大悟县为例，大致看看中小学教师的工资拖欠是如何形成的；有了法律监督，在教育行政执法参与推动下，该问题又是如何解决的。

大悟县 1993 年的教师工资总额是 1590.85 万元，到 12 月中旬共发放 1010.85 万元，尚欠 580 万元。经设法筹措，至 1994 年 1 月 31 日，还有 102 万元工资款没有兑现。为了缓解拖欠教师工资而受到的多方面的压力，做到形式上的全额给付，全县 19 个乡中竟有 11 个乡发生过类似以烟代薪的现象。可与此同时，该县却有钱给干部盖小楼、为机关买小车、送一批批干部出国"游学"②。当地负责人对此的解释是：县、乡财政"分灶吃饭"，对多数乡收不抵支的状况没有做必要的统筹；县政府为扩建香烟厂，动用了财政周转金；省里摘掉了依然贫穷的大悟县的贫困县"帽子"，取消了每年 223 万元的补贴；买车、盖房、出国等专项费用系上级有关系统垂直下拨；等等。纵使这些情况都属实，但有千万条原因也不能成为拖欠教师本就很微薄的工资的正当理由，不能成为不遵守教师法规关于保障教师工资正常发放的理由。在全国人大常委会《教师法》实施情况检查组的直接过问、实地督促下，经过省、地、县各级政府及其职能部门的努力，终于在春节的前一天，大悟县暂时解决了中小学教师工资的"前清"问题。检查组组长许嘉璐对此深有感触：只要"对存在的问题能够实事求是，不掩盖、不回避，以积极的态度寻找解决的办法"，就可以较为妥善地解决教师工资问题，"1993 年工资的全部清兑就是很明显的事实"③。由于这次是在权力机关强力法律监督下的政府突击筹款行动，谁也不敢担保以后不会出现"后欠"的顽症。

事实上，为解决拖欠教师工资问题，大悟县也曾采取了一些措施：分级负责，优先发放教师工资；改革农村教育费附加的征收、管理、使用制度，由县财政局统一管理；建立检查审核制度，每个月乡镇向县政府报告一次工资发放情况；调动预算外资金、向上级政府借款；等等④。可即使是这些还远谈不上周备、完善的行政举措，在实际执行过程中也常常受到各种敷衍、推诿、制约和阻碍。上级有关单位本应缓办购车、组织出境等事，而把这些钱用来办教育，以助

① 劳凯声：《中国教育法制评论》（第 6 辑），教育科学出版社 2009 年版，第 94 页。
② 《为了教师的今天和明天》，北京师范大学出版社 1994 年版，第 359～361 页。
③ 《为了教师的今天和明天》，北京师范大学出版社 1994 年版，第 363 页。
④ 《为了教师的今天和明天》，北京师范大学出版社 1994 年版，第 359 页。

解该县财源匮乏之困，但他们的"垂直感"强过大局感，没能做到明智的、有远见的变通，使教师工资发放问题滞碍未消。这说明，依法行政尚未成为政府及其教育行政部门、其他有关部门的自觉行为，行政执法不力的现象较为普遍①。

由于国办中小学不享有独立的教师聘任权和工资发放权，是否拖欠教师工资，主要取决于各级政府及其有关行政部门是否将工资款项及时、足额拨付到位，是否存在促使、监督其履行这项职责的有效机制。1996 年 2 月 6 日中央电视台的"焦点访谈"节目，贵州省织金县少普乡政府下发一个红头文件，"要求乡中小学教师全部停课督促农民种烤烟，并扣压了教师完成这一任务的'责任金'，对完不成任务者还要处罚"②。在时任副总理李岚清的过问、督促下，"纠正了乡政府的错误决定，恢复了上课，扣的钱也退了"③。

有规矩才能成方圆。1997 年 8 月，国务院办公厅发出《关于保障教师工资按时发放有关问题的通知》，做出了政策性的安排。2000 年 6 月，财政部、人事部、中央编委办公室联合发布《行政单位财政统一发放工资暂行办法》，在随发的通知中要求全国各地"应在保证公务员工资按时发放的同时保证教师工资按时发放"。为了全力配合做好这项重要工作，教育部下文要求"各级教育行政部门要组织强有力的领导班子和工作班子，积极主动与有关部门配合，按照当地统一部署和《行政单位财政统一发放工资暂行办法》规定的要求，从速从快做好编制、人员、工资标准、经费等核定及其他各项准备工作，及时按规定的工作程序办理教师工资统一发放事项"，并严肃指出："凡因工作不力贻误时机、影响工作落实的，就是失职，要追究教育行政部门主要领导的责任。"④ 通过全国各级教育及相关行政部门的法律干预、政策规定和严谨、细致的工作，全国中小学教师的工资发放工作渐上正轨，情况逐年有了明显好转。

从长远考虑，要切实、稳定地保障教师工资发放，必须充分发挥教育法律法规的规范、调整和约束作用。

首先，继续在相关教育法律中规定并强调"教师的平均工资水平应当不低于当地公务员的平均工资水平"。

其次，在教育法律中明确规定教育经费占中央和地方财政年度预算的最低比例。保障了教育经费的来源，也就应该说基本保证了教师工资的正常支付。我国《教育法》规定了各级政府应遵守教育经费单独列项、教师工资逐步增长等原

---

① 《教育部政报》（2000 年），第 21 页。
② 李岚清：《李岚清教育访谈录》，人民教育出版社 2003 年版，第 237 页。
③ 李岚清：《李岚清教育访谈录》，人民教育出版社 2003 年版，第 238 页。
④ 《教育部政报》（2000 年），第 296 页。

则，如果能进一步规定教育经费支出的法定底线，规定教师工资必须全额预算，并制定配套法规，情况就会更好转、更良性。解放以前曾作过这方面的尝试，如1946 年的《宪法》第一百六十四条规定，中央、省和市县的教育文化科学经费支出，分别不得少于其预算总额的 15%、25% 和 35%①，尽管该规定在当时未能切实执行，但这种立法形式是有值得借鉴之处的。

再次，明确规定教育行政执法的违法责任。即使"教育行政执法依据具有法定性和政策性相结合的特点"②，也绝不能以此作为有时违法或擦边违法的"挡箭牌"。政策调节应是有限度的，只能在法规范围内起一种微调的作用，而且其目的是更好地贯彻、执行法律。《教师法》第三十八条规定，拖欠教师工资的，地方政府应责令其限期改正，并对直接责任人员进行处理。但这只是一条原则性条款，没有具体规定如何根据拖欠教师工资的数额、时长、情节的不同，由哪个部门追究什么法律责任。缺乏可操作性的结果是，不少省、市、县在执行过程中违反了教师工资发放的法律条款，却没有受到任何实质性处理，削弱了教育法规的权威性，致使效尤者仿行无忌，不断冒出，所以必须在相关教育法规中制定明确而具体的强制性罚则。

最后，切实加强对教育行政执法的监督。要"下大力气促进教育经费投入、拖欠教师工资等教育法律实施中难点问题的解决"③。上述湖北省大悟县的事例，体现了国家权力机关进行法律监督的重要作用，当继续坚持并强化，使人大的法律监督经常化、制度化。行政机关内部也要不徇情，而应进行认真的、负责任的执法监督。20 世纪 90 年代中期，四川省有些地、市政府部门对拖欠教师工资的单位和个人曾实行"一票否决制"，产生了较好的反响，不失为一种行之有效、带惩罚性质的监督形式。此类监督举措坚持下去，必出切实成效。就财政部、人事部等发布的《行政单位财政统一发放工资暂行办法》这一规章的实际执行来说，由于上下联动，严格监督，"实现了教师工资从 2000 年 10 月起由财政统一发放，从制度上根本解决了长期存在的拖欠教师工资的问题"④，对保障教师待遇、调动教师工作积极性、落实科教兴国战略有着深远的意义。

（二）个别中小学教师漠视学生权利与教育行政执法

中小学教师工作的主要对象，是正处迅速成长、关键转型期的儿童和青少年

---

① 见姜义华：《胡适学术文集·教育》，中华书局 1998 年版，第 160 页。
② 公丕祥：《教育法教程》，高等教育出版社 2000 年版，第 108 页。
③ 陈至立：《陈至立教育文集》（上），高等教育出版社 2015 年版，第 428 页。
④ 陈至立：《陈至立教育文集》（中），高等教育出版社 2015 年版，第 70 页。

学生。这就要求中小学教师在与学生的相处和互动中，认真恪守职业道德规范，尊重学生的人格和各项法定权益。1997 年 8 月，国家教委修订《中小学教师职业道德规范》，要求教师依法执教、爱岗敬业、热爱学生、严谨治学、团结协作、尊重家长、廉洁从教、为人师表。首要一条是依据法律法规执业教育，而热爱学生也放在突出位置，上不封顶，但下有底线，不能侵犯学生的相关合法权益。2008 年 9 月 1 日，教育部、中国教科文卫体工会全国委员会修订印发《中小学教师职业道德规范》，主要含爱国守法、爱岗敬业、关爱学生、教书育人、为人师表、终身学习等内容，爱国守法、爱岗敬业、关爱学生位列前三项，依旧突出强调了中小学教师应遵守国家法律法规、执着勤勉于杏坛岗位、关心爱护学生等优秀品格的自觉践履和修养练就。

　　然而，也不时地有极少数中小学教师违反教育法律法规和职业道德规范，漠视、侵害学生的名誉权、健康权、学习权等合法权益，就当然地要受到教育行政部门的严肃处理。

　　2001 年 4 月 17 日傍晚，某乡村中学初一学生小飞在班里丢了 10 元钱，班主任气不打一处来，第二天早自习时宣布，让全班 32 名学生投票选"贼"，结果有小满和小鹏 2 名学生入选。当 2 名学生要求拿出证据来，朱老师举起手中的选票："这就是证据！"随后朱老师将小满和小鹏带到副校长李某的办公室。听完朱老师的介绍，李某对小满和小鹏说："你们都说没有拿小飞的钱，朱老师冤枉了你们，那你们没拿钱的证据是什么？"并吩咐朱老师继续查找。此事引起当地民众的很大反响。当地教育局对此事作出了处理：对负有直接责任的班主任朱某给予行政记过处分，对负有管理责任的副校长李某给予严重警告处分，对负有领导责任的校长也给予警告处分，同时将此事的处理结果通报本县教育系统①。

　　毋庸置疑，班主任的做法是错误、违法的。该班主任对于"班级里学生丢 10 元钱"事件，采取了学生"投票"选"贼"的办法，并以此作为证据来处理，这是侮辱学生人格尊严的行为，不仅违背了教师职业道德规范，而且违反了相关的教育法律法规，给学生造成了心理上的伤害，实有悖于教师的职业使命和职业形象。中小学教师在日常的教育教学工作中，应该模范遵守《宪法》及其

---

　　① 雷思明：《给教师的 60 条法律建议》，华东师范大学出版社 2010 年版，第 51 页。

他各项法律、法规，尤其是要带头遵守《教育法》《教师法》《教师资格条例》《中小学教师职业道德规范》等教师法律法规，使自己的教育教学活动完全符合法治的要求和教师职业道德要求，自觉增强法律意识，全面履行教师的义务和正确行使教师的权利，并运用法律武器维护学校、学生和自己的合法权利。

二、中小学教师法规司法适用的拓展

《教师法》《教育法》《教师资格条例》《中小学教师职业道德规范》《学生伤害事故处理办法》等法律法规颁布、实施后，"提高法律的可诉性是当前中国教育法制建设的重要内容"①，中小学教师法规的司法适用有了实质性扩展，对簿公堂的事件日益增多，如中小学教师合法权益的保护成为中国教育法制领域里的一种新常态，这是法治中国建设中的教育法治亮点。

（一）中小学教师权益与教育司法

1. 一位教师因不服人事局的辞退决定而引发的诉讼案例

叶训祥从 1992 年 7 月至 1999 年 12 月被福清市教育局聘任为福清市音西学区洋埔小学教师，属事业单位的专业技术人员。1998 年 9 月，福清市音西学区考核小组在教师职务考评中，叶训祥被评为合格教师。同年叶训祥因犯挪用公款罪，被福清市人民法院判决免予刑事处分，福清市人事局以叶训祥被法院判决免予刑事处分，要求音西学区将评审结果改为不合格教师。1999 年 4 月 26 日，福清市人事局以叶训祥犯挪用公款罪，被法院判决免予刑事处分，且 1998 年度考核中被确定为不合格等为由，根据《国家公务员辞职辞退暂行规定》和福州市人事局榕人行（1995）39 号文件的有关规定，作出《关于辞退叶训祥同志的通知》。叶训祥不服福清市人事局辞退处理决定，向福清市人民法院提起诉讼。

原告叶训祥诉称，被告作出的该具体行政行为不仅越权，而且适用法律错误，违反法定程序，请求依法撤销被告违法作出的《关于辞退叶训祥同志的通知》。

---

① 如"流入地政府不提供平等义务教育条件的可诉性"等，见劳凯声：《中国教育法制评论》（第 5 辑），教育科学出版社 2007 年版，第 180 页。

被告福清市人事局依法递交了答辩状，并在庭审中辩称，被告是市政府综合管理全市人事管理工作的职能部门，依照市政府赋予的职权，依法承担国家机关、事业单位工作人员的考核、奖励、辞职辞退以及人事争议仲裁等工作，被告根据市考核委员会会议精神，履行了市政府赋予的职能，办理了辞退手续。因此，被告对原告所作的处理决定，是根据有关文件规定做出的正确的行政行为，请求法院依法判决驳回原告的诉讼请求。

【一审】福清市人民法院审理认为，被告福清市人事局对叶训祥作出辞退决定，系依照市政府所赋予的职责，并没有超越职权。原告关于被告越权作出对原告辞退决定的理由不成立，本院不予采纳。被告根据相关法规文件对原告作出辞退决定，适用法律并无不当。原告关于被告作出辞退决定适用法律错误的理由不成立，本院不予支持。被告福清市人事局作出的辞退决定主体、程序合法，事实清楚，证据充分，适用法律、法规正确。依照《中华人民共和国行政诉讼法》第五十四条第一项之规定，该院于 2000 年 9 月 26 日作出判决如下：

维持被告福清市人事局 1999 年 4 月 26 日作出的《关于辞退叶训祥同志的通知》。

【二审】原告叶训祥不服一审判决，向福州市中级人民法院提出上诉。

福州市中级人民法院经审理认为，最高人民法院《关于执行〈中华人民共和国行政诉讼法〉若干问题的解释》（以下简称《解释》）第二十六条第二款规定：被告应当在收到起诉状副本之日起 10 日内提交答辩状，并提供作出具体行政行为时的证据、依据；被告不提供或者无正当理由逾期提供的，应当认定该具体行政行为没有证据、依据。被上诉人福清市人事局并未向原审法院提交任何有关辞退决定所认定的事实方面的证据，因此，辞退决定中所称"音西学区教师叶训祥同志，因犯挪用公款罪，法院判决免予刑事处分，在 1998 年度考核中被确定为不合格等"的事实，没有证据证实，本院不予认可。《中华人民共和国教师法》第五条规定：学校和其他教育机构根据国家规定，自主进行教师管理工作。第三十七条规定：教师有下列情形之一的，由所在学校、其他教育机构或者教育行政部门给予行政处分或者解聘……根据上述规定，有权对教师处分或者解聘的单位应为教师所在学校、其他教育机构或者教育行政部门。被上诉人福清市人事局不能提供其作为人民政府的人事行政部门，有权作出对教师辞退决定的法律法规依据，因此，其作出辞退上诉人叶训祥的决定超越职权。原审法院关于辞退决定作出的"主体、程序合法，事实清楚，证据充分，适用法律、法规正确"的认定，事实不清，适用法律错误、上诉人的上诉理由成立，本院予以采纳，依照《中华人民共和国行政诉讼法》第六十一条第（二）项的规定，该院于 2000 年 12 月 7 日作出判决如下：

一、撤销福清市人民法院〔2000〕融行初字第 016 号行政判决。

二、撤销福清市人事局融政人〔1999〕45 号《关于辞退叶训祥同志的通知》。

本案主要涉及以下几个问题：

（1）本案原告的起诉属于行政诉讼受案范围，人民法院应当立案受理。行政诉讼法第二条规定："公民、法人或者其他组织认为行政机关和行政机关工作人员的具体行政行为侵犯其合法权益，有权依照本法向人民法院提起诉讼。"也就是说，行政相对人认为具体行政行为侵犯其合法权益，并符合行政诉讼法其他有关规定的条件而提起的诉讼，法院应当受理。本案原告叶训祥系学校教职员工，不属行政机关公务员序列，因而不受行政诉讼法第十二条第（三）项规定的规范。因此，一、二审法院均肯定了第二种意见，对原告的起诉予以立案受理，是正确的。

（2）本案被告福清市人事局在向原审法院提供诸多事实证据中，并未提供任何有关被告辞退原告处理决定所认定的事实方面的证据。被告辞退处理决定中所称"音西学区教师叶训祥同志，因犯挪用公款罪，法院判决免予刑事处分，在 1998 年度考核中被确定为不合格等"的事实，没有证据证实。因此，二审法院对于这一案件基本事实的认定不予认可。二审法院并以此为主要根据和理由之一，判决撤销原判，是于法有据的。

（3）本案被告作出对原告辞退处理决定，属于实施了自己无权实施的具体行政行为。越权无效，是行政法的基本理念之一。《教师法》第五条规定，学校和其他教育机构根据国家规定自主进行教师管理工作；第三十七条规定，由所在学校其他教育机构或者教育行政部门对教师给予行政处分或者解聘的情形。根据上述规定，有权对教师作出处分或者解聘的应为教师所在学校、其他教育机构或者教育行政部门。而被告对原告作出辞退决定，超越了自己的职权范围。二审法院以此为又一主要理由，判决撤销原审判决，撤销被告的辞退处理决定之具体行政行为，也是经得起检验的。

2. 一位女教师艰难打赢全国首例"教案官司"的诉讼案例

2002年4月，为撰写论文和总结教学经验的需要，重庆女教师高丽娅要求其所任教的四公里小学退还其12年间所交的48本教案，但学校仅返还了4本。5月30日，高丽娅以"侵犯教案所有权"将所任教的私自将其教案作为废品处理的四公里小学告到了南岸区法院，要求学校返还她语文教案44本，赔偿损失8800元。

2002年8月，一审以原告与被告是管理和被管理关系，其职务过程中发生的纠纷不属法院受案范围为由，驳回高的起诉。高丽娅不服并上诉，市一中院撤销南岸区法院的裁定并发回重审。

2003年10月24日，南岸区法院重审后，作出一审判决：驳回诉讼请求。高丽娅再次向重庆市第一中级人民法院提起上诉。

2004年3月29日，二审法院审理此案后，作出终审判决：驳回高丽娅的上诉，维持原判。

2004年5月，高丽娅向检察机关递交申诉书。7月，重庆市检察院对此案立案审查，并于11月25日向重庆市高级法院提出抗诉。市高院指令市一中院再审。

2005年3月30日，重庆市第一中级人民法院对此案开庭再审，高丽娅仍败诉。

2005年9月7日，继一审、重审、终审、抗诉的4次接连败诉后，高丽娅改变诉由，将争夺教案所有权改变为侵犯著作权，起诉四公里小学。

2005年12月13日，该案的第五次官司在重庆宣判，重庆市一中院最终认定：四公里小学返还给高丽娅的4册教案中有关教学过程等内容主要系高丽娅独立创作，由此可以推定涉案的44本教案也具有独创性，属于著作权法保护的作品，著作权由作者高丽娅享有。而学校对教案的随意处分导致作品灭失，从而侵犯了高享有的教案作品著作权，学校应当承担民事责任。鉴于高丽娅的实际损失不能确定，法院最终判定赔偿数额为5000元。本案诉讼费由被告负担。

由于此前国内尚无相关判例，而学校弄丢教师教案的事情又屡屡发生，该案受到央视等上百家媒体和包括全国中小学教师在内的广大民众的关注。媒体记者们在事件发酵、演进的过程中，与多所中小学校的老师和校长探讨了"教案归属问题"，多数教师认为教案是学校和老师的共有财产。目前各中小学教案主要有四种形式即手写体教案、幻灯片课件、电子版本的文字课件和动画 Flash 课件，"无论哪种形式的课件都凝聚了我们老师大量的心血"；"由于教案种类繁多，教材更新速度又快，所以老师备课很辛苦，几乎不可能像以前那样备一节课管一辈子"；教案是老师的劳动成果，但学校也为老师制作优秀的教案提供了平台。建新中学的王老师在"教案归属问题"上明确表态，教案应该是老师和学校的共同财产。

法院认为，根据《中华人民共和国著作权法实施条例》的规定，高丽娅的48 册教案本是高丽娅独立创作完成，具有独创性，符合作品的定义。又由于高丽娅是因工作需要完成了这些作品的撰写，所以它们应当属于职务作品。但法律法规并没有明确规定高丽娅的这些职务作品只能归校方享有，同时双方也没有事先约定，所以它们又只能算是一般职务作品。而根据我国著作权法，一般职务作品的著作权应由作者享有。法院据此认定学校有关行为构成侵权。法院的最终判决，第一次在法律上确认了教师对教案享有知识产权。

当事人高丽娅事后表示，打这场官司并不是为了钱、为了名，而是为了讨个公道，不能让别人践踏教师的心血。2006 年 3 月 5 日，高丽娅通过重庆市电视台把获得的 5000 元赔偿款全部捐赠给了西南政法大学的贫困学生，以鼓励他们学好法律，为民伸张正义。高丽娅"凭着一股'秋菊'般的韧劲和对法律矢志不渝的信仰，在'斗争'中找到了自己的权利，通过自己的权利维护了法律"①。

全国首例"教案官司"带给人们的启示：①教育和学校管理者应当在法定的职责范围内行使职权，不得侵权越权。按照法治的基本理念，对于公共权力机构而言，法无授权即禁止；而对于公民而言，法无禁止即授权。在行使权力的过程中，教育和学校管理者应当遵循法律的规定，保证权力行使的程序、步骤、方式、手段合法。②教师应当掌握一些基本的法律知识，权利遭受侵害之后，教师要相信法律，并理性地选择维权方式，可以选择双方协商、第三者进行调解、信访等途径，也可以提起申诉、申请行政复议、申请人事仲裁、向法院起诉等。③"他山之石，可以攻玉"。择益借鉴欧美发达国家较为成熟的经验和做法，进一步拓宽教师权利的法律救济途径，增强教师易涉入纠纷的可诉性，依法保障教师的合法权益。

---

① 劳凯声：《中国教育法制评论》（第 5 辑），教育科学出版社 2007 年版，第 122 页。

（二）中小学教师责任与教育司法

在中小学的教育、教学、管理和其他日常事务中，有时会产生各种责任事故。教师对学生承担监管而非监护义务，若发生某种事故，将根据相关教育法和民法的规定，教师、学校依照过错原则承担民事、教育上的法律责任，接受相应的处罚。当然，若发生刑事案件，则须根据国家刑法，按罪刑法定的原则，给当事人相应的刑事惩罚。所以，中小学校应秉持人文精神和法治原则，切实加强教师的教育和管理。

中小学校和教师应注意权利、义务和过错的具体界定，谨记学校安全管理原则，如特殊保护原则、预防优先原则、身心并重原则、适龄原则、最小阻碍原则等①。在中小学教师涉入的教育司法案件中，人们会发现而且切实地体认到："教师管教权在一定程度上是学校管教权的同义词，教师所行使的一般管教行为是代表学校而为，即使侵犯了学生的权利，成为被告的也一般是学校而不是教师。"②

1. 校园发生重大踩踏事、当事教师被判负有直接责任的案例

丰镇二中是初级中学，现有 19 个教学班，1509 名学生；建有一栋 3 层楼房。楼房 1 层为与 2、3 层封闭隔绝的商用店铺房，2、3 两层为教室、办公室和学生宿舍，师生由两座宽约 1.3 米的楼梯上下，通过两个楼门口出入，楼梯至门口间有两个直角拐弯，通道并不宽敞。

2002 年 9 月 23 日，学校决定全体学生于 18：15 开始补课一节。当 19：00 下课时，由于没有教职员工组织疏导，所有学生都由距离近的楼梯蜂拥而下，加上当时天色已黑，各层楼梯的 12 盏照明灯全部不亮，楼梯和一楼过道一片漆黑，人员行动困难，在 1 层楼梯下段和楼梯下口处发生严重拥挤，以致前面的学生被挤倒，后面的学生继续拥下挤压，使一楼下段楼梯扶手严重变形，部分学生从楼梯摔下，互相踩踏挤压，造成 21 名学生窒息死亡、43 名学生受伤的惨剧。

---

① 最小阻碍原则，是指对未成年人须实行特殊保护，但并不意味着时时处处加以限制，相反学校应创造比较宽松的学习成长环境。

② 劳凯声：《中国教育法制评论》（第 1 辑），教育科学出版社 2002 年版，第 142 页。

事故发生后，政府相关部门进行了事故调查，经过实地了解情况，认定这是一起严重的责任事故。

（1）学校领导严重忽视安全工作。由于丰镇二中拖欠建筑公司 150 万元资金，教学楼未进行竣工验收，学校于 2001 年 9 月在工程质量和安全设施没有经过验收合格的情况下启用该楼；而且该楼是按供 800 名学生教学使用的标准设计的，可是现在全校 1509 名学生都在该楼上课，实际使用人员超过设计标准近90%，严重超员。

（2）学校管理混乱。学校没有落实如下规定要求：制定完善的安全管理规章制度，强化对学生的安全教育，实行领导和工作人员值班，采取措施保证安全。除这些问题外，校长对有老师反映"楼梯照明灯全部不亮"的安全隐患不予重视，没有及时解决，而且在当晚应该带班时脱岗到饭店喝酒。

2004 年 2 月，当地法院依法对此案作出判决，以教育设施重大安全事故罪判处被告人该中学校长樊某有期徒刑三年；以同一罪名判处被告人该中学总务处主任弋某有期徒刑三年，缓刑三年。

2. 有媒体标以《"禽兽教师"被处决有多少悲剧可以避免》的案例

2002 年 11 月 25 日早上 8 时 30 分，苏家屯区警方接到 6 位学生家长的集体报警，称自己的孩子在学校里被该校的任课老师强奸、猥亵长达两年之久。

2002 年 11 月 27 日，程世俊因涉嫌奸淫幼女犯罪被警方刑事拘留。12 月 27 日，程世俊以涉嫌强奸罪、猥亵儿童罪被批准逮捕。

警方查明，2001 年 3 月至 2002 年 11 月，家住沈阳市苏家屯区的程世俊利用其担任班主任的"便利"条件，采取哄骗和威胁的手段，在教室内对所在班级的 6 名女学生多次进行奸淫、猥亵。

2003 年 5 月 7 日，此案经新闻媒体报道后，引起了沈阳市委书记的高度重视，批示公检法机关迅速查清事实，严惩罪犯。

2003 年 5 月 23 日，沈阳市中级人民法院对程世俊一审作出宣判：程世俊因犯强奸罪、猥亵儿童罪，数罪并罚，判处死刑，剥夺政治权利终身。

一审宣判后，程世俊不服，向辽宁省高级人民法院提出上诉。辽宁省高级人民法院依法组成合议庭，对此案进行了不开庭审理。二审法院认为，被告人程世俊利用担任班主任之便，在教室内对多名女学生进行奸淫、猥亵，其行为已经构成强奸罪和猥亵儿童罪。法院同时认为，被告人身为教师，竟在教学场所奸淫女学生，情节恶劣，应依法从重处罚。原审判决定性准确，量刑适当，审判程序合法，依法裁定：驳回上诉，维持原判。

2003 年 8 月 3 日上午，辽宁省高级人民法院对沈阳市苏家屯某小学教师程世俊强奸、猥亵学生案进行了终审宣判：驳回上诉，维持原判。当日，程世俊被押赴刑场，执行死刑。

伴随着刑场上一声清脆的枪声，一个罪恶的身躯倒下了，轰动全国的"禽兽教师"程世俊终于受到了法律的严惩。

程世俊受到了应有的刑律惩罚，可是那不堪回首的黑色记忆也许会深深地印在 6 名无辜受害女孩幼小的心灵里。如果防患于未然，有多少悲剧可以避免？这是每次悲剧发生后人们对自己、对社会发出的疑问。要痛定思痛，既希望悲剧不会重来，全社会也更要切实加强对青少年儿童真正的关爱和保护。

教师性侵未成年学生的危害：①客观危害严重。侵害了未成年学生的多种权利（性自由权、身体权、健康权、隐私权乃至受教育权），因性侵而产生的法律关系变得异常棘手，给社会治理带来很多隐患；丑化教师形象，破坏教育秩序，败坏社会风气。②主观恶性极大。教师能够凭借职业权利准确掌握学生的信息，负有对未成年学生进行教育、管理和保护的多重任务，这就要求教师对自己的言行及其后果有清晰、理性的认识。但如果教师利用这些信息来选择未成年学生作为性侵对象，置未成年学生于根本无法预见的危险境地，无疑是明知故犯，师德、人伦丧尽，属直接故意犯罪，主观恶性极大[1]。

第四节 中小学教育法律监督和教师法学研究

中小学教师法制在法规制定、遵守、实施等方面取得突出成绩的同时，在教育法律监督和教师法学研究上也有了新的进展，形成了分进合击、整体推进的良好态势。

---

[1] 劳凯声：《中国教育法制评论》（第 12 辑），教育科学出版社 2014 年版，第 56 页。

一、中小学教育法律监督

根据《辞源》中的解释，监督指"监察督促"。《周礼·地官乡师》载："遂治之"，汉郑玄注："治，谓监督其事"。"监督"一词，自古使用到今，雅且劲的意思、意味基本未变。法律监督主要是对法律实施进行的监督，并且是以监督严重违反国家法律的情况为重点。教育法律监督包括国家机关的监督和社会力量的监督，"这两方面监督的有机结合，就构成了教育法律的监督体系"①。

中小学教育法律监督是指对中小学教育工作领域进行的法律监督，包括国家权力机关的监督、国家行政机关的监督、司法机关的监督和社会组织的监督、社会舆论的监督、人民群众的监督。每一种监督都有其重要的作用和价值。国家权力机关的监督是最权威的监督，监督主体是各级人民代表大会及其常务委员会。在《义务教育法》《教师法》《教育法》等重要的教育法律颁布实施以后，全国人大和地方各级人大即加强了对包括中小学工作在内的教育法律监督的力度和频度。实践表明，这种监督是有力、有效的。全国人大常委会教科文卫委员会于1986 年、1988 年、1991 年、1993 年先后多次组织全国性的义务教育大检查。特别是 1991 年 4 月到 1992 年 6 月开展的全面检查，覆盖了全国 30 个省、自治区、直辖市，是中华人民共和国成立以来国家最高权力机关对教育法律实施情况进行的第一次大规模监督，有力地推动了我国义务教育的健康发展②。1996 年，全国人大在全国进行《教育法》实施情况的执法检查，检查结果经全国人大常委会审议后，以书面形式送交国务院办理。与此同时，各省、自治区、直辖市人民代表大会也加强了法律监督工作，如针对义务教育经费投入、拖欠教师工资、教育费附加征收情况、中小学乱收费、保护中小学校园环境等热点、难点问题，经常组织各种定期或不定期的执法检查活动，对推动地方政府贯彻实施教育法律法规发挥了积极的促进和导向作用。

教育督导是国家教育行政机关进行中小学教育监督最经常的方式之一，"是专业性的行政监督，根据科学理论和教育法律法规，运用民主、科学和法治的方式对教育工作进行监督、检查、评估和指导"③。我国近代教育视导制度始于1906 年，其后几经变化起伏。中华人民共和国成立后，教育视察工作受到重视，1951 年国家在中央及地方教育行政部门中开始设置相对独立的教育视导机构。

---

① 黄崴、胡劲松：《教育法学概论》，广东高等教育出版社 1999 年版，第 226 页。
② 李晓燕：《教育法学》，高等教育出版社 2001 年版，第 212 页。
③ 黄崴、胡劲松：《教育法学概论》，广东高等教育出版社 1999 年版，第 235 页。

20 世纪 50 年代后期，因受"左"倾思想的影响，视导机构和人员被撤销、解散，视导工作也被转给了其他职能机构。"文革"结束以后，恢复和加强教育督导制度被提上教育改革和发展的日程。经过"七五"和"八五"期间的努力，开始确立有中国特色的教育督导制度，1986 年 9 月国家教委成立督导司，明确是对中小学教育进行执法监督的专门职能机构。受国务院委托，国家教委于 1989 年开展了对中小学教育五项内容的督导检查，其中就包括教育经费政策和教师工资待遇，次年又对六个省进行了复查。经过几年的实践摸索，1991 年 4 月 26 日，为加强对教育工作的行政监督，国家教委发布《教育督导暂行规定》，进一步明确规定了督导工作的范围、建立督导机构、设置督导人员及其职责等问题，使督导工作有法可依、有章可循，其中第三条规定，"教育督导的范围，现阶段主要是中小学教育、幼儿教育及其有关工作"。全国都建立了省级教育督导机构，并培养了一批专兼职督导人员。1993 年 3～10 月，国家教委组织督导团对一些省市执行《义务教育法》和《扫除文盲工作条例》的情况进行了监督检查。1995～1996 年又开展了一次"五查"，其中之一是教师工资的拖欠问题。教育督导在推动贯彻实施《义务教育法》《教师法》《扫除文盲工作条例》等教育法律、法规，促进基础教育全面贯彻教育方针，督促地方政府落实教育战略地位等方面发挥了积极的作用①。截至 2005 年底，全国 31 个省、自治区、直辖市（除台湾）全部成立了人民政府教育团（室），98.5% 的地市建立了教育督导机构，共 2716 个县建立了督导室。

2006 年 6 月 29 日修订颁布的《义务教育法》第八条规定，人民政府教育督导机构对义务教育工作执行法律法规情况、教育教学质量以及义务教育均衡发展状况等进行督导，督导报告向社会公布。8 月 27 日，二十年磨一剑的《监督法》获得高票通过，标志着我国的监督体系更加完善，将进一步提升教育法律监督的力度和水平，进一步加强法律监督工作的系统性、计划性和制度化。我国的教育法律监督已基本形成了权力机关、行政机关、司法机关、社会、新闻监督等多维立体监督的格局，有利于凝聚各种教育法律监督的合力，并把教育法律监督工作与整个教育法制建设工作结合起来。经过改革开放三十余年的努力，截至 2009 年，我国教育法制和中小学教师法制工作走上了现代化的发展轨道，初步形成了以教育立法为前提、以教育守法为基础、以严格执法为核心、以法律监督为保障的依法治教和依法治师的运行机制。形成了这样的一个机制，我们就能维护教育的公平、正义、高质、高效和高能，就能提升中国教育在国际上的地位和声誉。

---

① 李晓燕：《教育法学》，高等教育出版社 2001 年版，第 212 页。

二、中小学教师法学研究

教育法律监督和教育法学研究也是教育法制建设中不可或缺的两个重要环节。为了当代中国教育法制现代化的进程和命运，我们要建立与市场经济和民主政治建设相适应的现代教育法律文化，在教育界形成符合社会主义法制根本要求的价值观念、法律思维方式和行为模式，锻造出古老中国的现代法意，迎接中国教育法治的伟大曙光。中小学教育法律监督和教师法学研究也是中小学教师法制建设中的两个重要环节，前者上面已有略述，我们再来看一下后者的情形和进展。

（一）教育法学研究的不断深入

十一届三中全会后，中国的教育法"经历了由少到多、由弱到强、由边缘到核心的发展过程"①，教育法学的演进也由此经历了三个时期：1979～1986 年的萌芽期，1986～1993 年的形成发展期，1993～2009 年的总结反思期。进入 20 世纪 90 年代，尤其是《教师法》颁布实施以后，我国学术界对教育法学的研究不断深入，进入了总结与反思阶段，研究者更着眼于从整体上对我国教育法学已有的研究进行综合性考察，加以总结、概括、评析、反思，学术上的争论体现在我国教育法学的学科称谓、概念界说、研究对象、研究范畴、学科特点、理论依据、学科性质、体系框架等方面，试图努力建构我国教育法学学科体系框架②。这从该阶段发表、出版的教育法学研究论文和学术专著中可以得到基本的印证。同时，教育法学学科的组织建设也有了进展，1994 年全国教育学研究会教育管理专业委员会在天津召开了教育法学术研讨会，商议了成立全国教育法学专业委员会等事宜。1998 年成立了上海市教育法制研究与咨询中心，这是我国第一家教育法学研究和教育法律咨询的专门机构。1999 年，全国教育政策与法律研究专业委员会成立，这是我国从事教育法学教学与研究队伍发展壮大的一个重要表征，到 2007 年已经召开了五届学术年会，参加者有相关的各界各专业人员，如教育立法、教育行政、学校管理部门、司法部门、教师等各方面的研究者。教育法学在回应实践需要和自身理论建构上都取得了长足的进步③，教材、著作、论文不断问世，集刊《中国教育法制评论》受到国内外同行的密切关注，中国教

① 劳凯声：《中国教育法制评论》（第 3 辑），教育科学出版社 2004 年版，119 页。
② 劳凯声：《中国教育法制评论》（第 6 辑），教育科学出版社 2009 年版，第 69 页。
③ 劳凯声：《中国教育法制评论》（第 12 辑），教育科学出版社 2014 年版，第 235 页。

育学会教育政策与法律专业委员会的成立也在积极筹备中①。不仅师范院校从事教育法学的教学和研究，综合性大学、政法院校等也都开始认真关注这一领域，全国有越来越多的硕士点和博士点在专门培养教育政策与法律方向的高级专门人才。

（二）教育法学研究对中小学教师工作领域的持续关注

杯满则溢，教育法学研究的不断提升，必然地会加强其对中小学教师工作领域的关注和探讨。进入 21 世纪以来，随着有中国特色的社会主义教师法律法规体系的初步形成，教师法制的不断发展和日益丰富的法律实践为教师法学研究提供了基本的素材，注入了不竭的助力，形成了良性的互动。

自中华人民共和国成立后的 60 年间，总体上而言，教师法规的制定落后于教育实践的需要，而教师法规研究又落后于教师法规制定的需要，因而亟须切实地"先进"这两个"落后"，使三驾马车并驾齐驱。首先要加强教师法规理论研究，20 世纪 90 年代前后，一批学者开始了这方面的努力，对中小学教师法规的制定、实施、监督等问题开展了多侧面、多角度的理论探讨与争鸣，发表了一批数量不菲的期刊和学位论文，如《试论教师法律关系》《依法保护教师合法权益：我国教师申诉制度简介》《论行政机关处理教师申诉行为之性质》《我国教师资格制度的法制化进程》《教师的权利及其实现》《我国改革开放以来教师教育政策的反思》《我国中小学教师资格证书制度亟待完善》《谈农村教师聘任中的双向选择》《中小学教师职务结构初探》《教师的法律地位问题探讨》《论教师的法律地位及其权利义务》《新中国民办教师的发展历程》《中小学教师聘任制研究》《中小学教师人事制度研究》《中小学教师管理制度研究》《中小学教师惩戒权探讨》《中小学教师权利维护的调查研究》等。

有的学术著作还辟出了专门的章节，阐述分析教育法制、教育法学、教师法学、中小学教师队伍建设、教师法制史、教育法制史等论题。例如，毛礼锐、沈灌群的《中国教育通史》（第六卷），在阐述新中国的教育发展时，对一些重要的教育法规作了分析；李国钧、王炳照的《中国教育制度通史》（第八卷），在教育法制方面辟有"教育立法"一章，分三个时期对新中国教育制度建设进行审视；卓晴君的《中小学教育史》专注于中小学教育，分期评述了新中国中小学教育事业和教师队伍的发展简史；刘兆伟的《中国教育法制史》，对"教师的法制发展史"进行了线性的概述；劳凯声的《中国教育法制评论》、李晓燕的

---

① 2010 年 10 月，中国教育学会教育政策与法律专业委员会在北京成立。

《教育法学》、公丕祥的《教育法教程》等，对教育法规的制定实施及作用等作了述论，呈现了中小学教师法制建设的历史棱角；袁振国的《教育政策学》、孙绵涛的《教育政策学》等，对教育政策与教育法规的关系、教育政策合法化等问题作了探讨，为人们提供了审察教育法制的新视角；《新中国教育改革研究》《学校教育法制基础》《各国教育法制比较研究》《教师队伍法制管理研究》《中小学校学法用法案例评析》等，也不同程度地涉及了新中国各时段中小学教师法制某些层面的事项。研究成果较为丰硕，研究趋势也呈范围扩大、深度渐进的特点。上述对有关中小学教师的教育法律规范、教育法律关系、教育法律责任和教育法律监督等方面的研究，几乎有形成"教师法学"的趋势[1]，丰富了"走向教育法治深处的教育法学"[2]，增强了社会的教育法制氛围和人们的教育法律意识，推动了教育法制和中小学教师法制建设。当然，该领域的研究范围、水平及其方法论指导还满足不了法制实践的要求，还亟待集中、加强、深化、系统化，尚待教育法学研究者的不懈耕耘。

　　至 2009 年底，我国初步形成了中小学教师法规的体系框架，由位阶不同、效力等级不同的法规构成了形式较为统一、结构较为合理、兼具原则性和可操作性的法律规范体系，这将保证中小学教师的教育教学、选择任用等工作更加有序、规范，促进中小学教师队伍整体水平的提高和中小学素质教育的实施，推动人们理性、深入地去研究各种教师法律法规问题，正式着手建构新时代的中国教师法学。

① 黄崴、胡劲松：《教育法学概论》，广东高等教育出版社 1999 年版，第 9 页。
② 劳凯声：《中国教育法制评论》（第 6 辑），教育科学出版社 2009 年版，第 70 页。

第五章
中小学教师进修培训法制
(1949～2009 年)

中华人民共和国成立后的 60 年间，在国家教育方针、政策、法规的推动下，我国教育事业经由跌宕起伏迈向了具有中国特色和中国风格的全面建设时代。教师群体作为教书育人任务的主要执行者，日益受到教育界和社会各界的关注、尊重、支持。教师质量如何，决定着教育教学的质量效果和广大学生的成长成才，建设一支数量足够、质量优良的教师队伍成为加快教育建设深化素质教育改革的关键所在。同时，教师进修培训作为提升在职教师能力素养的主渠道，也是教师专业发展的重要途径。60 年来，我国中小学教师进修培训法制经历了从发轫探索到规范发展的沿革历程，在中小学教师进修培训组织机构、人员类别层面设置了针对性、规范性较强的法规条款内容，并加大了执行、实施、监督的力度，取得了令人瞩目的法制建设成效。

第一节　中小学教师进修培训法制沿革历程

回溯自中华人民共和国成立后 60 年的教育发展历程，结合相关史料梳理分析，本章也将 1949～2009 年中小学教师进修培训法制沿革分为四个阶段：1949～1966 年的发轫探索期、1966～1976 年的停滞破坏期、1976～1993 年的转折改革期、1993～2009 年的规范发展期。不同的历史时期，中小学教师进修培训法制呈现出不同的特征，反映了教师进修培训的随势而进和国家对教师队伍质量提升一以贯之的重视，证实了教育法律法规是开展中小学教师进修培训的强大力量依托，同时折射出我国改革发展时代的多元教育需求。

一、发轫探索期

教师培训事关师资队伍的整体素质和教育质量的高低，是中华人民共和国成立以来中小学教育工作的重点之一。1949 年 10 月至"文革"爆发的 17 年间，中小学教师培训法制处于发轫探索期，有关教师培训的具体要求多体现在很多的教育政策文件中，也颁布了一些重要的成文法规，相辅而成，有善可陈。

1949 年 10 月 1 日，中央人民政府接受 9 月通过的起临时宪法作用的《中华人民政治协商会议共同纲领》，其中第五章"文化教育政策"中规定，"中华人民共和国的文化教育为新民主主义的，即民族的、科学的、大众的文化教育"，"人民政府的文化教育工作，应以提高人民文化水平、培养国家建设人才为主，发展为人民服务的思想"[1]。中小学教师作为人民群众一员，仍有提升自我素养和文化水平的需要。《共同纲领》第四十七条规定，"加强劳动者的业余教育和在职干部教育，给青年知识分子和旧知识分子以革命的政治教育，以应革命工作和国家建设工作的需要"[2]。这项规定明确提出对劳动者和在职干部进行再教育，为以后中小学教师进修培训法规的制定提供了法律依据。随后在新中国第一次全国教育会议上指出，新老解放区的中小学教育存在教学质量和师资等方面的问题，要求加强教师轮训、在职学习和思想政治教育。

在毛泽东教育思想的引领下，随着知识分子思想改造、第一个五年计划的推行，国家将中小学教师师资建设提上了日程，并通过政策法规的制定颁布来加强部署。1952 年 7 月教育部颁布的《师范学校暂行规程（草案）》和 1952 年 9 月的《教育部关于中小学教师进修问题的通报》，都反映了中小学教师进修学习的迫切性，而后者更倾向于着手建立系统的教师进修制度，并从培养对象、组织机构等方面述及了逐步完善教师进修培训的问题。此外，中小学校长培训的政策法律条文也初见端倪。1955 年 4 月的《教育部关于训练学校领导干部和教育行政干部计划的指示》中，要求对普通学校领导干部和各级教育行政领导机关干部采用分批轮训等办法进行培训。1955 年，教育部在北京成立了教育行政学院，次年开始，绝大多数省、市、自治区都建立了教育行政干部培训机构，直至 1960 年停办通知下达[3]。由此可见，中小学教师进修培训法规在中华人民共和国成立初的十年间获得了初步的发轫萌芽，出现了一些分散性的条文规定，其中大部分

---

①　何东昌：《中华人民共和国教育史》，海南出版社 2007 年版，第 6 页。
②　何东昌：《中华人民共和国重要教育文献》（1949—1997），海南出版社 1998 年版，第 1 页。
③　张健：《中国教育年鉴》（1949—1981），中国大百科全书出版社 1984 年版，第 204 页。

要求中小学教师通过短期培训或业余学习来获得提高。

在完成农业、手工业和资本主义工商业三大改造的基础上，我国进入了全面建成社会主义社会的发展阶段。随后，社会形势的转变对教育和中小学教师进修培训带来一定的冲击。1957 年 6 月 8 日，人民日报发表题为《这是为什么?》的社论，揭开了反右运动的序幕，并严重扩大化，使教育事业和教师队伍建设遭受重创。1957 年 10 月，中共中央发出《关于在中等学校和小学的教职员中开展整风和反右派斗争的通知》，要求各省、市、自治区党委根据本地区的实际情况，有计划、分步骤地执行。这类通知阻碍了中华人民共和国成立初期发轫的中小学教师进修培训法制进程，横生波折起伏。但国家仍关心基础教育阶段教师进修培训事务，探索相关法规的制定。同月，教育部发布《函授师范学校（师范学校函授部）、业余师范学校若干问题的规定》，要求中小学教师通过函授师范学校和业余师范学校来增强文化科学基础知识，提升自身学历①。随着 1958 年 "大跃进" 的开展，教育界开始了为期三年的 "教育革命" 试验，由于受 "左" 的错误影响，所要达成的目标偏离了正轨，导致教育领域的混乱，中小学教师师资质量不断下滑，教育法制建设受到干扰。结果表明，这种冒进、一味追求量变的"教育革命" 与实际情况是脱节的，与中小学教师进修培训法制所要求的严谨规范是背道而驰的。

为扭转国家经济困难、教育混乱的局面，吸取 "教育革命" 的经验教训，1961 年 1 月，中共八届九中全会通过了 "调整、巩固、充实、提高" 的八字方针②，对调整整顿受 "左" 的错误干扰的中小学教育工作起着匡正、引领的作用，同时对探索教师进修培训法规的制定带来了新契机。1963 年 3 月，中共中央批准公布了《全日制小学暂行工作条例（草案）》（以下简称《小学四十条》）和《全日制中学暂行工作条例（草案）》（以下简称《中学五十条》），并单独各列一章对教师工作作出明文规定，都涉及教师的业务进修问题：对小学教师要求"教师应该重视说话、写字、使用教具等教学基本技能的训练"③；而关于中学教师则规定，"教育行政部门和学校要加强对教师学习的领导，建立和健全教师的进修制度，保证教师进修的时间"④。这两个文献是中华人民共和国成立 14 年来最具代表性和规范性的中小学教育法规，对中小学教师的进修培训亦具有切实的指导意义，使中小学教师的进修培训权益得到合理保障，教师队伍质量明显提

---

① 何东昌：《中华人民共和国重要教育文献》（1949—1997），海南出版社 1998 年版，第 785 页。
② 何东昌：《中华人民共和国教育史》，海南出版社 2007 年版，第 260 页。
③ 何东昌：《中华人民共和国重要教育文献》（1949—1997），海南出版社 1998 年版，第 1154 页。
④ 卓晴君、李仲汉：《中小学教育史》，海南出版社 2000 年版，第 178 页。

高。然而，因知识分子的阶级属性牵涉到的中小学教师政治地位、进修培训权利等问题在法律条文中未谈及，没有廓清之后教师专业发展、教师进修培训法规探索的障碍。1963 年下半年，阶级斗争问题被重新拔高，中共中央要求各地区中小学教师参加社会主义教育运动，在运动中接受思想教育。在此情形下，中小学教师进修培训工作遭冷遇，有关中小学教师进修培训的法律条文的施行不力。此外，涉及中小学教师进修培训的法律法规自身也存在一些问题，如有些法规从形式上看不够规范，大多以"暂行""草案"出现在命名中，影响了法规的稳定性、科学性和权威性。

此期我国中小学教师进修培训法制在发轫的基础上获得了加强，在进修培训法规的制定上还有所突破，推动了基础教育阶段师资队伍的有序建设。然而，"文革"的来临使中小学教师进修培训法制偏离了轨道，陷入了停顿。

二、停滞破坏期

"文化大革命"爆发，文化教育领域首当其冲，教育事业遭到严重的破坏摧残。林彪、江青这两个反革命集团妄图利用教育等领域的动乱篡党夺权。中小学教育战线已然混乱，中小学教师无法进行正常的教育教学，中小学教师的进修培训严重受阻，培训机构和部门相继撤销，中小学教师进修培训法制建设被迫中断，一些涉及中小学教师进修培训的教育法规如《小学四十条》《中学五十条》等，被认为是"反革命修正主义纲领"①，实际上被停止实施。

毛泽东"五七指示"的发布，起着指导学校发展与改革指标的作用②，也指导了教师进修培训法规的制定执行。"文革"爆发后，中小学校秩序混乱，连续出现"停课闹革命""复课闹革命""清理阶级队伍"等事件，其中在清理阶级队伍的运动中，提出"整理和清理教师队伍，把教职员工中坚持反动立场而又不接受改造的地、富、反、坏、右分子清除出去"③。同时在一些"指示""通知""社论"的推动下，出现盲目发展普通中小学的现象，随意填充中小学教师数量，造成一种"层层戴帽，层层拔骨干，层层无骨干"的局面④，致使中小学教育质量急转直下。在这样的背景下，中小学教师既不能正常教学又无法进修学

---

① 方晓东：《中华人民共和国教育史纲》，海南出版社 2002 年版，第 223 页。
② 董江华：《新中国小学教师职后教育发展研究》（1949—2000），华东师范大学 2007 年硕士学位论文。
③ 何东昌：《中华人民共和国教育史》，海南出版社 2007 年版，第 413 页。
④ 毛礼锐、沈灌群：《中国教育通史》（第六卷），山东教育出版社 2005 年版，第 183 页。

习。全国人大及其常委会就被停止活动达八年之久，其职权被文化革命小组、文化革命委员会和革命委员会等"无产阶级文化革命的权力机构"取代，中共中央虽颁布了《关于大中学校革命师生进行短期军政训练的通知》《关于小学无产阶级文化大革命的通知（草案）》等少量教育规范性条文，但大多陷入"左"的辙道，中小学教师进修培训法制建设遭受破坏。

1971 年 4 月至 7 月，在北京召开了全国教育工作会议，这也是"文革"期间召开的唯一一次有关教育问题的全国性会议。会议主要由张春桥、迟群等操控，通过了《全国教育工作会议纪要》（以下简称《纪要》），提出了所谓的"两个估计"，认为原有教师队伍中的大多数"世界观基本上是资产阶级的"，是资产阶级知识分子①。按照这样的说法，中华人民共和国成立以后教师的培养培训也是资产阶级教育路线的表现，是对无产阶级领导下教育事业的侵蚀。《纪要》蛮横要求："要创造条件，让原有教师分期分批到工厂、农村、部队、政治上接受再教育，业务上进行再学习，尽快地适应教育革命的要求。"② 《纪要》及其"两个估计"使广大中小学教师遭到巨大的身心伤害，不仅对"文革"十年间中小学教师进修培训法规的制定设置障碍，而且是对此前制定实施的相关教师进修培训法规及成效的肆意否定。

在教育领域一片混乱的情况下，忠诚国家教育事业的广大师生不畏艰难阻碍，与反革命集团的倒行逆施进行了坚决的斗争。周恩来、邓小平、周荣鑫等国家领导人或教育部负责人尽力纠正"左"的错误，以尽量降低"文革"对教育工作的危害和教育工作者的冲击。尤其是 1975 年邓小平主持中共中央日常工作期间，加紧对教育进行整顿，针对教师作用和地位等问题，他要求遵守相关教育法规，调动教师的工作积极性。除此之外，广大教育工作者坚守自己的岗位，不惧批判、打压，克服困难为国家教育建设贡献一分力量，如 1974 年 8 月，国家从一些省、市选派 389 名教师前往西藏从事教学工作，形势险、路途远、任务重，但没有人畏难而退。

三、转折改革期

"四人帮"被粉碎以后，中小学教师培训在教育立法中的位置渐显，《中等师范学校规程（试行草案）》《加强教育学院建设若干问题的暂行规定》《义务教

---

① 何东昌：《中华人民共和国教育史》，海南出版社 2007 年版，第 423 页。
② 何东昌：《中华人民共和国重要教育文献》（1949—1997），海南出版社 1998 年版，第 1481 页。

育法》《教师法》等教育法律法规对培训工作设置了明确的规定。

党和国家意识到教育领域作为"文革"的重灾区，迫切需要肃清"左"的流毒，对教育界进行拨乱反正。1977 年 8 月，邓小平在全国科学与教育工作座谈会上发表讲话，其中涉及教师的进修培训问题："要研究如何提高教师的水平，就要加强师资培训工作，要把师资培训列入规划、列入任务，在培训中提高教师政治思想水平、业务工作能力及改进作风等。"① 12 月 10 日，教育部发出《关于加强中小学在职教师培训工作的意见》，这是"文革"浩劫结束后我国在教师进修培训法制建设上的新探索。该《意见》涉及教师学历提升、培训机构建立、培训师资、培训方式、培训领导等问题，规范了教师进修培训制度，尤其提到加强小学教师培训的力度。1978 年 3 月通过的《中华人民共和国宪法》，规定"公民有受教育的权利。国家逐步增加各种类型的学校和文化教育设施，普及教育，以保证公民享受这种权利"②。邓小平对提高教师水平的建议和《宪法》《意见》的颁布，为新时期中小学教师进修培训法制建设指明了方向、做好了铺垫、夯实了基础。

随着教育领域拨乱反正工作的顺利推进，各项教育事业迎来转机。教师队伍建设方面，曾遭受阻挠、破坏的中小学教师进修培训工作也在逐步恢复、发展。在中央的正确决策下，教育体制改革于 20 世纪 80 年代中期提上了重要的议事日程。进入 90 年代，教育改革进一步深入，为打破多年的瓶颈，为教育事业和教师发展注入新活力，中央颁布《教育改革与发展纲要》，全国人大常委会制定《教师法》，推动了教育法制建设的进程，也使中小学教师进修培训工作有了更高位阶的法律依据，逐渐向科学化、规范化、法制化发展。

1979 年 3 月，中央同意教育部党组的建议，决定撤销《全国教育工作会议纪要》，意味着"两个估计"也被推翻、撤销，成为历史的印记。其后，中央和地方加快整顿、推进了教师队伍建设。邓小平多次就教育工作发表重要讲话，反复指出要"尊重教师的劳动，提高教师的质量问题"③，要求通过培训提高教师的政治业务水平。邓小平还在《解放思想　实事求是　团结一致向前看》一文中提出，"为了保障人民民主，必须加强法制"④，"现在的问题是法律很不完备，很多法律还没有制定出来"⑤。由于思想路线、政治路线、组织路线的重新确定

①　何东昌：《中华人民共和国重要教育文献》（1949—1997），海南出版社 1998 年版，第 1575 页。

②　方晓东：《中华人民共和国教育 60 年》，湖北教育出版社 2009 年版，第 158 页。

③　何东昌：《中华人民共和国重要教育文献》（1949—1997），海南出版社 1998 年版，第 1607 页。

④　方晓东：《中华人民共和国教育 60 年》，湖北教育出版社 2009 年版，第 157 页。

⑤　何东昌：《中华人民共和国重要教育文献》（1949—1997），海南出版社 1998 年版，第 1657 页。

和国家领导人的正确指引，国家法制、教育法制和中小学教师法制均处在转折、改革的关键阶段。1978～1984年，涉及教师进修培训的法规得以制定或修订颁布，如教育部修订颁布的《全日制小学暂行工作条例（草案）》和《全日制中学暂行工作条例（草案）》，为新时期的中小学教师进修培训提供了法律参照；还颁布了《关于加强和发展师范教育的意见》《关于进一步加强中小学在职教师培训工作的意见》《中等师范学校规程》《关于加强普通教育行政干部培训工作的意见》《加强教育学院建设若干问题的暂行规定》等；1982年12月4日的《中华人民共和国宪法》（也称"新宪法"）获审议通过，其中第四十六条规定"中华人民共和国公民有受教育的权利和义务"①，以国家根本大法来保障中小学教师在内的全体公民均有受教育的权利和义务，以更好地享有机会和履行职责。这些虽多为部门规章，但在全国范围内具有一体遵循的法律效力，促使教师进修培训工作有法可依，对中小学教师进修培训法制和中小学教师队伍建设都产生了切实的推动作用。

1985年5月，中共中央发布《关于教育体制改革的决定》，提出为积极、有步骤地实施九年义务教育，需制定义务教育法②，要"建立一支有足够数量的、合格而稳定的师资队伍，是实行义务教育、提高基础教育水平的根本大计"③。此项重要政策推动了之后多项法律法规对教师进修培训事务条款的设置。1986年4月12日，全国人民代表大会通过《义务教育法》，虽说《义务教育法》属于教育单行法律，但由全国人大制定可见其受重视的程度。该项法律明确提到中小学教师培训事务，标志着中小学教师进修培训法制建设迈上新高度。1986～1993年，中小学教师进修培训法规的法律层面得以提升，涉及培训对象和培训组织机构的相关法规也逐渐增多，如《中小学教师考核合格证书试行办法》《中学班主任工作暂行规定》《广播电视大学暂行规定》《中华人民共和国义务教育法（实施细则）》等，使人们真切地感受到中小学教育法制建设正进入风云激荡的改革阶段。

1993年2月颁布的《中国教育和改革纲要》（以下简称《纲要》），从全新的视角为新一次的教育改革指明了方向，对中小学教师进修培训法规建设具有导向作用。其中《纲要》指出，"加快教育法制建设，建立和完善执法监督系统，

---

① 何东昌：《中华人民共和国重要教育文献》（1949—1997），海南出版社1998年版，第2054页。

② 教育部政策研究与法制建设司：《现行教育法规与政策选编》，教育科学出版社2002年版，第323页。

③ 张乐天：《教育政策法规的理论与实践》（第2版），华东师范大学出版社2009年版，第139页。

逐步走上依法治教的轨道。制定教育法律、法规，要注意综合配套，逐步完善"①，"要制订教师培训计划，促进教师特别是中青年教师不断进修提高，使绝大多数中小学教师更好地胜任教育教学工作"。②《纲要》的出台，昭示着中国教育法制建设迎来了新的契机，中小学教师进修培训事务将开创新的局面。

四、规范发展期

1993 年 10 月 31 日，八届全国人大常委会第四次会议通过《中华人民共和国教师法》。《教师法》作为中华人民共和国成立以来我国首部针对教师的法律，第一次用法律的形式明确了我国教师在社会发展进程中的重要性。《教师法》第七条、第八条明确规定了教师培训的权利和义务："教师享有参加进修或者其他方式的培训，并履行不断提高思想政治觉悟和教育教学业务水平"③；同时，在第十九条中要求制订教师培训计划，进行多种形式的培训。这为往后教师进修培训法规的制定提供了权威的法律依据，也加快了中小学教师进修培训法制建设的进程。

1994 年 7 月 3 日，国务院发布《关于〈中国教育改革和发展纲要〉的实施意见》，提出"加强教育法制建设，依法治教，加快教育立法步伐，抓紧制定《教育法》等一批教育法律和行政法规"④。得益于这项教育政策的立法导向，在全国人大、国务院、国家教委等中央立法主体和各界人士长达数年的共同努力下，八届全国人大三次会议于 1995 年 3 月 18 日通过了《中华人民共和国教育法》，其颁布标志着中华人民共和国成立以来我国第一部关系着教育发展全局的"根本大法"的诞生。《教育法》从中国实际情况出发，对教育性质、地位、学校、教师、教育投入与条件保障等方面作了明确的规范，对加强教师的进修培训也作出了原则性规定。

1999 年 3 月，九届全国人大二次会议通过的宪法修正案规定："中华人民共和国实行依法治国，建设社会主义法治国家"，并将其作为宪法的第五条第一款。这是中国近现代史上破天荒的事件，是中华人民共和国治国方略的重大转变。6

---

① 教育部政策研究与法制建设司：《现行教育法规与政策选编》，教育科学出版社 2002 年版，第 345 页。

② 教育部政策研究与法制建设司：《现行教育法规与政策选编》，教育科学出版社 2002 年版，第 349 页。

③ 法律出版社法规中心：《教育法律手册》，法律出版社 2005 年版，第 384 页。

④ 教育部政策研究与法制建设司：《现行教育法规与政策选编》，教育科学出版社 2002 年版，第 364 页。

月，中共中央、国务院发布《关于深化教育改革全面推进素质教育的决定》，指出"全面推进素质教育，根本上要靠法治"，"各级党政领导和广大教育工作者要深入进行教育法律法规的学习、宣传活动，增强法律意识，严格履行保护少年儿童和学生身心健康发展的法律职责，坚决制止侵犯学生合法权益的行为"，"要依法保障教师的合法权益，不得拖欠教师工资"，"开展以培训全体教师为目标、骨干教师为重点的继续教育，使中小学教师的整体素质明显提高"。

在《宪法》《教育法》和《关于深化教育改革全面推进素质教育的决定》的规范、指导和推动下，中小学教师的进修培训制度得以继续发展完善，教育部分别于 1999 年 9 月和 12 月颁布了《中小学教师继续教育规定》和《中小学校长培训规定》，从培训权利与义务、培训内容、形式、组织管理、条件保障和考核等方面对教师和校长的进修培训做了全面、系统的规定，进一步加强了中小学教师进修培训法制建设。

进入 21 世纪，我国教师法制建设进一步推进，在《中小学教师继续教育规定》的贯彻实施中，中小学教师的进修培训落实到教师自身专业发展上。另外，长期以来，我国基础教育发展水平不平衡，虽有《义务教育法》《教师法》《教育法》等法律屡加规范强调，但效果不很彰显，因为解决该问题的至要关键点之一在于中小学师资队伍的均衡问题。为此，2001 年 5 月国务院发布了《关于基础教育改革与发展的决定》，全面提倡素质教育，要求结合基础教育课程改革，加强中小学教师继续教育工作[①]。10 月，教育部颁发《关于开展基础教育新课程师资培训工作的意见》，这是 21 世纪首部专门对基础教育教师进修培训工作进行部署的部颁文件，强化了教师队伍质量建设，推动了中小学教师进修培训法制工作的进一步深入。随着新课改的推进，素质教育和终身教育理念在国民教育中的地位得以确立，国家出台《2003—2007 年教育振兴行动计划》，教育部陆续颁布了一些教育法规，如 2003 年 3 月的《第二期国家贫困地区义务教育工程校长和教师培训项目实施管理办法》、2004 年 12 月的《中小学教师教育技术能力标准（试行）》等，这些法规都不同程度上涉及中小学教师培训事务，所设条款具有规范力、约束力和强制力。

在中小学教师进修培训法制持续健全的同时，为适应全国教育的发展趋势，国家有关部门对相关法律法规进一步修订完善。首先是 2006 年 6 月完成的《义务教育法》的修订，修订后共八章六十三条，内容大为扩展充实，如专列第四章对教师进行规定，包括教师职责、教师职务制度、经费保障机制、教师培养和流

---

① 何东昌：《中华人民共和国重要教育文献》（1998—2002），海南出版社 2003 年版，第 890 页。

动等，其中两项条款内容涉及教师进修培训。时隔十四年之久，我国于 2009 年 8 月对《教育法》进行修订，这对进一步完善中小学教师进修培训法制具有重要的规范和指向价值。此期教育部宣布废止《社会力量办学教学管理暂行规定》等八项规章，包括 1989 年的《电视师范教育管理办法（试行）》，其中牵涉中小学教师培训的组织机构任务、入选条件、考核要求，这些条文和规定随即失去效用而为新的法规条文取代。正是废止了过时的教育法规，使中小学教师进修培训法制建设的严肃性和规范性得以进一步保障[①]。

从 1949 年到 2009 年这 60 年的发展来看，我国中小教师进修培训法制建设不断走向系统规范。在素质教育深入推进的过程中，在持续的社会转型所引发的社会关系的深刻变迁面前，教育领域又会产生一系列全新的问题，初露曙光的教育法治既面临严峻的挑战，又握拥无限的机遇。

第二节　中小学教师进修培训组织机构层面

中华人民共和国成立 60 年间，中小学教师进修培训法制建设的发展经历了从无到有、从零散单一到整合规范、从兼容政策到以法律法规为主的过程，在波折起伏中不断走上规范化、法制化的轨道。教师进修培训组织机构作为教师享有继续教育权利的学习场所，其建设和发展在中华人民共和国成立之初已受到关注，主要根据国家的政策指令，设立在职教师进修培训的学校或机构，配备相应的教师和教学设备，视情对部分事务出台法规条例作出明文规定。改革开放后，随着教育立法体制的完善，依法治国、依法治教理念的深入人心，则由法律法规的形式对教师进修培训组织机构的设置、师资、资金投入等方面作出规定，教师进修培训组织机构的相关规定由点到线而面、由粗略到详尽，规范性和可操作性不断增强。本节主要从组织机构的布局设置、师资建设和条件保障三个方面，述析教师进修培训法规有关组织机构层面的具体条文内容，借此一窥中小学教师进修培训机构的有序发展轨迹。

---

① 方晓东：《中华人民共和国教育 60 年》，湖北教育出版社 2009 年版，第 170 页。

一、进修培训机构的布局设置

随着国家重视基础教育事业，中小学教师进修培训机构逐渐设立，并以法规的形式对师资培训机构的设置、任务等方面加以明确。20 世纪 80 年代以后，为做到有法可依，国家陆续颁布了一些法律法规，以保障教师进修培训机构的数量、质量的增长和提高，如《中等师范学校规程（试行草案）》《加强教育学院建设若干问题的暂行规定》《中小学教师继续教育规定》等，随后师资培训机构纷纷设立，呈现多元发展的趋势。直至 2009 年，我国培训中小学教师的组织机构发展壮大，形成了包括教育学院、教师进修院校、普通师范院校、综合性高等学校、广播电视大学和其他机构在内的具有中国教育特色的教师培训体系。教学任务也由补习教师基础文化知识演变为注重提升教师学历学位和综合素养，促进了教师的专业发展。

（一）各级教师进修院校的建立与培训任务

各省、市、县的教师进修院校作为中小学教师进修培训的组织机构，对提高基础教育阶段教师的学历和素养至关重要。中华人民共和国成立前 17 年间，由于中小学教师进修培训法规体系的不完备，教育学院、教师进修学院的设置和任务分配主要以政策、计划为主，结合法律法规加以推行。1952 年 9 月，教育部在《关于中小学教师进修问题通报》中要求各地区筹办教师进修学校一所、教师业余学校若干所，开启了创建新的教师培训基地之路。据 1953 年统计，河北省教师进修学校达到 145 所；福建省教师进修学院在 1956 年创办，并于 1959 年改为教育学院；1953 年 12 月，上海市中学教师进修学院成立，随之小学教师进修学院也建立起来，它们的任务是专门负责业余提高和更新中小学教师的文化知识，同时遵循"面向中小学教学实际，逐步提高"的办学方针[①]。

1957 年 10 月，教育部发出《关于函授师范学校（师范学校函授部）、业余师范学校若干问题的规定》，要求将原先小学教师业余进修学校改为业余师范学校，并规定以上两种学校承担培训小学教师、提高小学教师文化科学基础知识的任务，使小学教师学历达到合格并逐步提高。而就在当年，全国已有函授师范学

---

① 李俊霞：《上海市区（县）教师进修院校工作变迁（1978—2008）》，华东师范大学 2009 年硕士学位论文。

校720所①。1960年5月，在师范教育改革座谈会中议及教师进修机构时，要求"从省、专区、市县到公社和学校层层建立和健全教师进修机构或组织"②，加强培训机构的规范化，做好统一管理工作。截至1966年，全国培训中小学教师的教育学院和教师进修院校在各省、市发展良好，其中教育学院、教师进修学院总数已达39所③。但随着"文革"的爆发，教师进修院校一度停办、废止。

　　1977年12月，教育部印发《关于加强中小学在职教师培训工作的意见》，对培训机构提出了要求："省（市、自治区）、地（盟、州）可建立教育学院或教师进修学院；县可建立教师进修学校，公社可建立培训站"，同时规定"各级培训机构还要和师范院校密切协作，搞好培训工作"④。此《意见》的发布，推动了各级教育学院和教师进修院校的恢复和重建，提高了教师培训机构的数量和质量，到1981年，全国教育学院增至279所，教师进修院校达2113所。以深圳市为例，1982年4月，经广东省人民政府批准，将深圳教师进修学校和深圳师范合并升格为深圳教师进修学院，并于同年恢复招收两个中师班、八个中师函授班、一个小学行政干部短训班以及其他师训班⑤。

　　这一阶段，各省教育学院的人、财、物很缺乏，办学条件得不到保证，而教育部又"从未颁发过有关这一类学校立法性的条例或规定"⑥。为了强化教育学院的师资培训功能，加强教师进修院校的规划性，使其设置和运行有法可依，1982年10月，国务院批转教育部《加强教育学院建设若干问题的暂行规定》，明确教育学院是"本地区培训中学在职教师的基地"，规定"教育学院的建立、改建，由省、直辖市、自治区人民政府批准，抄送教育局备案"，同时提出"教育学院要通过多种培训形式，提高中学在职教师的政治、文化、业务水平，以及有计划地分期分批培训教育行政干部，提高他们的思想政治水平、教育理论水平和管理水平"⑦。该《规定》首次以法规形式强调教育学院应承担培训教育行政干部（包含中学校长）的任务，进一步强调了教育学院担负的培训职责和任务。

　　1984年7月，教育部规定各级教育学院和教师进修院校应积极承担中小学教

---

　　① 董江华：《新中国小学教师职后教育发展研究》（1949—2000），华东师范大学2007年硕士学位论文。

　　② 何东昌：《中华人民共和国重要教育文献》（1949—1997），海南出版社1998年版，第985页。

　　③ 刘英杰：《中国教育大事典》（1949—1990），浙江教育出版社1993年版，第1063页。

　　④ 何东昌：《中华人民共和国重要教育文献》（1949—1997），海南出版社1998年版，第1588页。

　　⑤ 宋尚忠、温玉莲：《改革师范教育体系的一个尝试——迅速发展的深圳教育学院》，《广州教育》1985年第4期。

　　⑥ 刘英杰：《中国教育大事典》（1949—1990），浙江教育出版社1993年版，第1064页。

　　⑦ 何东昌：《中华人民共和国重要教育文献》（1949—1997），海南出版社1998年版，第2048页。

师普通话的培训工作，强调了教师培训机构应注重教师教学基本能力的培训养成。1993 年 10 月通过的《教师法》，规定"各级教师进修学校承担培训中小学教师的任务"①。1999 年 9 月通过的《中小学教师继续教育规定》，再申各级教师进修院校需筹备培训中小学教师的具体教学工作。至此，通过国家相关法规的实施，各级教师进修院校已发展成比较稳定的省、市、县三级机构体系，并具有相当数量的规模。截至 1999 年底，全国共有教育学院 166 所，教师进修学校达 2129 所。

2001 年 10 月，教育部在《关于开展基础教育新课程师资培训工作的意见》中强调了省县级教师培训机构在中小学教师新课程培训的重要性，要求加强机构建设，特别是县级教师培训机构的建设。2002 年，教育部发布《关于进一步加强县级教师培训机构建设的指导意见》，阐明了县级教师培训机构建设的必要性，同时要求培训机构的建设需依据相关法律法规来执行，以开展本地区中小学教师继续教育工作为主要任务②。2002 年以后，中小学教师进修培训院校的数量虽有所下降（2002 年，全国教师进修学校有 1703 所，教育学院有 103 所③），但培训和教育质量有了稳步的提升。

（二）师范院校与非师范高等院校培训任务

中华人民共和国成立以后，承担中小学教师进修培训的任务就不仅仅限于各级教师进修院校，师范院校和非师范高等院校也承担了相应的师资培训任务。1951 年，政务院在改革学制的决定中规定，师范学校和初级师范学校附设小学进修班，对小学教师进行培训④。1952 年 7 月，教育部颁布《关于高等师范学校的规定》，强调在条件具备的高等师范学校附设函授部，规定"师范学院及师范专科学校应协助所在地区的教育行政部门辅导该区域内的中等学校"⑤，提升中学教师整体质量。同时颁布的《师范学校暂行规程》提出，"师范学校，为适应在职小学教师之需要，经省、市教育厅、局批准，得设函授部，用函授方式，提高他们至师范学校毕业程度"⑥。上述法规明确了师范院校专设培训部门，激发了中小学教师培训工作的发展活力。例如 1953 年 3 月，福建省教育厅创办函授

① 教育部政策研究与法制建设司：《现行教育法规与政策选编》，教育科学出版社 2002 年版，第 21 页。

② 师凡：《县级教师培训机构挑大梁》，《中国教育报》2002 年 4 月 27 日。

③ 2005 年，全国教育学院总数为 80 所。

④ 何东昌：《中华人民共和国重要教育文献》（1949—1997），海南出版社 1998 年版，第 106 页。

⑤ 何东昌：《中华人民共和国重要教育文献》（1949—1997），海南出版社 1998 年版，第 156 页。

⑥ 何东昌：《中华人民共和国重要教育文献》（1949—1997），海南出版社 1998 年版，第 157 页。

师范学校，招收相当高小毕业程度的农村在职小学教师参加两年的系统学习①，以期通过培训使这些小学教师达到初师毕业程度。福建师范学院也大力举办函授教育，附设函授部开展师资培训。1956 年 3 月《师范学校规程》颁布，再次重申了师范院校设函授部的要求，并将师范院校承担培训的任务具体化，集中于小学教师文化科学知识水平的提高。1957 年 10 月，教育部颁布的法规中再次明确师范学校函授部应承担培训小学教师的任务，其"教育任务在于提高某些小学教师"的文化科学基础知识，"从而提高他们教学工作的能力"②。

1977 年，教育部在《关于加强中小学在职教师培训工作的意见》中，要求高等师范院校和中等师范学校"除培养新师资外，应承担对中小学在职教师培训提高的任务，其他高等院校也应抽出一定力量帮助培训中学教师"③。1980 年 8 月的《中等师范学校规程（试行草案）》规定，"有培训在职小学教师任务的中等师范学校，还应设立在职教师培训机构"④。《一九八〇年高等学校招生工作的规定》，要求"中、小学公办教师，限报师范院校"。1999 年的《中小学教师继续教育规定》明确："普通师范院校在主管教育行政部门领导下，具体实施中小学教师继续教育的教育教学工作"。显而易见，各级师范院校在中小学教师培训体系中占有重要地位，是明确而一贯的。

20 世纪 80 年代后，为顺应教育改革发展的新格局，打破教师培训机构的单一化，拓辟新的教师培训基地，有关教师培训法规明确要求加强综合类高校和广播电视大学等办学机构参与中小学教师培训的力度。1980 年 7 月颁布的《全国重点高等学校接收进修教师工作暂行办法》，提出"全国重点高等学校接受进修教师，是全国重点高等学校应承担的任务"⑤，其进修教师当包含中小学教师在内。1988 年 3 月，《高等教育自学考试暂行条例》规定，"开考新专业，由省考委组织有关部门和专家进行论证，并提出申请，报全国考委审批"，这其中就含教师教育类专业，高等教育自学考试也是培训中小学教师的一条重要途径，各地开设了高等师范自考专业，对考试合格者的在职中小学教师，根据具体情况发给相应的自学考试毕业证书或单科合格证书。1988 年 5 月，国家教委发布《广播电视大学暂行规定》，提出中央和地方的广播电视大学都需担负着培训师资的职责，培训中小学师资之责也在其列。1988 年 6 月发布的《学校电化教育工作暂

---

① 王豫生：《福建教育史》，福建教育出版社 2004 年版，第 818 页。

② 何东昌：《中华人民共和国重要教育文献》（1949—1997），海南出版社 1998 年版，第 785 页。

③ 何东昌：《中华人民共和国重要教育文献》（1949—1997），海南出版社 1998 年版，第 1588 页。

④ 何东昌：《中华人民共和国重要教育文献》（1949—1997），海南出版社 1998 年版，第 1839 页。

⑤ 何东昌：《中华人民共和国重要教育文献》（1949—1997），海南出版社 1998 年版，第 1828 页。

行规定》，规定了学校电化教育机构的任务，即"负责培养、培训师资的学校的电化教育机构，还应承担向学生传播电化教育基本知识和技能的任务"①。1989年9月的《电视师范教育管理办法（试行）》，明确卫星电视师范教育任务包括"开展在职中小学教师培训""通过系统学习达到国家规定的学历要求"等②，教师学历的达标与提升仍占据任务的主要部分。

1993年《教师法》第十八条第二款规定，"非师范学校应当承担培养和培训中小学教师的任务"③，普通高校举办成人高等教育的，可以开办教师本科班和专科班。1999年9月教育部规定，"综合性高等学校、非师范类高等学校和其他教育机构，经教育行政部门批准，可参与中小学教师继续教育工作"④；《中小学教师继续教育规定》明文要求："经主管教育行政部门批准，社会力量可以举办中小学教师继续教育机构。"⑤ 在拓增教师培训机构、明确教师培训任务的教育法规的推动下，中小学教师培训实际工作突破了培训基地不足的限制，呈现良好的发展势头。

为了充分发挥资源科学配置的优势，使中小学教师培训工作协调、有序、高效地展开，国家规定，"在培训提高中小学教师的现有办学形式之间，应加强横向联合、互相沟通"⑥。为此，国家教委1989年制文规定，"电视师范教育高等师范专科的教学组织管理工作，依托教育学院、教师进修学院、广播电视大学或其他高等学校"⑦。之后又试验了函授、卫星电视教育、自学考试"三沟通"培训初中教师、专业合格证书有条件地转换成大专学历证书等沟通、整合的模式。另外，自1986年以来，国家教委多次发布《全国各类成人高等学校招生规定》，对中小学教师的报考条件（如教龄年限）、优录条件（如是否骨干教师）、报考类别（如是否脱产、本科或专科）和报考专业（如对口与否）等方面连续作出规定或修订、补充规定，较好地解决了师资培训机构的工作安排与中小学校正常教学、中小学教师专业发展之间的矛盾。

---

① 全国人大常委会法制工作委员会：《中华人民共和国教育法律法规总览（1949—1999）》，法律出版社2000年版，第1381页。

② 何东昌：《中华人民共和国重要教育文献》（1949—1997），海南出版社1998年版，第2883页。

③ 教育部政策研究与法制建设司：《现行教育法规与政策选编》，教育科学出版社2002年版，第21页。

④ 法律出版社法规中心：《教育法律手册》，法律出版社2005年版，第384页。

⑤ 教育部政策研究与法制建设司：《现行教育法规与政策选编》，教育科学出版社2002年版，第215页。

⑥ 《教育法律手册》，法律出版社2001年版，第166页。

⑦ 《教育法律手册》，法律出版社2001年版，第164页。

我国一直很重视发挥中小学校本身作为教师自培基地的功能，充分肯定教师在任职学校的自学和互教是最基本、最经常、很有效的一种培训教师的活动，是岗位成材的重要途径，并在相关的法规中予以确认。1952 年 5 月，政务院颁布的《干部子女小学暂行实施办法》规定，"干部子女小学的教师，以参加当地一般小学教师学习组织共同学习为原则"。1957 年 1 月，教育部发布《中学教学研究组工作条例（草案）》，规定教研组是各科教师的教学研究组织，其任务是"组织教师进行教学研究工作，总结、交流教学经验，提高教师思想、业务水平，以提高教育质量"。1999 年 9 月，教育部第 7 号令规定，中小学校应积极"组织开展校内多种形式的培训"①。

　　上述法规较多针对同种性质的教师培训机构的设置和任务进行规定。20 世纪 80 年代末以后，陆续出现单个法律法规中明确各种教师培训机构应承担的任务，乃至要求各培训机构相互联合、共同协作完成中小学教师培训的任务。例如1980 年后，上海市、区（县）教师进修院校采取与市教育学院、华东师范大学、上海师范学院、上海电视大学等单位联合办学的形式培训师资②。

　　上述教师法规催生了不同种类、层次培训机构的产生，充分调动了各方面力量举办中小学教师培训机构的积极性、能动性和创造性。截至 2000 年，全国为中小学教师设立的培训机构有 166 所教育学院、教师进修学校 2129 所及在师范院校内设置的众多培训机构③，构成了中央—省—地—县—乡—校的六级培训体系，形成了强有力的培训合力和普受赞誉的"师培文化"，加快了中小学教师学历、素质、能力的达标进程。

　　进入 21 世纪后，在中小学教师进修培训法规的制定上，一部分参照中央层面的法律法规，制定地方性实施办法；另一部分则是国家依据中小学教师继续教育工程、基础教育改革需要而发布一些法规性培训文件，如 2001 年 9 月福建省教育厅颁布《福建省中小学教师继续教育规定》，其中第十四、十五条规定"各级教师进修院校和普通师范院校是中小学教师继续教育的重要基地"，"原则上省、设区市主要承担中学教师培训任务，设区市、县（市、区）主要承担小学教师培训任务"，完善了省—市—县三级的地方教师培训网络。

　　2000 年 3 月，教育部制订《中小学教师继续教育工程方案》，明确"国家在

　　①　教育部政策研究与法制建设司：《现行教育法规与政策选编》，教育科学出版社 2002 年版，第 214 页。

　　②　李俊霞：《上海市区（县）教师进修院校工作变迁（1978—2008）》，华东师范大学 2009 年硕士学位论文。

　　③　国家教育发展研究中心：《2000 年中国教育绿皮书》，教育科学出版社 2000 年版，第 11 页。

有条件的部属师范大学和教师进修院校建立中小学教师继续教育国家级培训机构"[1]，与地方共同承担各类国家级培训任务。2003年3月的《第二期国家贫困地区义务教育工程校长和教师培训项目实施管理办法》规定："新课程教师具体的培训任务，可委托综合性大学、师范院校、地（市）教育学院等单位承担"。

概言之，上述中小学教师进修培训法规规范了不同形式培训机构的设置和任务，调动了高校和社会力量创办中小学教师培训机构的主动性、积极性。随着各级教师培训机构的调整和转型，中等师范学校逐渐减少，至2007年，1999年的原166所教育学院中，有65所与高校合并或整改，教师进修学校中有700多所与其他机构进行资源整合[2]。众多的中小学教师培训机构在法规的规定和政策的督促中前行，形成了中央和地方相互衔接、较完善的培训机构体系，促进了中小学教师自身学历和教育教学素养的提升。

二、进修培训机构的师资建设

教师作为教育教学的主要执行者，在各级教师进修培训机构中发挥着重要作用，师资建设日益成为教师进修培训机构关注的焦点，重点是师资来源、教师职数配置和职称评定这几个方面。合理规划师资建设，需要国家和地方政策的引导，更需要相关教育法规的规范、保障和促进作用。这些法律法规主要颁布于改革开放之后，如《全国重点高等学校接受进修教师工作暂行办法》《加强教育学院建设若干问题的暂行规定》等，使中小学教师进修培训有序推进，中小学教师队伍不断发展壮大。

（一）师资来源

改革开放以前，进修培训机构师资力量的建设举措主要根据国家的教育政策和方针来进行。随着对进修培训机构师资需求的不断提高，相关法规对师资来源等事项作了具体的规定。

1952年9月，教育部提出"各级教师进修学校均需配备一定名额的专职教师，教师进修学院的教师可抽调一部分优良的中学教师担任"，"教师业余学校、函授学校的教师可抽调一部分优良的中小学教师"[3]。此后，随着师资队伍重要

① 何东昌：《中华人民共和国重要教育文献》（1998—2002），海南出版社2003年版，第542页。

② 管培俊：《光荣与梦想（二）——中国教师教育改革开放30年》，《基础教育改革动态》2009年第6期。

③ 何东昌：《中华人民共和国重要教育文献》（1949—1997），海南出版社1998年版，第169页。

性的不断上升，教师法规对这点给予了规定。1977 年 12 月，教育部在开展师资培训工作中强调，"既要调集一支必要的水平较高的培训师资的专职教师队伍，又要动员各方面力量，建立起一支强大的相对稳定的兼职教师队伍"①。1980 年 7 月，教育部明确规定："进修教师一般由教研室负责培养，要遴选教授、副教授或学术水平较高、有教学经验的讲师担任指导教师或进修班的任课教师。" 1982 年 8 月，教育部又要求："教育学院教师的进修工作，要纳入国家高等学校师资进修计划"，"国家分配研究生和大学本科毕业生时，对教育学院应与高等师范院校同等对待"②。1982 年 10 月，教育部提出"教育部门可以通过协商，有计划地从基础较好的高等师范院校和其他高等学校，调剂有教学经验的教师充实和加强教育学院的师资队伍"③。为加强教育学院培训的骨干力量，国家也可分配部分拥有学士学位和硕士学位的毕业生加入教育学院的培训师资队伍中。1988 年 5 月，国家教委规定："设置广播电视大学，须配备与教学任务相适应的合格教师。"④

除此之外，地方性法规规章的颁布实施也推动了进修培训机构的师资队伍建设。以上海为例，随着 1989 年《上海市中小学教师进修规定》的制定执行，各级培训机构认识到自身教师队伍的建设问题。当时担任上海市教育学院院长的张家祥说道："我院共有 300 多名教师，但真正研究中学教育、教学的人数并不多，因此之后的教师队伍建设方向是在拥有从事学科教育和学科教学心理学师资队伍的基础上，努力打造一支研究中学教育的专家队伍，同时也聘请一部分兼职教师。"⑤

1999 年 9 月，教育部明确规定，地方要加强教师进修培训机构中的师资队伍建设。12 月 30 日，教育部在《中小学校长培训规定》中要求，"施教机构的教师实行专兼结合"，"培训机构应当配备素质较高、适应培训工作的专职教师队伍，并聘请一定数量的校外专家学者、教育行政部门领导和优秀中小学校长作为兼职教师"⑥。在 2000 年教育部提出实施的"中小学教师继续教育工程"中，要求调动一些高等学校、科研单位和从事中小学教育教学的优秀教师、专家、学者

①　何东昌：《中华人民共和国重要教育文献》（1949—1997），海南出版社 1998 年版，第 1588 页。

②　浙江教育学院教育理论研究室：《教育政策法令选编（1981.7—1983.8）》（内部文件），第 100 页。

③　何东昌：《中华人民共和国重要教育文献》（1949—1997），海南出版社 1998 年版，第 2048 页。

④　《教育法律手册》，法律出版社 2001 年版，第 330 页。

⑤　张家祥：《加强上海教育学院的改革和建设》，《中学教师培训》1990 年第 7 期。

⑥　教育部政策研究与法制建设司：《现行教育法规与政策选编》，教育科学出版社 2002 年版，第 182 页。

加入到教师进修培训机构的教师队伍中，形成一支专兼结合的中小学教师培训师资队伍。这些法规条文的颁布和实施，进一步拓宽了培训机构自身的师资来源渠道，保障了师资队伍的教学水平和中小学教师培训工作的有序推进。

（二）职数配置

教师进修培训机构的师资有一定的数量规定，根据参与进修培训的中小学教师人数和课程内容安排来进行师资职数配置。1960年，师范教育改革座谈会上建议"各级各类教师进修机构应该有适当的编制，配备一定数量的水平较高的党员领导干部和必要的专职教师"。1963年10月，教育部颁发《关于全日制高等学校举办的函授部和夜大学人员编制的暂行规定（试行方案）》，规定"具备一定规模的函授部应当配备一定数量的专职教师"，"专职人员和兼职人员各配备多少，由学校根据实际情况，自行安排"[1]，其中可按"函授生人数结合专业的多少，以不同比例计算"。该《规定》推动了相关教师进修培训机构的师资配置，改进了师资队伍结构。1982年，教育部规定各地教育学院需要配备一定数量的教师，要求"教育学院工作人员的编制，由省、直辖市、自治区人民政府根据教育学院实际承担的任务确定"[2]，其中主要包括培训中小学教师的师资配置。这项规定推动了各级教师进修院校对师资配置的规范管理，以最合理的师资调配因应高质量的中小学教师培训。据1986年统计，福建省9所教育学院和教师进修院校有专任教师432人，兼任教师50人[3]。

随着后期中小学教师进修培训法规的相继实施，加之21世纪基础教育改革的推动，教师进修院校教职员人数显著提高，据2001年教育数据统计，在教师进修学校中，福建有专任教师1841人，教辅人员240人，兼职教师68人；在教育学院中，福建有专任教师336人，教辅人员46人，兼职教师280人。由此可见，专任教师所占比重较大，有利于教师队伍的稳定，这逐渐成为福建省乃至全国教师进修培训机构教师职数分配和岗位安排的一种趋势。

（三）职称评定

职称，最初源于职务名称，是指专业技术人员的专业技术水平、能力以及成就的等级称号，是反映专业技术人员的技术水平和工作能力的标志。职称组成结构合理的师资队伍，能反映出教师培训机构师资力量的强大或发展后劲。而职称

① 何东昌：《中华人民共和国重要教育文献》（1949—1997），海南出版社1998年版，第1229页。
② 何东昌：《中华人民共和国重要教育文献》（1949—1997），海南出版社1998年版，第2048页。
③ 檀仁梅、庄明水：《福建师范教育史》，福建教育出版社1990年版，第269页。

评定不是一蹴而就的，需要遵从一定的评定程序和标准要求。国家对进修培训机构教师的职称评定，主要根据该校对应的层级和参评教师所讲授课程的类级来进行，如教育学院、教师进修学院等大多比照高等学校教师的职称评定方式，相关法律法规对此作了规定。1960 年 2 月，国务院在《关于高等学校教师职务名称及其确定与提升办法的暂行规定》中提出，"高等学校教师职务名称的确定和提升，应该以思想政治条件、学识水平和业务工作能力为主要依据；同时，对资历和教龄也必须加以照顾"①，教师职务评定应根据相应的条件，分别对教师评定助教、讲师、副教授、教授四级职称。1979 年教育部规定，"省、市、自治区办的教师进修学院和教育学院承担培养中学师资任务、讲授高等学校课程的教师，可评定高等学校教师职称"②。

相关教育政策对地方尤其是省、市级教师培训机构教师的职称评定有了进一步说明，如 1980 年教育部在《关于地区、省辖市一级教育学院、教师进修学院教师评定职称的通知》中明确规定，满足已审批通过并由国务院备案的各级教师进修院校，同时其培训学员达到高师本科或专科毕业水平，这样教育学院和教师进修学院教师的职称评定可遵循 1960 年 2 月 16 日的《高等学校教师评定职称办法》进行。1982 年，教育部在《加强教育学院建设若干问题的暂行规定》中，也简要提出教育学院应"参照高等学校有关规定，评定晋升教师职称"③。随后，地方教师培训机构参照高等学校标准，全面开展教师职称评定。据 1987 年统计，江西省内的教育学院专任教师中有教授 4 人，副教授 88 人，讲师 210 人，教员 105 人，助教 256 人④。截至 2001 年，江西省内教育学院专任教师中教授有 17 人，副教授有 126 人，讲师有 134 人。以上数据侧面反映了在相关教育法规和政策的推动实施下，各级教师进修培训机构教师的职称评定工作成效显现，进一步提升了中小学教师进修培训的质量，较好地满足了中小学教师获得学历提升水平的要求。

三、进修培训机构的条件保障

就中小学教师培训机构而言，除师资队伍建设外，经费、设备等方面的条件保障也是推进其建设和发展的重要物质基础。加强国家级和省市级中小学教师培

---

① 何东昌：《中华人民共和国重要教育文献》（1949—1997），海南出版社 1998 年版，第 956 页。
② 蔡丽红：《我国教师进修院校的历史演进》，《黑龙江教育学院学报》2010 年第 7 期。
③ 何东昌：《中华人民共和国重要教育文献》（1949—1997），海南出版社 1998 年版，第 2048 页。
④ 张健：《中国教育年鉴》（1949—1981），中国大百科全书出版社 1984 年版，第 204 页。

训工作的同时，也要求加大对各级教师进修培训机构的经济支持和保障。相关的中小学教师进修培训法规也顺应时代发展的需求，对进修培训机构的物质保障方面作出了明确规定，如 1994 年的《中央教育补助专款项目管理办法》、2003 年的《第二期国家贫困地区义务教育工程校长和教师培训项目实施管理办法》等，均对进修培训机构乃至中小学教师培训各方面各环节的物质条件做了规划和规定，使教师进修培训机构培训中小学教师的整体工作得以改善，质量得以提升。

（一）培训经费保障

充足的资金是教育事业发展的物质保障，中小学教师进修培训机构的运转同样需要财政支持。针对培训经费问题，国家、地方和社会力量共同携手，加大了中小学教师参与培训的经费投入。因此，为规范培训经费用度，中小学教师进修培训法规对此进行了具体规范。

1955 年 4 月，教育部要求：中小学校长在教育行政学院、高等师范学校和教师进修学院的培训经费，"统由教育经费内的中、小学教师进修费项下开支"①。1957 年，教育部颁布的相关中小学教师培训法规中，简要提及了其进修培训机构经费开支标准由省（市）自治区教育厅（局）确定。1977 年，教育部在印发关于中小学教师培训政策中对教师培训经费的来源进行了说明。1982 年 10 月，教育部《加强教育学院建设若干问题的暂行规定》明确："教育学院的经费，由省、直辖市、自治区人民政府根据实际情况统筹安排，纳入地方教育事业费预算"，"由省、市、区教育、财政部门根据教育学院的特点，参照国家对高等师范院校经费的有关规定，制定开支标准和费用定额"②，保障其顺利完成教师培训任务。相关的地方性法规也对培训经费问题进行了规范，如 1989 年 12 月颁布的《上海市中小学教师进修规定》第十八条提出："市和区、县教育行政主管部门以及各类教师进修院校每年可在普通教育经费以及农村征收的教育附加费中提取一定的专项经费，用于中小学教师的进修工作"。

1994 年颁布的《中央教育补助专款项目管理办法》提出："师范教育补助专款，主要用于改善现有师范院校办学条件和加强中小学师资的培训工作"，③ 这意味着教师进修培训机构的培训经费也可列于其中。1999 年颁布的《中小学教师继续教育规定》中，明确提出了"社会力量举办的中小学和其他教育机构教师的继续教育经费，由举办者自筹"，"地方教育费附加应有一定比例用于义务

---

① 何东昌：《中华人民共和国重要教育文献》（1949—1997），海南出版社 1998 年版，第 455 页。
② 何东昌：《中华人民共和国重要教育文献》（1949—1997），海南出版社 1998 年版，第 2048 页。
③ 何东昌：《中华人民共和国重要教育文献》（1949—1997），海南出版社 1998 年版，第 3672 页。

教育阶段的教师培训"，"地方各级人民政府教育行政部门要加强中小学教师培训机构的教师队伍建设"①。2003 年 3 月，教育部、财政部规定，中小学教师培训"经费的使用范围包括培训机构必要的管理费"②。

随着这些法规的出台，相应的政策也随之发布，如 2000 年中小学教师继续教育工程中涉及教师培训经费问题，2006 年关于全国中小学班主任在各级教师进修培训机构的经费说明等。就福建省教育学院而言，福建省教育厅每年安排福建教育学院基本培训经费 1500 万元，主要用于高中高级职称教师培训和中小学省级骨干教师及校长培训。在一系列关于教师培训机构经费的法规推动下，全国各省市人民政府和教育行政部门逐渐加大了对进修培训机构的资金投入，规范了经费的预算和用度范围，满足了进修培训机构内部教学和基础建设等对经费的要求，促进了中小学师资培训组织机构的有效运转。

（二）设备规划配置

教师进修培训机构的设备配置是除经费支持之外重要的物质基础，相关的法规和政策条款主要集中在图书、教学设备等方面，要求加强、扩充。1955 年，教育部在《关于训练学校领导干部和教育行政干部计划的指示》中要求，在原有校舍和教学设备的基础上，配备一些必要的图书和教具。1957 年 10 月，教育部规定函授师范学校和业余师范学校"应有必要的普通设备及教学设备"③。中等师范学院作为中小学教师进修培训机构之一，1980 年 8 月经全国师范教育工作会议讨论通过的文件中要求中等师范学校应设图书馆、各项活动室和资料室，以便利于教师进修培训诸事务。1982 年，国务院批转教育部《加强教育学院建设若干问题的暂行规定》，提出"对教育学院的图书资料、教学仪器等，要采取积极措施逐步装备"④，保证教师培训的有序进行。教育学院基本设备的采购和配置，多来源于国家和地方的资金支持。例如，截至 1984 年，山西省各教育学院共有各种教学设备 2600 台（件），图书 7 万余册，教学参考书 3 万余册⑤；1985 年，深圳教育学院新建了一座 1600 多平方米的教学楼，购进了超过 25 万元的先进教学仪器，图书、资料也从原来的 2000 多册增至 5 万余册⑥。

---

① 法律出版社法规中心：《教育法律手册》，法律出版社 2005 年版，第 215 页。

② 何东昌：《中华人民共和国重要教育文献》（2003—2008），新世界出版社 2010 年版，第 74 页。

③ 何东昌：《中华人民共和国重要教育文献》（1949—1997），海南出版社 1998 年版，第 786 页。

④ 何东昌：《中华人民共和国重要教育文献》（1949—1997），海南出版社 1998 年版，第 2048 页。

⑤ 张健：《中国教育年鉴》（1949—1984），湖南教育出版社 1986 年版，第 169 页。

⑥ 宋尚忠、温玉莲：《改革师范教育体系的一个尝试——迅速发展的深圳教育学院》，《广州教育》1985 年第 4 期。

1989 年 9 月，国家教委在《电视师范教育管理办法》中要求，如若想让在职培训的中小学教师收看到其课程，需资金投入"地面接收网点的建设"[①]。1994 年 7 月，财政部、国家教委提出，"师范教育的补充专款重点充实一部分骨干学校的教学仪器和图书资料"[②]，其中包含各级进修培训组织机构的设备资料配置。虽然相关法规数量不算多，但多明确提到设备规划建设和经费用度的问题，对该项工作的推行与实施起到了引领和保证的作用。据 2001 年统计，全国教育学院的教学仪器设备总价值 4.48 亿元，图书资料达 1736.84 万册，而教师进修学校的实验室、电化教室和图书馆，亦分别占有 26.27 万平方米、22.80 万平方米和 20.73 万平方米。

第三节　中小学教师进修培训人员类别层面

我国中小学教师培训工作的运行推动，不仅需要教师进修培训组织机构的场地、教学设备、师资力量等，而且需要以法律法规来确定、规范接受培训的人员，即不同类别、岗位和需求的中小学教师。对于中小学教师按人员类别划分的进修培训，在国家相关的教育政策法规中有四大块和五大块之分，分别为：提高学历、新任教师、教师岗位和骨干教师培训；新任教师、教师岗位、骨干教师、提高学历、计算机全员和基础教育新课程培训。这说明国家规定的中小学教师培训人员种类较多，需开展针对性的培训以达到各自的目标。我国颁布的多项中小学教师培训法规对此予以了规范，明确了参与教师培训的人员类别、培训内容和教学安排。随着 21 世纪基础教育新课程改革的推行，对于中小学教师培训来说又是一次新的挑战，中小学教师全员培训理念逐步深入，中小学教师培训的类别更为多样，愈加突出对骨干教师和校长的培训。本节立足于相关中小学教师法规所确立的培训内容，按人员将培训分为三类，即中小学普通教师培训、中小学骨干教师和班主任培训、中小学校长培训，并分别对这三类培训的条件、要求、课程、考核等进行探析。

---

① 何东昌：《中华人民共和国重要教育文献》（1949—1997），海南出版社 1998 年版，第 2884 页。
② 何东昌：《中华人民共和国重要教育文献》（1949—1997），海南出版社 1998 年版，第 3672 页。

一、中小学普通教师进修培训

中华人民共和国成立至 20 世纪 80 年代，中小学普通教师的培训在相关进修培训法规中比较凸显，且主要集中于教师学历的补偿。随着改革开放的启动，教育法制建设不断加强，依法治国、依法治教、科教兴国的理念也渗入中小学师资培训模块。这一时期，中小学普通教师培训相关法规的内容逐渐丰富，无论是教师培训的条件、主科任课教师的培训、短缺副科教师的培训，还是培训教师课程内容的分配、考核证书的发放等，这些在相关法规中均有详简不一的规定。迈入 21 世纪，中央立法主体层面有关普通教师培训的法规制定步伐放缓，而陕西、上海、安徽、福建、江西等地根据上位法制定了地方性法规规章，在师资培训内容和教学方法等方面作了更具体一些的规定。中小学普通教师培训相关法规的内容和侧重点，拟主要围绕以下三个方面进行厘析。

（一）培训条件与要求

针对中小学普通教师培训工作，首先必须明确怎样的教师需要培训，受训者又应达到何种要求和效果？这在中小学教师进修培训法规中有具体规定，而中华人民共和国初期对中小学教师学历培训的要求居多。1952 年，教育部发布关于教师进修的政策，提出具有高小毕业程度的小学主要学科的教师，经过培训要达到合格学历标准，中学教师经过培训也要学历达标，都反映出中小学教师培训侧重在学历问题，培训对象是有从教经历却未有合格学历的教师。

国家对参加培训的中小学教师给予经济支持，保障他们的相关待遇。1952 年 7 月，教育部在《关于大量短期培养初等及中等教育师资的决定》中规定："在职教师调训者，在学习期内一般按原来工资待遇。"[1] 1955 年 8 月，高等教育部、教育部颁布《1955 年下半年进入高等学校学习的中小学教师调干学生人民助学金按级分等办法》，规定对教龄满三年以上、经县级以上主管教育行政部门批准离职进修的中、小学教师，应根据他们评定的工资级别的不同，分别发给二至五等调干学生人民助学金[2]。除了特殊时期外，类似的规定一直延续了下来，解除了受训教师的顾虑。

1977 年，在关于中小学教师的培训上，对小学、初中、高中教师的学历问

---

① 何东昌：《中华人民共和国重要教育文献》（1949—1997），海南出版社 1998 年版，第 162 页。

② 中华人民共和国教育部办公厅：《教育文献法令汇编·1955》，1956 年编印，第 296～297 页。

题又进行了明确，培训主要针对文化业务水平较低的中小学教师。进入 20 世纪 80 年代，教育法制建设得到加强，师资培训法规的相关培训条件和要求逐步浮出水面。1982 年 10 月，教育部规定："系统进修高等师范专科、本科课程的中学在职教师，需要有高中毕业文化程度，有初步教学能力"①，并需要通过统一考试方可参与培训。《1986 年各类成人高等学校招生规定》提出："各类成人高等学校（包括审定备案的广播电视大学、教师进修院校、普通高校举办的教师班）实行全国统一招生，统一考试"②，并分别招收教龄两年或五年以上的中小学教师进行培训。

1986 年颁布的《义务教育法》，初步明确了中小学教师的学历标准，为遴选中小学教师参与培训提供了较为清晰的条件。1989 年 9 月，《电视师范教育管理办法》强调了中小学教师参与培训前的条件，即"系统进修高等师范专科、中等师范的学员，分别应具有高中毕业、初中毕业或同等学力文化程度"③。之后 1993 年的《教师法》对学历的要求进一步明确。正是这些法规规定的培训条件和学历标准，规范并推动了中小学教师培训事务，许多中小学教师经过培训后，学历都有所提升，尤其是初中教师本科毕业及以上学历所占比重，由 1978 年的 7.6% 上升到 2006 年的 41.1%。

1992 年 7 月 30 日，西安市人民政府发布《西安市中小学教师进修暂行规定》，市教委根据此规章，结合根据国家教委的要求，将不具备合格学历且能够参加卫星电视教育自学考试的初中教师组织起来，进入国家教委开设的初中教师进修高等师范专科自学考试系列，参加函授、卫星电视教育、自学考试三结合学历培训，于 1992 年底开始招生，以便在一定年段内使全市 7374 名学历不达标的初中教师大多取得专科学历④。

除对中小学普通教师参与培训的条件进行规定外，对不同科目，尤其是非主干科目教师培训的要求也时由法规来规范。中华人民共和国成立不久，东北师范大学首次对从事语文、数学两科的中小学教师进修培训。在 1956 年 6 月召开的全国小学体育工作座谈会上，又提出对小学体育教师进行培训，以保证小学体育

---

① 何东昌：《中华人民共和国重要教育文献》（1949—1997），海南出版社 1998 年版，第 2048 页。
② 何东昌：《中华人民共和国重要教育文献》（1949—1997），海南出版社 1998 年版，第 2369 页。
③ 何东昌：《中华人民共和国重要教育文献》（1949—1997），海南出版社 1998 年版，第 2884 页。
④ 西安年鉴编纂委员会：《西安年鉴》（1993），陕西人民出版社 1993 年版，第 245～246 页。

教学工作的全面、正常开展。1979 年 10 月，教育部关于试行《中、小学体育工作暂行规定》提出："有计划地组织体育教师在职和脱产进修，尽快提高业务水平。"① 1988 年 3 月，国家教委印发《中小学校实验室工作的规定》，要求"培训有关科学实验教师、技术人员，提高实验教学水平"②。1990 年 3 月颁布的《学校体育工作条例》，再次强调了对中小学体育教师的进修培训工作。同年 4 月的《学校卫生工作条例》，要求教育行政部门"为学校卫生技术人员和保健教师提供进修机会"③。1997 年 7 月，教育部规定，中小学校电教专职人员通过培训达到"熟悉教学业务，掌握电化教育的知识、技能和技巧"④ 的要求。这些法规的颁布体现了培训中小学各科任教师不偏不倚的要求，其培训的普及面也映衬了中小学师资培训法规较为系统、较成系列的特点。以江西省为例，2003 年，教育厅印发了《关于江西省中小学教师培训工程方案（2003～2005 年)》，其中要求对相关亟须学科教师进行培训，尤其是英语学科的一批在职小学教师，希望通过培训使其更好从事、更能胜任小学英语教学工作。

中小学教师参加业务培训的积极作用是无须赘述的，但对特定时期的特定学校也不尽然。毕竟中小学教育教学工作基本上是一个萝卜一个坑，如有教师离岗进修，就不可避免地要引起学校教务的调整和班级学生对新任教师的重新适应，客观地说，这对短时期内的教学秩序甚至教学质量多少会产生一些影响。为了免去极少数薄弱学校对教师进修可能与学生会考、高考发生直接冲突的后顾之忧，使其既能抓好当前的要务，又能兼顾师资队伍建设，为将来的发展打好基础，1987 年 4 月，国家教委发布《普通高等学校招生暂行条例》，规定"办学思想端正，教师队伍基本合格的中学"，高考后如果没有考生进入最低控制分数线，经批准，"其德智体都比较优秀的个别毕业生，可以进入省（自治区、直辖市）所属高等学校"⑤。在大力普及义务教育、提高基础教育质量、提升学生基本素质的大背景下，这一法定特例的出台很及时而且必要，为按计划而非临时抱佛脚式地开展薄弱中小学校的教师轮训工作设置了一道缓冲底线。

---

①　何东昌：《中华人民共和国重要教育文献》（1949—1997），海南出版社 1998 年版，第 1733 页。

②　教育部政策研究与法制建设司：《现行教育法规与政策选编》，教育科学出版社 2002 年版，第 289 页。

③　法律出版社法规中心：《教育法律手册》，法律出版社 2005 年版，第 360 页。

④　教育部政策研究与法制建设司：《现行教育法规与政策选编》，教育科学出版社 2002 年版，第 294 页。

⑤　《教育法律手册》，法律出版社 2001 年版，第 235 页。

（二）培训内容与课程安排

中小学普通教师的培训，需要一定的教学计划和安排，合理规划课程和培训的内容。在这些方面，国家法律法规提出了相关规定。1957 年 10 月，教育部规定了培训小学教师的相关课程和教学内容，规范师范学校函授部和业余师范学校开设"初师班"和"师范班"，并分别对两类班级提出不同课程培训的要求，前者要求"语文、算术、自然常识各科为必修课"，即必须要学习提升的文化基础知识，而"数学、史地两组学科为选修课"，可选择其一进修培训，学习时间一般为 3～4 年；后者暂设"语文科和数学、自然（物理、化学）、史地三组学科"，语文为必修，其他科目三选二进行培训，其修业时间为 4～5 年。除此之外，另设教育学为机动学科，有需要有条件时加以讲授。

> 在前一阶段中，参加业余进修的小学教师都有了不同程度的提高。据统计，各校学员中，已有一千六百余人在一种或两种（语文和算术）学科上达到了结业证，取得了结业证明书。南京市小学教师业余进修学校有些学员原来不懂得基本的算理，演算时只知死套公式，通过学习，现在教课已能有条理地分析题意，说明道理，启发小学生积极思考，然后分步列式，得出结论，使小学生很容易接受。根据徐州市教师进修学校四个结业班的统计，原来教初级算术或语文的学员，学习后已有七八人教了高级算术，4 人教了高级语文，37 人能够跟班教，13 人被选为学区教研组长，16 人在本学区内担任公开教学①。

除去学科知识的培训，普通话也是中小学教师进修培训必不可少的内容。1977 年 12 月，中小学在职培训相关政策明确规定，"加强教师基本功的学习和锻炼，要学会普通话"，不断提高教师掌握基本技能的能力，尤其是普通话的掌握。1984 年 7 月，为规范中小学教师普通话培训，教育部提出"今后在语文教师培训活动中，要把普通话语音知识作为一门必修课列入教学计划"，"对其他各科教师也进行普通话培训"②。

1982 年，教育部制订了两项中学在职教师系统进修高师课程的教学计划，

---

① 吕家谟：《本省小学教师业余进修概况》，《江苏教育》1955 年第 18 期。
② 何东昌：《中华人民共和国重要教育文献》（1949—1997），海南出版社 1998 年版，第 2199 页。

主要内容包含七个专业和十二个专业的专业基础课，而在教育理论课的设置上则侧重于"教育学、心理学、教材教法课"，另要求"离职进修的各专业一律增设公共政治理论课和体育课，业余进修和函授的学员必须参加任职学校的政治学习"①。1988 年 6 月颁布的《学校电化教育工作暂行规程》中要求，通过培训"帮助教师掌握电化教育的基本知识和技能"，不断培训中小学教师现代教育技术的知识与应用能力，很贴近现代化社会对教师的需求。1999 年 9 月的《中小学继续教育规定》中培训的内容适合普通教师的包括：思想政治教育和师德修养；专业知识及更新与扩展；现代教育理论与实践；教育科学研究；教育教学技能训练和现代教育技术；等等②。2000 年 10 月颁布的《国家通用语言文字法》规定了"以普通话作为工作语言的教师的普通话水平"，"对尚未达到国家规定的普通话等级标准的分情况进行培训"③，明确了普通话是教师培训的基本内容之一。

除国家层面的相关法规外，1989 年 12 月，上海市人民政府发布了《上海市中小学教师进修规定》，要求非师范院校毕业从事中小学教师工作的新教师在参与进修培训时，需要学习"教育学、心理学、学科教学法等师范专业课程"。随着时代和 21 世纪基础教育课程改革的需要，以上种种关于中小学教师培训内容和课程的法规也不时地修订补充，以继续发挥前瞻性的规范和保障作用。

（三）考试、考核与证书发放

检测中小学教师培训效果和证明其培训合格的方法，就是通过各级教师培训组织机构的考试、考核，检测合格的教师则发放相应的证书证明，相关法律法规对此有具体要求。1978 年 9 月，教育部修订颁布了《全日制中、小学暂行工作条例（试行草案）》，规定"建立教师的定期考核制度"，通过进修，中学教师应达到"师范学院或师专毕业程度"，小学教师应达到"中师或高师毕业程度"，"经考试合格，应该发给相应证书，承认其学历"④。1981 年 12 月，安徽省人民政府批准了《安徽省中小学在职教师文化考核试行办法》，其中规定：中小学在职教师文化考核"以书面考试为主，辅以必要的口试、答辩和实验实习"，"教师对省考委员会规定的必须考核的各个学科全部考核及格，取得规定的全部学

① 张健：《中国教育年鉴》（1949—1981），中国大百科全书出版社 1984 年版，第 201 页。
② 教育部政策研究与法制建设司：《现行教育法规与政策选编》，教育科学出版社 2002 年版，第 213 页。
③ 法律出版社法规中心：《教育法律手册》，法律出版社 2005 年版，第 17 页。
④ 何东昌：《中华人民共和国重要教育文献》（1949—1997），海南出版社 1998 年版，第 1634 页。

分，有考委会发给毕业证书，国家承认其学历"①。1982 年，教育部针对教育学院的若干规定中提出："学院对学员所学的课程都要进行考试，成绩存入档案"，同时，"系统进修高等师范院校课程的学员，学完所规定的课程并经考试合格者，发给毕业证书"②，教师培训考核制度逐渐规范。

1986 年 9 月，国家教委印发《中小学教师考核合格证书试行办法》，规范了考核办法，适用于不具备国家规定合格学历的中小学普通教师，其中规定考核证书分别为《教材教法考试合格证书》和《专业合格证书》，前者考察中小学教师培训后是否掌握所教学科教材教法，后者测试所教学科的专业课程以及"教育学和心理学基本理论的考试"。"思想品德和教学能力、文化基础知识"作为综合考核的内容③，总体经评审合格，发放相应的证书。1988 年 3 月，《高等教育自学考试暂行条例》规定，在职人员包括中小学教师在内，"按照学用一致的原则选择考试专业，每门课程进行一次性考试，考试合格者，发给单科合格证书"。

为使中小学教师考核制度规范有序，1999 年 9 月，教育部在规定考核方面有明确要求："地方各级人民政府教育行政部门要建立中小学教师继续教育考核和成绩登记制度"，"考核成绩作为教师职务聘任、晋级的依据之一"④。有的省市积极响应，对中小学普通教师考核的规定更加细化，如 2001 年福建省教育厅颁布了《福建省中小学教师继续教育规定》，其中对考核部分要求，"实行成绩考核和登记制度，成绩考核办法和继续教育证书登记制度由省教育行政部门根据省人事行政部门的有关规定要求制定"，"教师任职学校要及时把教师参加继续教育的情况，记入由省人事厅统一印制的《福建省专业技术人员继续教育证书》"；江西省在 2005 年颁布了《江西省中小学教师继续教育考核管理办法》，进一步规范了该省的教师培训考核，完善了该省普通中小学师资培训考核体系。

二、中小学班主任和骨干教师进修培训

班主任——一个班级的组织者、领导者、教育者，并担负协调各任课教师的教学工作等职责⑤。担任中小学班主任，仅靠树权威、一言堂来管理学生是不行

---

① 《安徽省中小学在职教师文化考核试行办法》，《安徽教育》1982 年第 4 期。
② 何东昌：《中华人民共和国重要教育文献》（1949—1997），海南出版社 1998 年版，第 2048 页。
③ 何东昌：《中华人民共和国重要教育文献》（1949—1997），海南出版社 1998 年版，第 2492 页。
④ 教育部政策研究与法制建设司：《现行教育法规与政策选编》，教育科学出版社 2002 年版，第 215 页。
⑤ 胡洋：《改革开放以来我国中小学班主任制度研究》，东北师范大学 2013 年硕士学位论文。

的，在工作方法上务须讲究教育艺术和智慧，否则难以胜任。因此，班主任教师实有培训提高的迫切需要。至于骨干教师，教育部在 1962 年 12 月的一份政策文件中就曾提及——"各学科、各年级都要有骨干教师"①，教育改革后一直被作为国家中小学教师培训的重点对象，如教育部在《2003～2007 年教育振兴行动计划》中提出，要"实施以新理念、新课程、新技术和师德教育为重点"的新一轮骨干教师培训②。班主任和骨干教师的工作性质不尽相同，但两者在具体人员上的交集不小。作为中小学教师中的主干力量，其培训逐渐纳入国家和省级师资培训计划行列。有关班主任和骨干教师培训的法规，对两者的选拔条件与要求、课程考核与安排、进修培训后的工作待遇等，作出了较为明确甚或翔实的规定。

（一）选拔条件与要求

在相关培训的法规和政策中，不断强调中小学骨干教师须参与培训，凸显了其受重视的程度。1980 年 7 月，《全国重点高等学校接受进修教师工作暂行办法》强调，进修教师主要为中青年骨干教师，同时明确了中小学骨干教师培训的选拔条件，参与进修的骨干教师"必须在本门学科具有大学毕业或相当于大学毕业的水平，有 2 年以上的教学实践，具备完成进修任务所必需的业务基础"，还有区别于普通教师培训的一点，即"重点培养的骨干教师还应具有从事科学研究的能力"③。1983 年 6 月，教育部在《关于中学在职教师进修大学本科课程有关问题的意见》中提出："具有大学本科程度的初中骨干教师系统进修大学本科课程"，要求"具有 5 年以上教龄，基本胜任所教学科教学工作，年龄在 35 岁以下"。此外，对班主任培训的相关要求也体现在相关的法规中，如 1988 年 7 月和 8 月国家教委颁布的《小学班主任工作暂行规定》和《中学班主任工作暂行规定》，都要求"教育行政部门和学校应有计划地对班主任进行培训，组织班主任学习教育理论"，"努力提高班主任队伍的思想水平和业务能力"④。

进入 20 世纪 90 年代，对骨干教师培训的选拔条件，以达到国家规定的合格学历为前提、其业务水平的掌握程度作为参考条件。1993 年 7 月，国家教委发布政策文件《关于小学骨干教师培训工作的意见》，其中规定了选拔小学骨干教师培训的具体条件。2000 年 1 月，国家以法规形式对选拔骨干教师培训的四个条件

---

① 江晓雪：《建国以来我国骨干教师培训制度的演变与启示》，《当代教育科学》2008 年第 14 期。

② 何东昌：《中华人民共和国重要教育文献》（2003—2008），新世界出版社 2010 年版，第 103 页。

③ 何东昌：《中华人民共和国重要教育文献》（1949—1997），海南出版社 1998 年版，第 1828 页。

④ 国家教育委员会政策法规司：《中华人民共和国基础教育现行法规汇编》，北京师范大学出版社 1993 年版，第 334 页。

进行了规范，教育部颁布的《中小学骨干教师国家级培训对象选拔办法》规定：第一，"具有良好的思想品德和职业道德"；第二，"有较高的学术水平、较强的教育科研能力和基本的计算机操作能力"；第三，"具备国家规定的合格学历，年龄在 45 周岁以下，教龄 5 年以上，具有中学高级和小学高级教师的职务，在一线任教"，"英语学科教师要能听懂外籍教师授课并用英语参加讨论"[1]；第四，"具备上述条件，并曾获市（地）级以上优秀教师称号""取得优异成绩……的中小学教师应优先考虑。"这使得选拔条件公开公正，选拔程序具规范性和严谨性。此后，有多个省市制定了实施细则或配套法规，如吉林省于 2006 年 4 月颁布了《吉林省中小学骨干教师管理办法》，从思想品德、教龄、职称、教学技能、科研能力等方面规定了骨干教师的认定、选拔和管理办法。

2009 年 8 月，教育部出台《中小学班主任工作规定》，其中在培训方面对班主任作了一定要求，包括"教师初次担任班主任应接受岗位培训"，"教育行政部门和学校应制订班主任培训计划"等条款[2]，为以后更为全面、规范的班主任培训法规的出台打下了坚实的基础。

（二）课程安排与考核

课程与考核是班主任、骨干教师参与培训不可或缺的环节，而由法律规定的中小学骨干教师培训课程安排和考核较早出现于 1980 年，班主任的则主要在进入 21 世纪以后。1980 年 7 月，教育部明文规定，在骨干教师进修计划中，课程安排一般为"主修课一门，辅修课不超过两门"[3]，同时参与培训基地组织的各项实践活动。而其考核则分为考试与考查，"听课为主的课程以考试为主"，科研教学活动则多为考查。除主要培训课程外，中小学教师的基本技能也是培训的重点，尤其是普通话的培训。1984 年 7 月，教育部发布了《关于加强中小学教师普通话培训工作的通知》，要求针对中小学骨干教师普通话培训问题，各省、自治区、直辖市和各地市县应不同形式地培训骨干，"争取在两三年或短时间内。分别使各县至少有 2~3 名推广和教学普通话的骨干教师，各乡中心小学至少有1~2 名普通话教学辅导教师"。

随着"跨世纪园丁工程"的推进，班主任和骨干教师的国家级培训工作也开展起来，教育部在全国遴选 1 万名教师、校长进行国家级培训，其中即包含骨干教师和班主任。2000 年 1 月，教育部在中小学骨干教师国家级培训的规定中，

① 何东昌：《中华人民共和国重要教育文献》（1998—2002），海南出版社 2003 年版，第 488 页。
② 《中小学班主任工作规定》，《班主任》2009 年第 9 期。
③ 何东昌：《中华人民共和国重要教育文献》（1949—1997），海南出版社 1998 年版，第 1828 页。

将课程内容分为三大模块："理论与技能、实践与考察、课题研究"。而其考核内容则根据课程安排，分别由"课程考核、教育教学（教学管理）实践研究能力考核和工作实绩考核"三部分组成①。以小学数学骨干教师国家级培训班的实施计划为例，其培训内容可具体到"教育教学与学科知识、课题研究、计算机教学、教学观摩与研讨、教育考察"②，而考核相应也依据于此。此后，各省市也相继对骨干教师培训作出相关规定，如 2006 年 4 月吉林省教育厅颁布的《吉林省中小学骨干教师管理办法》中提出："培训基地要制定科学的培训方案，确定培训内容和课程计划"，并"制定完善的考核办法"，推动了省内骨干教师整体水平和实力的提升。"十一五"计划之后，班主任培训的相关规定逐渐出台。2006 年 6 月，教育部发布《关于进一步加强中小学班主任工作的意见》，要求"各级教育行政部门应将中小学班主任培训纳入教师全员培训计划"，"有组织地开展岗前和岗位培训"，而培训课程包含"教育学、心理学、相关法律法规"等。8 月，启动了全国中小学班主任培训计划，规定了培训的内容、考核、专项资金投入等事项，其中培训的课程涉及"学生心理健康教育指导、班级管理、班主任工作基本规范等"③，考核也是针对课程和教育实践进行综合考评。两年后，教育部印发《2008 年中小学教师国家级培训计划》，而中小学班主任专项培训方案与西部边远地区骨干教师培训方案即是其有机组成部分。总而言之，在国家政策的实施过程中，在相关教育法规的强力推动下，全国中小学班主任和骨干教师的培训工作开展得有声有色，颇有行稳致远的簇新气象。

（三）进修培训后的相关规定

在相关培训法规中，就中小学班主任和骨干教师而言，不仅涉及选拔条件与课程设置问题，而且对于这两类学员进修培训后证书的发放乃至后续相关工作都有一定的说明。例如，1980 年 7 月，教育部在颁布的《全国重点高等学校接受进修教师工作暂行办法》中明确，中青年骨干教师作为接受进修培训的主要对象，要求参训教师"学习结束时应进行自我鉴定，由指导教师填写评语，由接收学校寄送选送学校，作为业务档案存档"，同时规定骨干教师进修的待遇"按教育部、财政部有关规定办理"④；1983 年 6 月，教育部规定，参加进修大学本科课程的初中骨干教师，在完成进修任务并经考核、成绩及格的学员，"由进修院

①　何东昌：《中华人民共和国重要教育文献》（1998—2002），海南出版社 2003 年版，第 488 页。
②　江晓雪：《建国以来我国骨干教师培训制度的演变与启示》，《当代教育科学》2008 年第 14 期。
③　何东昌：《中华人民共和国重要教育文献》（2003—2008），新世界出版社 2010 年版，第 1172 页。
④　何东昌：《中华人民共和国重要教育文献》（1949—1997），海南出版社 1998 年版，第 1828 页。

校发给大学本科毕业证书，并享受与高等学校本科毕业生同等待遇"①；1993 年 7
月，在国家政策《关于小学骨干教师培训工作的意见》中要求："建立骨干教师
培训的业务档案，要把教师参加培训的成绩列为评优、评职、晋级的重要条件，
对取得显著成绩的教师应给予表彰和奖励"②；1999 年 10 月，教育部教师司制定
的《中小学骨干教师国家级培训指导意见》中，也提及"培训对象综合考核合
格者，由教育部颁发《中小学骨干教师国家级培训合格证书》"③。

为证实骨干教师进修培训后的实效性，规范进修培训后的相关工作，2000
年 1 月，教育部在《中小学骨干教师国家级培训对象选拔办法》中明文规定：
"经考核合格者，教育部颁发《中小学骨干教师国家级培训合格证书》"，以此确
证骨干教师培训质量合格问题④。在实施"中小学教师继续教育工程"的推动
下，2000 年 12 月，教育部颁发《关于对参加国家级培训的中小学骨干教师加强
跟踪指导的通知》，规定教师培训结束后，"要求专人负责听取学员汇报，了解
学员在课题研究阶段的学习任务和培训单位的有关要求，帮助学员解决遇到的问
题"；"在学员返回培训单位进行集中总结、结题答辩和成果验收前，要指定具
体单位对学员在跟踪指导阶段的自学、教育实践、课题研究和骨干作用的发挥等
情况作出书面鉴定，并让学员带回培训单位"⑤。

随着 21 世纪班主任培训相关法规的出台，班主任培训后续工作的规定也多
有提及。例如，根据《教育部关于进一步加强中小学班主任工作的意见》，教育
部于 2006 年制订的《全国中小学班主任培训计划》中，规定班主任经过专题培
训后，"培训成绩合格者，记入教师继续教育学分，纳入中小学教师继续教育学
分管理档案"⑥。同年 9 月，江西省教育厅据此发布《关于实施全省中小学班主
任培训计划的通知》，制订了该省中小学班主任培训计划，要求"通过培训后，
使参训者掌握班主任工作必备的知识和技能，促进班主任敬业爱岗、教书育人和
管理能力的提高"，"凡参加县级以上教育行政部门组织的班主任工作专题培训，
且培训合格，要按照《江西省中小学教师继续教育考核管理办法》（赣教师字
〔2005〕38 号）的要求，及时登入教师继续教育证书，颁发由省教育厅统一制作

---

① 何东昌：《中华人民共和国重要教育文献》（1949—1997），海南出版社 1998 年版，第 2105 页。
② 何东昌：《中华人民共和国重要教育文献》（1949—1997），海南出版社 1998 年版，第 3538 页。
③ 田宏忠：《中小学骨干教师培训研究：国家级培训一线管理者的观点》，首都师范大学出版社 2003 年版，第 335 页。
④ 何东昌：《中华人民共和国重要教育文献》（1998—2002），海南出版社 2003 年版，第 488 页。
⑤ 田宏忠：《中小学骨干教师培训研究：国家级培训一线管理者的观点》，首都师范大学出版社 2003 年版，第 344 页。
⑥ 何东昌：《中华人民共和国重要教育文献》（2003—2008），新世界出版社 2010 年版，第 1172 页。

的《江西省中小学班主任培训合格证》，作为班主任上岗和年度考核的重要依据"。2008 年 6 月，南昌市教育局印发《关于认真做好 2008 年全市中小学班主任培训工作的通知》，明确"各级培训机构要建立班主任培训档案"，在学员参训结束后，"对培训合格的班主任教师要及时办理班主任培训证书，以保证班主任在'十一五'期间做到持证上岗"。

2007 年 12 月，福建省在全国班主任培训计划的推动下，省教育厅印发了《关于福建省中小学班主任培训计划实施方案的通知》，明确规定"凡中小学教师参加县级以上教育行政部门认可的班主任工作专题培训，且培训成绩合格的，发给由本级教育行政部门核发、培训机构联署的培训合格证书"；班主任经过培训后，其"培训学时和成绩记入教师继续教育档案"，作为后期职称评定、晋级、评选的依据之一。类同骨干教师进修后的相关规定，班主任培训后的工作也主要集中在证书发放、档案管理、持证上岗等务实层面。

三、中小学校长的岗位培训

我国中小学实行校长负责制，校长在校内具有教育行政决定权、命令权，处在学校科学管理决策的核心位置上。校长素质的高低往往决定一个学校办学水平的优劣，"培养和造就一支高素质的校长队伍，确实是创造和提供优质教育资源的前提和基本保证"[1]。而高素质和优能力，绝非自然可成，亦非短日可期。因此，校长的职务培训工作十分重要。国家历来重视中小学校长职务培训工作及其法制建设，建立健全发展各级培训机构，逐步确立了"提高校长组织实施素质教育的能力和水平"的培训重点[2]，创设了颇具中国特色的中小学校长持证上岗制度。

（一）培训的组织机构

我国中小学校长的培训机构经历了从混同、单一到自成体系的过程。1955 年 4 月，国务院转发教育部《关于训练学校领导干部和教育行政干部计划的指示》，要求对普通学校的领导干部，分期分批进行培训。是年，国家教育行政学院成立，培训了 2051 名教育干部，其中就有一批来自基础教育的中小学校长。

从 1956 年开始，绝大多数省、自治区、直辖市以各自建立的教育行政干部学院为基地，开始有计划地培训学校校长。到 20 世纪 60 年代初期，大部分中小学校长接受了培训。为了贯彻中央精简机构的指示，教育部于 1960 年 8 月发出《关于停办教育行政学院的通知》，中央和省级教育行政学院陆续停办，中小学校长的培训工作随即陷入半停顿状态。"文革"期间，全部停止。

"文革"内乱结束后，中小学校长培训机构开始复苏。1978～1981 年底，中小学校长培训逐步由举办短训班形式转入正规培训阶段。1982 年 2 月，教育部印发《关于加强普通教育行政干部培训工作的意见》，提出"建立起中小学干部定期轮流离职学习的制度"，争取用 3～5 年，把中小学领导干部培训一遍。同年 10 月，国务院批转教育部《加强教育学院建设若干问题的暂行规定》，确立了教育学院作为培训中学教育行政干部主要机构的地位。1983 年 1 月，教育部规定县级教师进修学校要承担培训小学领导干部的任务。进入 20 世纪 80 年代中期以后，国内外飞速发展的形势对教育事业提出了新的挑战，中小学校长培训的重要性与紧迫性凸显，扩展中小学校长培训机构已是势所必然。1989 年，国家教委在《关于加强全国中小学校长培训工作的意见》中指出："各地现有师范院校、教育学院、教师进修学校和其他培训机构，除了培训中小学师资外，也要培训中小学校长"，"中央教育行政学院及国家教委所属各教育管理干部培训基地也要参与中小学校长培训工作"①。根据这个文件精神，当年各地条件较好的师范院校和教师进修院校普遍加强了培训中小学校长的工作，在全国范围掀起了一股中小学校长积极参训的热潮。教育部还先后成立了全国中学校长培训中心和小学校长培训中心，主要进行骨干、示范校长的国家级培训，发挥了带头、辐射作用。

为了加强对校长培训机构的管理和引导，提高培训质量，1992 年 3 月的《〈义务教育法〉实施细则》规定，实施义务教育学校校长的"在职培训工作，由县级以上地方各级教育主管部门负责组织"②。经过多年对中小学校长培训工作的实践探索、科学试验和经验总结，教育部于 1999 年 12 月发布《中小学校长培训规定》，明确提出："普通师范院校、教师进修院校、有条件的综合大学，经国务院教育行政部门或省（自治区、直辖市）人民政府教育行政部门批准，可以承担中小学校长培训任务。"这个部门规章的颁布实施，从广泛性和规范性上进一步加强了中小学校长培训机构的建设。这里所谓的广泛性，是指培训机构和受训对象的应时扩展；所谓规范性，是相较于中小学教师培训机构的设立及运

---

① 郭齐家、雷铣：《中华人民共和国教育法全书》，北京广播学院出版社 1995 年版，第 460 页。
② 《法律法规司法解释实用手册·教育》，中国法制出版社 2001 年版，第 40 页。

行而言，我们知道，按照法律规定社会力量可以承担培训中小学教师的任务，但它不被允许培训中小学校长。很显然，国家对中小学校长培训机构的要求更高，资格审批更严。进入 21 世纪后，在相关教育培训法规的推动下，职能部门制定了"十五""十一五"规划期间中小学校长培训的工作部署。2002 年 2 月，教育部颁发《关于进一步加强和改进中小学校长培训工作的意见》，要求要进一步健全培训制度、加强培训的针对性和时效性、提高培训质量，建设一支符合实施素质教育需要的高素质、专业化的中小学校长队伍①。2005 年以后，在持续开展中小学校长国家级培训的同时，地方也相继展开省市级培训计划，培训对象扩展到农村和边远地区的中小学校长。

截至 2009 年，我国已基本上形成了较为完善的中小学校长培训体制及其运行机制：在相关培训法规的规范和保障下，在教育部的宏观指导下，分级培训、分级管理，以国家、省、地各级教育（教育行政）学院和县教师进修学校为主体，部分高校共同参与，教育行政部门和培训院校互相支持、密切配合。中小学校长培训是全国一盘棋的重要工程，各地根据国情、省情、市情、县情，积极开展了校长培训的教育探索和创新活动，在全国范围内形成了全脱产班、联合办班、业务自学班、单科独进班、电视教学、函授等各种形式齐头并进、多点开花的校长培训格局。

（二）持证上岗制度

自新中国成立后的 60 年间，中小学校长从由政府委派、曾通行由"外行"来担任校长，到强调政治、业务素质并重且校长必须经过培训考核、实行持证上岗制度，不啻是实现了校长任职事务质的跨越。至 2009 年，在教育法规和教育政策的强力介入下，我国中小学校长持证上岗制已经成为一项颇为适用、较为成熟，并在全国得以广泛实施和认同的制度。

1. 制度的酝酿与提出

中小学校长持证上岗制度酝酿于 20 世纪 80 年代后期。为了加强中小学校长队伍建设中的薄弱环节，提高校长队伍的整体素质，使新任的、年轻的校长较快地胜任工作岗位，有一定经验的校长进一步提高管理水平和综合素质，1989 年12 月，国家教委发出《关于加强全国中小学校长培训工作的意见》，要求中小学校长参加岗位培训，"经考核合格，才能发给证书"，"逐步使岗位职务培训规范

化"。这个《意见》一经提出，就在不断受到商询、"追捧"的过程中逐步具体化、规范化、高格化：次年 7 月的《关于开展中小学校长岗位培训的若干意见》强调，中小学校长"岗位培训的成绩列入本人档案，是任用、考核校长的依据之一"；1991 年 6 月的《全国中小学校长任职条件和岗位要求（试行）》规定，中小学校长"都应接受岗位培训，并获得'岗位培训合格证书'"；1992 年 12 月中组部、国家教委在《关于加强全国中小学校长队伍建设的意见（试行）》中要求，"今后新任命的校长应取得岗位培训合格证书，持证上岗"；1993 年 2 月，《中国教育改革和发展纲要》发出新动员令，提出要有计划地对中小学校长进行培训，实施"百万校长培训计划"，争取 1997 年基本实现校长持证上岗的目标；2004 年 3 月，国务院批转教育部《2003～2007 年教育振兴行动计划》，其中明确指出，"强化学校管理人员培训，加快培养一大批高素质、高水平的中小学校长，全面提高管理干部素质"①。这一系列的规范性文件连年推进，步步笃实，规划缜密。

在上述政策取得了相当的宣传效应并经过试点确验了其实施成效之后，就开始逐步地把校长持证上岗制度纳入教育法规中。1993 年 3 月的《普及九年义务教育评估验收办法（试行）》，把师资水平列入评估项目，其所含的指标要求包括"小学和初中校长均须岗位培训，并取得合格证书"②。这就使取得培训合格证书成为实施义务教育学校校长法定的义务，不履行该项义务，就不能行使相应的校长权力，即不能当校长。1995 年 3 月的《教育法》规定，"学校及其他教育机构中的管理人员，实行教育职员制度"。为具体落实这项教育基本法确立的制度，同年 12 月，国家教委在《关于"九五"期间全国中小学校长培训指导意见》中提出，要在岗位培训的基础上，继续对中小学校长进行提高性培训，"要坚持实行中小学校长持证上岗制度"。1997 年 12 月 31 日，国家教委发布《实行全国中小学校长持证上岗制度的规定》，强调凡担任普通中小学校长职务的，"必须参加岗位培训，并获得'岗位培训合格证书'"；"已经获得'岗位培训合格证书'的校长，在颁证后的每五年中应继续参加国家规定时数的培训，获得相应的培训合格证书，并作为校长继续任职的必备条件"③。经过长达约 10 年的酝酿和实验，中小学校长持证上岗制度正式形成。1999 年 12 月，教育部在《中小

---

① 法律出版社法规中心：《教育法律手册》，法律出版社 2005 年版，第 103 页。

② 教育部政策研究与法制建设司：《现行教育法规与政策选编》，教育科学出版社 2002 年版，第 302 页。

③ 教育部政策研究与法制建设司：《现行教育法规与政策选编》，教育科学出版社 2002 年版，第 178 页。

学校长培训规定》中对这一制度作了适当的细化和补充，并将之与有关中小学校长的其他法律规范衔接了起来。至此，中小学校长持证上岗制度由起初的政策引导性要求转变为法规的强制性要求，正式走上了规范化、法制化的轨道。各地也积极响应、行动起来，如 2009 年 3 月，福建省教育厅在制定的《福建省农村校长教育管理能力提升工程实施办法》中强调：进一步加强农村校长培训工作，对全面提升农村校长教育管理能力、提高农村学校办学水平、促进城乡教育均衡发展有着重要影响力。

2. 岗位证书与培训内容的对应

1955 年 4 月，教育部在《关于训练学校领导干部和教育行政干部指示》中提及中小学校长培训的相关课程和时间安排，其中要求高级中学、完全中学校长的培训课程为"中共党史、辩证唯物主义和历史唯物主义、心理学、教育学、各项有关政策性专题报告五门学科"①，统由教育行政学院和其他教育培训组织机构规划，学习时间暂定一年。而对于初中校长的培训则以半年为一期，培训内容侧重于"教育政策、教育行政及教育实际问题"，要求结合教学实际需求，对校长进行培训。由此可以看出，此阶段中小学校长培训的课程主要以教育类相关知识为基础，重视校长思想的熏陶和在教育实际问题上的历练，反映了社会主义探索时期教育的时代特点。

随着教育时势的演进，逐渐地对中小学校长有了持证的规定。持证上岗的"证"指的是两种证书：一是"任职资格培训合格证书"，二是"提高培训合格证书"。前者是对新任校长而言，后者是对在职经年的校长而言。另外，还有一种不作统一要求的证书是"高级研修证书"，该种证书虽不是新任或继续担任校长职务的必备条件，但其"高级"性、前瞻性和权威性却受到广泛的认同。获得这三种证书，都必须接受相应的培训，也就是说，在中小学校长的岗位证书类别与培训内容这两者之间应作对应、适合的挂钩，以保持其规范性、有序性和递晋性。

经过"文革"内乱后的拨乱反正，教育体制改革的最初几年，中小学校长的培训内容大体停留在一般的文化知识、较浅易的教育理论和带普及性的政治常识的传授上。随着岗位培训和提高培训的提出，对中小学校长的任职要求不断提高，校长培训的课程设置也逐步多样丰富、自成体系。1982 年 2 月，教育部印发了《关于加强普通教育行政干部培训工作的意见》，其中普通教育行政干部培训

---

①　何东昌：《中华人民共和国重要教育文献》（1949—1997），海南出版社 1998 年版，第 455 页。

对象中包括中小学校长，该政策文件对培训内容和课程进行了明确的划分，学习内容包括"政治理论、教育理论和科学管理知识、专题讲座"三大模块，其中课程也分为三类：政治理论包含"马列主义哲学原理、中共党史、政治经济学基础"，教育理论和科学理论知识包含"教育学、普通心理学、教育心理学、学校行政管理学、中外教育史、教材教法研究、教育实习或见习等"，专题讲座则包含"中外教育科学研究动态和讲解党的重要方针政策"①。课程特点上，一方面为教育理论与实践层面，另一方面偏于思想政治理论的学习。1989 年 12 月，国家教委下发《全国中小学校长岗位培训指导性教学计划（试行草案）》，就培训的目的与要求、时间与方法及课程设置等作了安排。1995 年 12 月，国家教委在《全国中小学校长提高培训指导性教学计划》中规定了培训对象、教学要求、课程设置与课时分配等各个方面。这两个培训计划既相对独立，又彼此衔接，呈现一种合理的阶梯式关系。

1997 年 12 月 31 日，国家教委颁布了《实行全国中小学校长持证上岗制度的规定》，这也是改革开放以来首次明确校长参与岗位培训并获得合格证书的法制管理，其中要求普通中小学校长在成为正式校长职务前，"必须参加岗位培训，并获得'岗位培训合格证书'"②。同时该证书只是校长任职的必要条件，而在职校长如同在职的中小学教师，都需要接受提高培训，已获得该证书的校长，在之后的每五年中"应继续参加国家规定时数的培训，获得相应的培训合格证书"，以此作为中小学校长继续从事本职工作的必备条件。

为了提高培训质量，全面实施校长持证上岗制度，1999 年 12 月教育部发布的《中小学校长培训规定》，根据素质教育对中小学校长能力的要求不断提高的形势，增设了校长高级研修培训这种新形式。该部门规章还规定，"校长培训的内容主要包括政治理论、思想品德修养、教育政策法规、现代教育理论和实践、学校管理理论和实践、现代教育技术、现代科技和人文社会科学知识等方面。培训具体内容要视不同对象的实际需求有所侧重"③。这样就在上述中小学校长岗位培训、提高培训指导性教学计划的基础上，结合研修培训的内在实质，对这三种培训的内容、要求、方式方法进行了有机的整合，使中小学校长的岗位证书与培训内容之间初步构成了可嘉的一一对应的关系（见表 5 – 1）：①任职资格培

---

① 何东昌：《中华人民共和国重要教育文献》（1949—1997），海南出版社 1998 年版，第 2002 页。

② 教育部政策研究与法制建设司：《现行教育法规与政策选编》，教育科学出版社 2002 年版，第 177 页。

③ 教育部政策研究与法制建设司：《现行教育法规与政策选编》，教育科学出版社 2002 年版，第 180 ~ 181 页。

训。按照中小学校长岗位规范要求，对新任校长或拟任校长进行以掌握履行岗位职责必备的知识和技能为主要内容的培训。培训时间累计不少于 300 学时。②在职校长提高培训。面向在职校长进行的以学习新知识、掌握新技能、提高管理能力、研究和交流办学经验为主要内容的培训。培训时间每五年累计不少于 240 学时。③骨干校长高级研修。对富有办学经验并具有一定理论修养和研究能力的校长进行的旨在培养学校教育教学和管理专家的培训①。

表 5 – 1　中小学校长培训计划

培训类别	课程设置与课时分配	总学时	培训目的
岗位培训	马克思主义基本理论（100） 教育政策法规（60） 学校管理（100） 教育学科知识讲座（选修两个专题，约 50） 教育管理实践（不作统一要求）	约 300（不含实践课）	使新任或拟任校长掌握履行岗位职责必备的知识和技能
提高培训	教育思想专题（20） 教育法制专题（20） 学校管理研究专题（30） 中小学教育科研（20） 中小学教育评估（20） 选修课（40） 特色课（10） 教育管理实践（40）	200（后改为每五年累计不少于 240 学时）	使在职校长学习新知识，掌握新技能，提高管理能力，研究和交流办学经验
高级研修	专家讲座　课题研究 实践考察　跟踪指导	不作统一要求	使富有办学经验的校长加深理论修养，提高研究能力，成为学校教育教学和管理的专家

资料来源：《教育法全书》《教育法律法规总览》《现行教育法规与政策选编》等。

通过表 5 – 1 我们可以看出，随着中小学校长培训层级的提高，教学要求、目的相应提高，课程内容也随之加深。这种较为科学的动态对应关系，是总结多年中小学校长培训工作的经验教训形成的，也得益于中小学校长培训法规和培训

---

① 教育部政策研究与法制建设司：《现行教育法规与政策选编》，教育科学出版社 2002 年版，第 181 页。

政策之间的相互推进与协调，是两者"相得益彰"的范例。"八五"期间，各级培训机构一共培训了 100 万名中小学校长①，截至 1997 年 6 月，全国 31 个省、市、自治区约 96% 的中小学校长接受过岗位培训②，基本上实行了校长持证上岗制度，奏响了从校长队伍建设层面疾力推展素质教育的时代强音。提高培训也已滚动式地全面展开，并取得可喜的成绩，受训校长能力增强、学力提升，1999 年经济发达地区高中校长中获硕士学位者已达到一定比例。国家从 1999 年起，在三年时间内，以各种行之有效的方式对现有中小学校长"进行全员培训和继续教育，巩固和完善中小学校长岗位培训和持证上岗制度"③。人们相信，在教育培训法规的强力保障下，中小学校长培训将稳步推进，不断迈上新的台阶。为贯彻落实教育部所颁规章，各地纷纷制定配套的校长培训法规或政策。例如，2001 年 4 月，福建省教育厅颁布《福建省实施〈中小学校长培训规定〉暂行办法》，规定了诸多事项，如其中规定参训的中小学校长"经考试、考核合格，发给相应的培训证书"，"各级教育行政部门要加强对校长培训证书发放的管理"；"中小学校长参加教育管理类的研究生课程班和学历教育班学习"，在免修相关课程的基础上，参与综合实践环节，"经考试考核合格取得提高培训合格证书"，使福建省中学校长参加培训取得硕士学历者的比例逐年增长。

1949~2009 年，教育法规和政策的颁布实施促进了中小学校长队伍建设的规范化、制度化和现代化，使这支队伍总是走在教育改革事业的前列，起到了排头兵的作用。"2008 年 4 月，教育部人事司委托中国教师教育学会，对全国中小学校长队伍的基本情况进行了调查……高级中学校长中，具有中学高级教师职务的比例为 81.2%；普通初中校长中，具有中学高级教师职务的比例为 39.46%；完全小学校长中，具有小学高级以上教师职务的比例为 69.4%；全国有 4400 多位校长是由特级教师来担任的。"所以从总体来看，我国的中小学校长队伍是一支思政素质较高、业务能力较强的队伍，"是支撑基础教育改革发展的中坚力量、骨干力量，从数量与质量来讲，已基本适应了我国教育改革发展的需要"④。中小学校长岗位上，优秀的、愿办事、能办事的人才越来越多，我们离"教育家办学"就越来越近了，离不尊重教育规律、缺乏教育理想的"外行办学""活动家办学""企业家办学""候选人办学""匠人办学"就越来越远了。

---

① 教育部办公厅、直属机关党委：《邓小平理论指引下的中国教育二十年》，福建教育出版社 1998 年版，第 491 页。

② 国家高级教育行政学院：《新中国教育行政管理五十年》，人民教育出版社 1999 年版，第 376 页。

③ 张乐天：《教育政策法规的理论与实践》，华东师范大学出版社 2002 年版，第 239 页。

④ 《中国教育年鉴》（2010），人民教育出版社 2011 年版，第 38 页。

与此同时，中小学校长的培训进修也存在一些问题，如对校长的地位、能力、职权、责任、待遇和任免等方面的规定比较模糊、零碎，不利于人们去学习、遵守和执行，也难以全面、全程有效地去规范、评价校长工作领域的活动；对建立健全贫困地区的校长培训网络还缺少权威性的法律规范。教育界和法学界人士应继续重视对校长培训、管理工作的研究，潜心探索优秀校长的成长规律，积极做好前期立法准备工作，推动相关教育立法主体尽快制定《中小学校长条例》，以顺应新时代建设社会主义教育事业对高素质校长的需求和呼唤。

第四节　中小学教师进修培训法制建设成效

回顾中华人民共和国成立后 60 年的当代教育发展史，法治理念逐步深入人心，深孚众望。在中小学教师法制的每个建设阶段，中央和地方各级教育立法主体都颁布了教师法律法规，并聚合各方面的力量将之付诸实施，顺应了人民的愿望，体现了国家意志的本质属性[①]。就中小学教师的进修培训而言，相关教育法律法规的出台，不仅使师资培训有法可依，而且在"法"的指引、评价、教育和保障四重作用之下，得到了长足的发展，取得了令人瞩目的实施成效。

一、扩大了中小学教师进修培训的规模

（一）进修培训机构的多样化、网络化

中华人民共和国成立后，由于中小学师资力量不足，又无法单凭培养新教师补充师资队伍，师资培训问题引起国家相关部门的思考。为提高师资整体质量，保障相关师资培训机构的组织建设，在多项政策的推动下，教育部陆续颁布了《师范学校暂行规程》《关于高等师范学校的规定》《小学四十条》《中学五十条》等一系列法规，规定中小学教师要通过离岗培训、函授教育、业务进修等方式参与培训。各地纷纷建立中小学教师进修培训基地，此期以师范院校和教师进修院校为主。

例如，东北师范大学 1952 年率先着手准备函授教育工作，次年开设了语文

---

① 黄崴：《教育法学》，高等教育出版社 2007 年版，第 260 页。

和数学两个函授专科①；1952年，河北省沙河县（市）创办小学教师业余补习学校，要求以"函授自学为主、讲授为辅"；1953年，福建省的建阳、南平、闽侯、龙岩等师范学校设立函授班，省教育厅1956年秋在福州成立福建省教师进修学院，1959年改为教育学院②；辽宁省于1952年和1953年在沈阳、旅大、锦州、辽阳等地创办了教师进修学院，1956年下半年建立了教师业余政治学校，至1957年辽宁全省已有省级教师业余政治学校1所，市、县教师业余政治学校49所，中学教师的文化进修主要依靠高等师范学校的函授教育③。

1957年以后，在大跃进运动中，各地各级的教师进修院校大量涌现。例如，福建省1958年秋至1959年初，各地市、县相继成立教育干部学校和教师进修学校，有些县还在教师进修学校附设简师班或初师班，其中有些教师进修学校在创办初始即与师范院校共同承担中小学教师进修培训的任务④。17年间，师范院校的函授部和独立的教师进修院校等教师进修培训组织机构逐渐形成一定的规模，承担培训中小学教师的任务。

十年内乱结束后，在修订恢复原有相关法规的同时，出台了新的中小学教师进修培训法规，进修培训机构的规模进一步扩展。随着《义务教育法》《教师法》《教育法》《教师资格条例》等法律法规的颁布实施，非师范类高等院校、广播电视大学和其他教育机构也开始承担中小学教师进修培训的任务，开展了面授、函授、师资培训班、电视教育、自学考试和远程网络培训等多种培训形式。在相关省、市的带头示范效应下，其他各地也纷纷行动起来，几成遍地开花之势。例如早在1983年，福建省广播电视台就联合有关单位举办了《福建教育之窗》的电化教学节目和小学教育讲座⑤，利用广播、电视等平台开展师资远程培训，指导教师的教育教学。

随着高等院校和其他教育机构渐渐接手中小学教师培训的任务，师资培训机构的结构组成发生变化。据统计，全国的教育学院数由1986年的262所下滑为1996年的240所，而教师进修学校由2072所上升到2088所。迈入21世纪后，教师进修培训院校又进行了新一轮的调整充实，中小学教师进修培训的任务越来越多依靠高等师范院、综合性高等学校和现代远程培训网络，截至2007年，教

---

① 郭平、谢丹：《我国教师培训机构的演进历程及改革发展趋势》，《中国成人教育》2013年第15期。

② 檀仁梅、庄明水：《福建师范教育史》，福建教育出版社1990年版，第177～178页。

③ 辽宁省教育厅：《谈谈我省中、小学教师在职系统进修的组织设施问题》，《人民教育》1957年第5期。

④ 檀仁梅、庄明水：《福建师范教育史》，福建教育出版社1990年版，第208～209页。

⑤ 张健：《中国教育年鉴》（1949—1984），湖南教育出版社1986年版，第627页。

师进修学校中有 700 多所与教研、电教等机构进行资源整合，形成了具有"多功能、广覆盖、大服务"特点的县区级教师学习与资源中心①。而从全国来看，在相关法规的实施推进下，全国建立了不同层次、不同规模的教师进修培训机构，甚至在后期阶段相互关联、协作，共同承担中小学教师进修培训的任务，已基本建立和健全了国家、省、地（市）、县、乡和学校的多级师资培训网络。

（二）进修培训对象的全面普及

20 世纪 50 年代和 60 年代前期，我国制订了一些培训计划，使中小学教师的进修培训工作保持了相当的稳定性、连续性，有些地方还经常出现以下景象："每到寒暑假期，各大、中城市的教师，都会有集中学习的办法，平时也建立了经常的自学组织，教师们的进步是很快的"②。前 17 年总体而言，培训对象往往限于任教中小学主要学科的教师，或教学上有困难的教师。为培训这些科任或有急需的教师，提高其文化科学知识水平和思想政治素养，并使他们的学历达标，各省教师培训组织纷纷开办学科函授教育，根据教师需要开设专业课程。例如 1954 年，河南省教育厅为加强本省小学教师的业务进修，要求教师学习的科目主要有语文、数学、史地、博物、理化，并着重学习需要牢固掌握的科学知识文化。总体上来说，由于受观念、体制和经济等方面的影响，中小学教师参加培训的人数比较有限，一般是以教学上有困难的教师为主，且大多围绕语文、数学等主要学科。例如，1963 年颁布的《全日制中学暂行工作条例（草案）》就着重强调："对文化、业务水平较低的教师，要求他们注意钻研所任课程的教材和教学方法，使他们能够胜任教学工作。"③ 至于教育部门有时违背教师成长规律，提出"培训提高在职教师，必须采取群众路线的方法，大搞群众运动"④，这种形式上的扩大培训规模是无丝毫益处的，其后果是严重削弱了师资培训的学术含量，降低了师资培训的应有质量。

鉴于十年内乱后中小学教师队伍青黄不接、整体素质下降的状况，1977 年12 月，教育部在《关于加强中小学在职教师培训工作的意见》中提出，要力争在三五年内，对"现有文化业务水平较低"的中小学教师进行有计划的培训⑤，培训依然是"针对性"偏强而受益面不宽，未脱覆辙。1978 年 9 月重颁的全日

---

① 方晓东：《中华人民共和国教育 60 年》，湖北教育出版社 2009 年版，第 504 页。

② 《柳湜教育文集》，教育科学出版社 1991 年版，第 237 页。

③ 华东师大教育管理学院：《建国后教育政策法令选编》（内部发行），第 44 页。

④ 何东昌：《中华人民共和国重要教育文献》（1949—1997），海南出版社 1998 年版，第 984 页。

⑤ 何东昌：《中华人民共和国重要教育文献》（1949—1997），海南出版社 1998 年版，第 1588 页。

制中小学《暂行工作条例（试行草案）》，另行加上了"教育行政部门和学校要采取切实有效的措施，大力培训师资"的规定①，突出了该问题的重要性和紧迫性，使工作有了进一步的起色。有的地方还采取了一些灵活的措施，允许"非学员的小学教师，经过自修可以申请参加培训机构各学科的结业考试，成绩及格的发给结业或毕业证书"，扩大了受益面和受益机会。1978 年暑假，河北省衡水地区教育局在故城县举办自然常识师资培训班，侧重于提高小学自然常识任课教师的教学质量，从培训班的师资、培训的内容着手，要求培训教师"对新编小学自然常识课实验内容进行全面讲解，对照故城县郑口小学的自制教具，在操作技术方面进行初步训练，对如何自制教具提出办法，交流经验"，通过"讲解与实验、理论与实际结合的方式"②，使受训教师对该门课程的知识内容体系有了更深层次的领悟。

　　1980 年以后，随着更多中小学教师进修培训法规的颁布实施，教育体制改革启动与深入，中小学教师进修培训的对象面明显扩大，还表现在不同学科受训教师的分派上，体育、音乐、美术、英语、劳技等短线学科教师和山区教师的培训逐渐纳入培训计划之列。1983 年，广西梧州地区教育局开办了中学劳动技术课教师培训班，培训对象针对部分中学的生物、理化教师和学校勤工俭学技术人员，参训学员有 32 人③。同年，吉林省浑江市教育局结合当地山区教师的实际情况，先后办起了专门培训山区小学教师的音乐、美术、体育教师三个班，参加学习的教师有 90 多人④。《义务教育法》颁布、教师职务制度和资格制度的先后发布实施，均对中、小学教师的学历提出了明确的规定，而参加培训则是达到法定学历标准的最便捷、现实的途径。在"法临城下"的情势下，各方都不再松垮、懈怠，而是向着同一个目标用力。针对老少边穷地区中小学校师资力量薄弱的情况，《教师法》特别规定："各级人民政府应采取措施，为少数民族地区和边远贫困地区培养、培训教师。"⑤ 这段时期，出现了多层次、多形式的师训模式，教师参加培训的人数加速增长，中小学师资的学历构成有了根本的改观，并为师训工作进入制度化、规模化和前沿化的新阶段打下了坚实的基础。1996 年，湖北省在开辟教师继续教育之路上坚持做到"三重"：重在农村，重在提高全体教

---

① 浙江教育学院教育理论研究室：《教育政策法令选编（1978—1981）》（内部文件），第 31 页。

② 河北衡水地区教育局：《衡水地区教育局举办自然常识师资培训班》，《人民教育》1978 年第 11 期。

③ 宋文洪：《举办中学劳动技术课培训班》，《人民教育》1983 年第 9 期。

④ 吉林省浑江市教育局：《为山区小学培训体、音、美教师》，《人民教育》1983 年第 10 期。

⑤ 教育部政策研究与法制建设司：《现行教育法规与政策选编》，教育科学出版社 2002 年版，第 215 页。

师的教育教学能力，重在培训中青年骨干教师[1]。

1999 年 9 月，教育部发布《中小学教师继续教育规定》，明确"中小学教师继续教育原则上每五年为一个培训周期"，即每年的培训面平均约为 20%，此比例和力度是空前的。该规定放眼 21 世纪的中国基础教育，将中小学教师培训范围扩大到全体教师，开始实施对 1000 万名中小学教师进行全员培训。2003 年，为做好北京小学英语教师上岗培训任务，北京市要求着手进行非英语专业教师转岗小学英语教师的培训计划，为此制定"小学英语教师培训工作实施方案"，不仅针对普通英语教师，也对英语骨干教师以老带新的学校自培方式加以明确。在基础教育新课程改革的背景下，新课改中小学师资培训提上日程，以北京教育学院为例，为响应素质教育的深入推进，该校针对有些音体美教师难以胜任课程改革要求的情况，先后举办了"爱教、爱校、爱生"的美术教师培训，"和声、和谐、和美"的音乐教师培训，"育体、育心、育人"的体育教师培训[2]。

过去一些"冷门""短线"学科的教师，现在受到应有的"礼遇"了，开始分期、分批地接受培训。例如，1988 年发布的《中小学校实验室工作的规定》强调要"培训有关教师、技术人员，提高实验教学水平"；1990 年发布的《学校体育工作条例》规定，"各级教育行政部门和学校应当有计划地安排体育教师进修培训"；《学校卫生工作条例》规定，教育行政部门应当"通过各种教育形式为学校卫生技术人员和保健教师提供进修机会"。与此同时，全国性中小学教师培训计划中班主任培训逐渐突出。2007 年 11 月，"全国中小学骨干班主任培训班"和"万名中小学班主任远程培训计划"在北京师范大学举行，这也是首次国家级班主任培训，此后该类培训相继出台并在各省接续实施。应该说，中小学教师法规在培训工作上没有"偏科""片追"，其公平、公正性体现了法律主义的价值取向和鲜明风格。

二、提高了中小学教师进修培训的质量

经过中华人民共和国成立后 60 年的演进、发展，中小学教师培训法规的实施取得了喜人的成绩，其中最突出地体现为显著提高了中小学教师进修培训的质量。

---

① 湖北省教育委员会：《稳步开展中小学教师继续教育》，《人民教育》1996 年第 9 期。

② 马宪平：《为基础教育发展不断注入生机与活力——写在北京教育学院复院 30 年之际》，《人民教育》2008 年第 20 期。

（一）进修培训重点的应时转移

在中华人民共和国成立至 1976 年中小学教师培训法制的前两个阶段，特别重视对教师进行思想教育与改造。如果撇开这一点，那么此期师训工作的重点是提高教师的文化知识水平，使他们能胜任教学工作。例如，1963 年颁布的《全日制小学暂行工作条例（草案）》规定："教师的业务进修，应该根据不同的对象具体安排。对教课有困难的教师，要求他们钻研所任学科的教材和教学方法，努力教好功课。对能够胜任教学工作的教师，帮助他们总结经验，进一步扩展知识领域，提高业务水平。"[1] 该规章较能代表此期教师法规的一个明显特点，即所提的大多是对教师教学工作各具体要素的基础性、方向性要求，少有学术方面的提高过关标准。

1976~1993 年为第三阶段，"开展了以教材教法过关为重点的中小学教师培训工作"[2]，及以《专业合格证书》为过渡、以补偿性的学历教育为重点的中小学教师培训工作。而陆续颁布的法规中要求教师既要学习专业知识，又要研究学习教材教法，使教师有能力、有水平任教。相关法规一经颁布实施，则在全国响应，成效明显，一些地方还开展了教材教法讲习班。例如 1980 年 12 月，江苏师范学院、南京师范学院和上海师范学院联合主办了《中学物理教材教法》讲习班，讲习班主要针对如何提高中学物理课的教学质量做出活动安排[3]。由于历史欠账太多，粉碎"四人帮"后，中小学专任教师的学历合格率很低，还有占相当比例的教师不能胜任教育教学工作，形势极为严峻。1982 年 10 月，由国务院批转的《加强教育学院建设若干问题的暂行规定》着重强调："要把中学在职教师进修文化专业知识的系统学习和学习研究所教教材两方面统筹兼顾，妥善安排。"[4] 按照该法规和其他相关的规定，中小学教师培训重视对不具备最基本的文化知识和教学能力的教师进行学习、掌握所教学科的教学大纲、教材及基本的教学方法的培训，通过了必要的考试方可获得《教材教法合格证书》，开启了不可或缺的准规范性质的过渡。以山东省为例，1984 年以前，该省的教师进修院校重点开展了中小学教师教材教法的培训，有 48.2 万名中小学教师获得了《教材教法合格证书》[5]。

---

① 华东师大教育管理学院：《建国后教育政策法令选编》（内部发行），第 28 页。
② 柳斌著：《关于基础教育的思考》，上海教育出版社 1992 年版，第 317 页。
③ 南京师院物理系：《"中学物理教材教法"讲习班在宁举行》，《人民教育》1981 年第 3 期。
④ 浙江教育学院教育理论研究室：《教育政策法令选编（1981.7—1983.8）》（内部文件），第 99 页。
⑤ 石仁初：《教师进修院校要做好继续教育工作》，《中小学教师培训》1990 年第 9 期。

以《专业合格证书》为过渡、以补偿性的学历教育为重点的中小学教师培训工作，是借《关于教育体制改革的决定》和中小学《教师职务试行条例》的强大推动力而采取的新部署。按照《义务教育法》《〈义务教育法〉实施细则》的明确规定，1986 年 9 月颁布的《中小学教师考核合格证书试行办法》提高了师训标准，要求中小学教师除了考试所教学科的有关课程及加考的课程外，"均需考试教育学和心理学基本原理"①。教育部并在 1988 年以部门规章的形式，强调要加强《专业合格证书》文化专业知识考试的考务工作，就报名条件、考场设置、违纪处罚等工作作了具体的规定②。至 1990 年，有 32 万人取得了小学教师《专业合格证书》。此外，1992 年等年份的《全国各类成人高等学校招生规定》对有关中小学教师的报考事项作了倾斜性规定，以利于他们接受成人学历教育。这一阶段，中小学教师的政治业务素质和教育教学能力均有了明显的提高。

　　1993～2009 年为第四阶段，以对取得合格学历的中小学教师进行继续教育为重点。前几个阶段培训工作取得的成绩，使我国中小学教师学历合格比例有较大幅度的增长。在这个基础上，《中国教育改革和发展纲要》《关于深化教育改革全面推进素质教育的决定》等重要文件先后对加强中小学教师队伍建设提出了更高的要求和目标。《教师法》《教师资格条例》和《小学管理规程》等法规对中小学教师继续教育的诸如目的、任务、管理、要求等原则问题或具体操作问题做出了规定，提出要根据素质教育和新课程改革不断推陈出新的实际，切实加强中小学教师的继续教育，以全面提高他们的教育教学能力。在这种局势下，中小学教师培训工作在质量、规模和效益上有了新的起色和提高。为迎接 21 世纪的机遇和挑战，广泛提高中小学教师实施素质教育的能力和水平，根据《教育法》和《教师法》所定原则，教育部于 1999 年 9 月发布了《中小学教师继续教育规定》，对继续教育的内容类别、组织管理、条件保障、考核奖惩等方面作了具体规定，推动中小学师资培训工作拓展到了以"全体教师为目标、骨干教师为重点"的全员培训的又一崭新阶段。以湖北省为例，在法律规范下，湖北省逐步完成了中小学教师学历补偿教育，进而将工作重点转移到提高教师思想政治素质、文化业务水平和教育教学能力的继续教育上来，同时针对教师岗位培训和骨干教师培训做出一定规划，要求在 2000 年以前，骨干教师培训人员占教师总数的30%③，并以此为目标逐渐开展，推动了湖北省教师继续教育的发展。

　　另外，中小学师训课程的重点也每每实现了适时的转移。例如，中小学教师

①　郭齐家、雷铣：《中华人民共和国教育法全书》，北京广播学院出版社 1995 年版，第 481 页。
②　郭齐家、雷铣：《中华人民共和国教育法全书》，北京广播学院出版社 1995 年版，第 487～488 页。
③　湖北省教育委员会：《稳步开展中小学教师继续教育》，《人民教育》1996 年第 9 期。

用普通话开展课堂教学，实现了由仅作一般性的要求到用法律加以规范的转变。1958 年 3 月，教育部下发《关于在小学和各级师范学校教学拼音字母的通知》，要求中学、小学一年级的语文教师，应该于 1958 年秋季开学前进行一次拼音字母的集中强化学习，其他年级的语文教师也应该尽可能参加。江苏常州市师范学校"自 1972 年以来，一直坚持教汉语拼音和推广普通话"，特别是 1978 年春季开始，"狠抓了普通话的推广工作，取得了一些成效。现在全体学生都能拼读普通话的四百个带调的基本音节，部分学生不但会正确地拼读，还会拼法"①。及至 1984 年 7 月，教育部发出《关于加强中、小学教师普通话培训工作的通知》，也仅对语文教师作了较明确的要求，"对其他各科教师，亦应采用小型分散的办法"进行培训，实际上是介于可有可无之间。长期实践的结果表明，仅用一般政策来推展这项工作远为不够，必须借助于法规的强制力来推行。1992 年《〈义务教育法〉实施细则》规定，"实施义务教育的学校在教育教学和各种活动中，应当推广使用全国通用的普通话"。以辽宁省锦州市为例，1995 年，该市基本完成小学教师学历培训的任务，同时在相关法规的推进执行中，锦州市小学教师继续教育确立以提高教师教学能力为核心，以大练教师基本功为突破口的发展方式，针对普通话、三笔字、简笔画、写作水平和所教学科的教学大纲与教材五项基本功训练②，并设置了验收体制，以使人人达标。

2000 年 9 月发布的《〈教师资格条例〉实施办法》规定，申请认定教师资格者的教育教学能力之一是普通话水平应当达到"二级乙等以上标准"。同年 10 月，九届全国人大常委会第十八次会议通过的《国家通用语言文字法》规定，中小学教师应当"达到国家规定的等级标准；对尚未达到国家规定的普通话等级标准的，分别情况进行培训"③。以上教育法规使普通话水平成了获得中小学教师资格的一项法定必具条件，普通话培训因而也就成了师培工作的一项重要内容，一道法定的门槛。相信在法律的强力干预下，中小学教师使用普通话进行教育教学这个老大难问题，将得到彻底、圆满的解决。

可以看出，随着基础教育改革的不断深入，教师培训课程的设置也更具有科学性和前瞻性，有与世界接轨的趋势，并有机地整合了师德修养、专业知识更新、教育科学研究、现代教育技术、教学基本技能和人文社科知识等诸多课程，顺应了新时代的发展要求。

---

① 《努力推广普通话》，《人民教育》1979 年第 7 期。
② 高瑞兰：《大练教师基本功全面开展继续教育》，《人民教育》1995 年第 4 期。
③ 《法律法规司法解释实用手册·教育》，中国法制出版社 2001 年版，第 79 页。

（二）进修培训等级的有序提升

从中华人民共和国成立至 2009 年，中小学教师进修培训法规由国家各级立法主体制定，真正落实则由所有教育法律关系主体特别是各级教师培训机构及相关人员依法实施，得出成绩和成效。一般而言，教育改革启动之前的中小学教师培训工作主要由各省、市负责运行。1993 年全国人大常委会通过、颁布《教师法》后，国务院、教育部接连出台《教师资格条例》《中小学教师继续教育规定》《中小学校长培训规定》等法规以及《面向 21 世纪教育振兴行动计划》等政策，使中小学教师进修培训工作提升到了国家层面。例如，从 1999 年开始，湖北省省级培训机构开展中小学骨干教师省级培训，并由省教育厅确定华中师范大学、湖北大学、湖北教育学院为中小学骨干教师省级培训基地，负责制订各学科教师的培训计划①。同年，教育部决定将在今后 3 年内从全国选培的 10 万名中小学骨干教师中筛选 1 万名参加国家级的重点培训。再以东北师范大学为例，该校在遵照教育部中小学骨干教师培训教学方案的基础上，发挥学校自身的培训特色，在参与国家级的中小学教师进修培训中工作成效显著，多项评估指标获得优秀②。

随后教育部制订了多个国家级师资培训计划，如 2006 年 8 月的《全国中小学班主任培训计划》、2008 年 4 月的《2008 年中小学教师国家级培训计划》，相较于 20 世纪 90 年代以前的相关教师法规，人们看到了中小学教师进修培训法规持续实施的良性效果，看到了中小学教师进修培训等级在国家和省市县层面间"齐飞""共色"式的有序提升。

（三）进修培训质量的与时俱进

教育是最能也最应与时俱进的事业，主要原因之一就在于广大人民教师的职业道德、专业素养、教育教学能力等最能与时俱进。然而，教师队伍质量需要有教师培训、教师培训质量及教师培训法制的保障③。随着中小学教师进修培训法制的推展，教师质量与教师进修培训的发展状况成正比，60 年内的很长一段时间，前者主要反映在中小学教师"学历达标与否"上。中华人民共和国成立之初，中小学教师学历合格率过低，如表 5 - 2 所示，1953 年全国小学、初中、高

---

① 左其坤：《关于中小学骨干教师省级培训工作的实践与思考》，《中小学教师培训》2000 年第 12 期。

② 张贵新：《国家级培训在东北师大》，《人民教育》2001 年第 11 期。

③ 杨栋：《改革开放以来湖南省中小学教师培训历史演变研究（1978~2013）》，湖南师范大学 2015 年硕士学位论文。

中教师的学历合格率分别为 13.50%、53.50%、68.80%，直到 1980 年，小学、初中、高中教师的学历合格率仍只分别为 49.92%、12.74%、35.88%，中小学教师培训受重视的程度和实施的力度均很低的情形可见一斑。

表 5-2　1949～2009 年部分年份全国中小学专任教师学历合格率变化情况

单位:%

年份	高中	初中	小学
1953	68.80	53.50	13.50
1956	44.30	48.00	12.30
1957	47.60	51.20	14.40
1962	54.60	68.50	29.50
1963	59.30	74.70	34.50
1978	45.90	9.80	47.10
1979	50.80	10.60	47.00
1980	35.88	12.74	49.92
1985	39.60	27.50	60.60
1987	40.08	32.73	65.58
1990	45.60	48.60	73.90
1993	51.09	59.54	84.73
1995	60.72	69.13	88.85
1999	65.85	85.50	95.90
2003	75.71	92.04	97.85
2004	79.59	93.79	98.31
2005	83.46	95.24	98.62
2006	86.46	96.34	98.87
2007	89.30	97.19	99.11
2008	91.55	97.79	99.27
2009	93.61	98.29	99.41

资料来源：参照《新中国中小学教师法规研究（1949～2000）》第 116 页表 6 和《中国教育统计年鉴》（2003～2009）数据资料计算整理而成。根据《中国教育大事典》（1949～1990）及 1991～2000 年的《中国教育统计年鉴》和《中国教育事业统计年鉴》等资料计算整理。

教育改革开放以后，尤其是《义务教育法》和《教师法》对中小学教师学历及中小学师资培训作出相关规定后，国家和地方以空前的力度加强了师训工作，小学教师学历合格率明显提升，至 1995 年达到 88.85%，而中学教师也处在较快速的恢复发展阶段，教师学历合格率初、高中分别为 69.13%、60.72%。1992～1997 年，小学、初中和高中的教师学历合格率，由 83%、56%、49% 分别提高到 93%、85%、60%①。除全国的数据外，各省份中小学教师学历达标率的变化也能反映一些问题。如以湖南省为例，经过 24 年的中小学教师培训，该省小学、初中、高中的教师学历合格率从 1983 年的 18.2%、22.53%、36.22%，分别提升至 2007 年的 99.49%、96.82%、90.23%②。这些都清楚表明，中小学教师学历合格率、专业素养的显著提高，坚持有法可依、有法必依，落实中小学教师进修培训法规的积极成果。

　　从表 5 - 2 中可以看出，中华人民共和国成立以来，小学和初中教师的学历合格率经历了较大的波动，最高与最低的年份间相差分别达到 84.6 个百分点和 77.3 个百分点，而高中教师的学历合格率则相对稳定，在 39.30% 和 68.43% 之间波动。再从时段上看，20 世纪 80 年代中期以后，中小学各级教师的学历合格率不再反复变动，而是逐年稳步上升。其中原因自有多方面，但其与是否存在社会良性大环境、是否加强了教师工作领域法制建设密切相关。60 年间，我国中小学教师的学历合格率总体上呈不断升高的趋势。至 2000 年，小学、初中、高中专任教师的学历合格率已分别达到 96.90%、87.10% 和 68.43%，小学教师中大专以上学历的占 20.0%，初中教师中本科以上学历的占 14.2%③。2009 年，各项指标均创新高，小学、初中、高中教师的学历合格率分别达到 99.41%、98.29%、93.61%，全国中小学教师基本上已达到合格学历，使绝大部分中小学教师有能力胜任教育教学工作。这其中当然包含了教师培训工作的实绩，也体现了中小学教师培训法规所起的重要作用。人们在欣慰之余，也应审查到其中的缺憾与不足。立法方面，教师培训法规的数量与师训条款的分量尚不能和培训工作的重要性、紧迫性、复杂性相适应，配套法规的制定还很不够。执法方面，有的教育执法部门仍然视教育法为"软法"、教师培训为"副业"，没有切实地将"静态的法律条文介入教育活动中，发挥其调整、规范作用"④。这些都是新的历史时期必须着力解决的问题。

　　① 陈至立：《陈至立教育文集》（上），高等教育出版社 2015 年版，第 151 页。

　　② 杨栋：《改革开放以来湖南省中小学教师培训历史演变研究（1978～2013）》，湖南师范大学 2015 年硕士学位论文。

　　③ 中央教科所：《中国基础教育发展研究报告·2001》，教育科学出版社 2002 年版，第 32 页。

　　④ 劳凯声、郑新蓉：《规矩方圆——教育管理与法律》，中国铁道出版社 1997 年版，第 83 页。

三、改善了中小学教师队伍的结构

依法治教、依法治师贯穿整个基础教育事业的发展，成为大的方向和原则，其中中小学教师进修培训法规富有成效的实施，改善了我国中小学教师队伍的结构，为建设一支高素质、优结构的中小学教师队伍提供了保障。

（一）专任教师数量比例的变动

自中华人民共和国成立后的 60 年间，为使中小学教师队伍结构均衡、质量优良，离不开系列性中小学教师培训法规的遵守和执行。衡量中小学教师队伍整体素质的标杆之一，就是专任教师的占比，而这与中小学教师的进修培训及其成效有直接和较为直接的正相关关系。

如表 5-3 所示，全国小学、初中、高中专任教师数，从 1978 年的 522.6 万人、244.1 万人、74.1 万人，分别上升到 2009 年的 563.3 万人、351.3 万人、149.3 万人。虽然 2000 年以后中小学教师的总数量有不断减少的趋势，但中小学专任教师的人数却主要呈上升趋势，尤其是普通高中教师队伍表现突出，2000～2009 年全国高中专任教师增长了 97.23%，折射了中小学教师培训法制推动下专任教师队伍建设的突出成绩。

表 5-3　1949～2009 年部分年份全国普通中小学专任教师的数目统计

单位：万人

年份	小学	初中	高中
1949	83.6	5.3	1.4
1963	260.1	34.0	8.0
1978	522.6	244.1	74.1
1990	558.2	247.0	56.2
2000	586.0	324.9	75.7
2003	570.3	346.7	107.1
2006	558.8	346.3	138.7
2009	563.3	351.3	149.3

资料来源：依据《中国教育成就统计资料》（1949—1983）和《中国教育统计年鉴》（1990—2009）数据截取整理而成。

（二）教师各级学历的提高

中小学教师进修培训法规的实施成效，除中小学教师数量的转变尤其是专任教师占比逐渐增加外，教师各级学历层次也逐渐由中师、大专和本科的"旧三级"向专科、本科和研究生"新三级"转变①。虽然时至 2009 年，研究生学历的中小学教师占教师总人数的比重仍偏小，但相对新中国成立初期、全面建设社会主义初期和改革开放初期来说，已经有了十分显著的增长。

具体来看，就全国普通高中教师而言，如表 5-4 所示，1953～1963 年，具有高等学校本科毕业及以上学历的人数增至 4.75 万人；1985～2009 年，具有高等学校肄业及专科毕业以上学历的教师数量从 40.81 万人增长到 149.13 万人，其在教师总人数中的所占比例也由 83.0% 提升到 99.87%，其中 2009 年具有研究生学历的高中教师达 4.20 万人。普通高中教师的学历大幅度提升，使高中教师高质量队伍得以形成。就普通初中教师而言，如表 5-5 所示，1953～2009 年，具有高等学校本科毕业及以上学历的人数增至 208.85 万人，其所占比例达 59.44%，已超过一半的名额完成了本科及以上学历，初中教师队伍质量得到稳步提升。根据相关法律要求，小学教师学历最低达到中师、高中毕业程度即可合格，然而在这 60 年间，小学教师队伍的结构也发生了巨大变化。如表 5-6 所示，至 2009 年，小学教师具有高等学校肄业及专科毕业以上学历的人数达 421.58 万人，所占调查人数的 74.84%，其中具有研究生学历的小学教师虽不算多，但在调查的人数中达 4684 人。综合以上分析和所对应的数据，可见小学、初中、高中教师各层次学历比重都发生了巨大变化，更多教师向大学本科及以上学历迈进，相关教育法规的执行取得了相应的积极成果，顺应了时代对教师高学历层次的要求。

表 5-4　1949～2009 年部分年份全国普通高中专任教师学历情况统计

单位：万人

年份	专任教师数	高等学校本科 毕业及以上人数	高等学校肄业 及专科毕业人数	中等学校毕业 及以下人数
1953	2.09	1.44	0.36	0.29
1956	3.51	1.55	1.46	0.50
1957	3.99	1.90	1.59	0.50

① 方晓东：《中华人民共和国教育 60 年》，湖北教育出版社 2009 年版，第 506 页。

续表

年份	专任教师数	高等学校本科毕业及以上人数	高等学校肄业及专科毕业人数	中等学校毕业及以下人数
1962	8.07	4.41	3.11	0.55
1963	8.01	4.75	2.81	0.45
1978	74.13	34.04	5.39	34.70
1979	66.74	33.88	4.81	28.05
1980	57.07	20.47	16.45	20.15
1985	49.17	19.48	21.33	8.36
1987	54.39	21.80	25.60	6.99
1990	56.23	25.60	26.26	4.37
1993	55.90	28.56	24.24	3.09
1995	55.05	30.39	22.40	2.26
1999	69.24	45.59	22.48	1.17
2003	107.05	81.05	25.40	0.60
2004	119.07	94.77	23.82	0.48
2005	129.95	108.45	21.09	0.41
2006	138,72	119.93	18.43	0.36
2007	144－31	128.86	15.16	0.29
2008	147.55	135.09	12.20	0.26
2009	149.33	139.78	9.35	0.20

资料来源：根据《中国教育成就统计资料》（1949—1983）和《中国教育统计年鉴》（1985—2009）数据资料整理而成。

表 5－5　1949～2009 年部分年份全国普通初中专任教师学历情况统计

单位：万人

年份	专任教师数	高等学校本科毕业及以上人数	高等学校肄业及专科毕业人数	中等学校毕业及以下
1953	10.37	3.34	2.21	4.82
1956	15.29	1.99	5.36	7.94
1957	19.31	2.32	7.58	9.41
1962	31.56	6.27	15.36	9.93
1963	34.03	9.63	15.79	8.61

续表

年份	专任教师数	高等学校本科毕业及以上人数	高等学校肄业及专科毕业人数	中等学校毕业及以下
1978	244.07	18.44	5.45	220.18
1979	241.02	19.10	6.49	215.43
1980	244.91	10.27	20.93	213.71
1985	215.99	11.60	47.70	156.69
1987	232.65	12.28	63.87	156.50
1990	247.04	16.93	102.94	127.17
1993	256.70	21.86	133.42	101.42
1995	278.37	26.25	166.18	85.94
1999	314.81	39.17	230.41	45.23
2003	346.67	82.60	236.48	27.59
2004	347.68	101.28	224.80	21.60
2005	347.18	122.58	208.09	16.51
2006	346.35	142.37	191.30	12.68
2007	346.43	163.73	172.95	9.75
2008	346.90	184.62	154.62	7.66
2009	351.34	208.85	136.47	6.02

资料来源：根据《中国教育成就统计资料》（1949—1983）和《中国教育统计年鉴》（1985—2009）数据资料整理而成。

表5－6 1949～2009年部分年份全国小学专任教师学历情况统计

单位：万人

年份	专任教师数	中师、高中毕业及以上人数	初师、初中毕业及中师、高中肄业人数	初师、初中肄业及以下人数
1953	151.08	20.45	57.69	72.94
1956	174.64	21.44	87.62	65.58
1957	180.68	25.96	92.94	61.78
1962	242.14	71.40	117.83	52.91
1963	260.14	89.84	122.55	47.75
1978	521.66	245.66	97.22	178.78
1979	538.18	253.04	220.50	64.64

年份	专任教师数	中师、高中毕业及以上人数	初师、初中毕业及中师、高中肄业人数	初师、初中肄业及以下人数
1980	549.28	274.18	218.43	56.67
1985	537.68	325.86	179.96	31.86
1987	543.38	356.35	161.00	26.03
1990	558.18	412.28	127.19	18.71
1993	555.16	1.02	19.82	534.32
1995	566.41	1.54	30.29	534.58
1999	586.05	4.31	90.97	490.77
2003	570.28	17.63	213.47	339.18
2004	562.89	25.90	248.56	288.42
2005	559.25	37.61	277.54	244.09
2006	558.76	51.24	295.55	211.96
2007	561.26	68.76	306.62	185.88
2008	562.19	88.04	310.42	163.73
2009	563.34	111.52	310.06	141.77

资料来源：根据《中国教育成就统计资料》（1949—1983）和《中国教育统计年鉴》（1985—2009）数据资料整理而成。

（三）教师职称结构的改善

20世纪80年代中期，教育体制改革和教师管理制度改革启动，中小学教师进修培训法制逐步加强，各地中小学教师培训考核实施办法中规定，将教师考核成绩与教师职称评定挂钩，考核结果作为教师职称评定的参考因素，受培训者比未受培训者有相对的优势获得高职称评定的机会[1]。

1988年底，全国中小学公办教师中，评聘为中学高级教师的有14万名、评聘为中学一级教师的有77.7万名，评聘为小学高级教师的有69万名，评聘为小学一级教师的有140万名[2]。同年，辽宁、河南、天津等10个省份评选出特级教

---

[1] 杨栋：《改革开放以来湖南省中小学教师培训历史演变研究（1978～2013）》，湖南师范大学2015年硕士学位论文。

[2] 《中国教育年鉴》编辑部：《中国教育年鉴》（1989），人民教育出版社1990年版，第160页。

师 1459 人。1978 ～ 1988 年，全国共评选出特级教师 3137 名①，这些特级教师大多接受过师资培训，成长为特级教师和知名人士后往往又参与师资培训指导年青一代的教师。

2000 年以后，相关教育法规的颁布实施，使各地的中小学教师培训工作有序开展，推动了中小学教师队伍结构的良性转变。如表 5 - 7 所示，小学专任教师中具有小学高级职称的，由 2000 年的 27.2% 上升到 2009 年的 51.1%，而具有小学一、二、三级教师职称的专任教师由 2000 年的 63.7% 减少至 2009 年的41.9%。由此可知，小学专任教师经过各级培训这个必要（非充分）条件，有相当一部分人陆续晋升到小学高级甚或中学高级职称。初中具有中学一级和中学高级职称的教师占比，从 2000 年的 27.3%、3.3% 分别上升到 2009 年的 41.8%、11.3%；高中具有中学一级和中学高级职称的教师占比，从 2000 年的 37.4%、16.3% 分别变化到 2009 年的 34.6%、23.4%，中级职称人数占比略降而副高人数占比明显上升。

表 5 - 7　2000 年、2009 年全国中小学专任教师专业技术职务结构情况

单位：万人

年份	小学专任教师	中学高级		小学高级		小学一、二、三级		未评级	
		人数	百分比（%）	人数	百分比（%）	人数	百分比（%）	人数	百分比（%）
2000	586.0	0.7	0.1	159.1	27.2	373.2	63.7	53.0	9.0
2009	563.3	5.2	0.9	288.1	51.1	235.9	41.9	34.1	6.1

年份	初中专任教师	中学高级		中学一级		中学二、三级		未评级	
		人数	百分比（%）	人数	百分比（%）	人数	百分比（%）	人数	百分比（%）
2000	324.8	10.6	3.3	88.7	27.3	183.3	56.4	42.2	13.0
2009	351.3	39.6	11.3	146.8	41.8	141.2	40.2	23.7	6.7

年份	高中专任教师	中学高级		中学一级		中学二、三级		未评级	
		人数	百分比（%）	人数	百分比（%）	人数	百分比（%）	人数	百分比（%）
2000	75.7	12.3	16.3	28.3	37.4	28.3	37.3	6.8	9.0
2009	149.3	35.0	23.4	51.6	34.6	52.6	35.2	10.1	6.8

资料来源：参照《中国教育统计年鉴》（2000—2009）部分年份数据整理而成。

---

①　梅新林：《中国教师教育 30 年》，中国社会科学出版社 2008 年版，第 292 页。

除国家整体中小学教师队伍机构的改变外，各省市也有不小变动。以湖南省为例，小学与初中专任教师中具有中学一级、小学高级职称人数占比，分别从 1994 年的 12.84%、19.99% 提升至 2000 年的 37.97%、36.13%。简言之，中小学教师通过进修培训，以考核成绩作为教师职位评定的参考之一，渐渐使未评级的教师数量相对减少、高级职称教师逐渐增多，在提高教师队伍质量的同时，也改善了中小学教师队伍的结构和品位。

四、推动了中小学教育事业的发展

国家发展，希望在教育；办好教育，希望在教师。这是我国教师事业 60 年发展历程的经验总结。以教育为一生职志的中小学教师，通过进修培训提升自身素质，对教育事业会更执着、更牵念、更奋发。中小学教师进修培训法规能发挥规范、支持、保障教师提高业务水平和政治素养的重要作用，能加快高素质中小学教师队伍的建设进程，促进我国九年义务教育的普及，推动高中阶段教育的发展壮大。

（一）促进了义务教育的普及

我国基础教育在改革开放以前相对薄弱，活力不够，普及义务教育受多种条件和因素的掣肘，其中师资的质量和数量问题一直是最大的短板之一。国家通过教育法规的强制力和约束力，加以相关政策的引导促进，加大对各地区中小学教师进修培训的工作力度，提升教师队伍的整体质量和城乡中小学的教育教学水平，发挥学校教育的主导作用，协调好家庭教育和社会教育，使家长放心让孩子在学校接受良好的教育，提高中小学学生的入学率和巩固率，促使基础教育事业层层推进、层层受益，努力实现《义务教育法》《教育法》里规定的国家普及义务教育目标。

以福建省为例，中华人民共和国成立初期，由于中小学师资短缺、师资培训的力度不够，整体师资的质量和水平远未达到当时普及义务教育的客观需求。据 1957 年统计，全省小学 12850 所，在校学生 1376113 人，学龄儿童入学率仅有 66%，巩固率亦低，普及义务教育无从谈起。改革开放以后，中小学教师培训法规的制定进入新阶段，实施工作成效显著，使义务教育师资队伍的质量和数量得以保证，教育教学和管理服务的水平提高，学生在校的学习愉快而充实。至 1984 年，全省 78 个市、县（区）已有 61 个达到普及小学教育的基本要求，小学应届毕业生合格率达 97%①。截至 1988 年，由于师资队伍和教学设施设备有了进一步的保障，义务教育普及速度加快，无论是城镇还是农村，教育教学质量都有提高，全省小学毕业会考的合格率达 76.1%，比上年提高 5.2%②。随着 20 世纪 90 年代教育改革和发展的提速，中小学教师进修培训法制建设规范性和科学性的增强，中小学师资培训工作取得显著的成绩，为义务教育阶段学生成长发展和九年义务教育目标的如期实现提供了质量优良的师资保证。至 2008 年，全省小学招生 39.91 万人，毕业生达到 50.5 万人，其中专任教师提升到 16.03 万人；初中招生 49.59 万人，毕业生为 49.54 万人③，整体毕业合格率呈上升趋势。

另以全国数据为证，1949～2009 年，初中毕业生升学率增至 85.6%④。无论是闽省义务教育的一系列数据，还是 60 年间全国初中毕业生升学率的增长数据，我们都可以看到，国家制定的 2000 年基本普及义务教育的目标顺利实现，2001～2009 年小学教育和初中教育的继续向前发展，是基本普及义务教育目标后的进一步巩固和提升。这些可嘉成绩的后面，均有数量足够质量优良的中小学师资队伍的力量支撑，均有中小学教师培训法制建设的守望护航。

（二）推动了高中阶段教育的发展壮大

中小学教师为提高自己的知识水平和教育素养，尽量有深度地参与和见证国家教育事业的发展，必然自觉加强修养和陶冶，积极参与自己需要的教师培训。曾有教师感慨地悟出："要给学生一杯水，自己得有一桶水"⑤，从事高中阶段教育的教师们更是如此。高中教育作为学生是否能够进入高校深造、进入一所什么样的高校接受高等教育的重要阶段，高中教师的业务水平和综合素养将在很大程度上影响学生获得知识和形成能力。这就要求各省认真遵守、执行、落实中小学教师进修培训法规，使更多的高中教师在已有的知识素养的基础上接受高一层次的培训，切实提高自身的教书育人能力和"化作春泥更护花"的品德胸襟。教师队伍质量提升了，高中教育质量就因之有了保障，高中阶段的教育才能更好地发展壮大。新中国成立以来 60 年的高中教育，走上的就基本是这样的一条道路，一条以中小学教师培训法制保障教师队伍质量进而推动高中阶段教育的稳步发展、跨越发展之路。1949～2008 年，我国普通高中教育在校生人数从 20.72 万人

① 张健：《中国教育年鉴》（1949—1984），湖南教育出版社 1986 年版，第 633 页。
② 《中国教育年鉴》编辑部：《中国教育年鉴》（1988），人民教育出版社 1989 年版，第 567 页。
③ 牟阳春：《中国教育年鉴》（2009），人民教育出版社 2010 年版，第 617 页。
④ 教育部：《2009 年全国教育事业发展统计公报》，《中国教育报》2010 年 8 月 3 日。
⑤ 红烛：《"一杯水"与"一桶水"》，《人民教育》1978 年第 8 期。

增长到 2476.28 万人①，在规模、质量、声誉等方面，实现了史无前例的超越发展。

> 20 世纪 50 年代初，福建省普通高中参加高考的学生最终成绩，在华东区处于末位，1954 年学生高考及格率为 5.6%。福建高中教育发展至 1984 年，高中毕业生已达 140.28 万人，而社会上拥有高中文化程度者达 147 万多人，劳动者的文化素质明显提高。同时，福建省也已有 14.93 万名高中毕业生升入全日制各类大专院校深造②。
>
> 2008 年，全省已有 322 所达标高中，有 75.6% 的学生在达标高中就读，更好地满足了学生接受优质高中教育的需求③。

无论是普通高中学生的高考合格率，还是优质高中数量的发展，与高质量的高中教师队伍是离不开的。在中华人民共和国成立后 60 年间，高中教育事业的发展壮大离不开高水平的教师队伍，而高中教师队伍水平与质量的提升，在相当的程度上与中小学教师进修培训法规是否得到切实的遵守和执行相关。

中小学教师进修培训法制既是我国法治社会建设的必然产物，也是推动中小学教师教育发展的强劲助力，为高质量的中小学教师队伍建设提供了权威的法律依据。在 1949～2009 年的这 60 年，我国中小学教师进修培训法制由最初的发轫探索到后期的规范发展，历经了四个阶段，在法规遵守、法规的行政和司法适用等实施过程中获得了较为显著的成效，彰显了其独有的价值和功能。当然，中小学教师培训法规内容、体系、实施、监督等方面还存在一些问题和不足，需要人们继续就业勤勉地去总结经验教训，以不断、不懈的进取作为，去开创中小学教师进修培训法治光明的未来。

---

① 方晓东：《中华人民共和国教育 60 年》，湖北教育出版社 2009 年版，第 56 页。
② 张健：《中国教育年鉴》（1949—1984），湖南教育出版社 1986 年版，第 636 页。
③ 牟阳春：《中国教育年鉴》（2009），人民教育出版社 2010 年版，第 618 页。

第六章
结　语

第一节　1949～2009年中小学教师法制建设的主要成就①

古希腊哲人亚里士多德认为，法治要比人治可取，"法治应当包括两重含义：已成立的法律获得普遍服从，而大家所服从的法律又应该本身是制定得良好的法律"②。这句警语是值得用心去揣摩、用行动去践履的。回眸自中华人民共和国成立后60年的中小学教育事业，我们会察觉到，在教育法制投射的阑珊灯火中，甘愿"为伊消得人憔悴"的中小学教师们经历了一场由"衣带渐宽"到"允上高楼"的角色转变。在长达60年的岁月里，我国基础教育事业的发展韵质独具，令世人瞩目，通过这个发展，中小学教师法制建设取得了很大的成就，这些成就将历世不朽、永载史册。

一、在教育立法指导思想上，坚持了整体规划与急用先立的两相结合

准备构建一个什么样的教育法规体系，运作过程中先立什么法、后立什么法？在这个问题上，我们既缺乏经验，又没有现成的道路可走。但我国各级立法主体从中小学教育发展的实际情况和需要出发，勤于探索、勇于创新，明智地处

---

① 涂怀京、陈冬：《我国中小学教师法规建设的历史成就》，《人大复印资料》（教育学·G30）2006年第7期。

② ［古希腊］亚里士多德：《政治学》，商务印书馆1965年版，第167页。

理了需要和可能、当前和长远的辩证关系，既统筹安排制定科学的立法规划，又紧紧围绕各个时期教育整顿和改革的关键性问题进行优先立法，在教育立法技术方面创造出了不俗的业绩。

1958 年发起的教育革命，初衷本是纠正学习苏联教育经验中的教条主义倾向，探索我们本国社会主义教育建设的道路。但由于受到"左"的思想的干扰，这场运动严重偏离了教育与生产劳动正确结合的方向，出现了劳动过多、否定教师的主导作用、忽视教师的进修提高等不良倾向。教育整顿开始后，为了确立中小学教育工作和教师工作的法律准绳，1961 年 7 月，教育部开展了立法前期调研、征求各方意见、草拟方案等工作。1963 年 3 月 23 日，中共中央同时颁发了《全日制中学暂行工作条例（草案）》和《全日制小学暂行工作条例（草案）》。这两个《条例（草案）》均列有教师专章，规定中小学教师的"根本任务是把学生教好"；有关部门要"加强对教师业务进修的领导"；小学教师"除带领学生集体劳动、参加校内的清洁卫生等劳动外，不再规定其他劳动任务"①，中学"教师参加生产劳动，包括带领学生劳动的时间在内，平均每年半个月到一个月"②。这些规定，使 1960 年开始的整顿工作更加有序地进行，中小学教育重入较为健康的发展轨道。由于这一段时期法制建设明显滑坡，教育立法工作相当薄弱，固"规划"和"先立"之间的界限并不明显。

20 世纪 80 年代中期以后，中国教育改革事业新招迭出，呈现如火如荼之势。但在改革进程中，也不断暴露出多方面的矛盾和困难。面对这种情况，国家开始加快教育立法工作。按照世界各国教育立法规划的通例，本应尽快制定一部从全局上规范各种教育活动调整各种教育关系的教育基本法。可当时的情况是，许多矛盾和冲突的焦点突出地汇集在教师工作领域：相当多的教师尤其是中小学教师的社会地位较低、整体素质不高，随意借调教师、干扰教师正常工作、拖欠教师工资的现象经常发生，侮辱、殴打教师的违法犯罪行为屡禁不止。不首先解决这些问题，势必严重挫伤广大教师的积极性，阻碍教育事业的发展。在全国人大代表、政协委员和有识之士的提议、呼吁下，国家决定先制定教师法。全国人大常委会、国务院、国家教委经过 7 年多的不懈努力和通力配合，终于在 1993 年 10 月 31 日，制定、颁布了《教师法》这部集权益保护和行业管理于一体的重要法律。以后的事实证明，这个立法策略是正确、成功的，不仅及时地为教师工作领域提供了法律依据，而且为 17 个月后教育基本法的出台打下了比较好的基础。

---

① 华东师大教育管理学院：《建国后教育政策法令选编》（内部发行），1987 年 6 月，第 28～29 页。
② 华东师大教育管理学院：《建国后教育政策法令选编》（内部发行），1987 年 6 月，第 45 页。

在《义务教育法》、中小学教师《职务试行条例》《教师资格条例》等法律规章的制定上，也较为鲜明地体现了这一指导思想。

注重、加强立法规划，使我国的教育立法工作总体上保持了稳步推进的态势，而采用急用先立的立法技巧，又使教育立法紧扣教育改革发展中的突出问题，有利于及时扫除前进路上的障碍，规范秩序聚合力量，弘扬教育的时代主题。这种成功尝试是对社会主义初级阶段国家整体立法工作的积极贡献。

二、在教育立法体制上，实行了符合我国国情的一元多级制

"立法体制就是指立法权限，特别是中央和地方立法权限的划分问题"[①]。我国是社会主义的单一制国家，立法工作须由中央统一领导，同时由于我国幅员辽阔、人口众多，各地政治、经济和文化教育发展很不平衡。为了维护国家的法制统一，又充分发挥中央与地方两方面的积极性和创造性，《宪法》和《立法法》规定，我国实行一元多层次的立法体制：全国人民代表大会及其常务委员会行使国家立法权，国务院有权制定行政法规，国务院各部委可以依法制定部门规章；地方各级国家权力机关和民族自治机关有权依法制定地方性法规和自治条例、单行条例，地方各级政府可以依法制定地方政府规章。中央一级制定的法规是上位法，其原则性、全面性和前瞻性较强，指导和规范地方性法规的制定；而作为下位法的地方性法规具有的具体性、针对性和及时性，也能较好地促进上位法的贯彻实施。在中小学教师法规的制定上，中央和地方各级立法主体职责、权限分明，目标指向一致，进行了卓有成效的分工协作。《教育法》《教师法》《教师资格条例》《中小学教师职业道德规范》《中小学教师继续教育规定》等法规是中央立法的产物，《上海市实施〈中华人民共和国教师法〉办法》《江西省实施〈中华人民共和国教师法〉办法》《山东省实施〈中华人民共和国教师法〉办法》《广西壮族自治区实施〈中华人民共和国教师法〉办法》等是地方立法的产物。这些不同法律效力的中央、地方法规，在共同对教师工作领域的教育法律关系进行调整、教育教学活动进行规范方面，较为协调一致，发挥了重要的指引、评价、教育和保障作用。

此一元多级、集权和分权有机结合的教育立法体制，是在 60 年的教育立法过程中逐渐形成和完善的。这是一个植根于深厚的民族立法土壤的体系，因而也

---

① 公丕祥：《教育法教程》，高等教育出版社 2000 年版，第 80 页。

必将是一个生机勃发、长盛永新的体系。

三、在教育立法成果上，初步形成了有中国特色的中小学教师法规体系

尽管在新中国中小学教师法制建设的各个时期，存在这样或那样的阻力和困难，但全国人民代表大会及其常委会、国务院（政务院）、教育部（国家教委）等中央一级教育立法主体认真履行宪法和法律赋予的神圣职责，聚焦教育的热点难点问题，不断加强和改进教育立法工作。例如，2006 年修订颁布的《义务教育法》，通过强化法律规定以保障义务教育质量的立法主旨鲜明，明确了义务教育阶段教师的入职资格，将义务教育阶段教师的职务系列上升到法律层面加以规定，强调了县级以上政府在提高教师的教育教学能力方面的职责。60 年间，一共颁发了 206 部中小学教师法规，其中含《教师法》在内的法律 11 部，行政法规、部门规章 195 项。地方各级立法主体也制定了一大批地方性教育法规、规章，为调整具有纵向隶属性特征的教育行政关系和具有横向平等性特征的教育民事关系提供了重要的法律依据。国家还适时进行了教育法规的编纂和清理工作。截至 2009 年底，初步形成了以《宪法》确立的基本原则为基础，以《教育法》为核心，以《教师法》为母法，以教师行政法规为骨干，以教师部门规章和地方性法规、规章为主体的，形式较为一致、内容较为和谐、结构较为合理的有中国特色的中小学教师法规体系，从根本上改变了中小学教师工作领域无法可依的局面，教师管理开始由以人治为主向以法治为主的管理模式转变，推动了中小学教育事业的稳定、健康、有序、和谐发展。

我们还应打开视域，在制定和实施中小学教师法律法规的过程中，要看到"《中华人民共和国婚姻家庭法》《预防未成年人犯罪法》及其他一些法律，也都直接或间接地影响着依法治教的发展"，体察到"法律与依法治教的关系更明显地体现了两者之间的相互依存性"[1]。

四、在依法治师的实践中，建设了一支跨世纪六十甲子的中小学教师队伍

依法治师是依法治教的一个主要组成部分，是一个运用教育法规对有关教师

---

[1] 劳凯声：《中国教育法制评论》（第 3 辑），教育科学出版社 2004 年版，第 121 页。

工作领域的活动加以调整和规范的动态过程，包含教师法规的制定、行政适用、司法适用和法律监督等所有要素。通过 60 年坎坷曲折的教师培养培训、依法治师实践，我国建设了一支结构基本合理、质量总体优良、跨世纪的中小学教师队伍，较好地完成了堪称世界之最的教育教学任务，培养了大批高素质的劳动者和后备专门人才。中小学教师队伍实现质的跨越表现在以下几方面。在数量上，队伍规模从 1949 年的 90.26 万人发展到 2009 年的 1064.02 万人。在结构上，从 1949 年民办教师占教师总数的 14.76%（最高年份曾达 55.77%）降低到 2000 年的 3.06% 获得基本解决，2008 年代课教师数量明显减少接近基本解决；从 1949 年的老、中、青教师"三段论"模式到 2009 年的约 93% 的教师被评定为高、中、初级教师。在教育教学能力上，从中华人民共和国成立初期专重于具体知识讲解、传授的园丁到 20 世纪末擅长于实施素质教育、促进学生全面发展的教坛新秀、能手和专家。在政治经济地位上，从必须接受思想改造的资产阶级、小资产阶级知识分子到工人阶级的一部分和社会主义建设的依靠力量；从生活清贫的教书匠阶层到基本达到小康生活的知识阶层。在队伍建设后劲上，1997 年和 1998 年，我国高校师范毕业生的人数分别是 147880 人和 156208 人，从 2000~2009 年的十年间，我国高校师范毕业生的人数分别为 152583 人、210837 人、256961 人、346965 人、386531 人、449734 人、493445 人、545822 人、546410 人、521059 人，整体上呈连年增长并开始稳定的态势，新教师的培养及入职跃上新台阶。正是有了这样一支师资队伍，我们才做到了穷国办大教育，"以全世界 3% 的教育经费"[1]，支撑了占世界人口 19.6% 国度的基础教育规模。

这支跨世纪的中小学教师队伍不是一朝一夕就能形成的，而是各级政府及其教育主管部门重视教育事业、较好地发挥了教育法规内在功能的结果，也是几代中小学教师尽忠守法、勇于创新、甘为人梯的崇高风范薪火相传、增高继长的结果。这一结果，是中国 20 世纪以法治教的隽永尾声，更是 21 世纪教育法治的撩人序曲。有了这样的教育行进曲，只要我们再接再厉、发奋图强，定能更进一步，做到大国办强教育。

① 程方平：《新中国教育调查回顾》，天津教育出版社 2010 年版，第 2 页。

第二节 1949～2009 年中小学教师法制建设的薄弱环节

在欣喜于所获成绩的同时，我们也要看到中小学教师法制建设的薄弱环节，要客观地分析、总结 60 年间存在的不足和教训，这同样是一笔宝贵的财富。用好了这笔财富，我们就可以堵塞漏洞、清除隐患、徐图再起、乘势而上；如果我们失去应有的警惕，熟视无睹、掉以轻心，任其由缰泛滥，就势必会阻碍教育法制建设的顺利推进，甚至会使以前的成果丧失殆尽。

一、教师法规体系仍不完备，内容尚欠规范、协调

虽然我国现行有效的中小学教师法规已有相当的数量，初成体系，但从整体上分析仍不完备，还远没有形成内容全面、上下有序的严密体系，主要表现在以下两方面。一是还存在不少的立法空白点，如针对中小学教育的单行法没有制定，教师的职务制度没有形成配套系列，教师的聘任工作缺少权威、明确的规范，中学校长在学校内部管理体制中的地位尚有待更明晰的法律定位，等等。二是在内部结构上，层次较低的单项、具体部门规章所占的比重大，层次较高的可作为下位法立法依据的法律、行政法规的数量明显少；赋予教育行政管理部门、相关职能部门及其办事人员职权的法规较多，保障学校、教师、受教育者权益的法规较少。

教师法规的内容尚欠科学规范，立、改、废工作的协动不够，有时产生滞后脱节现象。法律实施细则的制定是立法的一个重要环节，每一部颁布的教育法律都应该制定相宜的实施细则，以促使其法律规范在教育活动中的落实。《义务教育法》实施五年零八个月后，《〈义务教育法〉实施细则》才于 1992 年 3 月出台。滞后太久，较容易"造成有法难依、依法规范教育行为难的局面"①。

根据形势发展的需要，立法主体会对一些教师法规进行必要的补充、修订。例如 1992 年 10 月的《教师和教育工作者奖励暂行规定》，在试行了 5 年多后，国家教委就某些条款作了修改，于 1998 年 1 月正式发布《教师和教育工作者奖

---

① 刘淑兰：《教育行政学》，北京师范大学出版社 2013 年版，第 275 页。

励规定》。但教师法规中有一部分是属于"试行""暂行""草案"性质的，实施了多年，已不能完全适应新的教育实际，却既没有被废止，也不及时进行必要的删改充实，降低了法规的效力和权威，如1986年5月发布的《中学教师职务试行条例》和《小学教师职务试行条例》、1988年3月的《加强中学实验教学的暂行办法》、1988年8月的《中学班主任工作暂行规定》等①，至2009年没有颁布经过修订的正式法规。教师进修培训法规存在的不足是位阶较低，仍未有一部专门规范中小学教师进修培训的教育行政法规或单行法律出台。

少数法规条款之间，有时会存在某些空白、矛盾、抵牾之处，以致出现有法难依的情况。《中小学教师继续教育规定》虽有对培训经费和基地建设的规定，但未具体明文规定教育经费如何使用、基地建设设备如何配置等，也未规定如若执行不力将遭受怎样的处罚。1986年的《义务教育法》第十三条规定，国家"有计划地实现小学教师具有中等师范学校毕业以上水平，初级中等学校的教师具有高等师范专科学校毕业以上水平"。1993年的《教师法》第十一条规定，取得小学教师资格，应当具备中等师范学校毕业及其以上学历；取得初级中学教师资格，"应当具备高等师范专科学校或者其他大学专科毕业及其以上学历"。两部法律都是教育单行法，具有同等的法律效力，可如上所述，在取得小学教师资格应具备什么学历、与取得初中教师资格有何不同这个问题上，后颁的《教师法》对《义务教育法》的补充、细化却含混不清，没能做到明确、清晰、协调，致使许多地方在认定小学教师资格申请时把握的尺度不一，产生了一些杂乱现象。直到2001年5月14日，教育部才在《关于首次认定教师资格工作若干问题的意见》中提出了具体的意见和补救措施："申请认定幼儿园、小学教师资格者必须具备中等专业、职业学校教育类毕业及其以上水平，其他中专毕业学历应当视为不合格学历。但首次认定教师资格时，对已聘任教师职务的非师范教育类毕业的在职人员，在补修教育学、心理学之后，其中专毕业学历可视同合格学历。这一规定只限于首次认定，今后不再适用。"② 此事算尘埃落定。但如果此类矛盾、缺陷太多、太频，教师管理工作容易陷入被动、失序、失信的窘境，甚至会造成某种混乱。

---

① 2009年8月12日，教育部颁布《中小学班主任工作规定》，对中小学班主任的配备与选聘、职责与任务、待遇与权利、培养与培训、考核与奖惩等事项进行了合并规定。

② 《教育部政报》（2001年），第293~294页。小学教师学历问题明确后，经修订于2006年9月1日起施行的《义务教育法》第三十条第一款规定"教师应当取得国家规定的教师资格"，没有再另行规定学历事项。

二、执法不严、违法不究的现象时有发生，损害了教师法制应有的权威

"令出而不行，徒损信用而已。"可这个环节恰恰就是我国中小学教师法制建设的一个薄弱之处。"依法行政是依法治国的重要组成部分，在很大程度上对依法治国基本方略的实行具有决定性的意义"①。毋庸讳言，以往的教育行政执法对这条论纲的回应不是很到位，教师法规对各种违法行为的处罚和制裁显得软弱乏力。《教师法》规定，对拖欠教师工资的部门和单位，地方政府应当责令其限期改正，并对直接责任人员给予行政处分，构成犯罪的，依法追究刑事责任。但有些地方和部门对之置若罔闻、抛诸脑后，照样挪用教师工资建楼堂馆所、买小轿车、盖小洋楼、兴出国游，结果却是几乎没有人为此承担相应的法律责任，连惩一警百的案例也极为鲜见。中、小学《教师职务试行条例》颁布后，在对教师年度考核和职称评审等工作上，也有教育行政部门不严格按照法定的条件和程序开展工作，不时地弄权谋私，搞各种名目的特殊化，致使在各级教师职务上都不同程度地存在着近水楼台、鱼目混珠的现象。在中小学教师体罚学生的问题上，也不是完全按照情节的轻重依法处理，倒经常出现这样的咄咄怪事：有关系者可以大事化小、小事化了，而无背景者轻责却被重罚，有人甚至将此炒作成大快朵颐的新闻来广为宣扬；被侵权者敢于曝光、维权，侵权者就颇有顾忌，行为收敛，而被侵权者胆小"木讷"，侵权者就食髓知味、变本加厉，甚至还有人为虎作伥。人们不禁要问，这依的是哪门子法？

要清晰认识到，教师为本理念的具体化、司法化是保障教师权益的有效途径。自中华人民共和国成立后的 60 年间，教师法规的司法适用也明显薄弱。司法机关的权力，特别是法院的独立审判权没有得到强有力的保障，教师、其他公民和单位因对法院信任不足而回避诉讼的现象相当普遍，司法机关对教育案件进行法律干预受到各种限制，使一些侵犯中小学教师权益的行政、民事甚至刑事违法行为逍遥法外，以言代法、以权压法的现象屡见不鲜，相关法律规范几近蜕化成徒具形式的一纸空文，严重减损了教师法规的权威性和公信力。不彻底砸碎法规适用的桎梏，依法治教将离我们越来越远，向我们迅疾移近的是法制建设的海市蜃楼，有了这道"蜃楼级屏风"，那些暂时有权势而又习惯张狂的人们，就敢于游离于法律之外甚至凌驾于法律之上，对教师的合法权益进行肆无忌惮的侵

---

① 《中国法律年鉴·2000》，中国法律年鉴社 2000 年版，第 503 页。

犯，最终受到戕害的，却是人民的教育事业。

三、政策情节浓厚，教师政策的短期效应削弱了教师法规的独立品格

法律服从政策、依赖于政策是中华人民共和国成立之初确立的一项法制建设原则。客观地说，政策在治理国家和促进社会进步中曾发挥过重要、积极的作用，今后仍应在合适的范围与力度内继续发挥作用。但政策只是适应计划经济的一种管理手段，"靠政策治理的实质是一种人治"[①]。就法律与政策的关系而言，政策对法制建设造成的消极影响是长期而巨大的。中国有这样一条不成文的规则：依法办事也得符合政策，有了政策就不再需要法律；政策是法律的灵魂，法律是政策的保障，是政策的一种表达方式。然而政策的生命力通常不强，效力很短暂，要使政策长久地发挥作用，除非不断地以出台新政策的方式重新激活。即使现行政策能解决问题，人们也要期待新政策的出台。长此以往，势必影响到人们对法律的态度，许多人把法律当作政策，认定法律也只具有短期效应，只能解决一时一地的事务，不发布新法，法律的效力就如强弩之末，难以为继。在浓厚的政策情节下，法律成为政策的附庸，法治受到重重的封堵，只在需要时被拿出来作宣传品和装饰品。

教育界同样臣服于这种政策文化。诚然，教师政策在各个阶段的队伍建设和教育发展中也发挥了不可或缺的历史作用。但问题的症结是，不少人在今天市场经济的大气候下，仍然抱残守缺、故步自封，致使政策的负面效应"处变不惊""顽强无比"地存在着，削弱了教师法规应有的独立品格。由此产生了两方面的后果：一是有关教师的法规性文件和规章性文件的数量远远超过教师行政法规和部门规章本身；二是造成了教师法规的"能力缺失症"，只有借力政策的大张声势才能重新拣回被人们遗忘的法律。例如，《教师法》于1993年10月获人大常委会通过，同年11月，国务院发出《关于贯彻实施〈教师法〉若干问题的通知》，使社会各界热心关注了一阵子，许多工作都有了起色。随着时间推移，人们在思想上和实际工作中似乎开始淡忘《教师法》，致使《教师法》的效力减弱，拖欠教师工资、民办教师比例升高、怠惰教师队伍管理等现象反弹，以致两年之后，国家教委又发出《关于〈教师法〉若干问题的实施意见》，对教师的管理、任用、待遇、培养与培训等问题做出重申、强调。虽然这样做也起到了一些

① 黄之英：《中国法治之路》，北京大学出版社2000年版，第87页。

实际作用，但从法制建设的角度来说，如果在制定《教师法》时更详细、周密、明确一些，或者及时制定相关的配套下位法规，在贯彻执行的过程中，许多实际问题将迎刃而解，教师法规的权威性、稳定性得到了维护，教师法规体系建设也逐步得到了加强和完善。若此，再出台这类政策就是多余的了。

没有独立品格的人容易受到轻视，同理，缺乏独立品格的教师法规也不可避免地会遭到冷漠、轻视甚或搁置，这是中小学教师法规至今被视为软法、被权力代替和压制、被亵渎和践踏的根本原因所在。政策情节不除，法规威势不彰，法治阻碍未已，这是自中华人民共和国成立后的 60 年中小学教师法制建设生发出的慨叹。

第三节　1949～2009 年中小学教师法制建设的启示价值

立足于已有的基础，1949～2009 年这 60 年间，我国中小学教师法制建设取得了重要的成就，为此后中小学教师法制建设的新六十年、新百年征程奠定了坚实的基础，注入了强劲的活力。从中小学教师法制建设的这段沧桑历程中，我们可以获取宝贵的经验教训和深刻的历史启迪，矢志不渝地咬定青山不放松，坚忍不拔、强力而行地从各个方面、各个领域推进依法治教、依法治师的宏阔进程，不仅要迎来中国的教育法治，而且要拥抱整个社会生活法治，实现中华民族的跨步腾飞。

一、构建更为完善的中小学教师法规体系

中小学教师队伍的建设和发展，需要有良好的社会环境和法律环境，需要一个较为完善、充满活力的教师法规体系加以保障。这个法规体系的基本框架应当覆盖全部相关的教育活动及其所形成的教育法律关系，并为之提供较为完备的法律依据。制定中小学教师法规要遵循法律科学的规律，积极、主动地顺应时代的客观实际和法制需求；既保持稳定性，又减少滞后性；既捍卫法规的权威性，又增强社会适应性，厘清并把握法律稳定性与变动性之间的辩证关系。

除现行有效的中小学教师法规外，今后还必须解放思想、实事求是、与时俱进，树立科学发展和科学建设观，加强立法理论研究，吸收、借鉴国外先进的教

育立法经验，加快教育立法步伐，提高教育立法质量，努力构建一个内容和谐一致、形式完整统一的有机法规体系。落实在具体的立法工作上，应当抓紧制定以下中小学教师法律、行政法规和部门规章：《教育经费法》《成人教育法》等；《中小学教师职务条例》《中小学教师聘任条例》《教育考试条例》《继续教育条例》《中小学校长条例》《中小学班主任工作条例》《教育执法监督条例》等；《教师申诉处理办法》《教师工资津贴发放办法》《〈中小学教师职务条例〉实施办法》《〈中小学教师聘任条例〉实施办法》《教师考核办法》《教职员管理规定》《中学管理规程》《教育评估办法》等。例如，在中小学教师的职务聘任上，就面临许多现实挑战：社会大众对优质教育和优秀教师需求的增长与教师职业压力和倦怠之间的矛盾，亟待补强现行职务聘任制度的不足；教师法规宜注重教师专业发展理论，以利防范或消除教师职务等级结构与教师专业发展阶段性需求的不完全适应；中小学教师职务晋升标准应该把教师教育教学工作的能力与实绩作为最重要的评审项目，并适当加大学历和工龄教龄的权重。再如，要切实加强教师权利的保障措施：确定中小学教师身份及与教育行政机关和学校的法律关系，从根本上解决教师权利受损而难以得到法律救济的问题，修订《教师法》确立中小学教师的准国家工作人员身份；完善立法，拓宽教师适用的法律救济渠道①。

此外，各省、自治区、直辖市也要根据当地政治、经济、教育、文化、科学等方面的实际情况和特点，制定配套的地方性法规、规章、自治条例和单行条例。各级立法主体应密切关注教育改革新热点，主动顺应教育发展新态势，着力建构以保护教师合法权益为核心的法律法规框架，及时对中小学教师法规进行立、改、废，使教育立法既有鲜明的现实性、时代性，又有相当的预见性和前瞻性。若此，我们在中小学教师工作领域就不仅有法可依，而且有良法可依。

二、建立富有成效的教育法律监督机制

广义的教育法律监督，是指由所有国家机关、社会组织和公民对各种教育法律活动的合法性所进行的监察和督导，其目的是建立健全教育法制，顺利推进依法治教。"一切有权力的人都容易滥用权力，这是万古不易的一条经验。有权力的人们使用权力一直到遇有界限的地方才休止"②，所以"法律监督与法律制裁具有同等重要的位置"③，缺少教育法律监督，就保证不了教育法规的实效，也

---

① 劳凯声：《中国教育法制评论》（第13辑），教育科学出版社2015年版，第188页。
② ［法］孟德斯鸠：《论法的精神》（上册），商务印书馆1961年版，第154页。
③ 劳凯声、郑新蓉：《规矩方圆——教育管理与法律》，中国铁道出版社1997年版，第91页。

就无从谈起完整意义上的教育法制建设。

应该承认，我国尚未完全建立富有成效的教育法律监督机制，教师法规实施中的一些尖锐问题和矛盾还没有得到依法解决。今后，国家机关和社会力量要全方位地加强对教师法规实施的监督，尤其应加大国家权力机关的监督、新闻舆论的监督和教育督导这三种监督形式的力度，以保证现行的教师法规能得到切实、不打折扣的贯彻执行。

国家权力机关的监督是最具权威性、强制性的监督。全国人大常委会和地方各级人大常委会要把中小学教师队伍建设中的热点、难点问题作为监督工作的重点，围绕增强监督实效这个中心环节，不断改进和创新监督工作机制。要继续组织对各地贯彻《义务教育法》《教师法》《教育法》的情况进行执法检查，通过实地考察、听取汇报、形成相关报告或决议、建立监督反馈制度等方式，督促监督对象严格依法办事，纠正各种偏向与错误，推动教师法规的实施，促进各级政府和教育行政部门依法行政、司法机关公正司法。新闻舆论监督是最广泛、最有震撼力的监督。国家应该本着"新闻媒体对国家工作人员履行职务行为进行舆论监督"的原则，适度放开媒体，禁止、制裁有关人员阻挠舆论监督的行为，保证记者和广大人民群众可以通过报纸、杂志、广播、电视、互联网等新闻媒介，将相关事件的真相和教育行政执法、教育司法中的违法、失职行为曝光，以使涉及中小学教师的案例能在民众的瞩目下获得公正的解决。教育督导是最直接的专业性监督，属国家行政机关监督中的一种。要按照《教育督导暂行规定》，加强各级教育督导工作，克服形式主义，通过综合督导和专项督导等方式，对下级人民政府、教育行政部门和基础教育学校贯彻执行国家教育法规政策的情况进行监督、检查、评估和指导，对中小学教师队伍建设、知识分子政策落实状况中存在的问题及时予以纠正或提出改进建议，并向有关上级机关书面反映因条件不具备而暂时搁置下来的难题，积极协助解决。

按照国家 2006 年制定的《监督法》进一步加强法律监督工作的系统性、计划性和针对性，凝聚各种教育法律监督的合力，并把监督工作与法制建设工作结合起来。应该树立一个中小学教师工作领域法制建设的中期目标，即初步形成以教育立法为前提、以教育守法为基础、以严格教育执法为核心、以教育法制监督为保障的依法治师的运行机制。形成了这样的一个机制，我们就能有效地遏制对教育的腐败和教育自身的腐败，也能铸就一支齐整、浩大、高素质的中国中小学教师队伍，促进基础教育事业的发展，提升中国教育在国际上的地位和声誉。

没有监督就难有救济，没有救济就没有权利。中小学教师在受到不利处分或认为自己的合法权益受到学校或政府有关部门的侵害时，应当有适当的途径寻求法律救济。教师的法律救济制度是否完善，是衡量教师权利保护程度的重要指标。应该建立健全：《教师法》所确立的教师法定救济制度——教师申诉制度；1997 年国家人事部颁布的《人事争议处理暂行规定》中所确定的救济制度——人事仲裁制度；根据《劳动法》及《企业劳动争议处理条例》确立的救济制度——劳动仲裁制度。通过设立各种救济制度，去畅通、拓宽教师可以寻求的仲裁、申诉、行政诉讼和民事诉讼等法律救济途径。虽不能保证法律救济途径有多高的成功率，但每一次的救济寻求都值得肯定和称道，因为那正是人道、法道和天道"三道一体"永远的载体。

三、试验基于教师法制运行的心仪教育理念

"一个法制完备的教育体系才是富有效率的、充满活力的教育体系"[1]，在中小学教师法制体系方面亦如此。中小学教师法制及其运行，原则上可与各人心仪的某种教育理念相契合、来共济，如"能位教育"观，就是其中之一。何为"能位教育"？借鉴人民教育家陶行知先生"生活教育是给生活以教育，用生活来教育，为生活向前、向上的需要而教育"经典诠释的句式，笔者所提"能位（为爱）教育"的含义如下："能位教育，是能力决定地位，能力升降地位，能力和诚爱增益并作为于良正有序的地位移易的教育。"[2]

在中外教育史上，曾发"能""位""为"论述的教育家所在有多，如《论语》中的"君子病无能焉，不病人之不己知也""君子思不出其位""女为君子儒！无为小人儒"，《孟子》中的"尊贤使能，俊杰在位，则天下之士皆悦，而愿立于其朝矣"，瑞士裴斯泰洛齐的"为人在世，可贵者在于发展，在于发展各人天赋的内在力量，使其经过锻炼，使人能尽其才，能在社会上达到他应有的地位，这就是教育的最终目的"。"能""位""为"也有来自中国存续了 1300 年的科举考试的渊源，表现在"随其器能，擢以不次""征文射策，以取禄位""非进士不入翰林，非翰林不入内阁"等方面。

提倡"能位（为爱）教育"的意义，在于期望顺应以人为本、依法治国、依法治教、人才强国的时代洪流，在素质教育改革的大旗下，和其他有思想、有正气的新兴教育试验一道，去倾力打破"权位教育"，铲除"钱位教育"，杜绝"贿位教育"，匡正"域位教育"，改造"窠位教育"，挽住"溃位教育"，以新

①　劳凯声：《中国教育法制评论》（第 1 辑），教育科学出版社 2002 年版，第 25 页。
②　涂怀京：《"能位教育"渊源论略》，《现代教育科学》2012 年第 6 期。

起的教育良正，去革除盘亘已久的教育厚黑，推进中国教育的民主化、科学化和现代化。立于较为宏观的视点，"能位教育"包含紧密衔接、依次递升的四个链环，即统能学习→能位教育→位法社会→法治中国。其中统能学习是学理性的基础，能位教育是标识性的理念，位法社会是中继性的场域，法治中国是奋斗中的目标。

古语曰："取法乎上，仅得其中；取法乎中，风斯下矣"，这是最可玩味的哲理。直言简述"能位（为爱）教育"，就是不忍看、不愿继续看"权、钱、贿、域、窠、溃"在教育界的滋生和妄行，因而想尝试用千百年间伟大的人民用苦心韧意结在山顶的"能位为爱"缆索，把当下的教育更往前、往上拉一拉、振一振，即便被抵消、折中掉一部分，趋势上仍然是走向巍峨与昂扬。

"情境教育""愉快教育""成功教育""阳光教育""新基础教育""新教育""挫折教育""理解教育""赏识教育""幸福教育"等教育实验，也此兴彼起，云蒸霞蔚。从"能位为爱"的角度来考察、分析、评判，可以说，上述诸教育实验都为了整合、优化、运用各种教育教学资源以更好地促进学生能力和素质的发展，为了尊重、保护、提升广大学生的主体地位，为了学生在将来参与国家建设的事业中有所作为、建功立业，都是为了备受关心、爱护的学生也能够爱他人、爱师长、爱人民、爱祖国。因此，"能位教育"与上述的教育实验群是有切实交集的，应该可以说，"能位教育"是融入情境、充盈愉快、走向成功、洒满阳光、气象簇新、克服挫折、充分理解、欣悦赏识、向着幸福的！

在当代素质教育改革不断深化的情势下，像有些教育理念一样，中小学"能位教育"似也可呼之而出。而在依法治国、依法治教的如潮好评中，中小学教师法制建设亦稳步推进。中小学"能位教育"与中小学教师法制建设之间，存在多样、多层的共济、协进关系。

（一）南辕"南"辙，协力"之楚"

南辕北辙，是一个目标和行动相悖的大众化典故。可以肯定地说，"能位教育"与中小学教师法制建设非但不如此，反而有很好的默会与协同，可以互为助益，相得益彰。"能位教育"与中小学教师法制建设南辕"南"辙，路向一致。在踏实度上，"能位教育"作为一种准试验规划，有自身的逻辑结构和运行模式，这主要体现在内涵、目的、教学、评价、管理诸多方面，其直截、明晰、追求确定的特点，不啻是对中小学教师法制建设的诚笃响应。在执行力上，包括立法、执法、司法、守法、监督等在内的中小学教师法制建设以教育的现代化为鹄的，凭国家的意志和强制力保障教育事业的正常持续发展，"能位教育"也可以受教育法律法规权威性条文的护翼，少受干扰地行进在教育和法制的轨道中。

"能位教育"与中小学教育法制建设相互协力，正途"之楚"。就抗压性来说，"能位教育"是单弱的，在外力的纷扰、推挤下，实施起来往往会有困难、显局促；但中小学教师法制力量是强的，可与弱力的"能位教育"成掎角之势，形成力量布局的杠杆。就针对性来说，中小学教师法制建设一般是粗犷式、张势式地仗卫教育，不直接去培育教育业的树木花草，而这恰是"能位教育"的所长之处，可以将自身的谨严机制和程式，贯串于细腻、动性的教育教学管理环节之中，促进学生的健康成长。因此，协力的两者可以不断地去克服前进路上的各种障碍，顺利、稳步地正途"之楚"。"楚"是什么呢？"楚"就是教育工作的良性运行，教育改革的有序推进，教育发展的渐上台阶，教育事业的蓬勃兴盛。

"能位教育"与中小学教师法制建设双维测验，合铸成素质教育改革的试金石。《系辞传》载："两人同心，其利断金"。在此借用此语，转曰"两'教'同心，其利断金"。"能位教育"与素质教育两相砥砺、碰触，其迸生的可观冲量，可以在养成学生的素质能力、给予学生自主自立的地位、提供师生有所作为的平台、培植校园浓郁的诚爱文化等方面，去同心同利，去斩铁断金。中小学教师法制建设测验素质教育的核心点则在于，各级各类学校素质教育的推展是否遵守了国家的教育法规和教师法规，是否促进了学校各项工作的规范、透明和公正。因而，只有经得起"能位教育"与中小学教师法制纵横坐标双测验的教育行为和举措，才会是令人心动的、有强大生命力的真素质教育实践；反之，就是虚假的、作秀的、定会被彻底淘汰的反素质教育的陋演。

（二）"能位教育"须获中小学教师法制建设的保障

作为一种关乎教育的新出事物，"能位教育"从理论上的构想初设，到不断补充丰富乃至适当条件下的付诸实践，有许多的工作要做，有许多的路径要走，其中有些经过平素的努力就可以做到，而有些则亟须保障支持，以清除横亘于前的阻碍。"能位教育"在需要教育政策、教育舆论的助力之外，尤其冀待教师法制有力的、阳光的保障。

1. 教育政策的保障难以持久

"能位教育"是办学育人的一种教育新理念，一项准试验。既非一时兴意之物，也就不会信马由缰、走走停停，而会一直往前探寻，这除了需要自制、自策力以外，也需要外界较为有力而持久的支持。教育政策总体上没有这种属性，有的政策出自多门，时有掣肘；有的尚欠周密，前后抵牾；有的朝令夕改，稳定性堪虞。所以，教育政策的游弋性保障显属不够。

2. 教育舆论的保障甚不实在

"能位教育"不超然、不避俗，有时也需要一定的舆论介绍和宣传。但当今的传媒易受功利驱动，良莠并存，程度不齐，对教育的洞察力和评断力常生偏差，故不能过于指望其对"能位教育"的有致宣介。比如说中考和高考，媒体对此一直都有热度，但也常不自觉地显出"吝啬"和偏颇的一面：对考试总分的前三名尤其是对状元的报道连篇累牍，不惜声墨，而对前 10 名中的其他 7 人，对前 100 名中的其他 97 人，对进步最大的前三名、前三校、前三科……则很少关注。须知，关注竞争性考试中其他更多亲考者的成败得失，探析在他们成长历程中各种因素的影响机理及力度，同样重要而有意义，而这正是"能位教育"，同样也是"成功教育""阳光教育""挫折教育"等实验的题中之义。可多数媒体只短暂关注那一小片教育井天，转瞬就把主要的时段、频道、版面给了那些铺天盖地、煽情闹意的歌手、影者们。故而说教育舆论只能作为一种最好不缺的外因，间或交流互动。

3. 教师法制的保障至为权威

"能位教育"受中小学教师法制稳定性、权威性的保障，则是一种内在的要求，是教育法制普适性质和"能位教育"热切诉求的两相碰撞与结缘。有了教育法制的护卫，"能"方可以拓展式、冲浪式地去培养，"位"方可以公正、科学地厘定，"为"方可以有凭借场和成就场，"爱"方可以诚正深沉、博大遍沐，"能""位""为""爱"之间的渗透、贯联、携进才会更具序度、更有章法，教育的力量和公信才会更为强劲、更加彰显。

（三）中小学教师法制需有"能位教育"的蓝本

在依法治国、依法治教的进程中，中小学教师法制建设必须与教育发展具体、生动的试验相结合、相接壤，才能收有的放矢、经教致用之效。为此，中小学教师法制建设急需有旨趣、有方案、有骨性、能践行的教育实验蓝本。有了诸蓝本，就可渐致汇集成较为完备的教育法治全本。"能位教育"准试验，就是这样一个较为适宜的蓝本。

1. 规划、力行的蓝本

中小学教师法制处规划枢纽之一，"能位教育"则担力行之务，寻致效之验：专骛勤练"能"，凭考选立"位"，"为"据阵创意而动，"爱"自主磊落而生。"能位教育"这个蓝本，既有抓手的功用，亦映民主的霞辉。

2. "引"而且"发"的蓝本

孟子曰："君子引而不发，跃如也。"意思是说，做出跃跃欲试的样子，以便让别人观察和领会。鉴于今天的教育状况，"能位教育"预作"跃如"后，可以更直接一些，做中小学教师法制"引"而且"发"的蓝本，"引"出教育法制建设的端绪与旨向，"发"出教育法制建设的适恰载体，发出一段前行路、一方新景观。

3. "纲举目张"的蓝本

素质教育的主旋律中，中小学教师法制是支撑各项教改事务的重要一纲，"能位教育"是其中之一目，随纲而张之目。纲力举了，"能位教育"这一"目"就可顺势开"张"。当然，"目"之张也是对"纲"之擎的配合与推动，因此也就有了两得的现代性、教育性"纲举目张"的蓝本。在这个举、张的过程中，"能位教育"不抢秒、不逾矩，也不退缩、推诿，而致力恪尽职守，进收循度，协同教育法制旋划出改革、发展、超越的行进弧线。

四、注重法律文化建设，增强教育法律意识

要建设社会主义法治国家，需要有现代法律文化为其创造良好的心理和文化氛围，需要国人法律意识的普遍增强，舍此即是奢谈。自明朝以后，我国政治、文教领域多次出现"避席畏闻文字狱，著书只为稻粱谋"的情形，受专制文化的钳制，人们将法等同于刑，畏法如虎，远法如远暴政。中华人民共和国成立后，情况有了质的好转。但从 1957 年开始的对司法民主理论的批判和对学习外国现代法律文化的否定，导致法律虚无主义的滋生和泛滥，使法制建设遭到严重的削弱和破坏。粉碎"四人帮"后，在神州大地上开展的"实践是检验真理的唯一标准""公民在法律面前人人平等""法治与人治"等讨论，逐步磨砺了人们的教育法律思维，省察到教育法律思维的"基本内容是爱与规则的统一"[①]，解放了思想，冲破了禁区，繁荣了法律文化建设，民主法制思想深入人心。在这样的时代背景下，国民的教育法律意识逐渐增强，教育法律制度逐步建立。中小

---

① 劳凯声：《中国教育法制评论》（第 9 辑），教育科学出版社 2011 年版，第 2 页。

学教师法制建设的立法、执法等各个环节有了长足的进展，呈现崭新的面貌。

为了 21 世纪中国教育法制现代化的进程和命运，我们要从加强教育法学研究、开展教育法制宣传、借鉴国外教育法制经验等多个方面，建立与社会主义市场经济和民主政治建设的需要相适应的现代教育法律文化，在教育界形成符合社会主义法制根本要求的价值观念、法律思维方式和行为模式，锻造出古老中国的现代法意。各级立法主体应该坚持法律至上的文化导向，凭借在新中国成立后的60 年坎坷历程中生发、增长的立法智慧，越过唯重政策和"法律政策化"的鸿沟①，以教育政策法律化为过渡②，最后确立"一步到位"式的教育立法理念③。中小学教师作为教育法律关系重要主体之一，也要不断增强教育法律意识，提升教育法治素养，在教育教学活动中自觉护法、守法，当自身的合法权益受到侵犯时，则要坚毅、勇敢地拿起法律武器进行维护。这样做，才称得上是有现代法律意识的教师，才可能培养出未来法治社会的建设者和捍卫者。

五、实现教师法规的个体价值，推动中国教育的民主化、现代化进程

在法治社会，法律演进必须排除政治任意，法律的变动必须内在地服从于法律的权威，注意提高法律自身的适应性。追求善治，就要注重从法的统治向法的治理演进。

教育民主化，要求使教育具有平等、民主、合作、能调动教育者与受教育者的积极性等特点。教育现代化的实质，在于使教育适应时代的发展，反映并满足现代生产、现代科学文化的发展需要，达到现代社会发展所要求的先进水平，包括教育者教育观念的现代化、教育研究方法的现代化等基本内容。教育的民主化和现代化是世界教育发展不可逆转的时代潮流。

"价值问题虽然是一个困难的问题，但它是法律科学所不能回避的"④。教育的法律过程是一个价值过程，从教育法规的制定到执行都包含着价值追求。教育

---

① 法律政策化是指法律被赋予政策的形式和被政策性地运用，实际上是政策穿上了法律的外衣。参见黄之英编：《中国法治之路》，北京大学出版社 2000 年版，第 91 页。

② "教育政策的法律化"是指一定的国家机关依据法定职能，按照法定程序，将经过实践检验、成熟而稳定、已长期调整社会关系的教育政策上升为国家法律的过程。参见袁振国主编：《教育政策学》，江苏教育出版社 2001 年版，第 224 页。

③ 孙灿成：《正确认识和处理教育法制建设的几个关系》，《华东师范大学学报》（教科版）1996 年第 2 期。

④ 庞德：《通过法律的社会控制》，商务印书馆 1984 年版，第 55 页。

法制和中小学教师法制的主要诉求之一，就是要实现教育法律价值的最大化。根据法规对不同对象的意义，可以把教育法规的价值分为社会价值和个体价值。教育法规的政治价值、经济价值、文化价值和秩序价值等社会价值，通过教育法规的社会作用得到了不同程度的实现，并将继续向前推进。教育法规的个体价值是指教育法规"对公民个人的意义"[①]，在知识经济时代的教育法制建设中，我们也应当格外重视教育法规的正义价值、平等价值和自由价值等个体价值的实现。在中小学教师身上，这种个体价值体现在规范教师在享受权利的同时承担相应的义务、鼓励教师保障儿童青少年平等地接受教育的权利和义务、保证教师自由地进行教学和学术活动等诸多方面，可以促使他们成为不盲从流俗、树立教育法制信仰、具有教育良知和批判精神的现代知识分子，义无反顾地担负起教育"核心价值的创造者、维护者的角色"[②]。

很显然，教师法规的个体价值与教育的民主化、世界化在内涵上存在一个很大、很实的交集。前者在某一程度上的实现，必然相应地引起后者切实的进展；反之，后者的每一步跨越，也将使前者得到相应的诠释与弘扬。这种良性互动，恰然造成了一个将两者统一于、发展于当今教育法制实践中的宝贵契机。我们要抓住这个历史契机，大力加强中小学教师法制建设，壮大、优化中小学教师队伍，继续深入推进素质教育，全面提升教育创新的能力和水平。法治不仅是一种宏观的治国方略、理性的办事原则、民主的法制模式、理想的社会形态，还是一种文明的社会生活方式，人们有理由相信，在法治阳光的普照下，在包括广大中小学教师在内的亿万人民克己奉公、竭尽所能的不懈进击中，我国的教育事业一定会"直挂云帆济沧海"，中华民族伟大复兴的夙愿终将胜利实现。

---

① 黄崴：《教育法学》，高等教育出版社 2007 年版，第 74 页。
② 张汝伦：《知识分子与现代性的共谋关系》，《文汇报》2002 年 12 月 14 日。

中小学教师法制建设 60 年大事记

1949 年

10 月 1 日，中央人民政府委员会举行第一次会议，决定接受《中国人民政治协商会议共同纲领》为施政方针。在天安门广场举行开国大典，毛泽东宣告中华人民共和国中央人民政府成立。起临时宪法作用的《共同纲领》第五章"文化教育政策"规定：中华人民共和国的文化教育为新民主主义的，即民族的、科学的、大众的文化教育；教育方法为理论与实际一致；有计划地实行普及教育；加强中等教育；给青年知识分子和旧知识分子以革命的政治教育，以应革命工作和国家建设工作的广泛需要。

10 月 19 日，中央人民政府委员会任命郭沫若为政务院文化教育委员会主任。文化教育委员会指导文化部、教育部、卫生部、科学院、新闻总署和出版总署的工作；对其所指导的机关和下级机关颁发决议和命令，并审查执行情况。

同日，中央人民政府委员会任命马叙伦为教育部部长。

11 月 1 日，中央人民政府教育部成立，钱俊瑞任中共教育部党组书记、教育部副部长。根据中国人民政治协商会议第一届全体会议通过的《中华人民共和国中央人民政府组织法》规定，政务院下设教育部，掌管全国教育行政事务。

1950 年

8 月 4 日，政务院通过《关于划分农村阶级成分的决定》，指出"知识分子在他们从事非剥削别人的工作，如当教员、当编辑员……的时候，是一种使用脑力的劳动者"。

10 月 1 日，《人民日报》发表政务院副总理兼政治法律委员会主任。董必武撰写的《一年来中央人民政府在政治法律方面的几项重要工作》一文，提出目前必须"进行法治的建设"。

12月29日，政务院通过《关于处理接受美国津贴的文化教育救济机关及宗教团体的方针的决定》，号召"全国文化、教育、救济、宗教各方面人员，本爱国精神、同心协力"，为"完全肃清美帝国主义在中国的文化侵略影响而奋斗"。

1951 年

8月6日，政务院发布《关于改善各级学校学生健康状况的决定》，要求校长和教师减轻学生课业学习与社团活动的负担，改进学校的卫生工作，切实改善学生的健康状况。

10月1日，政务院颁布《关于改革学制的决定》，规定师范学校和初级师范学校得附设小学教师进修班，吸收在职小学教师加以训练。

1952 年

3月18日，教育部颁布《中学暂行规程（草案）》，规定中学教导工作采用教师责任制，还明确了正副校长、正副教导主任和班主任等在学校组织编制及会议制度中的地位、作用和职责。

同日，教育部颁布《小学暂行规程（草案）》，对校长、教师、班主任在领导、成绩考查、组织、编制等方面工作中的地位和职责作了规定。

5月5日，政务院颁布《干部子女小学暂行实施办法》，规定"干部子女小学的教师，以参加当地一般小学教师学习组织共同学习为原则"。

7月16日，教育部颁行《关于高等师范学校的规定》，明确"师范学院培养高级中学及同等程度的中等学校师资，师范专科学校培养初级中学及同等程度的中等学校师资"，"协助所在地区的教育行政部门辅导该区内的中等学校"，"高等师范学校附属学校的校长或主任由师范学院院长或师范专科学校校长提请主管教育行政部门批准后聘任之，由师范学院教务长或师范专科学校教导主任直接领导"。

同日，教育部发布《师范学校暂行规程》，提出师范学校的任务是培养"全心全意为人民教育事业服务的初等教育和幼儿教育的师资"，"为适应在职小学教师之需要，经省、市教育厅、局批准，得设函授部，用函授方式提高至师范学校毕业程度"。

同日，教育部发布《关于大量短期培养初等及中等教育师资的决定》，对短期训练师资的方式、学生来源、课程设置等方面作了具体的规定。

8 月 24 日，经政务院批准，卫生部发布《国家工作人员公费医疗预防实施办法》，第二条规定享受公费医疗预防待遇人员的范围包括"全国各级文化、教育、卫生、经济建设事业单位工作人员"。

11 月 15 日，教育部发布《关于解决 1952 年暑假后中等学校师资问题的决定》，对解决师资短缺问题作出了具体部署。

同日，中央人民政府委员会第 19 次会议决定成立高等教育部，之后，教育部主管普通教育、师范教育（包括全国高等师范学校）、民族教育和工农业余教育。

1953 年

5 月 7 日，教育部发布《关于师范学校毕业生及教育工作者赴各地参观问题的几项规定》，规定了教育工作者赴外地参观的原则和注意事项。

5 月 22 日，根据《中学暂行规程（草案）》，教育部颁布《中学体育成绩暂时考查办法》，规定了教师和教导主任的职责。

7 月 20 日，教育部发布《关于高等师范学校教育、英语、体育、政治等系科的调整设置的决定》，根据中等学校对师资的需求，提出了对高等师范学校上述四系科的设置及招生数等方面的调整办法。

9 月 1 日，教育部、财政部、卫生部联合发布《关于适当解决小学、幼儿园教职员工福利问题的几项原则的决定》，对公立小学女教师的产假、教职员工患病期间的待遇及公费医疗、福利费及多子女教养补助费等问题作了规定。

下半年，江苏江阴某小学五年级甲班班主任，常以个别指导为名，用威吓、诱骗等手段侮辱、奸污一未成年女生。最后该县人民政府人民监察委员会将此人开除出人民教师队伍，并移交人民法院惩办。

1954 年

8 月 3 日，教育部发布《中央教育部与省（市）教育厅（局）之间职权范围的规定》，据此，省（市）教育厅（局）对所辖范围内的各级各类学校的主要工作之一，是负责有关中、小学幼儿园师资的培养与提高工作及中等学校教师的调配工作。

9 月 20 日，一届全国人大一次会议通过首部《中华人民共和国宪法》，规定

"中华人民共和国保障公民进行科学研究、文学艺术创作和其他文化活动的自由。国家对于从事科学、教育、文学、艺术和其他文化事业的公民的创造性工作，给以鼓励和帮助"。

1955 年

1 月 8 日，国务院发布《关于工矿、企业自主办中、小学和幼儿园的规定》，分别规定了工矿、企业和省、县教育行政部门在师资建设、领导和考核等方面的职责。

2 月 10 日，教育部颁布《关于公布小学生守则的命令》，要求小学生听从校长、教师的教导，尊敬校长、教师，按时用心做好教师指定的课外作业。

5 月 13 日，教育部颁布《关于公布中学生守则的命令》，要求中学生听从校长、教师的教导，尊敬校长、教师，回答教师提问时要起立。

8 月 22 日，高等教育部、教育部颁布《1955 年下半年进入高等学校学习的中小学教师调干学生人民助学金按级分等办法》，对教龄满三年以上的中、小学教师离职学习者的调干人民助学金的等级分别作了规定。

9 月 2 日，教育部颁布《关于小学课外活动的规定》，强调各种课外集体活动，除了校外机关活动有人指导，其余都应在教师指导之下有计划地进行。

12 月 30 日，教育部、高等教育部公布《中等学校学生会组织条例》，规定普通中学和各类中等专业学校的学生会接受校长的领导，帮助学校领导和教师推动同学贯彻关于提高学习质量的措施，推动同学遵守学生守则；班委会受班主任的领导。

1956 年

5 月 29 日，教育部颁布《师范学校附属小学条例》，对附属小学校长、教师的提名、任命作了规定。

同日，教育部颁布《师范学校规程》，规定师范学校的任务是培养具有社会主义政治觉悟的初等教育和幼儿教育师资。

7 月 4 日，为保护儿童成长和纯洁教师队伍，江苏武进教育局对小河区高墅桥小学某教师给予开除教师职务的处分。该教师违反国家教育方针和国家法令，用各种粗暴、野蛮的方法体罚学生，严重地损害了儿童的身心健康。

7 月 23 日，教育部颁布《中学实验园地工作暂行条例（草案）》，明确了校长、教务主任和生物教师在园地工作中的相关职责。

1957 年

1 月 21 日，教育部发布《关于中学教学研究组工作条例（草案）》，规定各科教学研究组的主要任务是通过教学研究工作提高教师的思想和业务水平。

8 月 1 日，一届全国人大常委会第七十八次会议通过《华侨捐资兴办学校办法》，次日由国务院公布。该《办法》第七条规定，"侨校教职员由教育行政部门统一调配，但是创办人或者校董会也可以向学校推荐。教职员的政治待遇与公立学校相同"。

10 月 11 日，教育部发布《函授师范学校（师范学校函授部）、业余师范学校若干问题的规定》，规定了这两类学校的教育任务、课程设置和领导关系等，以通过培训提高小学教师的工作能力。

1958 年

1 月 20 日，教育部发出《关于中、小学和师范学校教职员工奖惩办法的制定问题的答复》，提出各地在制定教师（包括学校领导干部）奖惩办法时，应切实执行国务院"关于国家行政机关工作人员的奖惩暂行规定"中的有关规定，还要根据教师的工作特点，提出切实可行的标准和要求。

1 月 30 日，中共中央、国务院发布《关于在国家薪给人员和高等学校学生中的右派分子处理原则的规定》，要求在政治上和思想上彻底斗倒右派，同时对"知识分子中确有真才实干的人，如果悔改态度较好，在处理时也可以酌情从宽"。

2 月 11 日，一届全国人大五次会议通过决定，由高等教育部和教育部组成教育部，3 月 1 日起正式合并办公。

3 月 13 日，教育部发出《关于在小学和各级师范学校教学拼音字母的通知》，要求中小学语文教师要参加拼音字母的学习，以保证拼音字母教学工作的顺利进行。

3 月 28 日，中共中央发出《关于处理中小学教师中的右派分子、反革命分子和其他坏分子问题的指示》，规定了清理中小学教师队伍的具体办法。

5 月 5 日，中共八大二次会议在北京召开，通过了"鼓足干劲，力争上游，多、快、好省地建设社会主义的总路线"。

8 月 4 日，中共中央、国务院《关于教育事业管理权利下放问题的规定》，明确了地方学校的干部、教师的管理工作和所有学校教职员工资的调整评议工作全部划归地方领导实施。

9 月 19 日，中共中央、国务院发出《关于教育工作的指示》，对教师的思想改造、训练称职的师资、教师在学校内部各项工作中的作用和地位等问题作了决定。

1959 年

6 月 18 日，中共中央批示教育部党组、共青团中央《学校进行评比竞赛和建立教学秩序的报告》，提出要"把正常的教学秩序建立起来，使教师能有充分的时间备课和批改作业，使学生能有充分的时间读书"。

8 月 29 日，教育部、国家体委发出《关于培养中等学校体育师资工作的意见》，要求除高等师范院校的体育系、科培养中等学校体育师资外，体育学院和体育专科学校也要担负培养中等学校体育师资的任务。

1960 年

2 月 16 日，国务院发布《关于评定和提升全日制中、小学教师工资级别的暂行规定》，强调评定和提升教师的工资级别，应该以教师的思想政治条件和业务工作能力为主要依据，同时必须照顾其资历和教龄。

3 月 21 日，财政部、教育部发布《关于人民公社社办中、小学经费补助的规定》，补助的款额，以补助解决教师工资、专职教师的集体福利为主。

3 月 15 日，教育部发出《关于 1960 年高等学校和国家举办的全日制中、小学教师工资升级工作的几点意见》，规定中小学教师工资的升级面为 25%，并就相关问题作了部署。

5 月 3 日，教育部印发《关于迅速提高在职教师政治、文化、业务水平的初步意见》（草稿），提出要"采取切实有效的措施，迅速提高在职教师的水平"，"保证教学改革顺利进行和教育质量进一步提高"。

5 月 15 日，中共中央、国务院发布《关于保证学生、教师身体健康和劳逸结合问题的指示》，要求教育行政部门和各级学校校长切实减轻教师的工作强度和时间，保证教师的健康和进修。

8 月 25 日，教育部发出《关于停办教育行政学院的通知》，为了贯彻中央精简机构的指示，决定将教育行政学院停办。教育行政学院自 1955 年创办以来，培训了一批中小学校长。

10 月 22 日，教育部、卫生部发出《关于进一步加强学校伙食管理和保护学生视力的通知》，要求"学校教师（特别是班主任）必须反复教育学生，并和家长密切联系，培养学生良好的读书、写字习惯"。

12 月 21 日，中共中央、国务院发出《关于保证学生、教师身体健康的紧急通知》，要求迅速改变学校师生"由于劳逸结合不好，营养较差，生活安排不好，有少数人发生了水肿病和其他疾病"的严重状况。

1961 年

2 月 11 日，教育部发出《关于保证中小学师资质量问题的两项通知》，要求"今后高等和中等师范学校招生，必须注意保证质量，特别是政治质量"，"凡学生家庭属五类分子的一般不予招收"，"建议各地经党委批准，及时从今年秋季不能升学的高、初中毕业生中酌量挑选一批较好的加以短期训练，主要补充农村中、小学师资"。

12 月 9 日，商业部、教育部发出《关于解决小学教师的副食品和生活日用品供应问题的通知》，规定农村小学教师的副食品和生活日用品的供应，应和当地脱产干部同等待遇。

1962 年

8 月 10 日，国务院批转教育部《关于精简中小学教师必须注意的几个问题的意见》，提出"凡国家统一分配到中、小学校的高等院校和中等师范学校的毕业生，和具有同等学力而现在又能够胜任教学工作或有培养前途的教师，必须使其继续从事教学工作，不能作为精简对象精简出去"；"中学教师的调入、调出，须经省、自治区、直辖市教育行政部门审查批准。小学教师的调入、调出，须经县教育行政部门审查批准"。

8 月 24 日，国务院批转教育部《关于精简中小学教师必须注意的几个问题的意见》中第四条的补充修改意见，修改成"小学教师从学校调入、调出，须经县教育行政部门审查批准；由其他部门调入当小学教师的，须经专区教育行政部门审查批准"。

9 月 19 日，教育部、商业部、全国供销合作总社联合发出《关于解决中小学民办教师和代课教师的副食品和生活日用品供应问题的通知》，规定中小学民办教师的副食品和生活日用品供应标准应与公办教师一样，和当地脱产干部享受同等待遇。

1963 年

1月24日，教育部发出《关于当前中学教学工作的几点意见》，要求中学的领导干部和教师端正认识，坚决制止片面追求升学率现象，并在教育教学工作中切实予以落实。

1月31日，教育部等单位发出《关于改进福利费管理和使用的通知》，要求福利费必须如数按期提拨，专款专用，主要用于教工的生活困难补助。

3月23日，中共中央发出《关于讨论试行全日制中小学工作条例草案和对当前中小学教育工作几个问题的指示》，要求在全日制中学的全体教职工中宣读《全日制中学暂行工作条例（草案）》，在全日制小学的全体教职工中宣读《全日制小学暂行工作条例（草案）》，"并分别组织他们逐章逐条地加以讨论"。同时指示"建立一支又红又专的教师队伍，对于中小学教育事业有决定性的意义。各级党委和教育行政部门必须做好这个工作"。

5月26日，国务院批转《教育部关于各级公办学校教职工退职退休时新中国成立以前和新中国成立以后连续工龄计算的几点原则规定》，区别不同情况，规定了各级学校教职员工连续工龄的计算办法。

9月20日，教育部发出《关于在扩大开设英语比例的同时注意稳定俄语教师队伍的通知》，要求既要补充大量的英语师资，也要补充一定数量的俄语师资。

10月18日，中共中央发出《关于加强少年儿童校外教育和整顿中小学教师队伍的指示》，认为"中小学教师队伍不纯的情况，也是带有普遍性的一个问题"，要求"坚决而又谨慎地、有计划且有步骤地加以整顿"。

10月23日，国务院第137次全体会议决定，教育部分设为高等教育部和教育部。1964年3月，两部正式分开办公。

1964 年

9月9日，教育部、国家体委发布《中小学校保护学生视力暂行办法（草案）》，规定学校应"指定一名领导人（校长、副校长）负责，切实加强领导，组织全体师生认真开展学生视力保护工作"，"班主任应把保护学生视力作为自己的工作职责之一"，各科教师应"重视教学卫生"，"培养学生良好的阅读、写字习惯"。

1965 年

1 月 4 日，三届全国人大一次会议闭幕，会议第一次提出全面实现农业、工业、国防和科学技术现代化的总目标。

1 月 14 日，教育部、国务院编制委员会发出《关于配备中等学校专职政治课教师的通知》，提出了选任政治课教师的三个条件。

4 月 29 日，刘季平在全日制中小学教学改革座谈会上提出"教学改革的首要关键在于领导核心、领导思想——从教育部的领导核心、领导思想到厅（局）、专、县、学校的领导核心、领导思想。领导核心和领导思想问题解决了，紧接着就要解决教师的思想认识问题。对教师的问题，必须采取以正面教育为主的方针"。

1966 年

5 月 16 日，中共中央政治局扩大会议在北京通过了《中国共产党中央委员会通知》，它的通过和贯彻标志着"文化大革命"的全面发动。

7 月 23 日，中共中央同意中宣部建议，将高等教育部和教育部合并为教育部。此后业务工作逐步陷入停顿，内部机构未变动。

7 月 24 日，中共中央、国务院发出《关于改革高等学校招生工作的通知》，规定中小学教师可以列入推荐与选拔名额。

8 月 8 日，中共中央作出《关于无产阶级文化大革命的决定》，指示"在各类学校中，必须贯彻执行毛泽东同志提出的教育为无产阶级政治服务、教育与生产劳动相结合的方针"，"文化革命小组、文化革命委员会、文化革命代表大会应该以革命学生为主体，同时，要有一定数量的革命教师职工的代表参加"。

12 月 31 日，中共中央、国务院发出《关于对大中学校革命师生进行短期军政训练的通知》，决定派军队干部战士对学校师生进行短期军政训练。

1967 年

2 月 4 日，中共中央发出《关于小学无产阶级文化大革命的通知（草案）》，指示小学的文化革命委员会、文化革命小组应"以革命教师和高年级的革命学生为主体","同时,把教职员中那些坚持反动立场的地、富、反、坏、右分子(不是指家庭出身)清除出去,由教育机关安排,就地劳动改造"。

2 月 19 日,中共中央印发《关于中学无产阶级文化大革命的意见》,内容和精神类同小学。

10 月 14 日,中共中央发出《关于大、中、小学校复课闹革命的通知》,指示学校教师"只要能够认识错误、改正错误,就应该让他们站出来工作"。

1968 年

7 月 27 日,中共中央、国务院、中央军委、中央文革小组决定对教育部实行军事管制,成立军事管制小组。

8 月 25 日,中共中央、国务院、中央军委、中央文革发出《关于派工人宣传队进学校的通知》,要求工宣队进入大、中、小学后,"要善于发现和团结那里面的学生、教师、工人中决心把无产阶级教育革命进行到底的积极分子"。

1969 年

1 月,《红旗》杂志刊登对调查报告"厂办校,两挂钩"的按语。该报告称,兰州铸造厂"五·七"中学,由"厂革委会成立了一个由工人毛泽东思想宣传队、老工人、驻校解放军和革命师生组成的三结合的教育革命领导小组","废除班主任制,按年级组成班、排、连","建立了一支以工人为主体的教员队伍"。

1970 年

6 月 22 日,成立国务院科教组,主管原教育部和国家科委的工作。

1971 年

8 月 13 日,中共中央批准《全国教育工作会议纪要》。该纪要炮制"两个估计",荒谬地认为在中华人民共和国成立后至"文革"前的这 17 年间,毛主席的无产阶级教育路线基本上没有得到贯彻执行,推行的是一条反革命修正主义教育路线；原有教师队伍中大多数世界观基本上是资产阶级的，是资产阶级知识分子。

1972 年

8月16日，《人民日报》载文《充分发挥教师在教育革命中的作用》，指出"当前，教育革命已深入到教学领域"，"进一步落实党的知识分子政策，充分发挥教师的作用，显得十分重要"。

1973 年

5月21日，国务院科教组《关于科教战线批林整风情况和问题的报告》指出，"在知识分子改造方面，当前比较突出的问题是，有些人对于《全国教育工作会议纪要》中关于17年来教育战线两条路线斗争和知识分子世界观状况的'两个估计'仍然有抵触情绪"。

12月28日，《人民日报》转载《北京日报》为《一个小学生的来信和日记摘抄》加的按语："同学提出的问题虽然直接涉及的主要是'师道尊严'的问题，但在教育战线上修正主义路线的流毒远不止于此"，要求"学校的领导和革命的教师、包括在教育革命中有一些缺点或者错误而愿意改正的同志，都应当积极投入这场斗争，坚决支持教育革命中出现的革命的新生事物"。

1974 年

1月31日，中共中央《转发河南省唐河县马振扶公社中学情况简报的通知》，要求"严肃处理这一修正主义教育路线进行复辟的严重恶果"。次月，河南省委以"推行修正主义路线逼死革命小将"的罪名，将马振扶公社中学校长罗某和班主任杨某逮捕。

1975 年

1月17日，四届全国人大一次会议通过《中华人民共和国宪法》，规定无产阶级必须在上层建筑，其中包括各个文化领域对资产阶级实行全面的专政。文化教育、文学艺术、体育卫生、科学研究都必须为无产阶级政治服务，为工农兵服务，与生产劳动相结合；公民有劳动的权利，劳动者有休息的权利。

同日，决定恢复教育部。国务院科教组即予撤销。

1976 年

6月23日，国务院批转国家计委、教育部《关于1976年高等院校毕业生分配问题的请示报告》，报告提出对当年的工农兵学员毕业生分配实行"一般回原单位、原地区工作；特殊需要的由国家统一分配"的原则。

10月6日，中央采取断然措施，对江青、张春桥、王洪文、姚文元进行隔离审查，"文化大革命"结束。

1977 年

12月10日，教育部发出《关于加强中小学在职教师培训工作的意见》，要求除努力发展和积极办好师范教育以外，还要尽快地、切实地抓好在职教师的培训提高工作。

1978 年

1月7日，国务院批转发《教育部关于加强中、小学教师队伍管理工作的意见》，对多数地区教育行政部门不能管理教师和师范院校毕业生分配的问题提出了一些整改意见。

3月5日，《中华人民共和国宪法》规定，教育必须为无产阶级政治服务，同生产劳动相结合。国家对于从事科学、教育等文化事业的公民的创造性工作给予鼓励和帮助，但仍以"无产阶级专政下继续革命"的理论作为指导思想。

9月22日，经过修改，教育部重新发布《全日制中学暂行工作条例（试行草案）》和《全日制小学暂行工作条例（试行草案）》。

10月12日，教育部印发《关于加强和发展师范教育的意见》，对大力发展师范教育、加强中小学教师队伍建设提出三点意见。

12月7日，教育部、国家计委发布《关于评选特级教师的暂行规定》，规定了中小学校特级教师的评选条件、审批手续和奖励办法等内容。

12月18日，中共十一届三中全会在北京举行。全会重新确立了党的马克思主义的思想路线、政治路线和组织路线，作出把党和国家工作中心转移到经济建设上来、实行改革开放的历史性决策。会议提出了加强社会主义法制的任务和原则，重新将"法律面前人人平等"的原则视为社会主义法律原则。

1979 年

3 月 19 日，中央同意教育部党组的建议，决定撤销《全国教育工作会议纪要》，宣告"两个估计"成为历史的印记。

4 月 18 日，共青团中央、教育部发布《关于学校少先队工作几个具体问题的规定》，对学校领导的职责和辅导员队伍的建设等方面作了要求。

8 月 10 日，教育部发布《关于为河北省阳原县普及小学教育平反的决定》，郑重宣布该县仍然是普及小学教育的一面红旗，形成了一支忠诚党的教育事业的稳定的骨干教师队伍。

10 月 5 日，教育部、国家体委发布《中、小学体育工作暂行规定（试行草案)》，规定了体育教师的职责、队伍建设问题，要求校领导、班主任和科任教师对参加学校传统项目运动队的学生给予关心、支持。

11 月 27 日，教育部、财政部等部门发布《关于普通中学和小学班主任津贴试行办法（草案)》，共九条，就班主任的挑选、工作要求、津贴标准、经费来源等问题作了具体规定。

12 月 6 日，教育部、卫生部发布《中、小学卫生工作暂行规定（草案)》，对保健教师、学校领导、班主任、任课教师的职责作了规定。

1980 年

8 月 22 日，教育部发布《中等师范学校规程（试行草案)》，规定中等师范学校的主要任务是培养全心全意为社会主义教育事业服务的小学和幼儿园师资；还应根据需要和可能承担培训在职小学教师的任务。

9 月 10 日，共青团中央、教育部联合发布《关于中学共青团工作几个具体问题的规定》，内容包括团组织与班主任的配合、团干部的配备和培养提高工作。

10 月 14 日，教育部发布《关于分期分批办好重点中学的决定》，要求学校领导和教师要模范地贯彻执行全面发展的方针，教育部门和学校要努力抓好建设一支合格的教师队伍等主要工作，把首批重点中学切实办好。

10 月，《人民教育》第 10 期刊登《不要随意给民办教师摊派劳动任务》，该文反映辽宁铁岭县李千户公社有的生产队随意给民办代课教师摊派劳动任务，使学校的教学工作受到影响；建议有关部门采取措施，纠正此种做法。

12 月 3 日，中共中央、国务院发出《关于普及小学教育若干问题的决定》，要求加强中小学教师的培养培训、降低民办教师的过高比例；同时强调要搞好教育立法。责成教育部立即着手研究、制定《中小学教师工作条例》和《小学教育法》。

1981 年

10 月 7 日，国务院转发教育部《关于调整中小学教职工工资的办法》，对调资的范围、对象、指标和方法等问题作了具体规定。

同日，国务院转发教育部《关于增加中小学民办教师补助费的办法》，规定了增加民办教师补助费的范围、核算和管理办法。

12 月 31 日，经国务院批准，国家外汇管理总局发布《对个人的外汇管理施行细则》，第六条规定了国家派赴外国或者港澳地区学习的留学生、研究生、学者、教师和教练等人员在境外期间收入外汇的处理办法。

1982 年

1 月 18 日，教育部等十部门发布《保护学生视力工作实施办法（试行）》，共十五条，要求校长、班主任、教师、保健教师和眼科专业人员要采取积极的防治措施，控制、减少学生近视眼的发生。

5 月 5 日，教育部、共青团中央发布《关于在中学生中评选三好学生的试行办法》，制定了三好学生"思想品德好、学习好、身体好"的标准，要求每学年评选一次三好学生，实行以班级为单位，学生、教师、领导相结合的评选办法，建立表彰、奖励三好学生的制度。

7 月 3 日，教育部、财政部发布《全国中小学勤工俭学财务管理暂行办法》，规定勤工俭学的收益可用以师生员工的集体福利和奖励。

10 月 21 日，国务院批转教育部《加强教育学院建设若干问题的暂行规定》，强调教育学院的主要任务是培训中学在职教师和教育行政干部；在教育科研上，教育学院要指导本地区中学教师进行各科教学的研究工作。

12 月 4 日，五届全国人大五次会议通过《中华人民共和国宪法》，新宪法规定社会主义的建设事业必须依靠工人、农民和知识分子；扩大知识分子的队伍，创造条件，充分发挥他们在现代化建设中的作用；国家对于从事教育、科学等文化事业的公民的有益于人民的创造性工作，给予鼓励和帮助。

1983 年

2 月 20 日，国务院批转《全国中小学勤工俭学暂行工作条例》，共七章二十七条，规定勤工俭学的主要任务之一是为改善办学条件和师生福利提供一定的条件，学校派到校办工厂、农场的教职工仍属学校事业编制。

2 月 24 日，共青团中央、教育部发布《全国优秀少年先锋队辅导员奖励条例（试行）》，规定了优秀少先队辅导员的条件、评选、表彰和奖励办法。

8 月 16 日，教育部颁发《关于普及初等教育基本要求的暂行规定》，强调随着师资状况和各项办学条件的改善，应逐步规范初等教育普及率的计算。

10 月 30 日，共青团中央、教育部发布《关于学校少先队工作几个具体问题的补充规定》，就少先队辅导员的选配、聘请和培训工作作了要求和部署。

12 月 31 日，教育部发布《关于全日制普通中学全面贯彻党的教育方针、纠正片面追求升学率倾向的十项规定（试行草案）》，要求校长、教导主任和教师照章遵守。

1984 年

2 月 22 日，教育部发布《关于高中建立学生档案的暂行规定》，共八条，要求校长、班主任、任课教师和体育教师认真做好建立高中生临时档案的工作。

5 月 31 日，六届全国人大二次会议通过《中华人民共和国民族区域自治法》，第三十七条规定民族自治地方的自治机关应当"举办民族师范学校"；第六十四条规定上级国家机关应"采取多种形式调派适当数量的教师、医生、科学技术和经营管理人员，参加民族自治地方的工作"。

1985 年

1 月 21 日，六届全国人大常委会第九次会议通过《关于教师节的决定》，规定每年的 9 月 10 日为教师节。

4 月，《人民教育》第 4 期刊发《解决教师住房问题怎么这么难》《代课教师的待遇应予以重视》等文，反映河北玉田县团成中学某教师一家七口住一间震后危房、江苏海安县章郭乡代课教师一年只发十个月的酬金且一月酬金 20～30 元的情况。

5月27日，中共中央发出《关于教育体制改革的决定》，提出要建立一支有足够数量的、合格而稳定的基础教育师资队伍，改革教育体制，充分调动教师的积极性；学校逐步实行校长负责制。这个《决定》指导了此后一段时期教师法规的制定。

6月18日，六届全国人大常委会第十一次会议决定，为了加强对教育工作的领导，撤销教育部，设立国家教育委员会。

8月30日，国务院工资制度改革小组、劳动人事部发布国家教委制定的《关于教师教龄津贴的若干规定》，内容有教师教龄津贴执行范围、津贴标准、教龄计算方法等。

1986 年

1月17日，国家教委、国家出版局、国家工商局发布《关于严禁擅自编写、出版、销售学生复习资料的规定》，对为提高教师教学水平和中小学教育质量而组织编写、出版的教学参考书、教学参考资料和教学挂图作了明确要求。

2月25日，国家教委、财政部发布《出国教师生活待遇的有关规定》，对出国中、小学教师的国外费用、国内费用、国外收入等问题制定了具体的条款。

3月31日，国家教委印发《教育统计工作暂行规定》，以发挥统计工作在教育管理和多层次决策中的重要作用，促进教育事业的顺利发展。

4月12日，六届全国人大四次会议通过《中华人民共和国义务教育法》，第十三条、第十四条规定，"国家采取措施加强和发展师范教育，加强培养、培训师资"，"建立教师资格考核制度"，"国家保障教师的合法权益，采取措施提高教师的社会地位，改善教师的物质待遇"，"教师应当热爱社会主义教育事业，努力提高自己的思想、文化、业务水平"；第十六条规定，"禁止侮辱、殴打教师"。

4月17日，国家教委、国家体委发布《全国培养高水平学生运动员试点学校申报审批暂行办法》，规定了试点中小学的条件和在体育教师等方面的扶植措施。

4月28日，国务院发布《征收教育费附加的暂行规定》，第八条第一款规定，地方征收的教育费附加"用于改善中小学教学设施和办学条件，不得用于职工福利和发放奖金"。5月11日，国务院发布《关于修改〈征收教育费附加的暂行规定〉的决定》，对原规定的第三条、第四条、第五条和第八条第二款作了修改。

5 月 19 日，中央职称改革工作领导小组转发国家教委《中学教师职务试行条例》，共五章二十二条，对中学教师的职责、任职条件、考核和评审等作出规定。

同日，中央职称改革工作领导小组转发国家教委《小学教师职务试行条例》，共五章二十条，对小学教师的职责、任职条件、考核和评审等作出规定。

6 月 4 日，国家教委、财政部发布《出国教师生活待遇的有关规定》实施办法，制定了 10 条具体的规定。

9 月 6 日，国家教委发布《中小学教师考核合格证书试行办法》，指出"考核合格证书适用于不具备国家规定合格学历的中小学教师"，规定了考核合格证书的适用范围、种类、考试要求和试行程序。

12 月 2 日，国家教委、卫生部联合发布《关于学校卫生保健人员有关政策性问题的规定》，对学校卫生保健人员的系列、津贴和考核、评审、聘任、任命等问题作了具体规定，并强调凡属师范院校或非医学院校毕业的教师，因工作需要而从事学校卫生保健工作，担任专职或兼职保健教师者，仍属于教师系列，同中小学教师职务评审一并进行。

1987 年

2 月 7 日，国家教委发布《普通高等学校函授教育暂行工作条例》，规定"高等师范函授教育必须以培养中等学校的师资为主要任务，其他各类有条件的高等学校的函授教育也应承担培养师资的任务"。

2 月 10 日，共青团中央、国家教委等部门发布《关于中学少先队工作的若干规定》，强调加强中学少先队工作的领导、辅导员队伍建设和少先队的基本建设，着重指出辅导员同其他教师一样处于学校教育的第一线，优秀辅导员应享受同级优秀教师的待遇。

4 月 2 日，宁夏某学校初二（3）班赵姓女生深夜服毒自杀。赵有一次因带情绪地议论了班主任，事后受到班主任的严厉斥责，被罚停课 7 天并让赵自己调班或转学。赵给班主任写书面检查、到其家承认错误，其家长多次向班主任赔礼道歉、找有关领导反映意见，均被拒。事情得不到妥善解决，致使该生在绝望中自尽。

4 月 21 日，国务院颁布《行政法规制定程序暂行条例》，使行政法规的制定工作初步走上制度化轨道。

同日，国家教委发布《普通高等学校招生暂行条例》，规定公办教师只准报考师范院校；教师队伍基本合格的中学，统考后如果没有考生进入最低控制分数线，经批准，其德智体都比较优秀的个别毕业生，可以进入省属高校。

9月20日，国家教委发布《中学生体育合格标准的试行办法》，共九条，对班主任、体育教师和学校领导的职责作了规定。

10月10日，国家教委发布《中小学教材送审办法》，要求编写教材的单位和个人，要在送审教材的同时提出教材送审报告和教材教学试验报告，试验报告要说明教材试验情况、效果和试验师生的评价。

1988 年

1月12日，人事部、国家教委印发《提高中小学教师工资标准的实施办法》，决定从1987年10月起可以将中小学和幼儿园教师现行的各级工资标准均提高10%。

2月2日，国家教委发布《普通高等学校招收保送生的暂行规定》，要求实行保送的中学的主管校长遵守有关法律和规章，不得徇私舞弊。

3月9日，国家教委发布《关于加强普通教育经费管理的若干规定》，提出今后各地不再增加新民办教师，财政部门不予列支；利用预算外资金给教职工发放奖金、补贴，应严格按国家有关规定执行。

3月21日，国家教委发布《中小学校实验室工作的规定》，对实验教师的配备、职责与待遇等方面作了规定。

同日，国家教委发布《加强中学实验教学的暂行办法》，强调了中学理科实验教学的重要性，对理科实验教学中学校领导和教师的职责作了规定。

5月11日，国家教委发布《关于减轻小学生课业负担过重问题的若干规定》，要求校长、班主任和科任教师遵照执行，纠正违背教育规律的做法，保证学校的正常教学秩序。1990年2月15日再次重申须贯彻执行该项规定。

5月16日，国家教委发布《广播电视大学暂行规定》，规定中央和省级广播电视大学的职责之一是培训师资，开展教学研究。

5月21日，国家教委发布《中学教师〈专业合格证书〉文化专业知识考试考务工作暂行规定》，对考试机构、考生（教师）报名、考试评卷、成绩通知和违纪处罚等作了规定。

6月14日，国家教委等三部门发布《关于农村年老病残民办教师生活补助费的暂行规定》，规定了补助对象、条件、标准和经费来源。

6 月 20 日，国家教委发布《学校电化教育工作暂行规程》，规定学校应聘请优秀教师兼任电化教育机构的工作，帮助一般教师掌握电化教育的基本知识和技能。

8 月 10 日，国家教委发布《小学班主任工作暂行规定（试行草案）》，共六章二十二条，包括班主任的地位、作用及基本任务、班主任的任职条件和任免、班主任的待遇和奖励、班主任工作的领导和管理等方面的内容。

同日，国家教委发布《小学生日常行为规范（试行）》，规定小学生要"尊敬师长，见面行礼，主动问好"。

8 月 20 日，国家教委发布《中学班主任工作的暂行规定》，共七章十六条，包括班主任的地位和作用、任务和职责、原则和方法、条件和任免、待遇和奖励以及班主任工作的领导和管理等方面的内容。

11 月 14 日，国家教委发布《全国中小学勤工俭学财务管理办法》，规定勤工俭学的收益，在保证发展生产的前提下，主要用于改善办学条件和师生员工福利及奖励。

12 月 12 日，人事部、国家教委、财政部联合发布《关于提高中小学班主任津贴标准和建立中小学教师超课时酬金制度的实施办法》，规定了相关的原则、范围、要求和经费来源渠道。

1989 年

4 月 1 日，《国家教育委员会行政法规、规章发布办法》出台，规定部门规章可由"国家教育委员会根据法律、行政法规的规定，在职权范围内发布"。

9 月 14 日，国家教委发布《电视师范教育管理办法（试行）》，规定卫星电视师范教育的主要任务是开展在职中小学教师、校长的继续教育和岗位培训。

1990 年

3 月 12 日，经国务院批准，国家教委、国家体委发布《学校体育工作条例》，专列"体育教师"一章，对体育教师的配备、进修培训、职务聘任、工资待遇等方面作了原则性规定。

6 月 4 日，经国务院批准，国家教委、卫生部发布《学校卫生工作条例》，第五条规定，"学校或者教师不得以任何理由和方式，增加授课时间和作业量，加重学生学习负担"；第二十三条规定，教育行政部门应当通过各种教育形式为保健教师提供进修机会。

9 月 7 日，七届全国人大常委会第十五次会议通过《中华人民共和国著作权法》，第二十二条规定，"为学校课堂教学或者科学研究翻译或者少量复制已经发表的作品，供教学或者科研人员使用"，可以不经著作权人许可，不向其支付报酬，但应当指明作者姓名、作品名称，并不得出版发行。

1991 年

3 月 15 日，国家教委发布《试点中学培养体育运动后备人才暂行管理办法》，规定了学校领导、体育教师、任训教师和班主任的职责，决定对试点中学每两年进行一次评估。

4 月 26 日，为加强对教育工作的行政监督，国家教委发布《教育督导暂行规定》，其中第三条规定，"教育督导的范围，现阶段主要是中小学教育、幼儿教育及其有关工作"。

5 月 3 日，国家教委印发《关于坚决制止中小学乱收费的规定》，共十四条，其中第十条提出，"民办教师报酬，应由当地人民政府统筹解决，不得按学生人头向学生摊派"。

5 月 16 日，国家教委发布《中学生体育合格标准实施办法》，对体育教师、班主任掌握免予执行与降低标准的具体情况作了规定。

6 月 4 日，国务院发布《计算机软件保护条例》，第二十二条规定，"因课堂教学、科学研究、国家机关执行公务等非商业性目的的需要对软件进行少量的复制"，可以不经软件著作权人的同意，不向其支付报酬，但不得侵犯著作权人的各项合法权利。

6 月 25 日，国家教委颁发《全国中小学校长任职条件和岗位要求（试行）》，对校长任职基本条件、基本政治素养、主要工作职责和岗位知识能力要求作了规定。

8 月 13 日，国家教委发布《中小学教师职业道德规范》，提出教师队伍的思想、政治、道德素质如何，直接关系着我国能否培养一代社会主义事业建设者和接班人，为此作出了六条规定。

8 月 20 日，国家教委颁布《小学生日常行为规范》，要求小学生尊敬师长，见面行礼。

8 月 29 日，国家教委发布《中小学图书馆（室）规程》，规定图书馆（室）应直接由校长领导，积极为师生提供书刊情报资料和教学参考资料。

9 月 4 日，七届全国人大常委会第二十一次会议通过《中华人民共和国未成年人保护法》，共七章七十二条，在"学校保护"一章中规定，"学校、幼儿园的教职员应当尊重未成年人的人格尊严，不得对未成年学生和儿童实施体罚、变相体罚或者其他侮辱人格尊严的行为"，并规定了相关的法律责任。

12 月 17 日，国务院发布《中国公民往来台湾地区管理办法》，第八条规定，"参加经济、科技、文化、教育、体育、学术等活动，须提交台湾相应机构、团体、个人邀请或者同意参加该项活动的证明"。

1992 年

1 月 28 日，国家教委印发《1992 年全国各类成人高等学校招生规定》，对中小学教师、校长的报考条件和报考专业作了规定。

2 月 24 日，国家教委发布《小学生体育合格标准实施办法》，规定体育教师负责体育课、《国家体育锻炼标准》测验成绩的评定及总分评定工作；班主任负责"两课一活动"的评定工作。

3 月 14 日，经国务院批准，国家教委发布《义务教育法实施细则》，规定实施义务教育应当"具有按编制标准配备的教师和符合义务教育法规定要求的师资来源"，"学校和教师不得对学生实施体罚"，省级人民政府应当制定规划、组织培养实施义务教育学校的师资，各级教育主管部门应当加强校长和教师的在职培训工作。

6 月 10 日，国家教委发布《中小学校园环境管理的暂行规定》，共二十条，明确了校长和教师在维护和管理校内环境和周边环境工作中的职责和要求。

10 月 26 日，国家教委发布《教师和教育工作者奖励暂行规定》，共十三条，规定了"全国优秀教师""全国优秀教育工作者"和"全国教育系统劳动模范"的评选条件、奖励办法。

11 月 9 日，陕西勉县的张平，见第八中学教师张志平在集镇买菜，想起自己在该校读高二时因违反校规被处分，认为是张志平从中作梗，上前用拳猛击左眼，接着朝鼻梁处猛击一拳，又从怀中抽出菜刀朝张志平背部连砍两刀，并拾起一根扁铁条朝张志平腰部、背部猛击，将张志平打滚在地。1993 年 9 月，潜逃 11 个月的张平被勉县公安抓获归案。1994 年 7 月，勉县人民法院以故意伤害罪判处张平有期徒刑 3 年，并赔偿受害人住院医疗费和经济损失 2923 元。

11 月 25 日，国家教委等单位发布《全面消除和杜绝中小学危房的规定》，要求各中小学校长增强安全意识，坚守岗位，恪尽职守，确保校舍修建的质量。

1993 年

2 月 13 日，中共中央、国务院发布《中国教育改革和发展纲要》，提出建设有中国特色社会主义教育体系的主要原则之一，是必须依靠广大教师，不断提高教师的政治和业务素质，努力改善他们的工作、学习和生活条件，并就今后的教师队伍建设作了部署。这个《纲要》指导了此后一段时期的教师法制建设。

3 月 8 日，国家教委发布《普及九年义务教育评估验收办法（试行）》，第四章第八条对小学、初中的教师和校长应具备的条件提出了评估指标。

6 月 10 日，国家教委等部门发布《特级教师评选规定》，对中小学教师评选特级教师的条件、指标、程序及特级教师的待遇和职责作了规定。

7 月 19 日，国务院发布《归侨侨眷权益保护法实施办法》，第八条规定，地方人民政府应当对安置归侨的企业设置的学校和医疗保健机构"在教师、医务人员的配备、培训等方面给予支持和帮助"。

8 月 29 日，国务院发布《民族乡行政工作条例》，规定"县级以上各级人民政府应当在师资、经费、教学设施等方面采取优惠政策，帮助民族乡发展教育事业"，"民族乡的教育行政经费、教职工编制可以高于普通学校"；"对长期在边远地区的民族乡工作的教师、医生和科技人员，应当给予优惠待遇"。

同日，国务院发布《城市民族工作条例》，规定"城市人民政府应当采取适当措施，提高少数民族教师队伍的素质，办好各级各类民族学校（班），在经费、教师配备方面对民族学校（班）给予适当照顾"。

10 月 31 日，八届全国人大常委会第四次会议通过《中华人民共和国教师法》，这是新中国第一部集教师的行业管理和权益保护为一体的综合性的专门法律，共九章四十三条。《教师法》就教师的权利和义务、资格和任用、培养和培训、考核、待遇和奖励、法律责任等作了明确的规定。

12 月 13 日，国务院发布《营业税暂行条例》，第六条规定，"学校和其他教育机构提供的教育劳务可以免征营业税"。

1994 年

3 月 11 日，国家教委颁布《中学生日常行为规范》，要求中学生尊敬教职工，回答师长问话要起立，下课应请老师先行。

3 月 14 日，国务院发布《教学成果奖励条例》，第三条规定，"各级各类学校、学术团体和其他社会组织、教师及其他个人，均可以依照本条例的规定申请教学成果奖"。

7 月 16 日，财政部、国家教委发布《中央教育补助专款项目管理办法》，规定师范教育补助专款主要用于改善现有师范院校的办学条件和加强中小学师资的培训工作。

7 月 21 日，国家教委发布《关于开展残疾儿童少年随班就读工作的试行办法》，要求加强师资培训，各科教师要处理好普通学生与残疾学生的关系，结合本学科特点，注重对残疾学生适应社会生活能力的培养和心理、生理缺陷的矫正、补偿。

8 月 23 日，国务院发布《残疾人教育条例》，要求普通师范院校应有计划地设置课程，使学生掌握必要的残疾人特殊教育的基本知识和技能，以适应对随班就读残疾学生的教育需要。

9 月 24 日，国家教委发布《普及义务教育评估验收暂行办法》，将教育质量、师资水平等列为重要的评估项目。

12 月 22 日，国家教委发布《1995 年全国各类成人高等学校招生规定》，强调师范类高等院校、教育（教师进修）学院及普通高等学校举办的教师本、专科班主要招收中小学教师、校长和其他教育行政干部；报考脱产教师本专科班的在职教师须具有三年以上教龄。

1995 年

1 月 26 日，国家教委发布《中外合作办学暂行规定》，要求中外双方可以合作举办各级各类教育机构，但义务教育以及国家有特殊规定的教育、培训除外。合作办学的必要条件之一是须有合格的教师，合作办学机构的校（院）长或其主要负责人，必须由在中国境内定居的中国公民担任。

3 月 16 日，国家教委印发《中小学少数民族文字优秀教材评奖办法》，赋予师生推荐中小学优秀教材的权利。

3 月 18 日，八届全国人大三次会议通过《中华人民共和国教育法》，共十章八十四条，第四条规定，"全社会应当尊重教师"，并专列第四章规定教师和其他教育工作者的权利、义务、权益保障和队伍建设等。

8 月 1 日，财政部、国家教委发布《出国教师工资及有关生活待遇规定》，内容含出国中、小学教师的国外工资及补贴、国外收入、国外开支等。

8 月 29 日，八届全国人大常委会第十五次会议通过《中华人民共和国体育法》，第二十一条规定，"学校应当按照国家有关规定，配备合格的体育教师，保障体育教师享受与其工作特点有关的待遇"。

9 月 7 日，国家教委发布《中小学卫生保健机构工作规程》，要求地区性中小学卫生保健机构要负责对本辖区内的中小学卫生技术人员和健康体育课教师进行培训和业务指导。

12 月 12 日，国务院发布《教师资格条例》，共七章二十三条，规定了教师资格的分类与适用、教师资格条件、教师资格考试、教师资格认定等各项内容。

12 月 28 日，国家教委、财政部联合印发《〈出国教师工资及有关生活待遇规定〉实施细则》，作为配套法规。

同日，国家教委发布《教师资格认定过渡办法》，就教师资格过渡的范围、教师资格的分类及适用范围、教师资格的申请、认定和实施教师资格过渡工作的要求等作了规定。

1996 年

3 月 9 日，国家教委发布《小学管理规程》，对小学教师、校长在教育教学、人事工作、行政工作中的地位和职责作了规定。

12 月 16 日，国家教委发布《义务教育学校收费管理暂行办法》，规定义务教育的杂费、借读费收入应全部用于补充学校公用经费的不足，不得用于教师工资、福利、基建等开支。

同日，国家教委发布《普通高级中学收费管理暂行办法》，规定生均教育培养成本包括公务费、业务费和教职工人员经费等正常办学费用支出。

1997 年

2 月 3 日，国家教委发布《1997 年全国各类成人高等学校招生规定》，规定报考脱产教师本、专科班的在职中小学教师除须具有三年以上教龄外，还应根据教学工作需要，报考对口专业；优先录取报考对口专业且有五年以上教龄的骨干教师。

同日，国家教委印发《1997 年全国各类成人高等学校举办大学专科起点本科班招生规定》，规定了中学校长、教师报考师范类专升本班的专业和教龄、工龄条件。

3 月 3 日，国家教委等部门发布《农村教育集资管理办法》，规定农村教育集资是筹集专项用于实施义务教育学校的危房改造和修缮、新建校舍所需资金的活动，不得用于非义务教育机构，或者发放教职工工资、奖金福利以及改善实施义务教育学校其他方面的办学条件。

6 月 23 日，财政部、国家教委共同制定《中小学校财务制度》，共十三章五十五条，含"支出预算的编制，应在保证教学和行政管理人员工资的前提下，妥善安排其他各项支出"等内容。

7 月 14 日，国家教委发布《中小学电化教育规程》，共七章二十五条，要求电教专职人员必须具备教师资格，学科教师要学习并掌握电化教育的基本知识和技能。

7 月 31 日，国务院发布《社会力量办学条例》，就社会力量办学机构中校长、教师的职责和权益作了规定。

8 月 7 日，国家教委修订《中小学教师职业道德规范》，要求教师依法执教、爱岗敬业、热爱学生、严谨治学、团结协作、尊重家长、廉洁从教、为人师表。

9 月 12 日，中共十五大在北京召开，大会的政治报告中提出了党在社会主义初级阶段的基本纲领，强调依法治国，建设社会主义法治国家。

11 月 28 日，《全国学生体育竞赛管理规定》发布，对全国中学生运动会的竞赛申办、组织、管理等作出规定。

12 月 31 日，国家教委印发《实行全国中小学校长持证上岗制度的规定》，规定普通中小学校长必须参加岗位培训，并获得"岗位培训合格证书"。已经获得证书的校长，在颁证后的每五年中应继续参加国家规定时数的培训，获得相应的培训合格证书，作为校长继续任职的必备条件。

1998 年

1 月 8 日，国家教委发布《教师和教育工作者奖励规定》，奖励对象是全国各级各类学校教师，含荣誉称号的类别、评选条件、推荐比例、奖励原则等条款。

3 月 2 日，国家教委、公安部发布的《流动儿童少年就学暂行办法》规定，经批准，流入地全日制公办中小学可聘请离退休教师或其他具备教师资格人员，举办专门招收流动儿童少年的附属教学班（组）。

3 月 6 日，国家教委发布《教育行政处罚暂行实施办法》，就对中小学教师和其他当事人进行教育行政处罚的实施机关与管辖、处罚种类与主要违法情形、处罚程序与执行等问题作了具体规定。

3月10日，九届全国人大一次会议通过《国务院机构改革方案》，原国家教委更名为教育部，机构设置及职能也作了调整。

3月16日，国家教委发布《中小学德育工作规程》，对校长的职责、教师德育工作队伍的建设与管理等作了规定。

1999 年

1月15日，教育部发布《中小学生竞赛活动管理若干规定》，要求举办各类竞赛活动必须遵循教育规律，任何单位和个人均不得以任何理由和条件强行要求学校或学生参加竞赛活动。

1月29日，齐某以姓名权和受教育权被侵害为由，将陈某及其父、滕州八中、济宁市商校和滕州市教委告上法庭。枣庄市中级人民法院同年作出一审判决。该案二审期间，最高人民法院作出《关于以侵犯姓名权的手段侵害宪法保护的公民受教育的基本权利是否应当承担民事责任的批复》，山东省高级人民法院2001年8月23日据此作出终审判决，认定"由于被上诉人滕州八中未将统考成绩及委培分数线通知到齐某本人，且又将录取通知书交给前来冒领的被上诉人陈某，才使陈某能够在其父的策划下有了冒名上学的条件"，"这种侵犯姓名权的行为，其实质是侵犯了齐某依据宪法所享有的公民受教育的基本权利，各被告应当承担民事责任"，判令陈某停止对齐某姓名权的侵害，齐某因受教育权被侵犯而获得经济损失赔偿41045元及精神损害赔偿50000元。作为实体法依据，该判决引用了《宪法》第四十六条的规定，突破了我国不直接引用宪法条文作为民刑裁判依据的司法惯例，在理论和实务界引起强烈反响，被认为"开创了我国宪法司法化的先例"，是我国的"宪法第一案"。

6月13日，中共中央、国务院发布《关于深化教育改革、全面推进素质教育的决定》，要求优化结构，建设全面推进素质教育的高质量的教师队伍；该《决定》对此后的教师法制建设起导向作用。

6月28日，九届全国人大常委会第十次会议通过《中华人民共和国预防未成年人犯罪法》，共八章五十七条，要求学校教师加强预防未成年人犯罪的教育。

7月21日，教育部制定《中小学接受外国学生管理暂行办法》，以适应我国教育改革开放事业发展的需要，促进我国中小学的国际交流。

9月13日，教育部发布《中小学教师继续教育规定》，共六章二十四条，对中小学教师继续教育的内容与类别、组织管理、条件保障、考核与奖惩作了具体规定。

10 月 11 日，《教育部规章及重要规范性文件起草、审核和发布办法》出台。

12 月 2 日，教育部发布《关于加强教育法制建设的意见》，提出要进一步认识依法治教的重要性和必要性，积极推进依法治校，完善教育行政执法监督机制，加强教育法制工作机构和教育行政执法队伍建设。

12 月 30 日，教育部发布《中小学校长培训规定》，对中小学校长培训的内容与形式、组织和管理以及有关各方的培训责任作了明确规定。

2000 年

3 月 15 日，九届全国人大三次会议通过《中华人民共和国立法法》，对包括教育立法在内的国家立法工作应遵循的基本原则，法律、法规以及规章的制定等问题，作出了统一、明确、具体的规定。

6 月 21 日，财政部、人事部、中央编委办公室发布《行政单位财政统一发放工资暂行办法》，同时对教师工资统一发放问题也作出了相应规定。教育部在 29 日印发的通知中要求全国各地教育行政部门要积极主动与有关部门配合，千方百计把这项工作抓好落实好，"应在保证公务员工资按时发放的同时保证教师工资按时发放"。

7 月 28 日，体育总局、教育部联合发布《体育传统项目学校管理办法》，要求传统校特色项目课余训练，必须遵循青少年儿童生长发育规律和生理、心理特点，进行科学的系统训练；对做出显著成绩的传统校及个人应当给予表彰奖励。

9 月 23 日，教育部发布《〈教师资格条例〉实施办法》，共六章二十九条，就教师资格认定条件、资格认定申请、资格认定和资格证书管理作了具体规定。

10 月 31 日，九届全国人大常委会第十八次会议通过《中华人民共和国国家通用语言文字法》，共四章二十八条，规定学校及其他教育机构以普通话和规范汉字为基本的教育教学用语用字（法律另有规定的除外），以普通话作为工作语言的播音员、教师等的普通话水平应当分别达到国家规定的等级标准。

2001 年

4 月 3 日，《中国青年报》刊登标题为《某重点中学语文教师："读书是为了挣大钱娶美女"》的文章，引发舆论哗然；湖南株洲市二中 8 月解聘该尹姓教师；次年 1 月，该教师向株洲市中级人民法院提起行政诉讼。

4 月 18 日，陕西山阳县一所九年制乡村中学初一某学生在班里丢了 10 元钱，班主任宣布让全班 32 名学生投票选"贼",结果有两名学生入选。当 2 名学生要求拿出证据来,老师举起手中的选票:"这就是证据!"副校长李某也对两名学生说:"那你们没拿钱的证据是什么?"当地教育局对此事作出了处理:对负有直接责任的班主任朱某给予行政记过处分,对负有管理责任的副校长李某给予严重警告处分,对负有领导责任的校长也给予警告处分。

4 月 28 日,九届全国人大常委会通过《中华人民共和国国防教育法》,内有学校国防教育、国防教育的保障等专章。

5 月 29 日,《国务院关于基础教育改革与发展的决定》出台,指出要确立基础教育在社会主义现代化建设中的战略地位;完善管理体制,保障经费投入,确保农村中小学教师工资发放;深化教育教学改革,扎实推进素质教育;完善教师教育体系,深化人事制度改革,大力加强中小学教师队伍建设,依法完善中小学校长管理体制。

6 月 7 日,新闻出版总署、教育部制定《中小学教辅材料管理办法》,规定对违反本办法的中小学校,由教育行政部门给予通报批评,并追究当事人和学校负责人的行政责任。

同日,教育部印发《中小学教材编写审定管理暂行办法》,规定全国中小学教材审定委员会和省级中小学教材审定委员会下设各学科教材审定委员会(或学科审查组),由该学科专家、中小学教学研究人员及中小学教师组成,负责本学科教材的审查,向审定委员会提出审定报告。

7 月 9 日,为保守国家秘密,维护国家安全和利益,保障教育改革与发展,教育部、国家保密局制定《教育工作中国家秘密及其密级具体范围的规定》。

8 月 8 日,教育部发布《教师资格证书管理规定》,对教师资格证书的颁发、补发、换发、收回、防伪、编号和法律责任作了具体的规定,使教师资格的法定制度更趋于完善,更易于操作。

2002 年

6 月 25 日,教育部发布《学生伤害事故处理办法》,共六章四十条,在保护学生和家长合法权益的同时,还规定了中小学校无法律责任或不承担事故责任的十项条款,有利于更好地发挥学校教师开展教育教学工作的主动性和积极性。

7 月 4 日,教育部、国家体育总局发布《〈学生体质健康标准(试行方案)〉实施办法》,要求本《标准》应在校长领导下,由教务处、体育组、医务室、班主任协同配合,共同组织实施。

7 月 7 日，国务院发布《关于深化改革加快发展民族教育的决定》，要求进一步增强对民族教育的扶持力度，要把教师队伍建设作为民族教育发展的重点，教育投入要保证教师队伍建设的需要。

7 月 25 日，教育部公布《学校艺术教育工作规程》，对中小学校的艺术课程、课外校外艺术教育活动、艺术教育的保障、奖励与处罚作了相应的规定。

9 月 20 日，教育部、卫生部联合发布《学校食堂与学生集体用餐卫生管理规定》，要求建立主管校长负责制，配备专职或兼职的食品卫生管理人员，防止食物中毒或者其他食源性疾患事故的发生，保障师生员工身体健康。

10 月 1 日，国务院第 63 次常务会议通过《禁止使用童工规定》，共十四条，指出学校、其他教育机构以及职业培训机构进行不影响人身安全和身心健康的教育实践劳动、职业技能培训劳动，不属于使用童工。

11 月 8 日，中共十六大在北京召开，明确提出到 2010 年形成中国特色社会主义法律体系。

2003 年

3 月 14 日，教育部颁布《现代远程教育校外学习中心（点）暂行管理办法》，对加强现代远程教育校外学习中心（点）的管理、进一步规范现代远程教育教学支持服务活动，作了 11 条规定。

4 月 12 日，重庆市某中学一初三学生上午迟到，班主任汪某用木板打了她，并当着其他同学的面讽刺"你学习不好，长得也不漂亮，连坐台都没有资格"。十二点半左右，该生从教学楼八楼跳下，经抢救无效死亡。法院以汪某犯侮辱罪，判处有期徒刑一年，缓刑一年。

5 月 21 日，教育部令第 16 号《普通话水平测试管理规定》出台，明确应接受测试的人员包括"教师和申请教师资格的人员"等事项。

7 月 17 日，教育部发布《关于加强依法治校工作的若干意见》，提出要充分认识推进依法治校工作的重要性和必要性，进一步明确推进依法治校工作的指导思想和工作目标，切实采取措施大力推进依法治校工作，加强对推进依法治校工作的领导。

2004 年

3 月 25 日，教育部发布《中小学生守则》（10 条）、《小学生日常行为规范

（修订）》（20条）和《中学生日常行为规范（修订）》（40条），从大处着眼、细微处入手，对学生思想品德形成和行为习惯养成提出了原则指导和具体要求，其鲜明的时代性为中小学教师开展德育工作拓展了视界。

5月19日，教育部发布《国家教育考试违规处理办法》，规定了相关人员违规行为认定与处理及其程序。

10月29日，导致1.2万余名学生重新考试的衡阳中考泄密案宣判，泄密案主角、衡阳市某中学王姓数学教师因犯故意泄露国家秘密罪被珠晖区人民法院一审判处拘役6个月，缓刑1年。

12月15日，教育部制定《中小学教师教育技术能力标准（试行）》，含三部分、一附录，旨在提高中小学教师的教育技术能力水平，促进教师专业能力发展。

2005 年

9月7日，继一审、二审、抗诉再审的接连败诉后，重庆高姓女教师改变诉由，将争夺教案所有权改变为侵犯著作权起诉四公里小学。12月13日，重庆市一中院最终认定四公里小学私自处分教师教案原稿的行为侵犯了高丽娅的著作权，学校应当承担民事责任，判令赔偿经济损失5000元。

11月2日，卫生部发布《学校食物中毒事故行政责任追究暂行规定》，共十五条，对事故按照严重程度进行了划分，规定了学校主要领导、主管领导和直接管理责任人的责任。

2006 年

1月19日，财政部、教育部联合发布《全国农村义务教育阶段学生免收学杂费的实施管理办法》，共12条，规定了学校和教职工的相关职责。

6月12日，中午11时30分，浙江浦江县某小学教师吴云照在教室改完试卷后回五楼休息室。12时20分左右离开休息室下楼时不幸摔倒，经医院抢救无效死亡。经过法院一审、二审、仲裁调解，吴云照的家属与学校自愿达成和解，工伤待遇纠纷得以和平解决。

6月29日，十届全国人大常委会修订通过《中华人民共和国义务教育法》，将20年前旧法较为简略的18条扩展为较为翔实的63条，并专列"第四章教师"，更明确、科学地规范了教师的权利、义务，拓宽了义务教育学校教师的专业发展道路。

6 月 30 日，教育部、公安部等联合制定《中小学幼儿园安全管理办法》，共 9 章 66 条，对学校和教师的安全管理职责、日常安全管理等方面作了规定。

12 月 29 日，十届全国人大常委会修订通过《中华人民共和国未成年人保护法》，将 1991 年未成年人保护法（原法）的 56 条增加到 72 条，其中有 25 条是新增加的。另外 47 条中，32 条有实质性修改，11 条有文字性修改，未改的仅有 4 条，是一次全面的修订。修订的主要内容体现在：进一步明确未成年人的权利，进一步明确保护未成年人的原则，进一步明确政府及其有关部门的责任。

2007 年

3 月 5 日，温家宝在第十届全国人民代表大会第五次会议的政府工作报告中指出，在教育部直属师范大学实行师范生免费教育，这标志着近现代中国在相当长时期内实行的师范生免费教育制度重新返回大学校园。

3 月 22 日，教育部、总参谋部、总政治部制定《学生军事训练工作规定》，共七章四十八条，以加强包括高中生在内的学生军事训练工作制度化、规范化建设，确保学生军事训练工作的正常开展。

6 月 6 日，湖北安陆某中学青年教师高二班主任王某在学校教工宿舍休息时听到敲门声，进来的是头一天上课被其收缴小说的学生方某。未及寒暄，方某手中的一把刀已经刺向王老师胸腔，接着是一阵狂砍，直到王某倒地身亡。之后几天内，方某好像什么事也没发生过，照常上课、写作业，直至被警察抓捕。

6 月 7 日，教育部发布《教育信访工作规定》，对受理教职员工、学生、家长或者其他组织和个人的教育信访事项的工作机构、工作职责等进行了明确。

6 月 11 日，共青团中央、全国少工委、教育部、人事部共同制定《少先队辅导员管理办法（试行）》，对辅导员的任职条件、配备与管理、职责、考核、奖励等作了规定。

7 月 24 日，教育部制定《中小学法制教育指导纲要》，对中小学法制教育的主要任务、基本内容、实施途径等作了总体部署和原则性要求。

10 月 15 日，中共十七大在北京召开，明确提出要尊重和保障人权，依法保证全体社会成员平等参与、平等发展的权利。

2008 年

2 月 28 日，国务院新闻办公室发表《中国的法治建设》白皮书。

3 月 17 日，教育部制定《教育部机关政府信息公开实施办法》，以提高教育工作的透明度，强化对行政权力的运行监督，畅通与人民群众的沟通渠道。

5 月 12 日，汶川大地震发生时，某中学范姓教师正在教室授课，危急时刻他甚至没有对学生喊一声"快跑"，自己便飞快冲出教室，第一个跑到学校操场中央，引发舆论哗然。一博客文章《给教师抹黑，让北大丢脸》指出："范某某可耻并不在于地震时他的临阵脱逃，而是在于他逃生后还要对自己的懦夫行为大肆'宣扬'"。12 月 28 日，与范某某签订聘任书的北京一学校发表声明，因为"社会对范某某存在广泛争议"，决定"无限期推迟其到校任教上岗"；该事件实质上凸显了重要师德品行及法制化的问题。

6 月 27 日，卫生部制定《中小学生健康体检管理办法》，对健康体检的基本要求、检查结果反馈与档案管理等方面作出了规定。

9 月 1 日，教育部、中国教科文卫体工会全国委员会修订印发《中小学教师职业道德规范》，主要含爱国守法、爱岗敬业、关爱学生、教书育人、为人师表、终身学习等内容。

2009 年

1 月 15 日，人社部发布《关于深化中小学教师职称制度改革试点指导意见》，提出了改革试点的指导思想和原则，明确了改革试点的主要内容、组织实施等方面的工作。

5 月 28 日，教育部、国家发展改革委、人力资源社会保障部发布关于废止《高等学校毕业生调配派遣办法》的通知，指出 1981 年发布的《高等学校毕业生调配派遣办法》中的有关规定已与国家现行有关人事管理政策和劳动合同法的规定不一致，实际已不执行。

6 月 9 日，第五次全国法律援助工作会议在北京召开。截至 2008 年底，我国已组建县及县以上法律援助机构 3268 个，工作人员总数为 12778 人。

8 月 12 日，教育部颁发《中小学班主任工作规定》，共七章二十二条，明确了班主任的配备与选聘、职责与任务、待遇与权利、培养与培训、考核与奖惩等事项。

8 月 27 日，十一届全国人大常委会修订通过《中华人民共和国教育法》，删去第五十七条第三款、第五十九条；修订通过《中华人民共和国教师法》，对第三十六条关于刑事责任的规定作出修改；删去《中华人民共和国体育法》第四十七条，将该法第五十一条至第五十三条引用的"治安管理处罚条例"修改为"治安管理处罚法"。

11 月 25 日，教育部制定《中小学实验室规程》，其中第三章为"管理与人员"，规定了相关的职责事项。

参考文献

（一）史料类

1. 何东昌主编：《中华人民共和国重要教育文献》（1949—1997），海南出版社 1998 年版。

2. 何东昌主编：《中华人民共和国重要教育文献》（1998—2002），海南出版社 2003 年版。

3. 何东昌主编：《中华人民共和国重要教育文献》（2003—2008），新世界出版社 2010 年版。

4. 北京师范大学教育科学研究所编：《中小学教育政策法令选编（1949—1966）》（上、下册），内部发行。

5. 教育部编：《教育文献法令汇编》（内部发行），1953 年、1954 年、1955 年、1958 年、1959 年、1960 年、1961 年、1963 年。

6. 浙江教育学院教育理论研究室编：《教育政策法令选编（1978—1981）》（内部文件），1981 年 9 月。

7. 浙江教育学院教育理论研究室编：《教育政策法令选编（1981.7—1983.8）》（内部文件），1983 年 10 月。

8. 中央文献研究室编：《三中全会以来重要文献选编》（上、下册）（内部发行），人民出版社 1982 年版。

9. 国家教委编：《中华人民共和国现行教育法规汇编》（1949—1989），人民教育出版社 1991 年版。

10. 国家教委编：《中华人民共和国现行教育法规汇编》（1990—1995），人民教育出版社 1995 年版。

11. 国家教委政策法规司编：《中华人民共和国教育法规实用要览》（1949—1996），广东教育出版 1996 年版。

12. 国家教委师范教育司编：《师范教育工作资料汇编》（1988—1995），东北师范大学出版社 1996 年版。

13. 中央教育科学研究所编：《老解放区教育资料（一）》，教育科学出版社 1981 年版。

14. 中央教育科学研究所编：《老解放区教育资料（二）》，教育科学出版社 1986 年版。

15. 中央教育科学研究所编：《老解放区教育资料（三）》，教育科学出版社 1991 年版。

16. 华东师大教育管理学院编：《建国后教育政策法令选编》（内部发行），1987 年 6 月。

17. 国家教委政策法规司编：《中华人民共和国基础教育现行法规汇编》，北京师范大学出版社 1993 年版。

18.《教育法律手册》，法律出版社 2001 年版。

19.《法律法规司法解释实用手册·教育》，中国法制出版社 2001 年版。

20.《新编基础教育文件汇编》，北方交通大学出版社 2003 年版。

21.《中华人民共和国教育法律法规规章汇编》，华东师范大学出版社 2010 年版。

22. 全国人大常委会法工委审定：《中华人民共和国教育法律法规总览》（1949—1999），法律出版社 2000 年版。

23. 教育部政策研究与法制建设司编：《现行教育法规与政策选编》，教育科学出版社 2002 年版。

24. 法律出版社法规中心编：《教育法律手册》，法律出版社 2005 年版。

25. 国务院法制办公室编：《中华人民共和国教育法典》，中国法制出版社 2016 年版。

（二）文集类

1.《马克思　恩格斯　列宁论教育》，人民教育出版社 1993 年版。

2.《毛泽东选集》（1～4 卷），人民出版社 1991 年版。

3.《毛泽东选集》（第五卷），人民出版社 1977 年版。

4.《毛泽东同志论教育工作》，人民教育出版社 1992 年版。

5.《毛泽东　周恩来　刘少奇　邓小平论教育》，人民教育出版社 1994 年版。

6.《周恩来教育文选》，教育科学出版社 1984 年版。

7.《邓小平文选》（1～3 卷），人民出版社 1989 年、1983 年、1993 年版。

8.《邓小平论教育》，人民教育出版社 1995 年版。

9.《徐特立教育文集》，人民教育出版社 1979 年版。

10.《董必武选集》，人民出版社 1985 年版。

11.《杨秀峰教育文集》，北京师范大学出版社 1987 年版。

12.《张际春文选》，解放军出版社 1990 年版。

13.《柳湜教育文集》，教育科学出版社 1991 年版。

14.《陆定一文集》，人民出版社 1992 年版。

（三）著作类

1. ［法］孟德斯鸠著：《论法的精神》（上、下册），商务印书馆 1961 年版。

2. ［古希腊］亚里士多德著：《政治学》，商务印书馆 1965 年版。

3. ［美］庞德著：《通过法律的社会控制》，商务印书馆 1984 年版。

4. 庄启东、袁伦渠、李建立著：《新中国工资史稿》，中国财政经济出版社 1986 年版。

5. 洪承华、郭秀芝等编：《中华人民共和国政治体制沿革大事记》，春秋出版社 1987 年版。

6. 王人博、程燎原著：《法治论》，山东人民出版社 1989 年版。

7. 檀仁梅、庄明水主编：《福建师范教育史》，福建教育出版社 1990 年版。

8. 赵世平、田玉敏主编：《教育政策法规》，天津社会科学院出版社 1991 年版。

9. 李晓燕编著：《教育法学》，武汉工业大学出版社 1992 年版。

10. 柳斌著：《关于基础教育的思考》，上海教育出版社 1992 年版。

11. 崔相录主编：《东方教育的崛起——毛泽东教育思想与中国教育七十年》，河南教育出版社 1993 年版。

12. 劳凯声著：《教育法论》，江苏教育出版社 1993 年版。

13. 王炳照、阎国华主编：《中国教育思想通史》（第八卷），湖南教育出版社 1994 年版。

14. 陈永明著：《中日两国教师教育之比较》，华东师范大学出版社 1994 年版。

15. 全国人大教科文卫委员会教育研究室编：《为了教师的今天和明天》，北京师范大学出版社 1994 年版。

16. 何东昌著：《十年历程——建设有中国特色社会主义教育的探索》，人民教育出版社 1994 年版。

17. 郭齐家、雷铣主编：《中华人民共和国教育法全书》，北京广播学院出版社 1995 年版。

18. ［澳］约翰·柯莱威利著：《中国学校教育》，河北教育出版社 1995 年版。

19. 张维平主编：《平衡与制约——20 世纪的教育法》，山东教育出版社 1995 年版。

20. 游忠永编著：《教育法学》，四川人民出版社 1996 年版。

21. 高奇著：《新中国教育历程》，河北教育出版社 1996 年版。

22. 何东昌主编：《当代中国教育》（上、下册），当代中国出版社 1996 年版。

23. 廖其发主编：《新中国教育改革研究》，重庆出版社 1996 年版。

24. 萧宗六、贺乐凡主编：《中国教育行政学》，人民教育出版社 1996 年版。

25. 李连宁、孙葆森主编：《教育法制概论》，教育科学出版社 1997 年版。

26. 劳凯声、郑新蓉等著：《规矩方圆——教育管理与法律》，中国铁道出版社 1997 年版。

27. 朱光磊著：《当代中国政府过程》，天津人民出版社 1997 年版。

28. 教育部办公厅、直属机关党委编：《邓小平理论指引下的中国教育二十年》，福建教育出版社 1998 年版。

29. 韩延龙主编：《中华人民共和国法制通史》（上、下册），中共中央党校出版社 1998 年版。

30. 邹渊主编：《教育执法全书》（上、下册），中国民主法制出版社 1998 年版。

31. 姜义华主编：《胡适学术文集·教育》，中华书局 1998 年版。

32. 教育部编：《共和国教育五十年》，北京师范大学出版社 1999 年版。

33. 郭成伟主编：《新中国法制建设 50 年》，江苏人民出版社 1999 年版。

34. 国家高级教育行政学院编著：《新中国教育行政管理五十年》，人民教育出版社 1999 年版。

35. 方惠坚、郝维谦主编：《蒋南翔教育思想研究》，清华大学出版社 1999 年版。

36. 陈永明主编：《现代教师论》，上海教育出版社 1999 年版。

37. 郑谦著：《被革命的教育》，中国青年出版社 1999 年版。

38. 郝维谦、李连宁主编：《各国教育法制比较研究》，人民教育出版社 1999 年版。

39. 张维平主编：《中小学校学法用法案例评析》，辽宁大学出版社 1999 年版。

40. 黄崴、胡劲松主编：《教育法学概论》，广东高等教育出版社 1999 年版。

41. 浦兴祖主编：《中华人民共和国政治制度》，上海人民出版社 1999 年版。

42. 浦兴祖主编：《当代政治制度》，复旦大学出版社 1999 年版。

43. 李步云主编：《中国特色社会主义法制通论》，社会科学文献出版社 1999 年版。

44. 李国钧、王炳照总主编：《中国教育制度通史》（第八卷），湖南教育出版社 2000 年版。

45. 卓晴君、李仲汉著：《中小学教育史》，海南出版社 2000 年版。

46. 公丕祥主编：《教育法教程》，高等教育出版社 2000 年版。

47. 乔晓阳主编：《立法法讲话》，中国民主法制出版社 2000 年版。

48. 黄之英编：《中国法治之路》，北京大学出版社 2000 年版。

49. 曹康泰主编：《中华人民共和国立法法释义》，中国法制出版社 2000 年版。

50. 金林祥主编：《20 世纪中国教育学科的发展与反思》，上海教育出版社 2000 年版。

51. 吴志宏等主编：《新编教育管理学》，华东师范大学出版社 2000 年版。

52. 金一鸣主编：《中国社会主义教育的轨迹》，华东师范大学出版社 2000 年版。

53. 成有信等著：《教育政治学》，江苏教育出版社 2000 年版。

54. ［美］昂格尔著：《现代社会中的法律》，译林出版社 2001 年版。

55. 李晓燕主编：《教育法学》，高等教育出版社 2001 年版。

56. 袁振国主编：《教育政策学》，江苏教育出版社 2001 年版。

57. 王泽普主编：《中国师范教育改革与发展研究》，广西师范大学出版社 2001 年版。

58. 肖远军主编：《教师的法律视野》，浙江大学出版社 2001 年版。

59. 中央教育科学研究所编：《中国基础教育发展研究报告·2001》，教育科学出版社 2002 年版。

60. 方晓东等著：《中华人民共和国教育史纲》，海南出版社 2002 年版。

61. 孙萍、娄成武编著：《行政法学》，武汉出版社 2002 年版。

62. 袁振国主编：《当代教育学》，教育科学出版社 2002 年版。

63. 劳凯声主编：《中国教育法制评论》（1～14 辑），教育科学出版社 2002～2017 年版。

64. 谭细龙编著：《教育法学基础》，华中科技大学出版社 2002 年版。

65. 北京大学法学院编：《法治和良知自由》，法律出版社 2002 年版。

66. 李岚清著：《李岚清教育访谈录》，人民教育出版社 2003 年版。

67. ［美］卡多佐著：《法律的生长》，贵州人民出版社 2003 年版。

68. 田宏忠主编：《中小学骨干教师培训研究：国家级培训一线管理者的观点》，首都师范大学出版社 2003 年版。

69. 宋恩荣、吕达主编：《当代中国教育史论》，人民教育出版社 2004 年版。

70. 王豫生主编：《福建教育史》，福建教育出版社 2004 年版。

71. 毛礼锐、沈灌群主编：《中国教育通史》（第六卷），山东教育出版社 2005 年版。

72. 李晓兵主编：《热点教育纠纷案例评析之教师篇》，中国法制出版社 2007 年版。

73. 何东昌主编：《中华人民共和国教育史》，海南出版社 2007 年版。

74. 黄崴主编：《教育法学》，高等教育出版社 2007 年版。

75. 梅新林主编：《中国教师教育 30 年》，中国社会科学出版社 2008 年版。

76. 中国学生体质健康研究组编：《2005 年中国学生体质与健康研究报告》，高等教育出版社 2008 年版。

77. 劳凯声主编：《中国教育改革 30 年·政策与法律卷》，北京师范大学出版社 2009 年版。

78. 方晓东主编：《中华人民共和国教育 60 年》，湖北教育出版社 2009 年版。

79. 张乐天主编：《教育政策法规的理论与实践》（第 2 版），华东师范大学出版社 2009 年版。

80. 申素平著：《教育法学：原理、规范与应用》，教育科学出版社 2009 年版。

81. 杨一凡、陈寒枫、张群主编：《中华人民共和国法制史》，社会科学文献出版社 2010 年版。

82. 程方平编著：《新中国教育调查回顾》，天津教育出版社 2010 年版。

83. 雷思明著：《给教师的 60 条法律建议》，华东师范大学出版社 2010 年版。

84. 黄永林主编：《新中国教育财务六十年》，华中师范大学出版社 2010 年版。

85. 梅新林、吴锋民主编：《中国教师队伍建设问题与建议》，中国社会科学出版社 2011 年版。

86. 王培英编：《中国百年宪政历程》，凤凰出版社 2012 年版。

87. 刘淑兰著：《教育行政学》，北京师范大学出版社 2013 年版。

88. 储朝晖著：《中国教育六十年纪事与启思》，山西教育出版社 2013 年版。

89. 黄家骅、张祥明、黄丽萍等著：《福建省中小学校长队伍发展研究》，厦门大学出版社 2014 年版。

90. 劳凯声、蒋建华主编：《教育政策与法律概论》，北京师范大学出版社 2015 年版。

91. 栾俪云、戈顿等编著：《60 年：改变中国的法治进程》，社会科学文献出版社 2015 年版。

92. 陈至立著：《陈至立教育文集》，高等教育出版社 2015 年版。

93. Katz Michael S., *A history of compulsory education laws*, Bloomington Ind: Phi Delta Kappa Educational Foundation, 1976.

94. Vyas R. N., *Recreating educational system for a newworld: spiritual basis of education*, Allahabad: Vohra Pub, 1986.

95. Nigam, B. K., Principles and methods of comparative educational system, Delhi: Kanishka Pub, 1993.

96. William D. V., Christina M. V., "Law in the School", *R. R. Donnelley & Sons Company*, 2001.

97. Martha M. M. And Nelda H. C., *Legal Rights of Teachers and Students*, Pearson Education, Inc., 2004.

（四）论文类

1. 吕家谟：《本省小学教师业余进修概况》，《江苏教育》1955 年第 18 期。

2. 胡文巧：《新中国的教师到处受人尊敬》，《上海教育》1959 年第 13、14 期。

3. 李国拱：《论列宁对待教师的方针》，《学术研究》1982 年第 6 期。

4. 赖志奎：《试谈苏区教师队伍建设的基本经验》，《北京师范大学学报》1985 年第 6 期。

5. 孙成城：《我国中小学教师资格证书制度亟待完善》，《华东师范大学学报》（教科版）1990 年第 1 期。

6. 孟翔君：《谈农村教师聘任中的双向选择》，《教育研究》1990 年第 1 期。

7. 张家祥：《加强上海教育学院的改革和建设》，《中学教师培训》1990 年第 7 期。

8. 吴畏：《邓小平对毛泽东教育思想的继承和发展》，《教育研究》1994 年第 6 期。

9. 张仁城等：《农村小学教师继续教育的研究和实践》，《教育研究》1995 年第 6 期。

10. 雷方圣：《从社会主义的根本任务看教育的成就与失误》，《教育史研究》1996 年第 1 期。

11. 孙灿成：《正确认识和处理教育法制建设的几个关系》，《华东师范大学学报》（教科版）1996 年第 2 期。

12. 朱俊杰：《中小学教师职务结构初探》，《教育研究》1997 年第 2 期。

13. 曲绍卫：《邓小平的人民教师观》，《教育研究》1997 年第 4 期。

14. 陈永昌：《教师的专业地位》，《华东师范大学学报》（教科版）1998 年第 1 期。

15. 尹力：《从建国以来宪法中教育条款变化看教育发展》，《华东师范大学学报》（教科版）1998 年第 3 期。

16. 徐付群：《五十年代末法制建设滑坡原因新探》，《中共党史研究》1998 年第 5 期。

17. 季羡林：《“文革”教训应继续探讨》，《炎黄春秋》1998 年第 9 期。

18. 杨凤城：《1949—1956 年党的知识分子政策研究》，《中国人民大学学报》1999 年第 1 期。

19. 方晓东：《新中国教育五十年的巨大成就》，《教育史研究》1999 年第 4 期。

20. 杨凤城：《评“文化大革命”前的两次教育革命》，《中共党史研究》1999 年第 4 期。

21. 陈至立：《千秋基业壮丽诗篇——共和国教育 50 年》，《教育研究》1999 年第 9 期。

22. 孟旭、马有义：《新中国民办教师的发展历程》，《教育研究》1999 年第 3 期。

23. 刘冬梅：《教师的法律地位问题探讨》，《教育评论》2000 年第 1 期。

24. 王延卫：《论行政机关处理教师申诉行为之性质》，《行政法学研究》2000 年第 1 期。

25. 肖远军、李春玲：《我国教育法制建设的回顾与反思》，《重庆大学学报》2000 年第 2 期。

26. 管培俊、宋永刚：《世纪之交我国中小学校长培训和队伍建设》，《教育发展研究》2000 年第 11 期。

27. 谭晓玉：《研究权利——新时期中国教育法学的新发展》，《教育理论与实践》2001 年第 10 期。

28. 王辉：《我国中小学教师无度惩戒现象的分析》，《教育理论与实践》2001 年第 10 期。

29. 夏杏珍：《60 年代前期党对知识分子政策的反思和调整》，《当代中国史研究》2001 年第 4 期。

30. 涂怀京、陆启光：《毛泽东的教师观》，《当代教育论坛》2002 年创刊号。

31. 吴全华：《我国教师资格制度的法制化进程》，《当代中国史研究》2002 年第 1 期。

32. 涂怀京：《胡适教育法制思想探析》，《福建师范大学学报》2002 年第 3 期。

33. 涂怀京：《中小学教师资格法规特色探略》，《教育评论》2004 年第 1 期。

34. 江晓雪：《建国以来我国骨干教师培训制度的演变与启示》，《当代教育科学》2008 年第 14 期。

35. 陈博：《论体育教师的基本权利及实现保障》，《山西师大体育学院学报》2009 年第 1 期。

36. 朱海文：《论教师的法律地位及其权利义务》，《文山学院学报》2010 年第 2 期。

37. 郭平、谢丹：《我国教师培训机构的演进历程及改革发展趋势》，《中国成人教育》2013 年第 15 期。

38. 邱康乐：《中小学教师教育法律素质现状调查与培训策略》，《宁波教育学院学报》2016 年第 2 期。

（五）其他

1.《人民教育》，1950—1966 年、1977—2009 年。

2.《中国教育报》，1983. 7. 7—2001. 12. 31。

3.《教育部政报》，2000—2009 年。

4.《中国教育年鉴》，1949—1981 年，中国大百科全书出版社。

5.《中国教育年鉴》，1982—1984 年、1985—1986 年，湖南教育出版社。

6.《中国教育年鉴》，1988—2010 年，人民教育出版社。

7.《中国教育统计年鉴》，1989 年、1990 年、1991—1992 年、1998—2009 年，人民教育出版社。

8.《中国教育事业统计年鉴》（1992—2009），人民教育出版社。

9.《中国统计年鉴》，2001、2002、2003、2004、2005、2006、2007、2008、2009、2010 年，中国统计出版社。

10.《西安年鉴》（1993），陕西人民出版社 1993 年版。

11.《中国法律年鉴》（1987—2010），中国法律年鉴社。

12. 曾庆敏主编：《法学大辞典》，上海辞书出版社 1998 年版。

13. 顾明远主编：《教育大辞典》，上海教育出版社 1990～1992 年版。

14. 刘英杰主编：《中国教育大事典》（1949—1990），浙江教育出版社 2004 年版。

15. 中共中央党史研究室编：《中华人民共和国大事记》（1949—2009），人民出版社 2009 年版。

16. 杨荣昌：《教师继续教育课程体系研究》，华东师范大学 2006 年博士学位论文。

17. 董江华：《新中国小学教师职后教育发展研究》（1949—2000），华东师范大学 2007 年硕士学位论文。

后 记

　　本书系笔者主持的福建省社会科学规划课题《新中国六十年中小学教师法制史》的研究成果之一，经过十数个月的爬梳码撰，至此告一段落。

　　道未易明，理未易察，法未易施，法治国家、法治教育、教师法治的全面实现不会朝思暮遂、一蹴而就，但其奔腾进程肯定浩浩汤汤、摧枯拉朽、一往无前，必将达致目的。

　　撰写本书的过程中，屠矜卿、朱明、孙谦蓉、熊琴、陈霁言、唐宇茹、周志平、冉浩、赵莹洁、黄斯琪、黄云熔、郑秀娟、谢霍南、朱龚相等老师和研究生，为我做了许多的问辩商榷、理析观点、查找资料、核对数据、表格制作等工作，福建师范大学教育学院领导大力支持，华中师范大学周洪宇教授和华东师范大学金林祥教授拨冗悉心指导，经济管理出版社李红贤等编辑老师惠予专业帮助，皆令我收益良多，感铭于心。"渭北春天树，江东日暮云"，我将珍视久藏这份浓情高谊。本书参考了同行学者的相关著述，深致谢忱。

　　由于时间较为仓促，学养水平有限，书中纰漏、不足之处一定在所难免，敬请专家和读者朋友批评指正。

涂怀京

2018 年 8 月 20 日　于福州